■ "十三五"国家重点图书出版规划项目

■ 国家社会科学基金一般项目"政策工具视角下的古代政府治理思想
   及其当代价值研究"（批准号：17BGL223）阶段性成果之一

■ 国家社会科学基金重大项目"中国古代管理思想通史"
   （批准号：13&ZD081）阶段性成果之一

■ 莆田学院出版基金资助项目

■ 福建省优秀出版项目

中国管理思想史

清代
管理思想史

下

方宝璋 ◇ 著

海峡出版发行集团 | 鹭江出版社
THE STRAITS PUBLISHING & DISTRIBUTING GROUP

2021年 · 厦门

第七节　政府救助思想

一、收养孤老流民思想

清政府重视收养孤老，认为这是地方官府应尽的责任。如有孤老不予收养，或克扣收养孤老衣粮，有关官员必须受到处罚。"凡鳏寡孤独及笃废之人，贫穷无亲属依倚不能自存，所在官司应收养而不收养者，杖六十。若应给衣粮，而官吏克减者，以监守自盗论"[①]。当时政府收养孤老的生活待遇是每月给粮米三斗，每年给绵布一匹，地方政府还必须建养济院，以安顿孤老。地方政府为加强对孤老的管理，防止他人冒领政府发放口粮，发给每位孤老腰牌一面，上面印烙孤老年龄、相貌，以便于每季查验。"鳏寡孤独，每月官给粮米三斗，每岁给绵布一匹，务在存恤。""直省州县所属养济院，或应添造或应修盖者，令地方官酌量修造，据实估计，报明督抚，在于司库公用银内拨给，仍不时查勘。遇有渗漏之处，即行黏补完固，傥有升迁事故，造入交代册内，取具印结送部。其正实孤贫，俱令居住院内，每名各给印烙年貌腰牌一面。该州县按季到院，亲身验明腰牌，逐名散给口粮。如至期印官公务无暇，遴委诚实佐贰官代散，加结申报上司，毋许有冒滥扣克情弊。若州县官不实力奉行者，该督抚即行查参，照例议处。"

清政府重视尊老，尤其优待 90 岁以上的老人。"老人九十以上者，地方官不时存问，其或孤寡及子孙贫不能养赡者，州县查明赈恤，详报督抚奏闻，动用钱粮，务令得沾实惠。"为了保证老人能"得沾实惠"，清廷严厉禁止地方州县克扣发放给老人的钱粮。"雍正元年（1723）谕：户部恩赐老人，原为崇年尚齿，而地方赏老人者，每州县动支数千金，

---

　　①　《大清会典事例》卷 753《刑部·户律户役》。本目引文未注出处者，均见于此。

司府牧令，上下通同侵扣，吏役复任意需索，老人十不得一，上负旷典，罪不容逭。今饬督抚严查，务令有司亲自沿乡访察照看，据实造册给发，不许丝毫侵扣。如仍蹈前弊，立即参处。如督抚奉行不谨，朕若访出，必加以失于觉察之罪"。

清代雍正、乾隆朝的赡养孤老制度，随着时间的推移，而逐渐废弛。对此，陆世仪在《论盐粮赈贷诸法》中提出必须予以恢复改进："古人发政施仁，必先茕独。国朝体古人之意，设孤老院，给孤老粮，以养茕独，德可谓至矣。岁久法弛，县官漫不经意，孤老院坍废殆尽，孤老粮为富家乞作存留，茕独之被惠者，十无其一，岂不重负朝廷德意。愚谓为县官者，始莅任时，当即以此事为急。身临其地，亲为经理，凡院屋宜编号，稍加宽敞，井厕毕具。四等穷民中，惟寡妇宜独为一处，其余三等，当各因其所亲熟，束以伍法，使之老稚相依，聋瞽相济，送死养生，互为倚赖，是亦处茕独之法……凡孤老院中，县官宜择僧徒之有行者，使居其处，许之募化，俾朝夕看养茕独，有功则县官劳之。其茕独之人，愿为僧者亦听。盖垂死之人，其心别无所乐，使其注念西方，亦可消遣余生，解其愁苦。今僧徒中，往往建放生庵，开放生池，畜养鸡鱼豕畜，而独无有念及茕独者，真可异也。"[1] 陆世仪认为，设养老院收养茕独，是朝廷实行仁政的重要工作。当时，地方县官不重视这项工作，使许多孤老院废置。他认为，孤老院制度必须恢复，地方县官莅任时，就必须着手这项工作，把养老院房屋建得宽敞些，并进行编号，应有水井、厕所等设施。陆世仪还提出了两种看养孤老残疾之人的改进措施：一是将这些人按亲疏、熟悉程度编排在一起，使其中年纪轻的能照顾年纪老的，失聪的与眼盲的能互相关照。二是让佛教僧徒来看养孤老残疾之人，如看养尽心，政府对此予以奖励慰劳。此举也可使孤老信仰佛教，使其精神有所寄托。

清政府为防止民众因贫穷而弃养婴儿，特设立育婴堂等机构，收养无人抚养的婴儿，同时严禁将婴儿遗弃。"康熙十二年（1673）题准：赤子关系人命，抛残有戾天和，凡旗下民人，有贫穷不能抚养其子者，许

---

① 《清经世文编》卷28，陆世仪《论盐粮赈贷诸法》。

送育养婴儿之处，听其抚养。如有轻弃道涂致伤生命，及家主逼勒奴仆抛弃婴儿者，责令八旗佐领、五城御史严行禁饬。"① 朝廷还设置养济局，管理育婴堂经费，并派御史随时稽查。"嘉庆四年（1799）谕：官设养济局，自普济堂外，尚有育婴堂，向由顺天府派人经理，其中给发官项，支销用度，胥吏及乡耆等，多有侵渔。现在普济堂已派满汉御史监放稽察，育婴堂事同一例，即令巡视东城御史随时稽察，以昭核实。"② 朝廷设立育婴堂收养婴儿，其最关键的是要有可靠的经费保障。当时育婴堂的经费主要源于地租银，除此之外还有借贷利息钱、房租钱、捐助银等。如"道光七年（1827）咨准：育婴堂经费款项，大兴县北马房，每年地租银四十四两零五分；宛平县小营等村，每年地租银一百十一两一钱五分三厘；房山县北邬等村，每年地租银二十六两零七分五厘；唐县温家庄，每年地租银一百八十两；新城县属，每年地租银四十两；固安县属，每年地租京钱二百八十五千零九十文；宛平县发商生息，每年利制钱十七千七百文；育婴堂左近，每年共收地租制钱七十四千三百十五文；京城内外住房十八处，每年租制钱三百二十六千四百文；盐局每年捐助银三百二十四两；以上共银七百二十五两二钱七分八厘，共制钱五百六十千零九百六十文"。

清代，朝廷还在京城建有栖流所，安置流离失所的贫民。据载，"顺治十年（1653），京城霪雨倒塌房屋，奉旨发内帑银八万两，抚恤满汉兵民。又复准，令五城御史查造空铺火房，安息穷民，所用钱粮于工部支取。又复准，每城造栖流所屋二十间，交五城查管，俾穷民得所"③。京城五城栖流所共有六处，"中城栖流所，设永定门内厨子营；东城栖流所，设崇文门外米市口东；南城栖流所，设崇文门外平乐园；西城栖流所二，一设宣武门外礶儿胡同，一设西便门内砖儿胡同；北城栖流所，设正阳门外西河沿"④。顺治时的五城栖流所主要是为了临时安置因霪雨倒塌房屋的贫穷民众，而到了雍正时期，栖流所成为平时安置流民的常

① 《大清会典事例》卷 753《刑部·户律户役》。
② 《大清会典事例》卷 1036《都察院·五城》。本自然段以下引文，均见于此。
③ 《大清会典事例》卷 869《工部·第宅》。
④ 《大清会典事例》卷 1036《都察院·五城》。以下四自然段引文，均见于此。

设机构，每天按规定发给每名流民米钱，并派员看守栖流所房屋、流民，医治病患者，收殓死亡者。栖流所由五城兵马司指挥、副指挥负责管理，御史不时巡视稽查。五城栖流所每年每城由户部预发经费 200 两银子，如有不足可赴户部再领，有剩余则留次年再用。每年年终时将经费开支造册送户部核销，如有虚冒、贪污及使用不当，由御史提出参劾。雍正十三年（1735）议准："嗣后五城栖流所，每年令该司指挥估计修葺。如遇无依流民，及街衢病卧者，令总甲扶入所内，报明该司，发记循环簿，留心察看。每名日给小米一仓升，制钱十五文。再召募本城诚实民人一名，月给工食银五钱，令其看守房屋，料理流民。如有患病者，即具报该司拨医药饵调治。冬月无棉衣者，给布棉衣一件。病故及道路倒卧者，通行备棺收殓，埋于义冢，棺价定银八钱。该司指挥总理其事，副指挥吏目共相协理，该城御史仍不时巡察。至修理工料、口粮诸费，动支户部库项。每年每城预发银二百两，令该司指挥具领收存，随时给发，不足准其赴部再领，有余留为次年之用。统于年终将用过银数，造册送部核销。如有虚冒侵蚀及奉行不力者，该城御史题参。"

栖流所与育婴堂一样，在管理中最重要的问题是经费的发放与监督。如嘉庆年间，朝廷发现栖流所经费开支无度，而且由于五城栖流所各城流民数量不等，经费分配不均，显然不合理。因此，朝廷进行了改革，规范了经费开支制度，并依据五城栖流所各城流民数量的不同有差别地发放经费。"嘉庆十五年（1810）议准：嗣后栖流所借用银两，每年五城准领银二千六百两。如有赢余，留于下半年备用，不得任意滥支，以归核实而昭慎重。其每城应就银二千六百两数内，分支银若干两之处，请旨令都察院就各城收养人数多寡，分别酌定报部立案。自此次酌定之后，不准再逾此数。如偶遇偏灾，实不敷用，令都察院自行奏明加增。丰稔之年，仍不得援以为例，至支销银两散给章程，仍照向例办理。二十二年（1817）议准：五城栖流所，每年定额银二千六百两，前经酌定，中城分领银三百六十两，东、南二城各四百七十两，西、北二城各六百五十两。今查中、南二城虽所辖地面不宽，而商贾辐辏，乞丐流民，群趋觅食，是以残废僵毙者多，西、北二城，原定银数较多，尚有赢余。将西、北二城额定银内，各划出五十两，分给中城四十两，连原额共四百

两，分给南城六十两，连原额共五百三十两，作为定额。西、北二城，即以六百两之数造报，统以嘉庆二十二年为始，按年报部核销"。朝廷在给流民发放粮米时，为防止冒领和官吏贪污，严格对流民登记造册，并发给签牌，按签牌领取，并随时派御史稽察官吏发放。"道光四年(1824)谕：御史程矞采奏，五城停止饭厂，请将赏拨未领余米一千五百石分给五城栖流所，每城各领三百石。照放赈例大口五合，小口减半，逐日分别散给。著即交各巡城科道等，饬属领米散放，并将该流民等籍贯、姓名，询明注册，给予戳记签牌，随时稽察，妥为经理。务期实惠及民，毋许假手书役吏胥，致有侵渔克扣之弊。并著都察院堂官不时前往查察，如有弊端，立即严参惩办，毋稍徇隐"。

流民中一些不法之徒，在京师五城周边抢劫平民商贾，欺骗财物，对此，朝廷采取软硬兼施的策略，一方面对作奸犯科分子实施惩办，另一方面对老弱困苦之人予以妥善安置。"同治五年（1866）谕：翰林院检讨董文焕奏，京师五城地面，穷民结群，白昼抢夺，平民商贾，均受其累，并有假装厮仆，撞骗财物，请饬妥为弹压安置等语。著五城御史顺天府会议章程，如查有无赖之徒，肆行抢夺，即著从严惩办。其老弱困苦者，迫于饥寒，情殊可悯。著栖流所、养济院等处酌加经费，妥为抚恤，用副朝廷除莠安良至意。"

与京师五城栖流所配套的是，清政府还在五城附近设置义冢，掩埋无主尸骸和无力安葬之人。当时，朝廷在京师"中城义冢三：一设永定门内香厂，一设南城永定门外地方，一设西城广宁门内老君地南。东城义冢四：一设崇文门外文昌宫前，一设东便门外核桃园，一设东便门外储济仓后，一设东直门外北后街。南城义冢四：一设广渠门外地方，一设金鱼池西南地方，一设金台书院前，一设右安门内圣贤庙东。西城义冢四：一设广宁门内报国寺后，一设潘家地内，一设广宁门内老君地东，一设阜成门外三塔。北城义冢二：一设宣武门外黑窑厂，一设西城地方白马寺坑。均系指挥管理"。从五城设置义冢之多，可以窥见清政府历朝秉承儒家传统"入土为安"思想，相当重视对无主尸骸和死后无力营葬者的收埋。如"乾隆六年（1741）议准：五城地方，系民人辐辏之区，人稠地狭，若不设立义冢，则无主枯骸，必致终年暴露。嗣后各拨地亩

作为义冢，令其收瘗"。"光绪四年（1878），给事中夏献馨奏请修掩骼之
政一折，京师五城地面，近来道毙颇多，著该管官随时迅速收埋，以示
矜恤而平厉气"。

清代即使设置再多的栖流所，也无法安置所有的流民，更何况政府
的财政是很有限的。因此，安置流民积极的做法是使流民参与生产，从
事劳动，使其自食其力，并使集中的流民分而治之，从而从根本上消除
社会不稳定的因素。鲁仕骥指出："游民者，民之蠹也，平日既无恒产，
惟酗酒赌博为事，趋而日下，遂至流为盗贼，为乞丐，三五成群，百十
为党，虽在丰年，此辈大为地方之害。不幸而遇饥馑，抢夺劫掠，将无
所不至矣。是宜设法以安顿之，或有山数水涯弃地，募之使耕，或劝富
室多设闲役，如夜巡之类，藉以养之，俾之散其党与，渐归于正。其中
鳏寡孤独废疾之人，又多方以廪给之，此皆备荒之要务也。"①

二、备灾思想

（一）兴修水利思想

鲁仕骥指出，"备荒莫先于重农"②，重农事的一项重要措施就是兴修
水利、种植树木，就能防范水旱之灾，保持水土。其一，"筹水利。两山
之间，必有水焉，大者为溪，小者为涧，旱则可资以灌溉，而潦足为田
害，蓄之泄之，陂塘沟圳，其不可忽者也。凡行部所至，问民疾苦，必
详询其地方，山溪若何，有无陂塘沟圳，已坏者修之，废者复之，如或
地势低洼，常虞泛溢为患，则筑堤捍御，当与地方有识者谘诹而慎行
之"。其二，"培山林。山多田少之地，其田多硗。况夫山无林木，濯濯
成童山，则山中之泉脉不旺，而雨潦时降泥沙石块与之俱下，则田益硗
矣。必也使民樵采以时，而广蓄巨木，郁为茂林，则上承雨露，下滋泉
脉，雨潦时降，甘泉奔注，而田以肥美矣"。

陆陇其认为，水利是发展农业、使民富足的基础。兴修水利虽然花

---

① 《清经世文编》卷 41，鲁仕骥《备荒管见》。

② 《清经世文编》卷 41，鲁仕骥《备荒管见》。本自然段引文，均见于此。

费巨大，但可以防范水旱之灾。如果以经费难以筹措而放弃兴修水利，那么将来政府用于赈灾的经费可能大大超过兴修水利的经费。而且赈灾只能起作用于一时，兴修水利的作用则是长久的。因此，陆陇其主张，即使政府财政再困难，也必须逐年拨款兴修水利。同时，可以鼓励官吏、士绅捐修水利工程。他说："水利之当兴也，欲民之富，在于垦田；欲田之垦，在兴水利。北方土性燥烈，灌溉易涸，虽与南方不同，然使川泽流通，随便灌溉，犹愈于听其焦枯而莫之救也。但古人沟洫之制，随时修理，故不觉其烦费。今以久湮久塞之河道，一旦欲疏其壅而防其溃，工费浩繁，势难猝办。又当公私交困之时，州县钱粮，一丝一忽，皆有款项，不敢擅动，民间十室九空，正供尚难完办，安有余力，成此艰巨之事。若不量时势，不计赢诎，骤然兴举，其为扰害，必甚水旱。窃思屡年以来，朝廷悯恤灾荒，州县议蠲议赈，所费钱粮，不可胜数。与其蠲赈于既荒之后，何如讲求水利于未荒之前。蠲赈之惠在一时，水利之泽在万世。今宪台抚临畿辅，欲成久远之业，无有大于斯者矣。宜通查所属州县水道，何处宜疏通，何处宜堤防，约长阔若干，工费若干，汇成《畿辅水利》一书，进呈御览。请司农度钱粮之赢诎，以次分年举行，而不扰于民。以一时言之，虽若不免于费，以久远言之，比之蠲赈所省必百倍。或鼓舞官吏绅衿，能开河道若干者，作何优叙，作何奖励，此亦一策也。"[①]

李光地则认为，与其积储粮食备荒，不如兴修水利备荒。因为积储粮食的数量毕竟还是很有限的，如遇大荒之年是不足以应对的。而兴修水利则能大大提高粮食的产量，真正起到防灾、救灾的作用。他指出："近代讲备荒者，止于仓贮蓄积而已，岂知千有余里，有数十州县之寥阔，以百余万米谷，散在民间，大祲之年济一郡尚不足，况又有赴县城领给之烦，吏胥、乡长侵蚀之弊，将来又有追比还仓之扰，是仓米在今日殊不足赖也。本部院思北土地宜，大约病潦十之二，而苦旱者十之八，然北方苦旱，遂至于不可支，不能如南人补救者，非独惰农自安，盖根在于水利不修，束手无策故也……水利之兴，其与积谷备荒，其利不止

---

① 《清经世文编》卷 28，陆陇其《论直隶兴除事宜书》。

于倍蓰而什伯也。用地利以济天时之穷，用人力以补天地之缺，自古为政，莫不以此为先。"① 因此，他主张北方各州县必须根据各地区山川地势，开沟渠引水灌溉，凿井汲水灌溉。各州县应该制定兴修水利规划，绘制图纸，然后一一予以落实。"今岁本部院，因春夏微旱，屡行通饬。凡州县各因其山川高下之宜，如近山者导泉通沟，近河者引流酾渠。若无山无河平衍之处，则劝民凿井，亦可稍资灌溉。若一县开一万井，则可溉十万亩，约计亩获米一石，十县之入，已当通直全属之仓储矣。一沟之水，又可当百井，一渠之水，又可当十沟，以此推之，水利之兴……自古为政，莫不以此为先。只因近来守令，但恤身谋，无能以民事为家事者，故视此等议论，邈若河汉。今直隶经皇上浚河筑堤、蠲灾释逋之后，孚诚下洽，吏习民安，有所兴利，莫便此时。仰该司道府厅，乘兹农隙，令各州县亲履境内，按视山川形势，何处可通沟渠，何处应修堤障，水之源委，何去何处，地之高下，何蓄何泄，何处平壤，宜劝穿井，何处水乡，应流河道，一一绘图具说，务须简洁详明，以俟檄发，画一遵行。"

李中孚提出，如将西安附近旱田中的十分之三四改造为水田，其增加的亩产量，就可补足旱田干旱时的歉收。因此，他主张选择官吏和绅衿，负责兴修水利，筑堤开渠掘井，以资灌溉。他说："方今西安之所以大饥者，天旱而田不足于水故也。夫关中横亘终南以为终始，山之所在，河泉多有，故西安近山一带，恒绕河泉，渭北虽复高仰，而泾、洛、漆、沮、清河、石川诸水，亦所在而是。故总西安而论，其不可引渠灌溉者，固十七八，而可开渠引水者，亦不下十二三，兼以井泉，亦不下十三四矣。夫水利三四倍于旱田，以十分有三四之水田，勤力而专精其间，虽复天雨不时，亦足补旱田之阙，而偿其获。即不足补，而此一半享水利之民，亦足以自保，而再不至流离失所矣……是宜乘今秋谷布种之候，于本省司道中，择精敏仁惠者，加以总管农田水利之权，各州县官于丞

---

① 《清经世文编》卷43，李光地《饬兴水利牒》。本自然段引文，均见于此。

簿或绅衿中，择公正好义为众所素信服者，大县四五人，小县三四人，加以掌管之权，使之相视督责，其一切兴利除害、辟举任使，皆委以便宜，不从上制。凡近河者，虽一二十里内，但可引水，皆须筑堤开渠，以资灌溉。无河泉者，皆须掘井而灌。"①

（二）重视仓储备灾思想

清代朝廷对仓储备灾是十分重视的，这是传承了先秦以来"无三年之蓄，曰国非其国也"② 思想，充分认识到仓储备灾对政权稳定的重要性。雍正五年（1727）谕："地方积谷备用，乃惠济穷民第一要务。"③ 同治三年（1864）谕："为政之要，首在足食，各直省州县设立常平社仓，国家承平，留以备凶荒之用，一旦有事，恃以为缓急之需，所以为未雨绸缪之计者，法至善也。"④ 清政府在全国各地所设仓储主要有常平仓、社仓、义仓等。清初承明之制，在各省会至府州县都建有常平仓，储备粮食，以备灾荒。其所存储粮食定量，按大、中、小州县定额，来源一为官府购买，一为劝谕乡绅士民捐输。顺治十一年（1654），命各道员专管，每年造册报户部。十七年（1660）规定，春夏以平价出粜陈米，秋冬籴还新粮。康熙十九年（1680），谕该仓粮留本州县备赈，后又议定江南各仓以七分存储，三分发粜。如仓粮因仓房倾圮渗漏或管理不善霉烂，有关官员必须赔补，重者遭革职处分。清代社仓、义仓同为官督民办之仓。康熙十八年（1679），诏各地乡村设社仓，市镇设义仓。社仓、义仓所储粮食皆系地方官劝谕当地官绅士民捐输，用于春季支借，秋成还仓，遇灾荒则赈恤本地贫民。社仓设正副社长司其出纳，义仓由端正殷实士民二人充当仓正、仓副，经理收储出纳之事。地方官员行使监督稽查之权，而不得干预具体事项。

清代仓储的功能，主要有赈济、借贷和平粮价三种。对此，田文镜

① 《清经世文编》卷 43，李中孚《与布抚台论救荒书》。
② 《礼记·王制》。
③ 《大清会典事例》卷 189《户部·积储》。
④ 《大清会典事例》卷 193《户部·积储》。

总结说："仓谷之设，偶因水溢旱乾，则当开仓赈济，此按其口之大小以授食，而不令民还仓者也。若夫收成稍歉，民食尚不致艰难，或至次年春麦未登之际，青黄不接之时，则当照例出借，至秋收后，每石加息谷分半还仓，以接济民食者也。至于岁当大有，户庆盈宁，可以无借于仓谷矣。但至旧谷将没，新谷未升之时，谷价不无少昂，贫民难于买食，此又当减价出粜，以平市价者也。如此转移，不但米谷流通，小民不致乏食，而朝廷仓粮，亦得借此出陈易新，免于红腐，此诚一举而两得矣。"① 除此之外，清代仓储还有借种籽粒予农民播种的，使其不误农时。"小民终岁所仰，全在及时播种。每见岁功方兴，穷黎因籽粒无措，纵有田可耕，坐失东作者，所在多有。查种谷一石，可收新谷一二十石不等，是以民间借种籽粒，往往加倍偿还，借者帖服。今若于粜三数内，令州县酌量借给粒种，不收利息，春借秋还，每借一石，还仓时仍收一石，每交一石，酌收谷四五升，以为鼠雀出入诸耗之费，则农本既培，民力普赖，较减价以粜，更为有益。"②

　　清政府为了使仓储真正发挥赈灾、济贫和平抑粮价的作用，制定了管理仓储的规章制度，防止不法官吏侵渔贪污，以权谋私，以及被奸民冒支冒领，使真正需要赈济的贫民没有得到政府救助。常平仓管理中最重要的工作就是在常平米的出粜和籴买，对此，清政府做了严格的规定：一是为防止常平仓米出粜或出借太多，使常平仓亏空，而在真正遇到灾荒时，无米赈灾，因此常平仓米出粜或出借时，必须量入为出，不使仓储亏空，能随时应对灾荒用粮。嘉庆七年（1802），御史杨昭谨提出，常平仓谷平粜、出借有亏，宜缓平粜、出借，必须通过买补、催征使亏空补足，再予以平粜、出借。"查常平仓，如常年出粜，定例概以存七粜三为率，其地方燥湿不同，则有存六粜四、存半粜半、存三粜七及不限额数，随时出粜。原为额贮充盈，恐米谷岁久朽蠹，所以因地酌量，出陈

---

① 《清经世文编》卷 40，田文镜《请复仓谷借粜疏》。
② 《清经世文编》卷 40，钱陈群《请减粜价借籽种疏》。

易新，且使市价平减，商贩不得居奇多索。惟是平粜已有亏缺，尚未买补如额，又将存仓谷石，接续再粜，不但亏缺繁多，一时难于买补，且恐挪新掩旧，私将粜价侵用，久之仓庾尽空，升斗不存。无论常年无可平粜，即水旱偏灾，亦无谷石以供动用。臣请于平粜有亏之仓，必勒限一二年内买补足额，勿得于未足之先，率请平粜"[①]。至于出借农民"作为口粮、籽种"，也存在着类似的情况，"惟是出借已有亏缺，尚未催收全完，又将存贮谷石，接续再借，不但陈欠积压，前后难于并征，且恐旧欠作为新借，日久无从催追，势必仓庾皆虚，升斗不存。无论常年无可出借，即水旱偏灾，必应借给，亦无谷石，可支散放"。因此，杨昭谨也主张，"于出借有亏之仓，必勒限一二年内催征足额，勿得于未足之先率请出借"。二是常平仓米在一般年份出粜采买，主要是出陈谷进新谷，以防止仓储粮食霉烂。但是，由于年年出粜采买，难免增加了不法官吏侵渔、科派的风险。因此，杨昭谨主张，在一般年份，应依据各地方不同的燥湿情况，合理制定常平仓米出陈易新的年限，可从三四年至五六年出陈易新一次不等。"常平仓谷常年出粜……原为平减市价，而米谷亦借以出陈易新，然使年年出粜，则必年年采买，吏胥侵渔，既可习为利薮，闾阎科派，实亦难免追呼。臣请嗣后除因灾以时平粜不拘例限外，其常年平粜，为因地方燥湿不同，酌定出粜例限。或三四年一次，或五六年一次，以省滋扰。"三是常平仓谷出借时，由于吏胥里长等串通作弊，出现许多捏名冒借的情况，事后多半有名无人，无法催纳还仓。对此，杨昭谨主张，常平仓出借时，必须按照征粮红册查明借粮农民确实，才准予借给。这样使常平仓谷真正能救助贫穷农民，并防止吏胥里长中饱私囊，借出的常平仓谷能在限期内催纳还仓。"常平仓谷，每岁青黄不接之时，酌量出借，又或夏秋水旱成灾，酌量出借，定例查明借户果系力田之家，取具的保，平斛面给。惟是吏胥里长，互相勾串，往往从中

---

① 《清经世文编》卷 40，杨昭谨《常平仓谷章程疏》。本自然段引文，均见于此。

蔽混，捏名冒借，一时人数繁多，稽查难周，只凭保甲按名借给，迨岁底据册征收，半多有名无人，末由催纳还仓……臣请嗣后出借之时，将具呈借户，俱按照征粮红册，查系有粮农民，方准酌量借给。不但实惠及民，一颗一粒，吏胥里长，无从中饱，且凡出借谷石，尽归有著，一升一合，俱可照依例限，催完还仓，永无亏缺"。四是常平仓谷在赈济受灾民众时，也会出现吏胥里长营私舞弊，虚开丁口，冒支钱米的现象。对此，杨昭谨认为更要严格发放制度，必须将受灾贫困民户与户口底册、粮册相核对无误后，才能予以支领。这样才能杜绝吏胥里长舞弊，将常平谷真正发放到受灾贫困民众手中。"如遇地方水旱偏灾，将存仓谷石，开放赈济，俾被灾小民，一夫不失其所。惟是极贫、次贫户口，多寡无定，百里十里村屯，远近各殊，往往吏胥里长，从中蔽混，不但瞻徇颠倒，且恐巧计侵渔，虚开丁口，冒支钱米。散放既时不容缓，体察亦势有难周，请嗣后办理常平赈务，凡系灾黎，俱按每年报部户口底册，逐一稽察，再将粮册核对，俱系无业无粮穷民与零星小户，方行认真散给。吏胥里长，无所施其伎俩，而常平之米谷，均可实惠编民"。五是在采买常平仓谷时，由于吏胥里长舞弊，使富裕谷多之家反免摊派，而不富谷少之家则被摊派，甚至还被压低一半谷价采买。对此，杨昭谨主张，常平仓谷采买时，必须查照征粮红册，粮少及零星小户免于摊派，而将其摊派于粮多富户。这样，吏胥里长就无法营私舞弊，而常平仓谷又能完成采买任务。他指出：常平仓谷，"按照时价采买，事本因公，民情莫不乐输。惟是吏胥里长，从中舞弊，任意开报，殷实谷多之家，或蔽混隐漏，谷少之家，或抑勒科派，甚或私行倍折谷价，代为浮收充数。臣请嗣后采买之时，查照征粮红册，一切粮少之家及零星小户，悉予开除，惟按照粮多户口，将应买谷数分别均摊，面给价值，地方官稽察较易，吏胥里长无能肆其奸贪，所有采买谷石，自然依限全完，无有亏缺"。

清政府为了防止各级官吏失职，亏空、霉烂仓粮，制定了盘查仓粮制度。康熙四十一年（1702）复准："凡官员将存仓米谷亏空、霉烂者，该督抚题参，照例革职留任，限一年赔补。赔完，仍准复职。如二年外

不赔完者，照定例拟罪，著落家产追赔。"① "雍正元年（1723）奏准：各省存仓米石，虽有司道、知府盘查，不能保其一无徇私，当责之督抚严加核实，造册具奏。督抚离任，将册籍交代新任，限三个月查核奏闻。如有亏空，即行题参，徇庇者议处，仍令分赔"。由此可见，清代对盘查仓粮高度重视，由地方长官司道、知府、督抚逐级盘查。如有亏空、霉烂，即由督抚题参，有关官员必须革职赔补。如一年内赔完，准予复职。

清代的社仓、义仓，属于官督民办，其在管理上与常平仓有所不同。乾隆五年（1740），江西巡抚岳浚上《议社仓与古异同疏》②，将清代社仓与南宋朱熹所议论的社仓进行比较。我们从中可以较详细、具体地了解到清代对社仓管理的一些措施。

其一，保正编排保簿，给发每户门牌、烟牌③，悬挂门首。社正、社副查对门牌、烟牌，核算人口米数，总报州县，计口给发。"编排保簿，各属城乡市镇，皆系保甲专司……每年于冬季时，饬令各保正编排一次，造具各烟户清册，毋许遗漏增添，该地方照册给发门牌，各户悬挂门首。倘遇有赈借散给之事，核算人口米数，查对门牌、烟牌……每年社仓临放时，有愿借谷者，先期报明，社长总报州县，计口给发。"

其二，社仓出借社谷时，州县官只有监督稽查权，不能具体干预出纳事务。社仓"出借社谷，每年于青黄不接之时，正、副社长禀明州县，一面通报，一面即行借放……州县官止许稽查，毋许干预出纳。定例甚属周详，若又选差官吏斗子，公同支贷，诚恐转滋烦扰迟滞。"

其三，社仓谷米不借给游手好闲之人，应借给耕种田地的农民，以此来鼓励民众勤于农业生产。社仓对于"不务农业游手好闲之人，不必借给外，凡系力田农民，情愿借贷者，取具领状，同保借给状赴仓，著令正、副社长认识明确，即行照领借给"。

---

① 《大清会典事例》卷192《户部·积储》。本自然段引文，均见于此。

② 《清经世文编》卷40，岳浚《议社仓与古异同疏》。以下10个自然段引文，均见于此。

③ 所造烟户门牌，俱将男妇大小名口，作何生理，有无产业，逐一注明。

其四，社仓收纳出借谷子，必须用政府统一颁布的斗斛。"收放社谷……务照部颁斗斛，公平较量。现在各属每仓设有官斗，照收漕粮之例，纳户自行平量"。

其五，社仓谷米出借，一般年份按存六借四比例，但如遇到灾荒年份，可以全部借贷或赈济给灾民。社谷"每年出借，议定存六借四，是即存一开二之遗意也。设遇歉年，或尽数借贷，或尽行散赈，自应饬令有司，酌量轻重，随时办理"。

其六，社谷出借，一般年份借一石取息一斗，但是如遇灾荒之年出借，则予以免息。"每借社谷一石，取息谷一斗，设遇歉收，免其加息。倘本年不能还偿，即缓至次年免息交仓，民间称便"。

其七，每年秋收之后，社正、社副催促借户偿还借谷，而且负责验收，随到随收，不得阻拦不收或多收。如要规定统一收纳日期，必须事先广为告知。"每年秋收后，社正、社副催各借户纳谷还仓，俱系验明谷色，随到随收，毋许阻抑多取。若必示定日期，辗转告报"。

其八，每年年底，社仓必须将一年内仓谷按旧管、新收、开除、见在四柱汇总成清册，呈送户部查核。"各属捐贮社谷，现在每年岁底，取具动存各数清册，管、收、除、在四柱总册，送部查核。是事毕具总照会之意"。

其九，如社正、社副有缺，必须由乡约选择富有老成之人充任。"各属社正、社副缺出，即令地方乡约，公择殷实老成之人，报明有司充补"。

其十，社仓账簿共有两本，一本由社长保管，另一本由县官府保存备查。锁与钥匙则由正、副社长共同保管，以便平时查看，开启关闭仓门。"社仓事宜，俱系正、副社长，轮流收管，其社簿设立二本，一本社长收执，一本缴县存查。至于锁钥，即交正、副社长，公同分管，以便查看，不时启闭"。

乾隆十年（1745），陕西巡抚陈宏谋在《筹办积贮情形疏》中也主要谈及社仓的管理。其一，陈宏谋指出，清朝用于赈济民众的仓储最重要

的是贮之城中的常平仓和贮于乡村的社仓。如果对社仓管理得当，就能很好地发挥其接济贫民的作用。"积贮之法，不外常平、社仓二者。常平贮之城中，其出入也官主之；社仓散贮于乡，其出入也，社正、副主之。总在散敛及时，经理如法，然后可以源源借还，民获接济之益，官无霉变之虞"①。其二，建议社仓的出借比例不同于常平仓，可采取出半存半的比例。"常平之谷，存七出三，社仓之谷，出半行半，州县于每年封印后，酌定借期，一面通详，一面出借"。其三，为保证社仓谷米出借及时、公平，规定民众随到随借，禁止大斗入小斗出。"其出借之期，则按耕种迟早，以定先后，总在小民须借之时，不可延至麦收将届之后，并令先期出示，依次而放，随到随给，不许守候，平斛响挡，亦不许入多出少"。其四，为防止仓储粮食霉变，出借时应"先麦后谷，先陈后新"。其五，为鼓励民众耕种，以及出借的仓谷能如实偿还，陈宏谋也主张，仓谷不借游手好闲和无保的人。"所借之户，均须力田之家，兼有的保。如游手无益及无的保者，皆不准借"。其六，社仓出借粮食，必须依据具体粮价情况，决定出借及存贮数量，不必拘泥于存七出三、出半存半的规定，能以达到平稳粮价为目的。偿还时可于夏有麦还麦，秋有谷还谷。"傥民间无须多借，亦即留仓备贮，不必拘定出三出半。设遇粮价昂贵，即行详桌，以平市价。所借之粮，有麦者夏还麦，有谷者秋还谷"。其七，社仓由社正、副负责管理，出借时登记借户、保人姓名以及粮数，以防止营私舞弊。社正、副必须挑选富有、公正之人。如管理得法，社正、副必须予以奖励。"其社仓则仍责成社正、副经理，官给印簿，令将借户、保人姓名、粮数，以及完欠，逐一登记送查，一切出纳，虽责成社正、副，而稽查仍在于官，自无营私舞弊之患。并令慎选社正、副，务择殷实公正之人，优以礼貌。如能经理得法，遵照定例，分别奖赏请叙"。

---

① 《清经世文编》卷40，陈宏谋《筹办积贮情形疏》。本自然段引文，均见于此。

乾隆三十五年（1770），江苏巡抚李湖提出 3 条改进社仓管理建议，颇为切中时弊。一是他建议改变社长一年一轮换的制度，实行社长 3 年一任期，可担任两任期 6 年。如两任期内社长尽职尽责，可升任乡饮，再选拔新任社长。如社长不胜任，可随时更换。"社长年限宜酌更也。社长一年一换，岁岁需人，不得不责之乡保开报，恐其所举，非尽端谨诚实之人。滥借侵渔，既不能免，即有一二小心谨饬者，又或慎守管钥，颗粒不放，冀迨一年期满，交卸脱累，亦属无裨农民。应请嗣后选充社长，永不许着落乡保举报，务令该州县在本社各村庄内，照例于不应试之殷实监生，选访举充。司事三年，出纳公平，社谷无弊，详报道府，给匾奖励，再令接管三年。如能始终如一，据实通详，将该社长举充乡饮，以示优眷。六年期满，另选充补。设或办理不善，即行随时更换，不必定以三年。傥本社各村，实无不应试之监生，即举诚实乡民充当，亦不必拘泥成例"①。

二是李湖认为，社长负责社仓出纳是不够的，社仓出借收纳之时，州县长官必须亲自或派员监督稽查，核准追讨，才能根除强借拖欠的弊端。"社仓定例，社长专司出纳，官役不得掣肘，但春借之期，官不为之稽查核实，则柔懦社长，土棍、乡保、胥役，皆得强借、重借。秋敛之期，官不为之查比，则欠户皆得拖延。应请凡遇春借之期，社长将应在本社借谷之户，取具押领，同正副簿票，送州县核准，示期开仓出借。该州县接到禀报，按照村庄门牌，核明应借之户，填入正副簿内。其不应借者，不准入簿借给，即于次日定期出示赴领。至期分委佐杂，或教职一员，亲赴看散，散毕封仓。如开仓出借时，有强梗之刁民，该委官即带交印官究处。至秋成后应行还谷时，社长禀明州县，示期开仓收纳。若按期交纳全完，州县或亲赴验明封仓，或委佐杂、教职赴验封仓。傥十月内不能全完，社长将簿内欠户标明，禀送州县，差传欠户比追。是

① 《清经世文编》卷 40，李湖《酌定社长章程疏》。以下 3 个自然段引文，均见于此。

收掌出纳，仍责之社长也，地方官严其查核，则强借拖欠之弊可除。"

三是李湖指出，社长一职又苦又累，吃力不讨好，易招人怨，因此，乡村忠厚老实之人都畏避担任社长。他建议社长日常工作要简明、制度化，州县官府应禁止以造册出结等事务增加社长负担。这既减轻社长苦累，又能使其职责更加专一。"凡系乡曲谨愿之人，无不畏避社长一役，盖缘经管出纳，不惟虑招乡里尤怨，与顽户之抗欠，而其最为苦累者，则交代盘查，按月按季册报、折报等事。地方官以社谷掌于社长，每遇造册结报事，总惟社长是问，奔走城乡，致多浮费，加以胥役之驳诘，差役之传催，一充社长，便无休息。此等弊累，亟应严行禁革。查每社俱定有正、副簿籍，出借时按户登记，有无存谷数目，一目了然。及至秋还，亦复登簿，一存州县，一存社长，一社之数目，灿然可稽。即通县之数目，较若列眉，不但州县造报月折季册，可按籍而稽，即遇交代盘查册结，亦无难按簿查办。嗣后社长除春借秋还，赴官禀报，及遇盘查，到仓开验外，如仍有以造册出结等事，苦累社长者，或经告发，或被访出，官则严参，胥役立拿重处。则社长之重累尽除，而责成亦专矣。"

清代"康熙十八年（1679）题准：地方官劝谕官绅士民捐输米谷，乡村立社仓，市镇立义仓"①。由此可见，清康熙十八年始设立的社仓、义仓，其区别主要在于设立的地点不同，社仓设在乡村，义仓设在市镇。乾隆十八年（1753），直隶总督方观承在《进呈义仓图说疏》中认为，社仓和义仓并没有什么区别："仓虽以社为名，事实与义同例。一切输受之法，条目兼该。而其要尤在地近，其人人习其事，良以官之为民计，不若民之自为计，故守以民而不守以官，城之专为备，不若乡之多为备。故贮于乡而不贮于城，其输之也不劳，其散之也易遍，其操之也不迫，其察之也易周。是以积久而蠹不生，施博而泽可继，虽有水旱不齐之岁，

① 《大清会典事例》卷193《户部·积储》。

而无仓皇四出之民，制莫有善于此者也。"①

道光三年（1823），安徽巡抚陶澍在《劝设义仓章程疏》中又认为，义仓与社仓的不同，主要是义仓比社仓更倾向于民间自办，因此在管理上与社仓有所不同，更突出民众自我管理。"社仓春借秋还，初意未始不美，而历久弊生，官民俱累，变而通之，惟有于州县中，每乡每村，各设一仓，秋收后，听民间量力捐输，积存仓内，遇岁歉则以本境所积之谷，即散给本境之人。一切出纳，听民间自择殷实老成管理，不经官吏之手，以冀图匮于丰，积少成多，众擎易举，所以图便民也。各保各境，人心易齐，耳目亦周，所以免牵掣也。择人经营，立册交代，所以防侵蚀也。绅民自理，不经官员吏役之手，所以杜骚扰也。"② 由此可见，陶澍的所谓义仓，是通过民众自我管理，不让官吏插手干预义仓具体事务，从而达到"便民""杜骚扰"的目的。基于这种目的，陶澍提出了"与社仓之法有异"的义仓管理章程，其要点有以下 11 个方面：

其一，义仓设置比社仓更灵活，以里居为单位，百余家十数家均可，在秋收之后，各家量力而行捐谷存仓备赈。选择一位富足、老实之人为总管，再选一二人登记仓谷数目于四柱账簿，互相监督稽查。"一乡村无论百余家十数家，总以里居联络者，公设一仓，每年秋收后，各量力之盈绌，捐谷存仓。出者毋吝，劝者毋勒，或数十石，或十数石，多则一二百，少则数石数斗数升，均无不可。收谷时公同立簿登记，择一老成殷实之人总管，再择一二人，逐年递管，仍设立四柱交册，分别旧管、新收、开除、实在，明晰登记，互相稽查。连年丰稔，日积日多，则谷不可胜食矣。"一些乡村零星民户，由于居住相隔较远，难以联络，可以各家族、各房自设一义仓，也可并入邻近保甲义仓中。总之，义仓可因地制宜、不拘民户多少灵活设置。"乡村零户，有难于联络者，或每族各

① 《清经世文编》卷 40，方观承《进呈义仓图说疏》。
② 《清经世文编》卷 40，陶澍《劝设义仓章程疏》。以下 12 个自然段引文，均见于此。

为一仓，或一族中每房各为一仓，或以散户归入附近邻保，共为一仓，均听民便，总在随时制宜，多多益善"。

其二，设置义仓的地点不宜靠近水边，以防潮湿；不宜靠近城市，以防离乡村太远，不便就近赈济。义仓可设在乡村神庙、公祠或老成富足有余屋的人家家里。"设仓宜择善地，不宜近水，不宜近市，以防不虞。建议之初，仓廒未立，或神庙，或公祠，或老成殷实之家、仓屋有余者，均可借储。但须本人情愿，不得强借。一俟谷石稍充，即可另自置仓。"

其三，由于捐输的仓谷干湿净秕不一，因此在收仓存贮之前，必须晒干车净，并当众登记损耗若干。如贮藏时间久了，还要再出仓晒干，并予以登记。"仓谷由于乐捐，间或有湿有秕，不能拘泥画一，应于收仓时，先为晒干车净，公同登记耗蚀若干。或收贮年久，又须公同出晒一次，复量上仓，再逐一登记实数，以便查考。"

其四，义仓属于公益事业，惟有看守义仓之人，给予报酬，负责巡查，如发现义仓损坏，及时报告经管之人，予以修缮。为防止守仓之人监守自盗，义仓钥匙不得由守仓之人保管。"设仓本系义举，司事之人，不容稍有侵蚀，亦不许借端开销。惟所雇守仓之人，不能不给予工食。责令巡查，遇有风摧雨漏，仓板损破之处，立即告知经营之人，及时修理。其锁钥等项，不得交守仓人佩带"。

其五，捐输谷物最初总数，应向当地官府申报备案。以后捐输、给放数目，官吏、里长、甲长一概不予过问、干预。如有官吏借口稽查进行勒索，必须按敲诈受贿罪予以惩处。"捐谷既有成数，即赴地方官呈明立案，以免匪徒阻挠，扰乱章程。以后捐多捐少，收放出入，官吏概不与闻，即里长甲长，亦无许越俎。倘有吏役托名稽查，借端需索，查出照诈赃例，从重惩治。"

其六，义仓贮积谷物多了，就必须加建仓廒。但不必通过推陈出新、借贷来收取利息，以求增加贮积的谷物。因为这样会导致纷争，并出现营私舞弊的事情，或有借无还，损失仓谷。义仓如贮积谷物太多，可将

其用于购置田产,收取田租。但义仓必须保持一定数量的存谷用于赈济,因为如遇灾荒,田产也不能用于赈济救急。"积谷既饶,止须添建仓廒,不必推陈出新,以求滋长,亦不必春借秋还,以权利息。戢争杜纷,此为最要。惟余谷置田收租,尚可并行不悖。然必积谷实在充裕有余,以少半置田乃可,否则不必。盖此谷原为备荒而设,至捷至便。推陈出入,易滋朦混,借出难偿,渐归乌有。置买产业,虽属经久之计,然不能救济目前,亦非急务也。"

其七,如遇灾荒,除总管外,再临时增设办事公正的人当司事,共同主持发放仓谷。发放时依据仓谷数量,先放鳏寡孤独无依靠者,次发最贫困的人,再发中等贫困的人。或 5 天或 10 天发放一次,事后进行核算。家族经济尚可以的,不必赈济,如是遇到小灾荒,也不必动用义仓赈济。"每遇灾荒,总管分管外,添择公正司事,计谷之多寡,先尽本村中鳏寡孤独无告之人,次及极贫,又次及中贫。或五日一散,或十日一散,事竣凭众确算。至家计稍可支持者,不必分给,即小歉之年,亦不必动用以归实济"。

其八,捐输谷子之家,在灾荒时,不得以平时多捐就能多分,平时少捐就只得少分。分谷时按所在村庄来划分,各族各房义仓分谷,则不以村庄划分。如原在此村捐谷,后移居他村,灾荒时不得回原捐谷村庄分谷,应在新移居的他村分谷;新移居的他村应酌情分谷给刚移居该村的住户,不得因过去未捐谷而拒绝分谷给新住户。"捐谷之家,此谷既捐,即系公物。遇有灾歉,不得以从前甲多乙少,致启争端。或先在此村捐谷之家,其后移居他处,遇此村散放,不得以曾经捐谷,回向转索。新来之户,从前虽未捐谷,遇有散放,亦应酌给,不得独任向隅。盖各保各境以乡村为断,虽救恤无分彼此。而谷少人多,亦不得不稍为限制,其各族各房积谷者,则不必以乡村为断"。

其九,如遇连续几年丰收,义仓有三五年的存谷,可与乡村中的乡老等商定,添设抚恤寡妇、育婴等会,或于冬天赈济鳏寡孤独与外来无法生存的流民。"年丰和时,劝捐较易,果能积有三年五年之蓄,又不妨

略为变通，邀同衿耆，划分若干，于乡间添设恤嫠、育婴等会。或于冬闲就村庄中鳏寡孤独与外来无告穷民，量为赈济，亦所以广任恤也"。

其十，乡村绅士，应带头捐谷，如能捐谷一千石以上，或捐银子一千两以购买谷子贮义仓，或建仓廒、买斗斛器具等用银千两以上，均可呈请朝廷予以旌表奖励，书吏不得索费阻挠。"乡村绅士，克知大义者多，自必首捐为倡。如有能捐谷千石者，或捐银千两以上，买谷归仓者，或捐置基产仓廒及斗斛诸器物，用银千两以上者，均当照例请旌，以资鼓励。傥虑书吏索费，即径赴院司衙门，呈明捐数，以便行查确实，立予请旌，断不令善举稍有阻格"。

其十一，应将民间演戏酬神、嫁娶、生日糜费折谷捐给义仓，就可安贫保富，使社会形成仁义礼让的风气。"劝捐之外，尚有因事乐施一节。如民间演戏酬神，及嫁娶喜期、庆祝生日，尽可将糜费折谷捐入义仓，扩而充之。不特安贫，即以保富，将型仁讲让之风，亦由此而兴起矣。"

乾隆十年（1745），晏斯盛看到汉口一带商旅辏集，"贸易而兴盛者有之，消乏者亦有之，其间负贩帮杂而流落无归者亦有之。兴盛之家，衣食足而礼义生，恒产裕而恒心不失；至于消乏之家，下及帮杂负贩、流落无归之徒，窘迫颠连者出其中……若遇荒歉之年，生意冷淡，市米顿希，常社之粮，莫分余粒，未能安堵而高卧也"[①]。因此，他建议，汉口"盐、当、米、木、花市、药材六行及各省会馆，随力之大小，各建义仓，积谷米数万石，存贮汉镇，听其情愿捐输，不得官为勒派，一遇米贵，即行平粜。其平粜价银，一遇川南米船积滞价贱之时，即行买补，所有盈余，亦即归仓，并在仓公用。一切出纳，择客商之久住乐善而谨厚者为义长，听其经理。仍报明地方官查考，地方官亦留心照管，不使折本侵渔，如社仓法。行之有效，即推广于各市镇一例通行，似亦保聚一方之一端也。夫农民力穑而积于其社，商贾牟利而积于其次，事亦相

---

① 《清经世文编》卷 40，晏斯盛《请设商社疏》。本自然段引文，均见于此。

等也"。在此，晏斯盛主张市镇商贾云集的地方，应模仿乡村，也设置义仓，动员富商捐银，在米价低贱时购米屯储在义仓，并挑选客商中乐于行善事并谨慎忠厚的人担任义长，管理义仓。遇到灾荒米贵之时，将义仓米出售以平米价。

清代有关常平仓、社仓孰优孰劣问题，存在着不同的看法，其实，两者各有其优劣，正好可以互补，因此，两者在清朝始终存在，在备灾赈济中各自发挥着应有的作用。晏斯盛认为，常平仓和社仓由于所处地点和赈济方式不同，常平仓适合于城市，社仓适合于农村。常平仓由官府管理，则可避免社仓被乡村豪强掌控而遭侵占。社仓"不经官，则私侵不免也"。"夫官不为理而听人自为，积此必无之；事至官理之，而以常平之法行之，使专积于官，则失实之甚。何也？常平务积而已，不善为散，所积者在官而已，无及于民。夫无及于民，非仅丰年之蓄也，即岁歉赈给，亦无及于民。何也？城郭之中，贮米千万，领给者多半囤贩，而嗷嗷待哺者，实在四乡，匍匐数十百里，不得沾颗粒者，往往有之。借曰粜贱买贵，如平粜法，而民之贫无所得银者，亦终不可得米。此常平之积于城郭而粜籴之不若社仓之贮于当社而贷易之之为有济也。借曰贷易，则洒派那移之弊滋，然积贮大政，立法过密，则累深而益浅，为程稍宽，虽有弊而亦利，诚使官经其社，社经其乡，出纳之际，十甲之长，轮流交代，不使豪强者得专之，则贫弱之民，青黄不接之际，亦未必无小补，况其行之久而不无大效哉？且夫常平平粜与社仓固相为用者也"①。这就是常平积储米谷在城市官府中，离乡村数十百里，如遇灾荒，乡村饥民往往得不到赈济，而常平仓米多数被米贩囤积。而且常平仓米是低价出售以平米价，但贫民大多数手中无银钱，所以最终仍然是无钱买米。然而常平仓由政府管理，如社仓也能这样，就可使地方豪强无法掌控社仓，贫弱之民就能在青黄不接之时，从社仓得到一些接济。因此，

---

① 《清经世文编》卷 40，晏斯盛《请分常平为社仓疏》。本自然段引文，均见于此。

常平与社仓可相互为用。基于以上理由，晏斯盛主张，常平储积之米，如达到 10000 石，就将其中 7/10 分贮到乡村社仓中，城市中存储 3000 石即可。如城市常平仓存储不满 3000 石，即于省仓储积之米均拨到各社仓。然后严格要求州县官吏总体掌控，各社保长负责出纳，以 1 分利息借贷。如在出纳中出现不合理现象，保长必须受到处罚。他提出："请将各属常平积米至万石者，存三千外，各于近城四乡按社保设立社仓，将常平米七分均贮各乡，以为社本。其常平所积甚少，不满三千者，即于江宁省仓常积之米，均发该州县，以为社本。严谕州县，总其大成，各社保长按甲轮管，以时出纳，照现在加一出息。行之有效，而后推之远乡。其中或有出纳不均者，官晓谕之不率，仍追断如法。渐次行之，久必有效。"

汪辉祖认为，民众向社仓、义仓借贷，往往很急，希望能及时借到，而偿还所借米谷时，则又经常拖欠。因此，借户大多遭到社长勒索，如官府参与监督，则官吏也要从中捞到好处。因此，他主张民间社仓、义仓，在管理中最重要的是要挑选好社长。"积贮于民间，社、义二仓尚已，然行之不善，厥害靡穷。官不与闻，则饱社长之橐；官稍与闻，则恣吏役之奸。盖贷粟之户，类多贫乏，出借难缓须臾，还仓不无延宕。官为勾稽，吏需规费，管钥之司，终岁赔累。故届更替之期，畏事者多方规避，牟利者百计营求，甚有因而亏挪，仅存虚籍者，此社长之害也……欲使吏不操权，仓归实济，全在因时制宜、因地立法，旧有捐置者，务求社长得人，为之设法调剂"[①]。

陆世仪则提出："社仓不如常平，常平仓不如常平田"[②] 的观点。他认为，社仓春借冬还，收取利息 1/10，但如用人不当，就会重蹈宋代青苗法的覆辙，敛取百姓。"社仓春散冬敛，取利什一，得先王春秋补助之意。然出入之际，最须得人，否则为青苗之续"。常平仓提高米的价格买

---

① 《清经世文编》卷 23，汪辉祖《论去弊》。

② 《清经世文编》卷 28，陆世仪《论盐粮赈贷诸法》。本自然段引文，均见于此。

进，降低米的价格卖出，就没有了社仓通过借贷追讨欠债的麻烦。但是，常平仓只利于市民，与农民无关。并且常平仓是以官钱作为买卖米谷的本钱，如遇贪官污吏，官钱被消耗殆尽，常平仓就无法运作了。"常平增价而籴，减价而粜，出入便捷，无追索之扰，然止利于市民，与农民无涉。且二者之粟，俱恃官钱以为工本，一遇贪墨，官钱耗散，二法便成废弃"。如用官钱买常平田，将常平田每年所收田租储存于仓廒。这些田租可用于赈济、借贷、平衡米价，其收入又可作为购置新的常平田本钱。这样就可源源不断，每年都可增置新的常平田。即使遇到贪官污吏侵吞仓粟，但常平田却依然存在。如碰到清廉勤政官吏上任，常平田就会发挥很大的赈济作用。因此，常平田优于社仓和常平仓。"若买田以为常平，岁收其所入之粟于仓，欲赈则赈，欲贷则贷，欲减价则减价。所粜之钱，又可籴粟为来年张本，源源无穷，岁有增益。即遇贪墨侵渔仓粟，而去任之后，一得良吏，田脚固在，修举不难。视前二法，兼之且胜之矣"。基于这种认识，陆世仪认为，社仓不如常平仓，但常平仓也只有低贱卖粮而没有无偿赈济。如用常平田的收入建立子仓和母仓，先将常平田收入存于母仓，然后在小灾荒之年通过借贷收取低息存入子仓。如在小灾荒之年，子仓、母仓均低息借贷；在大灾荒之年，母仓低价卖粟以降低粮价，而子仓则无偿赈济。"社仓不如常平，然常平之法，有粜而无赈。不如立子、母仓，先以千石或万石为母，遇小饥则减价粜之，薄收其息，以入子仓。使岁恒小饥，则子母俱减价收息。大饥则母仓备粜，子仓备赈。治国者能使子母常盈，则无忧饥矣。"

清代的常平仓、社仓、义仓等，虽或多或少有不足之处，但总体上说，在赈灾中都发挥了各自应有的作用。因此，清政府对常平仓、社仓、义仓都予以大力支持，并依据其不同的定位和特征，采取不同的措施。

对于常平仓，由于其属于地方官府的储粮仓库，因此，朝廷明谕各级地方官吏对常平仓的储粮、籴粜负有直接责任。如有关官吏失职，使仓粮霉烂，或被侵蚀、挪移等，则必须受到惩罚。如"雍正四年（1726）覆准：凡地方仓廒，有渗透及墙垣、木植不坚全者，所需工费无多，该地方官即为修补。若年久倾圮，砖瓦木植破碎朽坏者，该地方官详明上司，委官估计工费，报部即动支正项修盖。其有地方廒座无多，将仓粮寄存僧寺道院者，或并无寄存之处，将米谷露囤者，该地方官详请督抚查勘确实，将作何建仓之处酌量具题。倘州县官漫不经心，因循怠玩，不修补仓廒，不详请修盖，以致米谷霉烂者，照溺职例革职，限一年内照动帑买补之数赔完。限内不完，照侵蚀钱粮例以未完米谷之数，依律治罪。仓廒既经修造，犹有托名霉烂亏空者，查出照侵蚀例治罪"①。在设置常平仓中，一个基本的条件是必须保障仓谷的来源。清政府通过各种渠道，使常平仓能筹集到足够的仓谷。其主要来源有：地方州县办理案件的赎金，富民、乡绅、官吏的捐输等。如"顺治十二年（1655）题准：各州县自理赎锾，春夏积银，秋冬积谷，悉入常平仓备赈，置簿登报布政使司，汇报督抚，岁终造报户部。其乡绅富民乐输者，地方官多方鼓励，毋勒以定数。"康熙三十六（1697）覆准："湖广三十五年分各官捐输之谷，储各属常平仓，以备赈济。"

　　清政府还重视对地方常平仓的监督稽查，如发现侵挪亏缺、勒买勒卖、短价克扣等弊端，就对有关官吏进行惩治，并予以整饬。乾隆五十七年（1792）谕："各省督抚，每年俱汇奏，仓库无亏，遇有偏裨歉收，并未据奏闻动拨仓谷，以济饥民。即如本年直隶、畿南一带，因旱歉收，经朕降旨询问，何不将仓贮谷石，先行动拨。据该督奏，各该处额储谷石，除连年出借籽种及本年平粜外，所存无多，不敷散赈等语。可见各省仓贮，并不能足数收储，此皆由不肖官吏，平日任意侵挪亏缺，甚或借出陈易新为名，勒买勒卖，短价克扣，其弊不一而足。以古人之良法，转供贪墨之侵渔，而该督抚等并不实力稽察，惟以盘查无亏一奏了事。以致各省仓储，俱不免有名无实，备荒之义安在乎？该督抚等向来因循怠玩，此后务当认真整饬，实力稽查，使仓谷丰盈，以期有备无患。若再仍前玩忽，任令州县侵挪短缺，将来朕特派大臣前往抽盘，一经查出

***

① 《大清会典事例》卷189《户部·积储》。以下2自然段引文，均见于此。

参奏。恐督抚不能当此重庆，若因有此旨，复任地方官借词采买，有勒派短价情弊，将该上司及州县，一并从重治罪，决不宽贷。"

对于社仓，清政府则坚持由民间自行管理，不让官府插手，以防止地方官吏挪移、盗卖、侵肥等。但是社长必须于年终将社仓出入、储欠数目造成会计簿册，由地方官上报上司及户部，以接受监督。如社长管理妥善，予以奖励；如有出现侵蚀，经乡民告发，予以惩罚；如管理不善，由同社自行选人替换。"嘉庆四年（1799）谕：社仓原系本地殷实之户，好义捐输以备借给贫民之用。近来官为经理，大半借端挪移，日久并不归款。设有存余，管理之首士与书吏，亦得从中盗卖。倘遇俭岁颗粒全无，以致殷实之户不乐捐输，老成之首士不愿承办。是向来良法，徒为官吏侵肥。亦应一律查禁，并著各督抚等，将各省社仓，仍听本地殷实富户择其谨厚者，自行办理，不必官吏经手，以杜弊窦而裕民食。又议准：各省社长，于岁底将出入储欠数目造册结报一次，地方官转报上司，造册报部。一切出纳，听民自便。又议准：各省公举正副社长，止令呈官存案。如办理妥善，照例奖赏；如有侵蚀，经乡民告发，照例治罪。经理不善，仍听同社自择妥人请换，毋许官吏指名充补及借端为难，违者，查出究办"①。

对于义仓，清政府亦坚持民间自办。对捐谷多者依据其数量给予不同的奖赏，以示鼓励。慎重选择管理义仓的仓正、仓副。为鼓励民众务农，政府规定游手好闲之人不得借贷义仓米谷。地方州县官离任交接时，必须核查其是否有私借挪移义仓米谷。如有，必须受到处罚。义仓出借米谷，春借秋还，收息1/10，并将其中10％利息作为仓正、仓副纸张、饭食开支。10％利息作为折耗，10％利息作为租借房屋开支。义仓在灾荒之年出借米谷免收利息，所有以上开支，于上年剩余利息中借支，等下年收到利息后，再原数拨还。乾隆十二年（1747）覆准："山西省义仓，士民捐谷，分别奖励。照直省社仓之例，其所收杂粮，按照米谷，

---

① 《大清会典事例》卷193《户部·积储》。以下2自然段引文，均见于此。

折算奖赏。其州县能捐俸急公，首先倡率捐五十石者，记功一次；百石者，记功二次；百五十石者，记功三次；三百石以上者，别行注册。每逢奏报案内，并别有政绩卓越，遴选升调，别作一条事实汇册，送部察核。先予记功三次，三百石以上者，于现任内记录二次。至义谷照直省之例，分乡收储，春借秋还。照社仓例，每石加息一斗，所需仓费，亦照直省于息谷内动用。倘士民情愿捐资建仓，或捐仓屋地基、木料等物，准其计价合算谷数，汇入捐谷内分别奖赏。再慎选仓正、仓副，分别劝惩。游惰民人，禁其滥借，均照社仓例办理所有义谷。每遇州县官交代时，照例盘查。如有私借挪移，分别参处。至储谷之乡附近村庄，如猝遇冰雹，例不成灾，农民有缺乏口粮籽种者，准其将谷借给。每年春借秋还，先尽杂粮出易，俟本息充裕之日，再照存七粜三办理。其义仓出谷，每百石收息谷十石，内一石为仓正、仓副纸张、饭食之需，一石为仓谷折耗，一石为赁房之费。如遇歉收免息之年，所需费用，于上年余剩息谷内借给，俟下年收有息谷，照数拨还原款。"

（三）灭蝗防蝗灾

乾隆十七年（1752），监察御史周焘提出在灭蝗防蝗灾中"捕蝗不如除蝻，除蝻不如灭种"①。这是因为如把蝗虫消灭在种子阶段是最省事的；其次是把蝗虫消灭在蝻阶段，因为蝻还没翅膀，不会到处飞，还较容易捕杀；最难消灭的是长成蝗虫，到处飞翔，蔽日遮天，如要将其消灭殆尽，将是很困难的。周焘指出："蝗虫始由化生，继则卵生。化生者，低洼之地，夏秋雨水停淹，鱼虾卵育，迨水势涸落，鱼子散在草间，沾惹泥涂，不能随流而去，延及次年春夏，生机未绝，热气炎蒸，阴从阳化，鳞潜变为羽翔"。首先，周焘在此所述蝗虫生长的第一阶段虽然不符合科学知识，但认为灭蝗效果最好的是第一阶段"灭种"。"各省滨临湖河低洼之处，令该管官于每年二三月预防蝻子化生。一有萌动，即多拨兵夫

---

① 《清经世文编》卷45，周焘《敬筹除蝻灭种疏》。本自然段引文未注出处者，均见于此。

扑捕，或掘地取种，或于水涸草枯时纵火焚烧"①。其次，周焘认为蝗虫生长的第二阶段蝻，因为没有翅膀，不会四处飞翔，所以还较容易捕杀。"蝻孳萌生矣，其初出，稚小如蚁，渐如苍蝇而色黑，数日则大如蟋蟀而无翼，土人名为步蝻。及时扑灭，犹易为力"。最后，周焘认为蝗虫生长的第三阶段成虫，因为长出翅膀，可以四处飞翔，并成群迁徙不定。每到一处田地，庄稼就被吃得精光，其数量多时，蔽日遮天，满地爬着蝗虫。如到这种地步，即使组织人捕杀，也是很难将其消灭殆尽，其危害将不可胜言。"若再过数日，则长翅飞腾，随风飘扬，转徙无定，其栖集之处，禾黍顿成赤地，若最盛则蔽日遮天，盈地数尺，壅埋人间房屋，远望如山，纵行扑捕，亦苦人力难施，其为害殆不可胜言矣"。

乾隆三十五年（1770），副都御史窦光鼎就如何组织民众灭蝗提出了数条建议，其主要内容有以下 3 个方面：其一，组织民众捕杀蝗虫时，不必预先确定人数。但可预先编制一份捕蝗人员花名册，交州县备案，以供临时调拨。其捕蝗人员，尽量用本村或附近百姓，可按每户出夫一人或两三户出夫一人征派，也可临时雇用城市中无事可做的人。"捕蝗人夫，不必预设名数，致滋烦扰。但查清保甲册，造村庄户口，临时酌拨应用。旗庄则理事、同知查造清册，交州县存查"。"捕蝗必用本村近地之人，方得实用。嗣后凡本村，及毗连村庄，在五里以内者，比户出夫，计口多寡，不拘名数，止酌留守望馈饷之人而已。五里之外，每户酌出夫一名；十里之外，两户酌出夫一名；十五里之外，仍照旧例，三户出夫一名。均调轮替，如村庄稠密之地，则五里以外，皆可少拨；如村庄稀少，则二十里内外，亦可多用。若城市闲人，无户名可稽者，地方官临时酌雇添用"②。

其二，中村、大村设牌头 1—4 名，小村可二三村设牌头一名，负责

---

① 《大清会典》卷 19。
② 《清经世文编》卷 45，窦光鼎《条陈捕蝗酌归简易疏》。本目以下引文，均见于此。

率领民众捕蝗，平时率田户巡查各家田地是否滋生蝗虫。各州县还设护田夫数人，专门负责巡查各乡村海滨河淀偏远地区蝗虫。如某乡村出现蝗蛹滋生，必须及时报告官府，牌头率村民一起捕杀。如本乡村人手不够，还可联合附近村庄百姓协助捕灭。如蝗虫蔓延数个村庄，还可调拨士兵，由能干的吏役督促，迅速捕杀，以免使庄稼受损。如能及时扑灭蝗虫，有关人员将受到官府奖赏；民众捕到蝗子一升，可奖给米三升。如出现蝗虫，有关人员共同隐瞒，一经查出，田户、牌头都将受到惩罚。捕蝗时因人力不够调拨外村人，每人每天必须给米一仓升或钱15文的报酬，如调拨的外村人路途遥远，所给的米钱报酬必须多一倍。"牌头每县不过数十名，因而增之，大村酌设二三四名不等，中村酌设一名，小村则二三村酌设一名。免其杂差，俾领率查捕人夫"。"各村田野，今乡地牌头，劝率各田户，自行巡查。若海滨河淀阔远之地，则令各州县，自行酌设护田夫数名，崇司巡查。向来有以米易蝗子之例，若蝗子一升，给米三升，则搜刨自力"。"凡蝗蛹生发，乡地一面报官，牌头即率本村居人，齐集扑捕。如本村人不敷用，即纠集附近毗连村庄居人协捕。如能实时扑灭，地方官验明，酌加赏赍，如扶同隐匿，一经查出，即将田户与牌头乡地，一并治罪。如近村人夫，仍不敷用，地方官酌拨渐远村庄，轮替协捕。如虫孽散布，连延数村，则各村之人，在本村扑捕，各于附近村庄，拨夫协济，以次及远。仍照例会同营汛兵丁，督以干员妥役，则捕灭迅速，而田禾亦不致损伤"。"外村调拨之夫，仍照旧例，每名日给米一仓升，或大钱十五文，其奋勇出力者，酌加优赏。如阔远之地，须调拨远夫者，加给米钱一倍"。

其三，捕蝗器具以条拍、旧鞋底拍打蝗虫，效率最高，必须在蝗虫出现前准备好，不得以木棍、小枝等塞责。如捕杀不会飞的蝗蛹，可预先开沟，然后将其围赶到沟里，用土掩埋。如捕杀会飞的蝗虫，适合用人先横排成一行，然后尾随蝗虫其后捕杀。尤其在黎明露水多时，更容易捕杀。如在生产庄稼的田地里，则宜在田垄上捕杀，不得合围喊叫，这样不仅会让蝗虫惊飞四处，而且会损坏庄稼。捕杀蝗虫中以往依据蝗

虫数量予以奖励，多采取边捕杀边掇拾收贮的办法，但这种办法费工、效率低。如要用这种办法，就让老幼妇女跟随其后掇拾收贮，或零星捕蝗时较为适合。如是大面积捕杀，就由精壮人手持捕蝗器具跟踪蝗群奋力扑打，将蝗虫尸体丢弃田地，不掇拾收贮。这样既大大提高捕蝗效率，又能让死蝗腐烂后成为麦苗肥料。"捕蝗器具，莫善于条拍，其制以皮编直条为之，或以麻绳代皮亦可。东省人谓之挂打子，最为应手……使预制于平日，以便应用。其次则旧鞋底，各属多用之。然常不齐全，宜预行通饬。若有以木棍、小枝等物塞责者，即将乡地牌（头）一并究处"。"蝻子利用开沟围逼，加土掩埋。蝗翅初出未能飞，亦可围捕。至长成之后，则宜横排人夫，尾随追捕。若乘黎明露濡，歼除尤易。若在禾稼之地，则宜随垄赶捕，不得合围喊逼，致令惊起，且易损田禾"。"收买飞蝗之法……掇拾收贮给价，往返掩埋，皆费工夫，故用夫多而收效较迟。惟施之老幼妇女，及搜捕零星之时，则善矣。若本村近邻，力能护田，以精壮之人，持应手之器，当蝗势厚集，直前追捕，较之收买，一人可以当数人之用。故用夫少而成功多，且蝗烂地面，长发苗麦，甚于粪壤也。"

三、赈灾思想

（一）赈灾总体思想

1. 清政府赈灾总体思想。

清政府赈灾总体思想有 12 个方面，即备祲、除孽、救灾、发赈、减粜、出贷、蠲赋、缓征、通商、劝输、兴工筑、集流亡。其中备祲是政府奖励农耕，以农为本；除孽是捕杀消灭蝗虫，似不属于赈灾范围，本章上文已有论及，兹不赘述。以下简述其余 10 个方面①。

其一，救灾。"水灾骤至，有司官即率众救济。漂毁房屋，给予搭运

---

① 《大清会典》卷 19。以下 10 个方面引文，均见于此。

修费银；淹毙人口，给予葬银；淹伤人口，给予抚恤银；水冲沙压地亩，给予挑培修复银。皆按各省例定银数散给。"由此可见，这里的救灾，是专指救助水灾，其救助的方式是以发放货币赈灾。

其二，发赈。"题报成灾情形，即一面发仓，将乏食贫民，先散赈一月，是为正赈。及查明分数后，随分析极贫、次贫，具题加赈。灾十分者，极贫加赈四月，次贫加赈三月；九分者，极贫加赈三月，次贫加赈二月；八分、七分者，极贫加赈二月，次贫加赈一月。灾六分者，极贫加赈一月；五分者，酌借一月口粮。正赈、加赈米数，皆按日散给，大口日五合，小口半之。学中贫生，屯卫贫军，随坐落地方予赈。盛京旗地、官庄、站丁被灾，各先借一月口粮，不作正赈。及查明被灾分数，不论极贫、次贫，旗地灾十分、九分者，赈五月；八分、七分者，赈四月；六分、五分者，赈三月。官庄灾，十分、九分、八分者，赈五月；七分、六分者，赈四月；五分者，赈三月。站丁灾，十分、九分、八分、七分者，赈九月；六分、五分者，赈六月。米数皆按月散给，大口月二斗五升，小口半之。凡闲散贫民与力田灾民，一体给赈，米不足者，银米兼赈。"由此可见，这里的发赈，就是给灾民发放口粮。其发放的数量依据是发放对象的贫困程度和灾荒的严重程度，发放对象越贫困、受灾程度越严重，所发放的口粮月数越多。除此之外，旗地、官庄、站丁受灾另外给予额外的优惠。发放口粮有按日、按月发放两种，按大口（成年人）和小口（未成年人）两种定额发放，未成年人是成年人的一半。赈粮分两种，如遇灾荒，先发放一月口粮，称为正赈，以后再依据灾民贫困程度和受灾不同程度加发的称为加赈。发赈以发放口粮为主，但是，如果粮食不足，也可同时发放银钱与粮食。

其三，减粜。"岁歉米价腾贵，出粜常平仓谷，督抚确核情形，于当年平粜。照市价例减之外，再酌定应减之数，具奏出粜。如仓谷不足，则动帑赴邻省采买出粜。事竣，动仓谷者籴谷还仓，动库帑者易银归库"。灾荒年份粮食歉收米价飞涨，政府就将常平仓谷降低价格出售。出售前督抚必须核实受灾情况，除依照规定降低米谷价格外，至于具体降

低米价多少，督抚必须酌情确定，再向朝廷上奏，批准后才能出售。如本省常平仓谷储备不足，可动用本省财政经费赴邻近省份购买。赈灾结束后，再购买谷子归还常平仓或归还银子于省库。

其四，出贷。"灾岁之明春，农民无力播种者，酌借籽种、口粮。或夏月风雹旱蝗水溢等灾，除不能复种秋禾者，即照秋灾办理外，如秋米尚可播种，应俟秋获时，确勘分数办理者，遇必需接济，亦先酌借籽种、口粮，皆于常平仓出借，秋灾麦熟后征还，夏灾秋成后征还，皆免息谷"。出贷就是在灾荒或青黄不接时，常平仓借贷种子或口粮给农民，待下一季粮食收成后归还，免收利息。

其五，蠲赋。"以灾户原纳地丁正耗，准作十分，按灾分之数蠲免。灾十分者，蠲赋十分之七；九分者，蠲赋十分之六；八分者，蠲赋十分之四；七分者，蠲赋十分之二；六分五分者，蠲赋十分之一。屯卫田地，随坐落州县分数蠲免。山西米经摊征之丁银，及无地灾户丁银，统随地粮分数蠲免。八旗官地，灾十分者，蠲租十分之五；九分者，蠲租十分之四；八分者，蠲租十分之二；七分者，蠲租十分之一；六分以下者，缓征。江苏吴县公田，蠲租照民田之例。至各省漕粮及漕项，或分年带征，或一律蠲免。奏明遵旨办理"。清代蠲赋包括3个方面：一是赋税，其遇灾蠲免较多；二是官地、公田地租，其遇灾蠲免较赋税少；三是漕粮作为漕运京师、通州的田赋和漕项作为漕运开销的银米，遇灾可分摊各年带征，一律蠲免。

其六，缓征。"灾地勘报之日，即行停征。所停钱粮，系被灾十分、九分、八分者，三年带征；系受灾七分、六分、五分者，二年带征；五分以下勘不成灾，有奉旨缓征，及题明缓征者，缓至次年麦熟后启征。其次年麦熟后，应征钱粮，递行缓至秋成。若被灾之年，深冬方得雨雪，及积水方退者，另疏题明，将应缓至麦熟钱粮，再缓至秋成，新旧并纳。又成灾五分以上州县中之成熟乡庄应征钱粮，亦一体缓征"。清代缓征就是受灾百姓暂缓向政府交纳钱粮，其缓征年限按受灾程度不同可缓2—3年，如受灾五分以下不严重的，如皇帝圣旨或题明准予缓征的，也可缓

至第二年启征。总之，可依据受灾情况灵活掌握缓征年限。

其七，通商。"灾区需米接济，奏明招徕商贩。有运米前往粜卖者，所过关口，免其纳税，给予印票。到境之日，呈送地方官盖印，回空核销。如米到被灾地方，先行粜卖，及偷运他省，加倍罚税，仍照违禁例治罪"。清代如某地区灾荒，即通过免关税的政策鼓励商人向灾区贩卖粮食。如商人运米到灾区未经官府盖印核销先行粜卖或偷运到其他未受灾省份粜卖，必须加倍罚税，并依照违禁例惩治。

其八，劝输。"绅衿商民于歉岁出资捐赈者，准亲赴布政司具呈。所捐之项，听其自行经理，不许州县抑派。事竣，督抚核实，捐多者题请议叙，少者给匾旌奖"。乡绅、富民、商贾如在灾荒年份捐钱粮赈灾者，准许亲赴省布政司具呈。所捐钱粮，可由捐者自行管理，禁止州县抑派勒索。事后，督抚核实，捐多者可保举授予官职，捐少者颁布匾额奖励。

其九，兴工筑。"灾岁间闾艰食，令督抚于地方应举之工，如沟渠、城垣、堤防，酌量提请办理，俾贫民佣工就食。""兴工筑"就是灾荒年份以工代赈，地方通过雇佣灾民兴建沟渠、城垣、堤防等，使灾民自食其力。

其十，集流亡。"被灾贫民，令该管官善为抚恤，毋令轻去乡土。其流亡外出闻赈归来者，即准入册，一体散给"。地方官应对本属地灾民妥善抚恤，不要使灾民轻易离乡背井。其流亡在外地的如听到赈济回来的人，即准其登记入册，一样给予赈济。

2. 张伯行赈灾总体思想。

除清政府在《大清会典》卷 19 所记载的赈灾总体思想外，当时个人也有对赈济总体思想提出自己的见解，如张伯行的《救荒事宜十条》和方观承的《赈纪十五条》等。他们文中与《大清会典》卷 19 相似的就不再赘述，兹介绍其与《大清会典》卷 19 不同的一些看法。

张伯行（1651—1725），字孝先，号恕斋，晚号敬庵。理学家，康熙二十四年（1685）进士。累官至礼部尚书，以清廉刚直称。去世后，朝廷追赠其为太子太保，谥清恪。

张伯行的《救荒事宜十条》①是赈济、赈粜、赈贷、担粥法、劝捐、安流民、稽察、收养、掩埋和禁戏10个方面，其中较有特色的是担粥法、安流民、稽察、收养、掩埋、禁戏6个方面。

其一，担粥法。张伯行认为，担粥法适合于私人零星、小规模施粥给在灾荒中极贫困无以为食之人，可逐家逐户施粥，施完为止。如是成群、大规模施粥，则应由政府组织实施，乡绅富户私人成群、大规模施粥则效果不好。"极贫之人宜赈粥，然赈粥惟官长行之，而绅衿富户，鲜有行之者，非尽无恻隐之心也，有所畏而势不能为耳。盖施粥之名一出，人来必众，此人得食而彼人不得，则彼人怨；今日得食而明日不得，则明日怨；本月得食而下月不得，则下月怨。恩未结而怨已随之，所以虽有其心，而不敢见之施行也。然则随力赈粥，使人感恩而不怨者，岂无道乎？今设为担粥之法，富家有力，愿施粥者，每遇风雪寒冷，难以求食之日，煮粥一担，令人肩挑粥担，随处给食。食毕则已，明日再煮，陆续挑给。担粥者众，则全活者多，且无敛怨、争挤之患矣。又风雪之日，饥民不能出门户，每人量给粥一顿，俟天气和暖，方能出门营求。此在富者所费有限，而贫者续命已多。若给食至于数十户者，地方官亦即申报，酌行奖励"。

其二，安流民。张伯行提出，应对流民按十余人一排组织起来，设立一排头进行管理，如住在庵观寺院，则再由僧人总监督，以防止流民死亡、拐带、盗窃、争斗等事故发生。如流民住在庵观寺院，男僧专门收养独身男人，女尼专门收养独身女人，不得男女混杂。如是一家有男有女数口，必须整家安顿，不得将其拆散。如流民安置在乡村空闲房屋之中，必须由乡村耆老、乡约主持；如安置在州县，必须平均安置，不得出现有的地方安置多、有的地方安置少或不安置的情况，平均安置则易于赈济，防止拥挤。"流民当互相养济也。每十人为一排，或多一二

---

① 《清经世文编》卷41，张伯行《救荒事宜十条》。以下6个方面引文，均见于此。

人，或少一二人，亦可立一排头，来者即令着落排头。如来者多，再分排头，令聚一处。昼则各出分路求食，夜仍聚会一处，或庵观寺院，令排头代为料理，而以僧人董之。盖恐流来人多，或有死亡、拐带、盗窃、争斗事故，有此着落。如佃户之依里主，行旅之依店主，自帖然得安。至于男女，尤当分别，寺院有男僧者，令其收养流来之男人无妻女者；庵观之有女尼者，令其收养流来之女人无男夫者。如一家有男女数口者，不得分别拆离，或于寺观，或于各乡村处所，查设空闲房屋以处之，以耆老、乡约主其事。然流民又宜各州县均为安插也，使此处安插，彼处或不安插，则此处之聚积必多，必有不能周全之虞。惟各处均为安插，则养济自易，而人亦无拥挤之患矣"。

其三，稽察。张伯行的救灾措施"稽察"很有特色。他主张，在灾荒严重时，政府必须派流民头、僧人、耆老、乡地等不时稽察所属地区，发现有将冻饿快死灾民，必须及时报告官府并给予粮食、棉衣、钱等救助。如没及时报告及救助而使饥民冻饿致死，有关人员必须受到处罚。如耆老、乡地发现冻饿死者，也必须及时报告官府，捐棺木埋葬。张伯行的稽察救灾措施，能挽回许多冻饿将死灾民的生命。"人之饥饿而死者，必数日不得食而后死，断无一二日不得食即饿死之理。宜令流民头或僧人稽察，有一二日不得食者，即为禀官给粥一顿，使能行走，再令出门求食。若居民则令耆老公正者会同乡地，不时稽察，一二日不得食者，即令报所在官长，令给粥一顿。至风雪之日，寒冷不能出门求食者，尤宜稽察报明官长，或量给米升合，或量给钱数十文，或用担粥法煮以食之。但要每日留心，如有冻饿而死者，即报明官长，捐棺木以埋之。如先不禀明几日不得食，而即禀报饿死者，严加治罪。如地方官冻饿死人，不行申报者，以匿灾论。如有隆冬真正无衣者，令耆老会同乡地查明，所在官长，捐给棉衣，流民亦如之。或耆老确查明白，禀所在官长，设法捐给，或劝谕绅衿富户酌量多少捐给，如此则所费者少，而所活者多矣"。

其四，收养。张伯行鼓励富裕人家在灾荒之年收养贫困人家无法养

活而遗弃的子女。而且政府必须规定年限，如贫困之家在规定的年限之内无法收回并养活自己的子女的，那子女就拜收养人家为父母，即使在丰年贫困之家也不得将自己子女收回。"鬻卖子女者，原非得已。盖举家饥饿，束手就毙，不如割爱以甦旦夕之命也。且买者必有粮之家，卖者必得食矣。今凡卖子女者，责令地方官捐俸，代为回赎，此虽轸念贫民，曲为完聚之法，但富室有力之家，不肯再买，而灾黎穷困之极，必有遗弃道路，而冻饿以死者。今宜令如有穷苦零丁，不能自存者，许令亲戚收养，如无亲戚者，邻里养之，或所至之处，有愿收留者，任其收留役使，与雇卖人同。而人多不肯收养者，诚恐岁歉，代为收养，至年丰伊又将竟回本家，不为使令，故不肯收养耳。今宜官给之券，听其自定限期，以若干为满，其有遗弃孤儿，人家收养长大者，即拜所养为父母，丰年不得归还本家，著为定例。盖父母生之而不能养，此能养之，即亦父母矣，则人之收养者自多，而孤儿庶免冻饿而死，此两全之道也"。

其五，掩埋。张伯行主张在赈灾中，必须及时掩埋死者。这既使死者入土为安，也能防止疾病的传染。"骸骨不可不急为掩埋也……宜严饬城关各乡约地人等，凡街市道路田间，有抛弃骸骨，俱令掩埋以顺生气。盖灾祲之后，每多疫疾，皆因饥死人多，疠气熏蒸所致也。一经掩埋，不惟死者得安，而生者亦免疹之祲矣"。

其六，禁戏。张伯行认为，灾荒时灾民忍饥受冻，而有钱人却以演戏取乐，反差太大，不近情理，不仅受苦人不愿听，恐怕神明也不保佑，不如将演戏的钱用来赈济灾民。他建议，灾荒时应禁止演戏，如有人违反，每天罚谷10石，并按每增加演戏一天，递增罚谷数额，而且将罚谷用于赈济饥民。"饥馑洊臻之时，流离满道，何必乐此乎？是以严加禁止。盖人方愁苦衣食之不暇，我乃演戏以取乐，无论向隅者所不愿闻，恐天地神明亦必不佑矣。何如省其费以济民之为得乎。自禁之后，如有搭台及燕宾仍前演戏者，每日罚谷十石，计日增加，立比入仓，赈济饥民，既可化无用为有用，亦可变游惰为勤慎矣。"

3. 方观承赈灾总体思想。

方观承（1698—1768），字遐谷，号问亭，一号宜田。雍正九年
（1731），初经举荐，任内阁中书。乾隆二年（1737），担任军机章京，转
吏部郎中。历任直隶清河道台、直隶按察使、直隶布政使、直隶总督。
逝世后谥恪敏，入祀贤良祠。著有《述本堂诗集》《问亭集》。

方观承的《赈纪十五条》①是核户、勘灾、造册、恤农、严法、防
弊、恤死、增廒、展赈、止流民、劝安业、粜米、借种、推广惠政、用
人等15个方面，其中比较有特色是核户、勘灾、造册、恤农、严法、增
廒、展赈、劝安业等8个方面，兹缕述如下：

其一，核户。核户是赈灾最重要的基础工作。方观承主张，在灾荒
发生之前，地方州县必须尽早核定每户人口多少，从事何种职业，家中
有无残疾之人，以及田地、粮食等情况。这样，在赈灾中就能针对各户
具体情况进行有针对性的准确赈济，防止发生偏差，使该赈济的人没有
得到赈济，而不该赈济的人却得到赈济。"民当六七月，灾象已形，宜及
早以安之。于是颁规条，创格式，分员履勘，概限八月初旬，等差厘举，
急请普赈，夫既众著于得食之有期……盖不夺饥者之食，以实不饥之腹，
自无所遗……令家置小牌，丁若干口，习某技业，有无残疾及田粮等项，
编排的实。为牧令者。于一州一县中，如指诸掌。一遇灾赈，按籍处分，
百不失一"。

其二，勘灾。方观承认为，在赈灾中，关键的第一步是勘灾，即评
估灾荒的严重程度，这样，政府才能对赈灾作出正确的决策，不至于偏
重或偏轻。在勘灾中，如受灾很严重，达到九分十分损害，那还好评估。
难得的是如受灾是七八分、五六分，那就比较难具体评估出达到多少分
程度。而且灾情会随着时间的推移不断变化，有时会变得越来越严重，
有时则会逐渐缓解，与勘灾时的评估结论不相吻合。因此方承观主张，
勘灾时与其畸轻，毋宁畸重，这样能留有赈灾余地；地方官员应根据灾

① 《清经世文编》卷41，方观承《赈纪十五条》。以下8个方面引文，均见于
此。

情变化情况，及时更正勘灾评估结论，这样才能把赈灾工作做好。"查赈先在勘准地亩，灾分轻重，轻重一错，后来核办户口，剧难调剂。然九十分重灾易勘，而七八分与六分递轻之等，所辨已微，至六分与五分，赈否攸关，尤当审慎。大旨与其畸轻，毋宁畸重，重则可于核户时伸缩之，轻则无挽补法矣……此事责成，全在地方官，其勘报轻重之间，不惟核赈以此为根据，即钱粮之蠲缓分数，亦因之，诚为办赈第一要义也。至于委员，不过临时一过，取其白地，而十分九分之，视其苗之长短疏密，而七八分之，五六分之，岂知十日半月之后之一槁，而同归于尽也。反是者，则前无雨而后忽有雨，此有雨而彼仍无雨，局已下变，而泥于委员报文之已上，不为更正，则错到底矣。故及灾册，未经达部以前，地方官不妨具结申请，即使驳查覆勘，而其言果验，自当俯从，慎勿护前，反贻后咎也。"

其三，造册。赈灾时，地方州县应督令受灾地区乡地，按照每村每户每个人登记，编造成草册，不许遗漏，到时移送给负责赈灾的官员。该官员核查其该赈济者，填入格册，其不该赈济者以及外出者，就直接在草册内注明。赈灾格册以草册为依据，草册又以原有门牌为依据。方观承主张："应飞檄各州县，督令该管乡地，先按村按户按口，开造草册，无许遗漏。届期移送委员，察其应赈者，填入格册，其不应赈与外出之户，俱就草册内注明。以草册为赈册之根，又以本有之门牌为草册之根。"

其四，恤农。方观承指出，农民是国家财政收入的主要来源，国家在灾荒年份向农民赈济，其实这些财政经费就是丰年时国家向农民征收的赋税。因此，赈灾时应先赈济农民，先看其农田受灾情况，再看其住处、器用、耕牛、农具等。那些不是因灾荒而贫困的人，往往不是农民，对他们的赈恤会助长其懒惰。农民是国家的根本，农民挨饿则全体民众皆挨饿，谷价提高则其他物品的价格都会提高。因此，赈灾首先必须重视赈济农民，其余民众是不可与农相提并论的。"田禾灾而赈恤行，赈所以救农也。农民终岁勤苦，力出于己，赋效于公，凡国家府库仓廪之积，

皆农力之所入也。出其所入于丰年者，而以赈其凶灾……司赈者先视田亩被灾轻重，复审其居处、器用、牛具之有无存弃，以别极贫、次贫，其不因灾而贫者，非农也……不因灾而贫者亦赈，误以赈为博施之举也；不必皆贫而衰老者亦赈，误以为赈为养老之典也。乞丐得饱于凶年，将无启其乐祸之心乎？佣人安坐而得食，将无堕其四体之勤乎？夫农饥则四民皆饥，谷贵则百物皆贵……盖首重救农，其余乏食之民不过为区别，斯可矣，未可与农民并论也"。

其五，严法。灾荒之年，政府对赈灾的许多事项，要制定出具体的法规。如赈灾中谁应赈给，谁应减少赈给；干旱时，如何分配灌溉的水源；赈灾时，灾民在远近不同路途中的往返，赈灾场所的拥挤，等候赈给，粮食称量标准，米谷的干湿，发放赈给钱的短少，外出人口的遗漏冒领，邻里亲戚的弄虚作假等，都要有具体明确的法律、规章制度的规定。这样处处有法可依，地方官德法恩威并用，就不会引起争端，并能消除弊端。方观承指出："水旱间作而饥口待食于官，尝至数十百万之众，孰应给，孰应减，按例依期，汤年一溉，为枯渴之所必争，恶其争不以道，而法随之，亦不得已之为也。盖当此之际，亲履穷檐，悲闵衔恤，父母之心也；镇以高严，惩其顽抗，师帅之职也。外肃中慈，所向皆办。倪惟煦煦姑息，堕威启玩，其争转多，是陷之罪矣。""村民当领赈时，急于得饱，非立法大为之防，则诸患生焉。道里不均，有往返之劳；场宇不宽，有拥挤之虑；时日不定，有守候之苦；称较有低昂，桶概有盈缩；荐盖少而米虞蒸湿，校贯差而钱或短少；外出户口之遗漏重冒者，保邻亲属之扶同捏饰者，皆为患所宜防。议行条规十则，期于弊除而利可溥。惟当局者先期筹画，身之所不至而心至之，心之所不至而法已至之，庶几弊无萌生，泽可下究耳"。

其六，增厂。清朝在城乡设赈灾场所"厂"。当时由于交通工具的限制，方观承认为，其厂的设置必须注意两个方面：一是必须有足够的数量，二是厂的位置必须合理。其目标是要达到各地的灾民赴厂领取赈灾粮物，能在一日内往返，尤其在天寒地冻之时，不能让灾民露宿野外。

据他估计，灾民住处距厂 10 余里较为合适。"散赈定例，州县本城设厂，四乡各于适中处所设厂，俾一日可以往返。倘一乡一厂，相距仍远，天寒日短，领赈男妇，栖托无地，地方官宜勿拘成例，勿惜小费，更多设一二厂，以便贫民……今核各属所报赈厂，有已筹度得宜者，有地面不皆适中者，并有只设一二厂者。冬月大赈在迩，亟饬办未足数者，速即补设，已分设者，再加详度，村庄有远在三十里外者，即添设一二处，务使妇女老弱，辰出晚归，毋致寒天竭蹶，露宿单行，不但累民，复恐滋事。监赈官务须前夕就厂住宿，及早开放，不得任情自便，致累守候。仍将设厂处所，各距村庄远近里数，列册报道查核"。当时常平仓赈粜，"只在城设厂，村民既难往返于数十里之外，而老弱妇女，常有持钱终日，空守至暮者。故必四乡分厂择适中之地，使四面相距十余里，村庄环而相赴，又分村分日，先期出示，明白传谕，庶可遍及而无余弊"。

其七，展赈。方观承认为，赈灾往往不能局限于受灾的月份，往往还必须展赈，即延续到灾后的数月，直到灾后农民粮食有所收成之后。尤其是那些极贫、次贫农户及茕独老疾者，更要依据具体情况延长赈济时间，这样才能做到在灾荒中没人饿死。"八月普赈之后，按成灾分数，以定加赈月分，次贫视极贫递减，常例也，即不拘常例，亦无分极、次，一再加赈为止。今岁以九十两月，茕独老疾之不自存也，按日以给，是名续赈。更有急不能待者，则立给钱米以救之，是名摘赈。其不成灾之区，有蠲无赈。以其毗连灾村，亦波及之，是名抽赈，城关亦然。又念次贫者更数月后即无异极贫，概从优厚。赈已告竣，逆虑其去麦秋尚远，取二三四五月有加无已，统名之曰展赈。自古及今，得未尝有，故灾地㷀延，曾无一人转沟壑者。今续赈已成例案，告灾之地皆仿而行之，茕独老疾之养，尤加意于荒年"。

其八，劝安业。当时京师经常出现许多流民，影响京师社会稳定。对此，方观承主张，与其在京师沿途阻拦流民，不如各州县每一村庄，各选一二名乡地，负责稽查、劝导乡民不要离乡外出，如整村冬春两季没有全家离乡外出，则予以奖赏。如有游手无赖之徒诱惑村民成群结队

离乡外出，地方官府应将为首之人重处枷示，那些隐瞒不报的乡地，也一并治罪。如果某人因漏赈而离乡外出，乡地应报告地方官，立即予以补赈。将地方冬春有无民众离乡外出作为考核地方官政绩优劣的依据，朝廷派遣老成有才干的佐贰教职数人，分州县前往基层，同当地官吏一起带着户籍到各村庄巡察，查看村民有否领取赈给后又离乡外出，离乡归来的村民是否有遗漏赈给的，并劝导村民应安居乐业，不要离乡外出。应随时报告各地方州县户口流动情况，如有民众离乡外出，巡察的佐贰教职应会同地方官报告办理，使村民安心在当地生活生产，不会轻易离乡外出。方观承指出："京中流民却不为少，竟未知由何路潜往，细思此事，与其沿途禁制难周，不若本地稽查易办……今惟立法责成，断然行之，以定民志，庶为约而可守。拟于各州县，每一村庄选乡地可用者一二人，明示赏罚，责令宣布条约，稽查劝谕，其村庄内，如果冬春无全户外出之人，加以奖赏。傥有游手无赖之徒，诱惑乡愚，成群出走，势难阻止者，即访明去路报官，查明为首号召之人，重处枷示，扶同不报，一例究治。或其人实因漏赈而出，禀明地方官，立即补给，毋许回护，致有向隅，即以冬春有无外出之户口，定各牧令考成之优劣。再于此次查赈熟谙之佐贰教职内，选其老成才干者数员，分定州县，指授明悉，派令前往，同地方官商酌，携带查户原册，遍历村庄，回环察看。既以劝谕安业，又以体验民情，领赈之后，有无妄出，回籍之民，有无漏赈。凡村庄道路各情形，俱令随时禀报，有关外出户口事宜者，既会同地方官禀闻办理，余无干预，但使十月以内，人情安帖。则向后严寒，虽至愚顽，谅不别生希冀，冒昧远走矣。"

（二）魏禧救荒先事为上、当事次之、事后为下思想

魏禧（1624—1680），字冰叔，一字凝叔，号裕斋，亦号勺庭先生。明末清初著名的散文家，与侯朝宗、汪琬合称"明末清初散文三大家"。魏禧论文主张经世致用，积理、练识，多颂扬民族气节人事，表现出浓烈的民族意识。著有《魏叔子文集》《诗集》《日录》《兵谋》《兵法》《兵迹》等。

　　魏禧在《救荒策》①一文中提出，在救荒中如能做到防患于未然，未雨绸缪，在灾荒未发生时就采取一些防范措施，就能使灾荒的损害程度降到最低。其次，灾荒已发生，米价还未涨到很贵，民众还未饥饿致死，这时如采取一些救灾措施，虽然是治标，但还能使灾民不至于饿死。再次，如到了灾情十分严重，粮食匮乏，许多灾民已饿死，那时再采取措施救灾，效果就差了，很少人能够存活。"救荒之策，先事为上，当事次之，事后为下。先事者，米价未贵，百姓未饥，吾有策以经之，四境安饱，而吾无救荒之名，所谓美利不言是也。当事者，米贵而未尽，民饥而未死，有策以济而民无所重困，所谓急则治标是也。事后者，米已乏竭，民多殍死，迁就支吾，少有所全活，所谓择害莫若轻是也。"在此基础上，魏禧提出了较为具体详细的救荒策，其中"凡先事之策八，当事之策二十有八，事后之策三"。以下就其中较有特色的 3 种救荒思想做一简要介绍。

　　1. 先事之策。

　　其一，重农。魏禧认为，农业是粮食供给的根本，如果平时重视屯田、兴修水利，或者帮助解决农民耕牛种子问题，或官吏亲自到田野鼓励农民种田，对游手好闲之徒予以责罚，不以劳役、官司妨碍骚扰农户，制定垦荒措施，那农业就会取得发展，粮食充足，为救荒奠定了雄厚的粮食基础。"农者粟之本，或兴屯田，或修水利，或赈贷牛种，或亲行田野劝相，或分督里役地方，谪举游惰，或开垦荒之法，而首在不以工役妨农时，不以讼狱扰农家，如此，则农事举矣"。

　　其二，立义仓。魏禧认为，贫富分化会导致富民欺压贫民，贫民忌恨富民，如一遇饥荒，就会出现抢米、劫掠，甚至公然发动起义，导致富民被贫民杀害，贫民则被官府处死，最终对贫民、富民都没好处。因此，他建议各地以坊、乡为单位设立义仓，让官吏捐俸，富人捐粮，用于赈济贫民，保护富人，缓和社会矛盾。"贫民、富民，多不相得，富者

---

　　①　《清经世文编》卷 41，魏禧《救荒策》。本目引文，均见于此。

欺贫，贫者忌富。一迫饥馑，初然抢米，再之劫富，再之公然啸聚为贼。富民目前受贫民之害，贫民日后受官府之刑，真贫富两不得益也。所以朱子修举社仓，不特救一时饿殍，实所以保富全贫，护人身家，养人廉耻，为法至善。今师其意，而少损益之，凡每坊设立义仓，不必分派若干家、若干人，随其相附近处，择便为之，听民自议自行。先集父老士民，恳切开谕以义仓之利，身先捐俸，以劝富室，然后出示远近"。"义仓之法，仍当劝谕乡落行之，或一乡自建一所，或数乡共建一所"。

其三，严游民之禁。魏禧认为，乡村中游手好闲之徒，在饥荒时最容易饿死，或铤而走险为盗贼。因此，他主张，必须平时对游手好闲之徒予以责罚，督促他们自食其力，有最基本的谋生能力。"百姓不谋生业者，宜置常罚，令乡耆邻里时简（检）举之。盖游手好闲之人，如米中蠹虫，饥馑之时，死亡尤甚，多至为盗贼者，若督令务生，则自可生财，有养身之具矣。"

其四，制谷赎罪。魏禧建议，将罪犯输银赎罪改为输谷赎罪，政府将这些米谷分别寄存在义仓，在灾荒时用于赈济最为贫困的农民。义仓的米谷在赈济时必须用钱购买，而最贫困的灾民和鳏寡孤独者往往无钱买义仓的米谷，政府只能无偿地给予米或粥。"凡有罪犯情理可原者，一照买谷备赈银数输谷，不令输银。其谷分寄各坊义仓，值事者具领状交官，俟赈粜时如数取出，以施最穷苦无告之人，或米或粥，视米多少可也。盖义仓虽以周贫，然须有粜米本钱，则鳏寡孤独一文不办者，尽饿死矣。但施米仍当责成各坊值事，每早粜米，饭后施米，仍效义仓领签例，令各来报名，每人写一票给之为据，但不须交钱耳"。

其五，预籴。魏禧认为，如某地发生水旱之灾，则一定随之发生饥荒，因此，地方官必须尽早核实辖区内人口数和存粮数。如存粮不足，则应多方筹集，派富商到产米谷多的地方购买，这样遇到饥荒就不至于措手不及。"凡地方遇有水旱，便当实稽境内人丁，核境内谷粟，扣算缺少若干，则多方筹画，遣富商预往谷多处买之。盖有水旱，则必有饥荒。若临饥方议他籴，便难措手，且米价亦必踊贵也"。

其六，教别种。所谓教别种，就是使农民在水灾时，则种植不怕水多的粮食品种；在旱灾时，则种植不怕干旱的粮食品种。这样，比预先储备粮食效果更好。"地方遇有水旱，种植必不得时，即须先察地利。如水多害禾，则急以不忌水者种之；旱久害禾，则急以不畏旱者种之。失彼得此，尚可支持其半，大抵以先时急备为胜著也"。

2. 当事之策。

其一，留请上供之米。如某地方发生大饥荒，可将本地应上供的米谷以及途经本地的米谷截留下来，用以赈灾，然后向朝廷报告，在秋熟后再偿还。这样，虽然推迟了数月向朝廷上供米谷，但却可能救活了数十万人的生命。"地方大饥，或有本地应解粮米，及他处经过米船，不妨权留赈济，然后申报，秋熟即行籴偿。在朝廷不过缓数月之粮，在百姓即活数十万人之命，虽以专制贾罪，又何伤哉？"

其二，借库银。如遇大饥荒时，地方政府无钱购买粮食赈灾，可先挪借库中银钱购买，事后再想办法偿还。可委托诚实能干的百姓负责购粮，也可鼓励富人自行贩卖，给予他们一些微薄利润。"地方大饥，欲他买又苦无银，不妨挪借库中钱粮籴赈，从容设处以偿。择诚实能干百姓任其事，或仍劝富民自贩，开以薄利，使之乐趋"。

其三，权折纳之宜。遇到灾荒时，政府应平衡灾荒地区和丰收地区的粮价，可将原计划在灾荒地区购买粮食的银钱，拿到丰收地区购买。这样，就不会使灾荒地区粮价更贵，而丰收地区粮价更贱。"时当凶灾，择荒熟相应处，以荒处折纳之价，于熟处和籴，则荒处不至太贵，熟处不至太贱，两利之道也"。

其四，捐俸劝赈与酬奖劝赈。地方遇到饥荒时，官员必须首先带头捐俸赈灾，这样就能动员富人减价卖粮，或无偿施舍。另外，朝廷也可通过赐予官号、匾额，来鼓励富民大量出粟赈灾。"地方大饥，有司当以至诚开谕，劝富民赈济，或减价出粜，或竟行施予。然本官须先捐俸倡义，庶几不令而行。""饥馑时，有能大出粟以赈者，或闻于朝廷，加以官号，或请于上司，给以冠带、匾额，以示酬劝"。

　　其五，兴作利民之务，或劝富室兴土木、举庶礼，以工代赈。地方发生灾荒，贫民大多无工可做，无以谋生，政府应乘这一时期，兴修桥梁、道路、水利，或鼓励富人兴土木、举行典礼，给贫民提供就业的机会，以此来养活自己，使社会安定，对富人、穷人都有利。"地方大饥，穷民多无生业，此时或修桥路，或浚水利，种种必不得已之务，当概为修理，穷民借力作以资生，而我又因以兴利，一举两得之道也"。"宜劝富室营造土木，及一切当行之礼，使贫民得以资生。盖损富而富实未损，益贫而贫不虚益。劝谕时当以三利歆动之：一则成吾欲为之事；一则借此赈贫有大阴德；一则贫民乐业，不至为盗，富室所益更多矣"。

　　其六，灾荒时政府应做好平衡米价工作。魏禧认为，灾荒时，政府应做好 4 项平衡米价工作。一是均籴，即按每家人口数购买粮食，不得多买。"米价既贵，富者得以多籴，则贫者益少。每日市籴，当依每家之丁口为准，人口少者，不得多籴，则米谷均矣"。二是严厉禁止囤积居奇，牟取暴利。"严闭籴之法，富民拥有多粟，除本家口食外，余至百石以上，闭籴专利者，许人告发，官府尽借谷赈贫，告虚者反坐，其闭籴者鲜矣。"三是严厉处死强行买米之人，以防止有米谷者不敢卖米，并发生抢米、掳杀现象。"重强籴之刑。时方大饥，民易生乱，若纵其强籴，则有谷者愈不肯粜。四方客粟，闻风不来，立饿死矣。且强籴不禁，势必抢夺，抢夺势必掳杀，当著为令曰：有不依时价强籴一升者，即行枭首，其强籴者鲜矣"。四是政府不得强行降低受灾地区米价，因为如强行降低米价，富户及外地米商就不来受灾地区卖米。强行提高米价也不好，如米价强行提高，外地米商一时不来，那受灾地区贫民怎么能承受起长时间的高米价。因此，还是让米价自发调节较好。"不降米谷之价。米方大贵，有司乐于市恩，动辄降减米价，以博小民一时欢心，不知米价减，则富户不乐粜。而四方客米亦不来矣。惟当听民间自消自长，粟贵金贱，人争趋金，米价不降自减也。或谓古人有遇饥辄增米价而米贱者，其法可行乎？曰：此非一定可行之法也。万一我增米价，而客米一时不来，彼贫民能当许久重价乎？大抵地方富饶，所欠止在于食，则不妨增价以

招客粜。若地多贫民，此法恐不可行"。

其七，核户口。赈灾时，地方政府必须核实户口，并计算好官府存粮共有多少，每丁可分得多少，这样就能平均分配灾民口粮，做到胸有成竹。"时当饥荒，须先详核户口若干，扣算赈粜之谷若干，赈济之谷若干，每丁应得若干，先有定局，则无不均之患，而设处之方可早谋矣"。

其八，赈济必须讲究时间，预先广为告示，然后根据城乡距离的远近，分别5日、10日、15日赈粮一次。"不论赈粜、赈施，俱当先期四处张示，的于某时起行，不可迟误失期，有辜人心，且虚劳小民奔走。""凡赈粜赈施，每日一给则太烦，而小民易荒生业，至乡落尤难行矣。当先定为令曰：凡城市每给五日；乡落三十里内者，每给十日；三十里外者，每给半月。或谓乡落路远，当每给两月。曰：每给两月，为数太多，小民不知远计，多谷在手，便不撙节，甚至以易酒肉者有之，到瓮尽杯干时，不束手待毙，又邪思生乱矣。或谓贫民无赀，必待每日生理，方可得粜。此条只可行于赈施，不可行于赈粜，当酌其无弊可也"。

其九，赈粮时必须多设处所，必须按民户编牌顺序领给，以防止拥挤、混乱。"给米须多设处所，沤定某关某处给，某关某处给，则不至挨挤失序"。"领米最易争挤，多至混数。若仿义仓领签，又人多难行。当照户编牌，如考试例，循次领给，则诸弊俱无矣"。

其十，赈粮时，官府应慎择公平、廉洁、能干之人负责发放，并不时巡视访察，以防止不法之徒克扣。如发现发放公平、廉洁者，予以奖赏，奸贪克扣者，则予以重罚。"慎择给米之人。主管给米，最要得人，须平日实访其人公平廉能者，方可属事。每处择一善耆主之，又听其各择一二人为副，必不可令衙役与事也"。"不时巡访。任纵得人，未必一一皆当。有司于给米时，当不时出访，或东或西，或详或略，或随手取米，以验美恶；或随唤领米人，验克减与否。至于出访，或轻车，或缓步，不可盛列驺从，使人得为备"。"不时巡防，则任事者之贤否见，而赏罚可行矣。有公平廉能者，则重赏之，或优以冠带，或旌以财帛，随其功之大小可也。有奸贪私克者，则重罚之，或加刑，或罚谷，随其罪

之轻重可也"。

其十一，灾荒时，应裁减服衙役时间，让他们自谋生路。狱中囚犯，轻者释放，次轻者保结，大罪重犯继续关押，稍给赈济，以减轻国家负担。"暂省衙门役期。时方大饥，衙役工食，多不足赡，此时当减其半役，使之营生。如旧例一月供役十日，今止取五日"。"饥馑时，平民已难治生，狱囚死者八九矣。清狱宜分三等，轻者竟释之；次者限亲邻保结，俟谷熟时再拘；大罪重犯，囚而少赈之"。

其十二，灾荒之年，除发生人命、盗贼、抢劫等案情，其余财产、婚姻等案情，官府不予受理，目的是不让民众因打官司而影响生产。官府还放宽税禁，山泽市货原要缴纳税收的，灾荒时可暂时免予交税，广开民众谋生之路，待粮食丰收后再恢复税收。"大荒之时，治生不暇，况治讼乎？凡除人命、贼情、抢掳外，一切财产、婚姻等讼，概不准告，已告者概停不行"。"山泽市货等利，法有禁者，此时宜暂弛税弛禁，广其营生之路，至谷熟时复旧"。

其十三，灾荒时，必须注意清理街道垃圾，保持卫生，以防发生传染病。"街道污秽，易生疾病，荒疫相因，尤不可不慎，故当修洁街道，以防其渐"。

其十四，灾荒时，政府鼓励民众收养饥民遗弃子女。收养者必须向官府报告于何时、何地收养子女，收养多少人，然后官府给印承认，其收养的子女就归收养者所有，亲生父母日后不得领回。如要领回，必须获得收养者同意，付钱赎回。灾荒时，收养者如收养多个饥民遗弃子女，将受到官府的奖赏。"饥民有弃置子女道路者，许人收养。凡收养者具呈官云：某年某月某日，于某处收得子女几人，归家抚养，官为用印给之。太平长大，一听收主照管，本生父母不得争执。其收主愿赎者，听。或能收养自几人以上者，官府为立赏格劝之"。

其十五，灾荒时，贫民多数被迫卖草薪、衣服、器用以换取粮食自救，这时政府应挪移钱粮收买，给贫民谋生之路。这不仅能防止一些富人乘人之危压价收买，并能使政府在秋冬寒雨之时再卖还给贫民，从中

得到一些利润。"饥荒之时，贫民多卖衣服、器用以给食，而富民乘人之急，甚至损价十之九者，此时官府宜挪移钱粮，设人收买，使贫民不至大亏，则谋生之路宽矣。秋冬间仍行发卖，便可补数。至于草薪之类，亦当于此时收买，俟寒雨卖之，仍可得利。"

其十六，灾荒时，政府应多安排处所，如寺观、公廨等，以安置流民。而且还必须派人制定法规，对流民住卧、出入、领米等进行管理，流民中壮健者，还必须让他们服役、做工，使之自食其力。"多置空所以处流民而严其法。大荒之时，有他郡流民走徙就食者，若处之不得其道，则流民立死，且或生乱。有司当择寺观、公廨一切空所，分别安插。每处设一人管其事，立法以绳之，诸如卧所有定，出入有时，领米有叙。若乱法者，初犯三日不给粮，再犯逐出境外。其有休养壮健者，则令执工役之事，或雇募民间，便不许坐食矣"。

3. 事后之策。

其一，施粥。如灾荒到了极其严重的时候，必须在乡里设厂赈施米粥，以挽救因饥饿而垂死之人。其方法是让饥民按先后顺序排好，背靠背坐在厂里。挑粥人在中午按顺序轮流给粥三次而止。如家中有父母妻子卧病不能来厂里的，可酌情多给粥使其带回。施粥不能多给，因为久饥之人如突然吃得太饱，会马上死亡，也不能用生水搀稀饭，或让其吃干饭，这都会导致暴死。施粥时还要注意清洁卫生，可用苍术、醋烧消毒，饥民自备碗、筷，以防止暴发传染病。"饥荒已极，不能赈米，当设法施粥。施粥须因里设厂，若劳其远行，恐半途仆毙。又须立人监理，令饥民至者，随其先后，来一人，则坐一人，后至者坐先至之下，已坐者不许再起，一行坐尽，又坐一行，以面相对，以背相倚，空其中路，可令担粥人行走。坐至正午，击梆一通，高唱给第一次食。令人次序轮散，有速食先毕者，不得混与。一次散讫，然后击梆二通，高唱给第二次食，如前法。共三次即止，盖久饥之人，肠胃枯细，骤饱即死，惟饥民中，称有父母妻子卧病在家者，量行给与携归。处分已讫，方令散去，散去之法，令后至坐外者先行，挨次出厂，庶不拥挤践踏。又多人群聚，

易于秽染生病，须多置苍术、醋碗熏烧，以逐瘟气。又不时察验，严禁管粥者克米，将生水搀稀，食者暴死。其碗、箸各令饥民自备。按米多亦不得施饭，久饥食饭，有立死者"。

其二，施药。赈粥如不够，还可赈药，也可救饥民性命。"赈粥或不能多，服药亦可免死，当多合救饥丸，以周给之，亦不得已之极思也"。

其三，葬殍。饿死之人，应随时收葬，否则，尸体秽气会传染疾病。"饿殍载途，秽戾之气，易生疾病，当随时收葬，或为大坑丛埋，亦补救之一端也"。

（三）报灾、勘灾

清政府十分重视在发生灾害时，受灾地方政府必须如实及时报告灾情，便于朝廷及时组织人力、物力、财力救灾。地方政府如隐瞒灾情，或没及时报告，一旦灾情严重，灾民没有得到及时救助，且大量因饥饿而死亡，就会铤而走险，成为盗贼，甚至发动起义。"地方遇灾不报，则民隐不上闻，膏泽无由下究，以致道殣相望，盗贼伺目，往往酿成事端。而朝廷不知，迨知之而百方绥辑，已无及矣。是讳灾者，国家之大患也，即经奏报，而稍涉迁延，嗷嗷者待命，须臾辗转间，已足残害生灵，亏损元气。此迟延之与讳饰其害，虽有重轻，皆足以殃民而蠹国也"①。基于这种认识，清廷自入主中原之初，就开始颁布诏书，要求地方官必须及时报告灾情，如迟延不报，必须受到处罚。"顺治十七年（1660）覆准：直省灾伤，先以情形入奏，夏灾限六月终旬，秋灾限七月终旬，仍扣去程途日期。如详报到省在限外，而计算应扣之程途，亦已逾限者参处。州县官迟报，逾限一月以内者，罚俸六月；一月以外者，降一级调用；二月以外者，降二级调用；三月以外，革职。抚司道府等官，以州县报到之日起算，逾限一例处分。迨后定例，夏灾仍以六月为限，秋限以九月终旬，诚以报灾逾限，缓不及事，而秋收则恐临时或有变更，故稍宽其期也。（顺治）十八年（1661）覆准：州县官不将民生苦情详报上

---

① 《清经世文编》卷41，杨景仁《报灾》。本自然段引文，均见于此。

司，使民无处可诉，革职，永不叙用。若州县官详报，上司不接准题达者，将上司亦革职。康熙七年（1668）题准：各旗灾地，远近不一，准宽至八月初十日，逾期不准。（康熙）十五年（1676）议准：被灾地方迟报，逾限半月以内者，罚俸六月；一月以内，罚俸一年；一月以外，仍照前例议处。雍正六年（1728）议准：一月内造报被灾分数，为时太迫，嗣后勘灾，宽以十日，察复上司，宽以五日，总以四十五日为限"。但是，及时报告灾害在具体执行中有一定难度，不好掌握。因为灾情是不断变化的，有时地方政府赶早向朝廷报告刚发生的灾情，但是报告后灾情没有继续发展，反而消失，这就会使朝廷误以为地方官为了邀功获取荣誉而谎报灾情。有些地方官员为了避免朝廷误认为谎报灾情而邀功请赏，有意掩饰灾情而不肯及时报告。对此，乾隆皇帝认为与其地方官为了邀功请赏而谎报灾情，不如尽早向朝廷报告灾情，以便朝廷及时组织人力、物力、财力救灾，使灾民不至于流离失所。"乾隆六年（1741）上谕：向来各省报灾，原有定期，若先期题报，便不合例。朕思按期题报者，仍指具本而言，至于水旱情形，为督抚者察其端倪，早为区画，随时密奏，则朕可倍加修省，而人事得以有备。若过拘成例，则未免后时矣。至于督抚报灾，有故为掩饰不肯奏出实情者，亦有好行其德，希冀取悦地方者，惟公正之大臣，既不肯匿灾以病民，亦不肯违道以干誉，外此不能无过不及之失。朕恫瘝在抱再四，思惟匿灾者使百姓受流离之苦，其害甚大，违道干誉虽非正理，以二者较之，究竟此善于彼，宁使国家多费帑金，断不可令闾阎一夫失所"。

一些情况危急的灾害，清廷还要求地方官不仅要及时报告，还应该一边报告，一边就要及时组织救助，不得有丝毫的拖延。如乾隆五年（1740）规定："江海河湖居民，猝被水灾，该地方官一面通报各该管上司，一面赴被灾处所，验看明确，照例酌量赈济，不得濡迟时日"①。

清代灾荒时地方官员报灾之后，朝廷必须派人到受灾地区核实受灾

---

① 《大清会典事例》卷 754《刑部·户律田宅》。

程度，以决定赈灾的力度。这就是所谓的勘灾。但是，清代的勘灾有不少弊端。例如：受灾地区为等待朝廷派员来勘灾，特地将受灾田地荒着，不及时补种庄稼；官员来勘灾，实际上也对受灾地区增加骚扰，当地必须招待勘灾官员；勘灾时不法官吏乘机弄假，受灾以轻为重，以重为轻；富人通过行贿，将没受灾谎报受灾，乘机免去缴纳赋税，穷人没钱行贿，有受灾反而说没受灾，必须缴纳赋税。有些州县在办理灾荒钱粮补偿时，田地所有权混淆不清，引起纠纷。总之，勘灾的弊端使国家财政遭受到损失。"康熙二十三年（1684）河南灾，阁臣议遣官往勘，内阁学士汤文正公斌曰：无益也。使者所至，苛扰实甚，州县一闻遣使，辄辍耕以待勘，是再荒也。不如令有司自勘良便，即使者不苛扰，亦多增一供亿之烦。是以盛世偶一行之，原为慎重灾伤起见，而不可著为例也。大抵勘灾之弊，半由于书吏需索牵混，往往以熟作荒，以荒作熟，以轻为重，以重为轻，预留征纳条漕，办理蠲缓，舞弊图利之地。富者出钱买荒，冀免输纳；贫者无钱注荒，转受比追。而江苏所属州县办粮，有不归版图而名顺庄者，田在甲图，粮在乙图，每遇灾荒，被灾之图与办粮之图纷纭镠辖，检核为难，滋弊尤甚。此又在清其源以去其弊者也。夫灾有所隐，害在民生，灾有所饰，亏在国计，司牧者可不躬亲履勘，杜绝弊端，以尽康济之实也哉。"[①]

清代的勘灾虽然有许多弊端，但朝廷基本上还是坚持勘灾制度，一再强调勘灾官员必须亲自到受灾现场核实受害情况，并如实予以报告，因为对受灾地区的赈济，赋税的减免或缓交程度，均是以勘灾官员的报告为依据的。杨景仁指出："夫夏灾、秋灾，轻重不齐，非亲至田亩，无由定其分数。其勘报轻重之间，不惟核赈以此为根据，即钱粮蠲缓之等差，所由判焉，患辨之不早辨也。"[②]《大清会典事例》卷754《检踏灾伤田粮》规定，有关官吏必须亲自到受灾田地用心核实受灾程度，并如实

① 《清经世文编》卷41，杨景仁《勘灾》。

② 《清经世文编》卷41，杨景仁《勘灾》。

向上级汇报。如不用心核实，或有弄虚作假，报告不实，必须依据不实程度处以不同惩罚。"凡部内有水旱霜雹，及蝗蝻为害，一应灾伤田粮，有司官吏，应准告而不即受理，申报检踏，及本管上司，不与委官复踏者，各杖八十。若初复检踏，官吏不亲诣田所，及虽诣田所，不为用心从实检踏，止凭里长、甲首朦胧供报，中间以熟作荒，以荒作熟，增减分数，通同作弊，瞒官害民者，各杖一百，罢职不叙。若致枉有所征免粮数，计赃重者坐赃论。里长、甲首各与同罪。受财者，并计赃以枉法从重论。其检踏官吏及里长、甲首，失于关防，致有不实者，计田十亩以下，免罪；十亩以上至二十亩，笞二十；每二十亩加一等，罪止杖八十。若人户将成熟田地，移丘换段，冒告灾伤者，一亩至五亩，笞四十；每五亩加一等，罪止杖一百。合纳税粮，依数追征入官"①。

（四）通商、广籴以抑米价

清代与古代其他朝代一样，每遇灾荒，粮食匮乏，加上一些不法奸商囤积居奇，使粮食价格大幅度提高，极大地影响了灾区的粮食供给，使许多贫民因粮价太高买不起粮食而挨饿。对此，惠士奇建议仿效前代的通商、广籴之法，以降低灾区粮价。所谓通商，就是给予米商一些贩米上的方便以及减免征税，鼓励米商贩米到灾区出售，使灾区增加粮食供给量，从而降低粮价。广籴是官府出本钱，招募诚实可靠的官吏、儒生、富商、乡老等往丰收粮多地区购买粮食运往灾区销售，从而增加灾区粮食供给量而降低粮价。惠士奇指出："浙东饥，宰相王淮荐朱熹为提举常平事以赈之，始拜命，即移书他郡，募米商，蠲其征，及至则客舟之米已辐辏，民用不饥。此通商之法也。江右饥，辛弃疾榜通衢曰：闭籴者，配；强籴者，斩。召官吏、儒生、商贾，各举有干实者，贷以官钱，蠲其息，俾出籴他郡，期终月至城下发粜。由是连樯而至，米价自平。此广籴之法也……今山东丰而荆湖熟，江南赤地千里，贵者金，贱者土，则灌输之利权在米商，或不能蠲其征，当半减以招之，则楚帆湘

---

① 《大清会典事例》卷754《刑部·户律田宅》。

柁，衔尾而来，大舳高檣，泊于水市者相望也。物聚价轻，又焉用抑？则通商之法可行也。广籴之法当聚耆老及乡先生，举富商之谨愿者，假官钱为本，而使出籴荆湖。籴十而粜二，则有二分息；粜三则有三分息，以本还官，剖其息而中分之，半赈饥，半予商，而稍优其直，其余则略仿真德秀之治潭而立惠民仓，辛弃疾之治福而置备安库，以为水旱盗贼之防。此广籴之法可行也。"①

杨景仁认为，在灾荒时，以通商平抑米价比政府通过行政手段强行遏籴或限制粮价效果好，使市场通过供求关系自动使粮食价格趋于平稳，灾民获得食物，社会秩序稳定。他指出："谨按歉岁，民无籴所，则无所得食，而劫夺兴。贤司牧料其必然而危之，及其未然而弭之，则通商以裕食，洵赈济之余事，而平籴之先声也。大抵商之不通也有故：遏籴者，借口留本境之粮，不知米佁益昂其价，而兴贩莫来。抑价者，命意惠艰食之众，不知囤户暗售他方，而贸迁莫至。毋遏籴而籴广，不抑价而价平，而复无暴关以困之，商民有不奔走偕来者乎？"② 基于这种理由，他建议朝廷应采取乾隆时期通过税收减免的方法，鼓励米商将粮食运往受灾地区销售，以平抑粮价。"乾隆元年（1736）议准：行令督抚转饬管理关务各官，凡有米船过关，询明各商，如果前往被灾各邑粜卖者，免税，给与印票，责令到境之日，呈送该地方官，钤盖印信，以便回空核销。如有免税米船，偷运别省，并未到被灾地方先行粜卖者，将宽免之税加倍追出，仍照违禁例治罪。（乾隆）十三年（1748），谕以地方偶有偏灾，即将该处关口，应征米、豆税加恩宽免，则估舶闻风云集，市直自平，驵侩不得居奇，穷黎均沾实惠。转得权操自上等因，自后每遇灾年，米商应征关税，非免则减，几为常例"。

（五）赈粥

古代传统的赈灾方法之一赈粥，在清代的赈灾实践中遭到一些人的

① 《清经世文编》卷41，惠士奇《荒政》。
② 《清经世文编》卷41，杨景仁《通商》。本自然段引文，均见于此。

质疑。如陈芳生在《赈济议》中指出，赈粥有四大弊端："设厂之处少，穷民奔走以就食，必有荒于耕作，前后失据之患，其弊一。远近闻风，来者日多，恐不可以为继，其弊二。妇女老幼疾病之人，不能匍匐以奔命，其弊三。人多必有暴露疾疫之虞，其弊四。"① 因此，他认为，"至于赈粥之举，则惟大荒之年为极贫之户不能举火者行之"，即只能实施于灾荒非常严重时，那些揭不开锅的极其贫困的灾民群体。

黄懋在《施粥不如散米说》更是认为"施粥"有 6 个不好之处，而"散米"则恰恰相反，有 6 个好处，因此提出"赈饥之法，莫善于散米，莫不善于施粥"，其理由如下：其一，施粥往往局限于十里范围之内的灾民，而且每天往返于途中，对于那些饱受饥饿、疾病年老体弱之人，是难以承受的。如是散米，则各家各户可在家中等待分发。"施粥止可及十里之人，十里之外多不能及。即十里以内之人，其脏腑筋骨，已为饥馁所败，欲晨赴夕归，力不能堪，况日止一餐，而逐日奔驰往返，兼之风雨霰雪，道路泥泞，即使施粥不缺，亦必转填沟壑，至于疲癃残疾，极老太弱之人，而不能出而吃粥者，又不必言矣。若各里散米，则皆安居而受赈"②。

其二，施粥程序多，经办人难免营私舞弊，从中渔利，而且又增加柴薪器具等费用，饥民所得到的实惠，其实只有散米的十分之六七。"煮粥必多人料理，此曹或私其亲友，宽假其僮仆，有滥冒偷窃，或缩米添水，或宿馊种种诸病，又有柴薪器具之费，计米一石，饥民所食，不过六七斗耳。散米则一人之费，尽可供二人"。

其三，施粥对城市游手好闲地痞无赖等有利，他们可以霸占施粥，重复领取米粥，而对远地乡下农民不利，往往空走一趟，得不到米粥。如果是散米，本乡富户捐米赈济本乡贫民，富户救赈附近熟悉的亲邻，都较乐意，本乡贫困灾民按户籍分配，免受因长途奔波而得不到米粥的

————————

① 《清经世文编》卷 42，陈芳生《赈济议》。本自然段引文，均见于此。

② 《清经世文编》卷 42，黄懋《赈粥得宜法》。以下 6 自然段引文，均见于此。

痛苦。"城市得乡图苦索之捐，富户吐余膏之橐，城市游闲无赖，皆得谋筹积饱，乡愚远鸾濒死之民，安能与争？强者则重飧连次，弱者或后时空返，不公不均，无从查考。若本图捐米，捐者乐从无憾，举目皆亲邻熟识，谁不愿利惠一方。若本图散米，则按籍分给，既无重飧之弊，亦无往返空嗟"。

其四，施粥时，全家少年、妇女都必须一起到厂吃粥，抛头露面，被人指手画脚评论，久之则丧失羞耻之心。如是散米，则只要家里男人前去领取，使妇女免遭羞耻之心。"一家几口，吃粥必须齐出，以少年妇女，出头露面，有志者羞愧饮泣，愚痴者习成无耻。甚至厂役之夫，丧心评泊，亡命之徒，调戏挨挤，事变丛生，言之足令发竖。散米则男人持票赴厂受给，妇女得全廉耻"。

其五，施粥使农民整日早出晚归，往返于城乡之间，耕田纺织皆废荒，因此只能救一时，而不能救长久。散米则每五天发放一次，并在本乡村发放，领取只要一会儿时间，使农民有时间耕田纺织，恢复生产。"受粥虽佳，只救目前之性命，至于救将来之性命，则在其农桑。若日日待餐于城市，早出暮还，荒耕废织，或废农桑。散米则五日一给，领在本图，仅费一时之工夫，仍不旷逐日之程，农安于畎亩，妇任于纺织，野无旷土，市乏游民，生计既裕，赈益省力"。

其六，灾荒时，饥民应该分散而不应该聚集在一起，应该待在本地而不宜到处流动，以防止传染疾病。施粥集中在城市，就容易发生传染病，而散米各在本乡村就会防止传染病发生。"况饥民宜散不宜聚，宜静不宜动。日喧闹于市井，秽污之气最易蒸为疫疠，何如帖然受赈于本图村落之家"。

虽然施粥有诸多弊端，但是，在清代，许多人还是认为施粥是救灾的一个有效手段，只要应用得当，仍然可以发挥其应有的作用，尤其是在大荒之年，在拯救因饥饿而垂死的饥民中起到了不可替代的作用。如徐文弼认为，施粥虽然"使四乡残弱奔走而就食于城，致多死于道路者矣；及扶挈而至赈所，或因拥挤，力不能胜而死者矣；或因守候，迫不

及待而死者矣；或因聚处既久，日曝雨侵，蒸为疫厉而死者矣"①。但是，如果地方官吏处置有法，可以克服这些弊端，达到赈灾的目的。"今有最简易、不壅滞之良法，循而行之，诸虑皆免。备详其法，并图于后，法亦无他谬巧，只是免拥挤，免喧争，免错乱，免迟滞及领给不均而已耳。所以厂内分东西南北四处者，使一百人分于四处，每处二十五人，虽百人之众不见多，斯拥挤之虑免矣。所以厂之四处，用栅栏四扇，每扇二十五行者，又将四处之人，分作二十五处，虽百人之众，各限以排立之位，斯争喧之虑免矣。所以厂之四处，用四色之旗，又用四色小筹者，使之照筹认旗，各投其所。虽百人之众，自知各归各处，斯错乱之虑免矣。所以就栅栏用长桌，令各置领粥之器于其上者，使给粥速而得粥匀，斯迟滞及领给不均之虑免矣。至所以用大筹分双、单字者，本日给筹，次日领粥，如本日系单日，给以双字筹，领明日双日之粥，是本日乃单日，不能重领，则冒滥之弊并免矣。斯其所以善也"。

阮元也认为，粥赈之法虽有各种弊端，但不是其本身制度不好，而是人为因素造成的，因此，在粥赈时如果选用诚实绅士负责，就会发挥粥赈的应有作用。"始也，议者纷起，以为粥必有石灰，非救民，乃害民；又以为妇孺必相践而死；又以为人多必致疫；又以为司事者必侵蚀，民无实惠。余曰：此数弊，皆所素有，但在人为之耳。于是每厂皆延诚实绅士，委以钱谷煮赈之事，官吏不涉手，惟钩算弹压而已"。阮元举了硖川煮赈一例，由于任人得当，取得了很好的效果，每天粥赈数万人，井然有序，历时数十日，没有一人死亡。"硖石惠力寺厂其一也。海宁马君钰，以部郎居乡，平日好行其德，委以厂务，力任不疑。余又荐原任临海县令尹无锡华君瑞潢助之。其散筹分男女两厂，佛寺大芦篷，无雨淋日炙之苦。贫民荡舟而来，道路出入次第，皆以木栅梆炮为号令纪律，日赈数万人，无拥塞之虞。有疾者给以药，老病废疾者别有厂，妇女有厕篷。终数十日，无一人死于厂者。粥浓厚皆遵予令，以立箸不倒、裹

---

① 《清经世文编》卷42，徐文弼《赈粥得宜法》。本自然段引文，均见于此。

巾不渗为度。马君及分司者，与饥民同食之，无一盎饐餲者。除领官银之外，凡可以格外便民者，马君皆力为之。以故硖石之赈尤尽善"①。除此之外，阮元还对"赈粥不如分乡散米"的观点提出不同的意见，认为救荒的各种方法无分好坏，只要能适合于当时当地就是好的。"或曰分厂赈粥不如分乡散米。余曰：分乡散米固善，但一二县之地，良有司善绅士为之，乃可，若数十州县，必有流弊。且赈粥专为下下贫民供朝夕也，若钱与米，则中中，中下人皆走索之，反使下下之民短其赈期矣。总之，赈灾无善策，惟相时地之宜，实惠及民而已"。

从总的说来，清代的赈粥在救灾中和平时的赈贫中还是发挥了作用，因此，终清一代，历朝都坚持了这一制度。如在清初，清廷就建立了赈粥制度。"顺治九年（1652）题准：五城煮粥赈贫，每年自十一月起，至次年三月中止，每城日发米二石，柴薪银一两。"② "康熙十四年（1675）定：五城每年冬三月煮粥赈贫，每城日发米二石，柴薪银一两"。到了乾隆时期，京师设立的粥厂数量增加，而且根据具体情况，有时还适当延长赈粥时期。如乾隆三十六年（1771）谕："京师五城，每岁设立粥厂，赡给贫民。第念今年秋间雨水稍多，其距京稍远乡民，艰于赴厂，著加恩于近京四方地面，约计三四十里许，再行添设四厂，交都察院于各厂奏派满、汉科、道二员，轮流驻彼稽察。"乾隆五十六年（1791）谕："向来京师冬春之际，五城及普济堂，俱设厂煮粥，以济贫民，一届融暖，例即停止。第念现在近畿一带，尚未得有透雨，虽业经降旨加恩平粜，尚恐京城及附近觅食贫民，糊口维艰，著五城、顺天府再行煮赈一月。"尔后，嘉庆、道光、咸丰、同治、光绪各朝，清政府仍然将赈粥作为赈灾、赈贫的一个重要手段。如嘉庆六年（1802）奏准："本年被水之后，米价昂贵，各厂就食贫民，比往年人数较多，计自十一月起，至来年三月二十日止，须添米三百五十石，柴薪银两，照例添给。"道光三年

---

① 《清经世文编》卷42，阮元《硖川煮赈图后跋》。本自然段引文，均见于此。
② 《大清会典事例》卷1035《都察院·五城》。本自然段引文，均见于此。

（1823）谕："向例京师于每年十月初一日开设饭厂，著加恩先期于八月初五日，各该城设厂煮饭散放。每厂加米一石，著满、汉科道各五员，帮同妥办。"同年，"又奏准：五城饭厂，自十月初一日起，至来年三月二十日止，每厂每日煮米二石"。"咸丰三年（1853），谕京师自七月以来，雨水过多，粮价稍昂，贫民度日维艰。向例京师每年十月初一日开设饭厂，著加恩先期于九月初一日，各该城设厂煮饭散放"。"同治九年（1870），普济堂功德林粥厂，奉旨展限两月"。"光绪二年（1876）奏准：五城饭厂，提前三月，于七月初一日开放"。

（六）赈灾贵得人

蒋伊认为，在赈灾中，地方知州、县令是关键。知州、知县如不廉洁、无能，坐视民众遭受灾害而不救助，则会激起民众铤而走险，为贼盗，甚至发动起义。知州、知县如贤能，受到民众的信赖，其有所规劝，民众一定听从；其有所要求，民众也会尽力。知州、知县如能洞悉民情，在赈灾发放粮食之时，就会核查发现出纳时舞弊行为，杜绝侵渔灾民的弊端；就能招徕流民，让他们开垦荒地。因此，救荒没有什么好办法，关键在于能选任清廉、能干的地方官员，并对赈灾成效好的官员进行奖励。各省督抚可荐举二三位廉干官员，专门负责赈灾事务，如禁止地方虚报灾情、克扣救灾物资、不出售粮食、攘夺、宰牛等；如发生灾荒，必须及时赈济；必须不时亲身到灾区察访，如发现赈灾违法乱纪行为，必须向朝廷上奏相关地方官员。蒋伊指出："救荒之法，一在奖良吏。吏之于民，休戚利病，刻刻相关者，莫如守令。如其不廉不能，坐视其民之死而不救，一旦盗贼蜂起，民亦疾视其长上，而莫肯效命。如其果贤且能，民信之既深，有所劝谕，必能乐助，有所委任，必能尽力。其于民之顽良，必能洞悉，民之肥瘠，必能周知；其于给散之际，必能核出纳之奸，必能杜侵渔之弊；转徙者可望其招徕，抛荒者可望其开垦。故天下无救荒之奇策，而有救荒之良吏。然择良吏必不可拘成格，盖不专其职，则吏无以行其志，不厚其赏，则吏未必尽其心。臣愚以为，被灾地方，全恃守令平日果能清廉洁己，守绝一尘，赈济之时，又能清查口

数，按人给发，实惠均沾，不致克减，恤灾捍患，多方措画，使数十万户口，室虽悬磬，而人庆更生。许该督抚题请，廷臣公同核实，不拘钱粮盗案，特准即升，则廉吏益知所勉矣……然守令之廉能者不多觏，而贪残者比比皆是，捐瘠满沟，啼呼满路，守令不问也；上有赈贷之恩膏，欲知饥民实数，而守令素不知究也，委之胥吏，则所赈者，又非真实无告也。欲特遣使臣，察访灾伤，则徒滋骚扰之弊。且民情不相通，而侵渔如故也。然臣所谓赈济者，不过公文行下，造册报上，曰赈过若干而已，其生与死，固不得而知也。臣请敕下该督抚，于监司府厅中荐举二三廉干官员，总理荒政，分地任事。如虚报宜禁，扣克宜禁，闭籴宜禁，攘夺宜禁，宰牛宜禁，皆其职也。令各州县确勘饥民实数，一面赈济，不得迟缓，一面报明册籍，总理官据册按数，不时亲行察访。如至某里某村而无其人，是混开也；有其人而给散不以时不以实，是冒破也，即行揭参，以为不能抚字者之戒。如总理官不能承上恤下，反掣良吏之肘，该督抚即行指参，务俾地方各官，实心任事，朝夕经营，视为万命生死所关。凡束手待毙者，皆令全活而后已"[1]。

道光五年（1825），江苏巡抚陶澍也提出，当时赈灾有 10 个方面的弊端，要克服 10 个方面的弊端，其最关键的一点是必须选任适当的官员负责赈灾工作，给予他们一定的报酬，使他们安心从事赈灾工作，不会通过浮冒克扣牟利，凭自己的良心拯救灾民。朝廷并对赈灾有功者予以奖励，玩忽职守者予以惩罚。"有是四端，可除十弊，然总以得人为第一要义。印委各员得人，虽诸弊丛积，不难扫除，否则或先存染指，或畏葸无能，本员已不可信，遑论其他。前经臣与督臣率同藩臬道府及州厅以上各员捐廉，共凑银三万余两，分拨灾区，作为办赈委员及吏役人等食用不敷之费，俾得安心查办，以清浮冒克扣之源……并迭札通饬各属，激发天良，屏除积习，拯救灾黎。现在体察情形，尚知奋勉。将来各员

---

① 《清经世文编》卷 42，蒋伊《救荒贵得人疏》。

如果经理得宜，自当遵旨，加以鼓励；傥或办理玩忽，仍即随时参办"①。

（七）荒政不弛刑

早在两千多年前，《周礼·大司徒》提出的赈灾 12 项措施中，就有灾荒时通过"缓刑"，即减省刑罚来缓和社会矛盾的思想。这一思想对后世影响深远，"缓刑"成为历代赈灾的一项措施。如王安石为陈良器作神道碑云："知江州日，岁饥，有盗刈禾而伤其主者，当死。公曰：古之荒政，所以恤民者至矣，然尚缓刑，况今哉！即奏贷其死。"② 欧阳修志王尧臣："知光州日，岁饥，盗发民仓廪，吏治当死。公曰：此饥民求食尔，荒政之所恤也，请以减死论。后遂著为令。"对此，顾栋高提出了不同的见解，认为荒政恤民，是体恤民众缺乏食物，而不是体恤民众变成强盗。如民众乘饥荒抢劫财物、伤害无辜之人而能得到减刑，那将使小盗变大盗，公然夺城掠财而无所顾忌。而且在灾荒时，穷人靠富人赈济，如富人遭到劫夺，不也是使穷人失去了赈济的来源。因此，如灾荒时弛刑，是引导民众为盗。当政者在灾荒时，必须威以济恩，如发生饥民抢掠，必须严禁，犯者必杀无赦，这样才能使不法之徒不敢以身试法，保持社会稳定。同时，政府发放粮食赈灾，富人平价出售粮食，使富民获得安全，贫民有了粮食维持生存。顾栋高指出："（宋人荒政弛刑）正与荒政相反。盖宋世尚忠厚，士大夫多务为纵，舍以市小仁，其实纵盗殃民，渐不可长，二公乌得列其事以为谈哉？且所谓恤民者，恤民之无食者也，非恤盗也。若乘饥劫人财，致伤害人，如此而不置于罪，则犷悍不轨之民，且以饥岁为幸，可以无所顾忌。万一有数千里之蝗旱，累岁不止，则将积小盗而成大盗，夺城寺，劫掠库财，势必草薙而禽狝之，其为诛杀，必更甚矣。此正子太叔之仁耳。且富人者，贫人之母也，岁大祲，则劝富民出粟佐赈，如湖泽之蓄水以待匮。今不禁民之劫夺，务

---

① 《清经世文编》卷 42，陶澍《陈办灾各弊疏》。

② 《清经世文编》卷 90，顾栋高《荒政不弛刑论》。本自然段引文未注出处者，均见于此。

先涸之，是使强梁得以恣肆，而良善无所假贷也……盗日益众，人心惊惶，讹言四起，此时加以赈恤，盗将曰：畏我耳！虽加赈恤，而劫掠仍未已也。古有因饥岁而宽其赋，薄其征者矣，未闻有因荒而弛其法。因荒而弛其法，是教民为盗也。小民趋利，如水赴壑，况有饥穷以迫之，复不为严刑以峻其防，当此而不为盗，乃士大夫之知耻者耳，非所望于饥民之无赖者也。是以为政者，必用威以济恩……凶歉之岁，饥民乘机抢掠，必设为厉禁以除之，有犯者杀无赦，使奸宄屏息，比户安枕，然后散财发粟，而大施吾仁焉。此时之富民，使之减价平粜，蠲粟赈贷，无不可者。彼将德吾之安全之，亦乐施惠以奉上之令。如此，则富民得安，贫民之良善者，有所得食，民气和乐，驯至丰穰，此王者大中至正之道。"

第八节　对边疆少数民族管理思想

一、对蒙古地区管理思想

（一）盟旗制

盟旗制是清代在蒙古地区实行的行政与军事相结合的制度，始于天命九年（1624），于内蒙古地区首先推行。乾隆三十六年（1771）后逐步推广及外蒙古及新疆、青海等蒙古旗聚居区，大致包括内蒙古所属 6 盟 49 旗，外蒙古所属喀尔喀 4 盟 86 旗，杜尔伯特 2 盟 15 旗，土尔扈特 5 盟 13 旗，和硕特 1 盟 3 旗，青海额鲁特等 1 盟 29 旗。

蒙古的旗与满洲的八旗相类似，为清政府直接管辖下的蒙古地区基本的行政、军事编制单位。旗作为行政单位，则需编审户丁，划定牧地。旗与旗之间的疆界既经规定，就不得任意变更侵越。彼此驻牧，必须会

齐后同时移动，不许参差。旗作为军事组织，按规定，凡精壮男丁（喇嘛、庙丁和随丁除外），都编造入册。每150名称1佐领，其中1/3为现役兵，2/3为预备兵。他们定期集合，接受盟长或将军、都统检阅，战时奉调出征，便是剽悍的蒙古骑兵。被编入旗里的牧民既是向旗内贵族缴纳贡赋的属民，同时又是国家的子民，受国家法律的保护，为国家服兵役。每旗由清廷从本旗王公及台吉或塔布囊内任命扎萨克（旗长）1人掌办旗务，协理台吉2人或4人协办旗务，并置管旗章京1人统管一旗之事，副章京1人或2人分管一旗之事。旗下设佐领若干，凡旗众均编入佐领之下，以佐领、骁骑校各1人领之，平时生产，战时从征。此外，每5—6名佐领，并设参领1人统辖。

清代蒙古地区每旗所设旗长扎萨克，"或系世管，或由简任"，由清政府依据其亲疏或忠顺的程度来确定任用。凡授予扎萨克者，都是授有王、公、贝勒、贝子、台吉封号的贵族。由于同旗内一般有多个贵族，而旗长只有1人，因此就出现爵和职分离的情况，即有爵位的贵族不一定有职务（称闲散王公），有职务的旗长则肯定有爵位（称执政王公）。所以，旗长扎萨克通常都有贵族和行政官员的双重身份。贵族充当扎萨克后，即代表清政府处理全旗的行政、司法、驿站、征税、婚嫁、恤赏等事，并有任命管旗章京以下用人权。扎萨克如不称职，清廷可予撤换。

蒙古旗之下的佐领，又称牛录。"每一牛录分为一百五十家，每家包括一男人，其妻及儿女，若有奴隶也算在内。每年他们都检查家族成员增减情况。在同一旗内，凡牛录数有增加者，应负责供应其他牛录中家族人员不足者，因为他们从来不由一旗转到另一旗。旗首领没有固定住处，但他仍给他们规定的、不可逾越的活动范围，每个人都限制他自己在领域的一定界线之内"[①]。蒙古旗各编佐领之下，又每10家设仆长1人，以进行"稽查约束"。同族之内立族长，查察"本族内酗酒行凶等

---

① 张诚：《热比雍神甫第八次进入鞑靼地区》。

事"①。

蒙古的盟为旗的会盟组织，合数旗而成，但不是旗的上一级行政机构。每盟设盟长、副盟长各一人，掌办本盟各旗会盟事宜及旗务。凡会盟，一般三年一次，任务是清理刑名和编审丁册，初由清廷特派会盟大臣前往主持。乾隆十六年（1751）后改由各盟自己会集办理，然后将所办事件报理藩院查核。嘉庆七年（1802），又恢复朝廷派出大臣亲往监督的制度。

盟旗制度加强了清廷对蒙古各部的管理和控制，对维护国家统一有积极意义。盟旗制度使蒙古贵族被限制在旗的小圈子里，不得随意行动，使各部都听命于皇帝，不能联合起来且构成对清朝中央政府的威胁。早在努尔哈赤和皇太极时期，清廷就多次集合蒙古部头领进行盟会，用以解决双方或多边政治、军事事务，同时也具有加强对蒙古控制的用意。康熙帝指出："会盟之事，肇自太宗文皇帝，三年一次，遣大臣会盟，朕遵行已久。"② 又据康熙《清会典》载："国初定：外藩蒙古三年一会，清理刑狱，编审壮丁。"清廷规定，会盟时，凡有应出席而无故不到者，要受到处罚，虽王公贵族不能免。蒙古王公贵族是否参加盟会，是清廷用于考察他们遵守清朝法度和对清廷忠顺程度的一条重要依据。在清代，实行盟会的不限于外蒙古，内蒙古中的察哈尔与归化城土默特部以及青海蒙古各部也有盟会。但是，在盟会的制度规定方面略有不同，察哈尔与土默特部的盟会不设盟长，一切听从简命大臣裁决；青海各部的盟会，则长期以来一直由西宁办事大臣负责。

清代盟的组成是十分固定的。清前期，盟不属于正式行政机构，无专设衙门，盟长、副盟长平时不能随便干预各旗内部事务，及至晚清，盟长权力明显上升，逐渐成为一级行政官员。清廷为了有效控制各盟，规定盟长由理藩院在盟内各旗中挑选适当人选（扎萨克或闲散王公），报

---

① 《大清会典事例》卷 978《理藩院·户丁》。

② 《清圣祖实录》卷 242。

请皇帝简任。各盟有固定的会盟地点，一般在春秋季举行。到盟会时期，扎萨克、王、贝勒、贝子、公、台吉等都齐集一处，宣读敕书，传达朝廷旨意。同时，"各将旗下台吉、兵丁会集一处，令其修理器械，听盟长验看、操演"①。并且还要清理刑名，编审丁册，然后将结果交理藩院具题。有关军事方面的问题则须知会所在驻防将军、都统或大臣商议。

（二）军事上的控制

清代，满族与蒙古族关系密切，互相联姻，但是，清廷在军事上还是对蒙古族进行控制，以防其对清廷统治构成威胁，其主要措施有以下 3 个方面：

其一，对蒙古各部军队分而治之。清廷规定："内扎萨克各旗，每三丁披甲一副，每佐领披甲五十人，每年由盟长阅看。其外扎萨克、喀尔喀四部之兵，统于定边左副将军。杜尔伯特、新土尔扈特、和硕特之兵，统于科布多参赞大臣。旧土尔扈特、和硕特之兵，统于伊犁将军。青海各部之兵，统于西宁办事大臣。遇应用时，各由该处将军大臣奏调，惟西套额鲁特、额济纳土尔扈特，不统以将军大臣，征调如内扎萨克。每岁察验军容、器械，喀尔喀四部，由副将军参赞察验；杜尔伯特两翼，由副将军察验；不设副将军者，责成盟长；无盟长者，责成本旗扎萨克察验。"② 这种分而治之措施，使蒙古军队力量分散，无法形成一个统一的指挥，大大削弱了其联合起来，共同抗衡清廷军队的力量。

其二，清廷派遣大臣、司官察阅蒙古各部军队。"乾隆元年（1736）议奏：内扎萨克六会防秋兵丁，各备牧马，于每年六月，该盟长扎萨克等齐备军器兵马，于七月初旬，由京师差遣大臣、司官前往察阅。将六会分为二班，锡林郭勒、乌兰察布、伊克昭三会为一班，哲里木、昭乌达、卓索图三会为一班，各以大扎萨克为盟长，于会内均齐预备，自明岁起，每班各遣大臣一人、司官一人乘驿前往，会同该盟长至扎萨克等

---

① 《大清会典事例》卷 983 《理藩院·会盟》。

② 《大清会典事例》卷 981 《理藩院·兵制》。以下本目引文未注出处者，均见于此。

处按旗察看……喀尔喀游牧地方防守兵丁，俟会盟察验军容、器械之时，将军与参赞大臣等会议，于参赞大臣内，令一人会同喀尔喀将军、参赞、贝勒、公等一同察验。""道光十五年（1835）定：察哈尔八旗校阅技艺，由该都统、副都统间年巡查，先由该都统往查一次，隔一年后，由该副都统往查一次。此外年份，责成各旗总管等认真查阅"。这种察阅一方面能督促军队修理更换装备、器械，认真操练、整肃军容，又能借此察阅给予官兵奖赏，以笼络军心。如乾隆元年（1736）又奏："喀尔喀四部落兵丁万余，向在游牧地方操演守御，预备有警，克期传集，诚恐日久废弛，军装器械，亦必不时察阅。如有旧弊，即令修理更换。该副将军、参赞、贝勒、公等，每岁一次会盟，简稽军实。奉旨，喀尔喀游牧地方防守兵丁，俟会盟察验军容、器械之时，将军与参赞大臣等会议，于参赞大臣内，令一人会同喀尔喀将军、参赞、贝勒、公等一同察验。"乾隆三年（1738），"遵旨议定，谨案圣祖仁皇帝，每年施恩赏给哨围蒙古扎萨克官兵、王、贝勒、（贝）子、公、扎萨克台吉等，皆按爵秩赏给衣服、鞋带、佩刀、弓矢、撒袋等物……俟于乾隆五年（1740）遣大臣察看之时，带往赏给"。

其三，对驻守各地部队进行换防。如"道光三年（1823）定：蒙古察汉托洛亥地方添设营垒，派将牟二十五员、兵一千名，照新疆换防例，由甘、凉、宁、肃、河州、西宁各标下调兵防守，于所调兵内拨二百名分守阿什罕水边卡。（道光）十三年（1833）奏准：叶尔羌、乌什，新增满洲营官兵，照伊犁换防喀什噶尔满洲营之例，定为二年班满，分作两次更换"。换防有利于朝廷加强对蒙古军队的指挥权。如康熙十五年（1676）定："凡奉差出兵之扎萨克王、贝勒、贝子、公、台吉等，不亲身前往者，革爵，仍令从军；不全将旗人带往者，以军法论。于所期约地方，一日不到者，罚俸三月；二三日不到者，罚俸六月；四日不到者，罚俸九月；五日以上者，罚俸一年。"朝廷通过这种惩罚机制，以保证对蒙古军队进行有效的指挥。

（三）驿站

清承明制，在全国各地设驿站，负责供应传递文书人员和往来官员的中途食宿及马夫、车船的邮传机构。清制各省腹地所设者称驿，属州、厅、县管辖，亦有专设驿丞管理驿务的。清代，内蒙古、外蒙幅员辽阔，朝廷更重视在其地区设置驿站。如康熙三十一年（1692）谕："蒙古各旗，按地方形势，如用部帑设立驿站，中间相去百里，察贫人给予役食应差，俟年例朝觐王等来时议奏。钦此。"① 尔后，朝廷遵旨议准："各蒙古地方皆应安设驿站，以便公务。"由此可见，康熙年间，清政府在蒙古地区，大致是每相隔 50 公里，就设立一处驿站，由贫穷百姓当差，以方便公务往来需要。

在蒙古草原上设驿站，有两个显著的特点。一是在古代草原上最重要的交通工具是马匹，因此，蒙古驿站特别重视配备驿马和对马匹的保护。二是草原上蒙古族过着游牧生活，迁徙不定，因此，特别注意在道路上指示驿站的处所方向。康熙三十六年（1697）覆准："驿站苦累蒙古，嗣后特旨奉差，仍准驰驿外，各项事务，停其驰驿，将内八旗各佐领下喂养马匹，仍照兵部所定驿马之数给予，并量地远近给予月粮，令依蒙古定价买羊食用。所差蒙古地方，多无房舍，止宿帐房，恐其游牧迁移，奉差人不知所在。每宿处令蒙古人等，即将站道相连之处，明白指示。其所乘马匹，差还之日，按数交还。如有倒毙遗失，著落赔偿。"

蒙古驿站地处边疆，经常传递紧急公文和军事情报，因此，驿站通常设置在交通便捷的地方，并有严格的规定，不得随意变更。如要改变驿站位置，必须经过朝廷的批准。如乾隆十四年（1749）谕："木兰围场边口，设有蒙古驿站，穿行围场之地，不无惊扰。此等驿站，原为递送院文于扎萨克而设，无甚紧要事件，若移设围场之外，不过绕道一二日，应于围场外何处设立，察明议奏。"

清廷为了鼓励蒙古驿站能够快速地传递紧急公文和军事情报，还对

---

① 《大清会典事例》卷 982《理藩院·边务》。以下本目引文未注出处者，均见于此。

驰驿人员予以优待。如前引康熙三十六年（1697）规定，驰驿人员"量地远近给予月粮，令依蒙古定价买羊食用"。乾隆二十一年（1756）又谕："闻得口外驰驿人员，至驿所食饭者例给羊一，否则折给羊价银七钱。口外驿站，皆系蒙古旷野之地，非内地可比。凡驰驿人员，理宜给羊，不得折给羊价，著交与该总管，嗣后口外驰驿人员，驿所例给羊者，仍给以羊。将折羊价，永行禁止，著为例。"

蒙古驿站不仅发挥着传递文书和为往来官员提供中途食宿及马夫、车船的作用，还承担着押送军饷、火药、钱粮、器械，押解犯人、护送投顺之人的任务，因此，在巩固边疆中受到清廷的特别重视与维护。清廷规定，蒙古驿站由驻扎大臣统一领导，并率领管理驿站官员不时巡察，如有发现驿马损伤死亡，必须及时拨银购买马匹补充，以确保驿站的正常运行。康熙六十年（1721）题准："蒙古驿站，自屯兵以来，传报公务，解送军饷、火药、钱粮、器械、农具等项，及押解发遣人犯、护送投顺人等，接连驰驿，甚属劳顿。此次驻扎大臣总统驿站，令其督率管驿各官按驿巡察，如有缺少马匹，损伤牲畜，将管站官所领倒毙马价银，交与扎萨克速为买补。再支库银万两，付驻扎之大臣赉往，如额数仍缺，即动此项银买补足额，务令驿站整齐，毋致疲敝。"

（四）朝觐和贡献

据《大清会典事例》卷984《理藩院·朝觐》记载[1]，蒙古朝觐清廷制度，最初是自愿的行为，并且必须得到清廷的批准。"顺治五年（1648）定，蒙古王、贝勒、贝子、公、台吉、都统等，准于年节来朝。（顺治）六年（1649）题准：蒙古朝觐之期，每年定于十二月十五日以后，二十五日以前到齐。（顺治）八年（1651）题准：各蒙古分为两班，循环来朝。"到了顺治十五年（1658），情况发生了变化，规定"承袭王、贝勒、贝子、公爵未及十八岁者，免其年节来朝，至十八岁始令入朝班觐"。从行文中"免"和"令"可知，蒙古朝觐已从自愿主动转变为强制

---

[1] 《大清会典事例》卷984《理藩院·朝觐》。本目引文未注出处者，均见于此。

被动。到了康熙五十九年（1720），更是明确规定，蒙古王公贵族必须按期朝觐，如有公事或健康问题无法朝觐的，必须派遣本旗内其他贵族代替朝觐，如没有原因不来朝觐的，必须受到惩治。"年例朝觐，蒙古二十四部落，定例分为两班，将班次晓谕应来之王、贝勒、贝子、公、台吉等，令其按期朝集。如有事故，令协理旗务之台吉一人前来。若协理旗务之台吉亦有公事及患病等情，即遣本旗内大台吉代觐，仍将情由用印文送（理藩）院察核。如并无事故，托辞不朝者，将该管扎萨克等一并题参治罪"。到了嘉庆年间又规定，如因健康问题不能来朝觐，准予次年补班。"嘉庆二十二年（1817）定：内外扎萨克等处呼图克图、呼毕勒罕、绰尔济喇嘛、达喇嘛等，年已及岁已出痘者，准其来京朝觐……按年轮流于十一月中旬来京。如轮直本班有患病等故者，报明该盟长查实报院，准其次年补班"。

清廷要求蒙古王公贵族必须定期来京师朝觐，其用意不言自明，就是使蒙古王公贵族定期做出姿态，表明臣服于满洲贵族掌控的中央政府，同时通过朝觐加强中央政府和蒙古的关系。另一方面，清廷通过朝觐，对前来表示臣服的蒙古王公贵族进行赏赐，展示其怀柔的一面，用以笼络蒙古王公贵族。如康熙六十一年（1772）十二月，"恭值圣祖仁皇帝大事，蒙古王等来京，其本身廪给，遵旨于常额之外，亲王、郡王，日各增给银一两一钱；贝勒、贝子、和硕公主之和硕额驸，日各增给银五钱五分；公多罗额驸、固山额驸、扎萨克台吉、姻戚台吉，各增给银一钱六分；台吉等，日各增给银一钱二分。又议准：凡额驸等尚主之后，未往蒙古地方者，按其应得口粮，折银支给。居住京师之公主等，回家时仍令分别给予路费，来时不计限期，供应廪给。凡额驸亲属，公主之子孙，自亲王以下，台吉以上，凡系姻戚来京者，皆得展限居住。非姻戚之王等以下，扎萨克台吉以上来京者，均予十日廪给。平时来贡之台吉予五日，收纳贡物之后，再给五日，都统以下来使，均予五日廪给"。[1]

---

① 《大清会典事例》卷988《理藩院·廪给》。

与朝觐相行，清廷还要求蒙古各旗每年必须向朝廷进贡。如据《大清会典事例》卷 986《理藩院·贡献》载："国初定，归化城土默特二旗，每年四季贡马百匹，缎百匹。①""乾隆元年（1736）复准：蒙古各旗扎萨克，每年十二月各进羊一只、乳酒一瓶，著为定例"。另一方面，当清廷接受贡献之后，必须对贡献者进行折赏。如嘉庆二十二年（1817）定："王公、台吉等呈进鹰、狗、雕、翎等物，由院具奏后试看择收，内务府折给赏项。"清廷通过贡献制度，得到了朝廷所需要的蒙古地区马匹、羊、乳酒、鹰、狗、雕等蒙古特产，并且以折赏的方式，来笼络蒙古人心，从而加强了满洲与蒙古的关系纽带。

除此之外，清廷通过赈济蒙古地区灾荒，借此来赢得民心，稳定蒙古社会秩序。如"雍正元年（1723）谕：郭尔罗斯乏食，伯都讷仓粮颇多，即将此米散赈。但止给予米粮糊口，并无产业，何以为生？向者给产业买牲饩之事，皆委富户，富户苟且塞责，所给蒙古之物，浮报数倍，蒙古等并不得实惠。科尔沁一旗与其他蒙古不同，世为国戚，恪恭巽顺，历今百有余年，今闻伊属下之人乏食，朕心轸恻，著赍帑银三万两往赈，再差大臣一人，司官一人，往郭尔罗斯旗下，将实在穷苦并无牲饩之人查明数目，按伊户口足用之数，给予乳牛羊只"②。雍正五年（1727）谕："索伦、达呼尔等处，两年马匹牲畜多有倒毙，丰歉不一，兵丁生计稍艰，著动户部帑银五十两，交总管副都统，与将军公同商酌，养育索伦穷苦之人，及赏给效力兵丁。"

（五）其他控制蒙古措施

清廷为严防蒙古人与外地人联络，共同反抗清朝统治，规定："外藩人出境，令在本旗管旗章京处陈明，违者将失察之管旗章京、副章京、参领、佐领、什长，一并议处"。③ 蒙古王公、贵族也不得私自来京师，如因朝贡、嫁娶、探亲等事需来京者，必须事先报告批准。顺治十四年

① 《大清会典事例》卷 986《理藩院·贡献》。本自然段引文，均见于此。
② 《大清会典事例》卷 991《理藩院·优恤》。本自然段引文，均见于此。
③ 《大清会典事例》卷 993《理藩院·禁令》。以下两自然段引文，均见于此。

（1657）题准："固伦公主、亲王以下，县君公以上，或以朝贡，或以嫁娶及探亲等事来京者，皆报旨，不得私来。""嘉庆十一年（1806）奏准：嗣后下嫁蒙古之格格等，除已逾十年后遵例来京外，如实系有紧要事件来京，务先呈明扎萨克报院奏准，方许来京。或该母家实有事故，令其来京，由该母家王公报院奏准后，行文该扎萨克，准令来京。其未逾十年呈请来京者不准。如未经呈报该扎萨克，私自来京及往他处者，令该扎萨克严行查禁。倘该扎萨克任听格格等私自往来，一经查出，除将格格、额驸一并治罪外，并将该扎萨克照失察例议处；如格格、额驸托故来京，或往他处，该扎萨克扶同捏报者，格格、额驸各罚俸二年，该扎萨克罚俸一年。"

为了防止蒙古族汉化，清廷禁止蒙古人起用汉名、学习汉文、使用汉文。如"咸丰三年（1853）谕：蒙古人起用汉名，又学习汉字文艺，殊失旧制，词讼亦用汉字，更属非是。著理藩院通谕各部落，嗣后当学习蒙文，不可任令学习汉字"。"光绪二年（1876）奏定：蒙古公文呈词等件，不得擅用汉文，违者照例科罪。其代书之人，递籍管束，若事涉词讼，代写汉呈者，无论有无串通教唆情事，均按讼棍律治罪"。清廷还禁止蒙古人采用汉族习俗，如建房屋、演戏和信仰汉族宗教。嘉庆二十年（1815）谕："近年蒙古渐染汉民恶习，竟有建造房屋、演听戏曲等事，此已失其旧俗。兹又习邪教，尤属非是。著交理藩院通饬内外扎萨克部落，各将所属蒙古等妥为管束，俾各遵循旧俗，仍留心严查。倘有游民习学邪教，即拿获报院治罪。"

二、对新疆地区管理思想

（一）伯克制度

伯克为清代回部（新疆）维吾尔族官名，系维吾尔语音译。回部旧制，凡官皆称伯克，其职以号别之。乾隆二十四年（1759）平定大小和卓叛乱后，各城派驻大臣统辖，回官则仍依旧名，但是在具体制度规定

中做了一些重大的改造。其目的是减少清廷统治新疆的阻力和确保朝廷政令能在新疆得到落实，维护国家的统一。以下将清廷对伯克制度的重大改造做一缕述。

其一，按照清朝官制对伯克各官划定品级。乾隆二十四年（1759），弘历在给军机大臣的上谕中说："（回部伯克）虽不必准以内地官制，而品级职掌宜为厘定，庶足以辨等威而昭信守。"① 清廷规定：伯克职制，最高者为阿奇木伯克（三品至六品），掌综理本城及所属回庄事务。在伯克中，阿奇木伯克虽然是"回部大头目"，"最为尊贵"②，品衔最高，但是，由于回部各城规模大小不一，所以总管全城的阿奇木伯克的品级也各不相等。大致喀什噶尔、叶尔羌、和阗、库车、阿克苏、库尔勒、轮台、沙雅尔和率领伊犁屯田的阿奇木伯克定为三品，其他小城和附属于大城的各"回庄"的阿奇木伯克，则定为四品至六品不等。其次是伊什罕伯克（四品至六品），掌赞理回务，此为正、副城主，协同阿奇木以办理庶务。伯克在此之下，还有30多种名目，如噶杂拉齐伯克（四品至七品），掌库藏钱粮；商伯克（四品至六品），掌征输粮赋；哈资伯克（五品至七品），掌总理刑名；密喇布伯克（五品至七品），掌水利；杂布提摩克塔布伯克（五品至七品），掌经馆教习；密斯伯克（七品），掌挖铜。

其二，废除伯克世袭制，改为任命制。乾隆二十四年（1759），弘历皇帝谕："阿奇木伯克不过办事大员，毋许自称诺颜，私收贡赋"。"即阿奇木等缺出，亦拣选贤员，或以伊什罕升补，不准世袭"③。可见，在乾隆二十四年改造伯克制度伊始，清朝就废除了伯克的世袭制，开始实行选贤任能的任命制。尔后，清廷又多次重申这一规定，并将此编入《回疆则例》，成为新疆地区必须遵守的法律条规。在伯克改为任命制的同时，清廷分定额缺、品级（自三品至七品不等），额外空衔伯克无级，给顶戴，授以俸地。关于各级伯克额缺的递补，《回疆则例》在选任权限和

---

① 《清高宗实录》卷592。
② 椿园：《西域闻见录》卷7，嘉庆十九年味经堂刻本。
③ 《清高宗实录》卷597。

程序上也做了明确规定：凡三品至五品伯克缺，由总办回疆事务的喀什噶尔参赞大臣拟定正陪名单，奏请皇帝圈定。六品以下伯克缺，各办事大臣或领队大臣提名呈报参赞大臣，咨理藩院补放，年终再由理藩院汇综题奏。同时又规定：伯克"或有添设裁减，则办事大臣随时奏请，未有定额"①。总之，清廷通过牢牢掌握伯克的设置权和任用权，有效控制对新疆的统治。

其三，按照伯克品级，酌给地亩、供役之人和钱币养廉。在清廷统治新疆前，伯克们没有统一的俸禄，肆意"朘削所属"，并"皆有小回子为其服役如奴仆"，数量自百户至三三户不等，"谓之烟齐"②。乾隆在改造伯克制度，制定品级和任命制的同时，对伯克的俸饷也做了调整。一方面参酌旧有惯例，另一方面又依照内地发给养廉费用，采用"钱币、地亩及供役之人"混合按品级分配的办法，使伯克"奉公自爱"③。按照最初规定，最高三品伯克可得 200 帕特玛种籽的地亩④，种地"烟齐"百名。以下各品级伯克，层层递减，至七品伯克，可得 30 帕特玛种籽地、烟齐 8 名⑤。嘉庆初年核减养廉费用，三品伯克给 150 帕特玛种籽地、烟齐 80 名，最低七品伯克给 10 帕特玛种籽地、烟齐 2 名⑥。养廉钱也按伯克品级发给。据《西域图志》载：三品伯克给 300 腾格⑦，四品伯克给125 腾格，五品伯克给 75 腾格，六品伯克给 50 腾格。此外，一些像库尔勒、布吉尔（轮台）、库车、阿克苏、乌什等小城市的伯克俸饷，由于"地方偏小，买卖稀少，多不用腾格，俱以种地为生"。经参赞大臣舒赫

---

① 《西域图志》卷 30《官制》，乾隆四十七年武英殿刻本。
② 《西域闻见录》卷 7。
③ 《清高宗实录》卷 649。
④ 维吾尔族以下种量多少计算土地面积。据《清高宗实录》卷 593，乾隆二十四年七月庚午载："一帕特玛准官石四石五斗。"
⑤ 《西域图志》卷 30《官制》。
⑥ 和瑛：《回疆通志》，台北：文海出版社，1966 年。
⑦ 1 腾格值银 1 两。

德奏请，准行"俱给地亩，并按品级拨给回子耕种，以资养赡"①。

其四，禁止宗教领袖干预政事。在清朝统治新疆之前，由于当时的叶尔羌汗国中伊斯兰宗教领袖一直相沿握有大权，所以在伯克制度中充满了强烈的宗教色彩。新疆各地方宗教领袖参与政事，互为倾轧，甚至发动武装冲突等。清朝统治新疆后，为削除宗教势力的威胁，稳定社会秩序，于乾隆二十五年（1760）六月谕令，"阿珲（即阿訇）乃回人内诵经识字者，与准噶尔喇嘛相似。从前厄鲁特等不知事体，听信喇嘛，致生变乱，岂可使回人因仍旧习。"故特"晓示各城回人，嗣后诸事，惟听阿奇木等伯克办理，阿珲不得干预"②。道光初年，清廷平定张格尔叛乱，再次通谕新疆各城，"以后无论何项回子当阿珲者，只准念习经典，不准干预公事。其阿珲子弟有当差及充当伯克者，亦不准再兼阿珲"③。同时，清廷通过完善选任阿珲的制度，掌握了选任阿珲的权力。"遇有阿珲缺出，由各庄伯克回子查明，通达经典、诚实公正之人，公保出结，听候阿奇木禀明大臣点充"④。这样就避免了由"阿奇木徇情举充"，以致政教互相勾结，把持政权，影响清廷统治和社会稳定。

（二）军事上的控制

乾隆二十四年（1759）清朝统治新疆，为强化对新疆的军事控制，乾隆二十七年（1762），在新疆设总统伊犁等处将军，简称伊犁将军，作为新疆地区最高军政长官，驻惠远城。伊犁将军总掌驻防八旗、绿营及地方各民族事务，统辖军民，综制文武，天山南北两路皆听节制。据军机大臣奉旨议准的规制，作为"新疆总汇"的伊犁将军的职权是："凡乌鲁木齐、巴里坤所有满洲、索伦、察哈尔、绿旗官兵，应听将军总统调遣。至回部与伊犁相通，自叶尔羌、喀什噶尔至哈密等处驻扎官兵，亦归将军兼管。其地方事务，仍令各处驻扎大臣照旧办理。如有应调伊犁

---

① 《回疆志》卷3，台北：成文出版社，1968年。
② 《清高宗实录》卷651。
③ 《清高宗实录》卷151。
④ 《清高宗实录》卷151。

官兵之处，亦准咨商将军就近调拨"①；"其经理贸易及稽察台站诸务，与听差各官，均随时酌委无定额"②。将军衙门设印房、粮饷处、驼马处等机构，分设司官、笔帖式办理所属事务。所属驻防官员有参赞大臣（光绪时改副都统）、领队大臣、总管、副总管以及协领、佐领、防御、骁骑校各若干人，分掌驻防旗营军政及锡伯、索伦、察哈尔、额鲁特各部落游牧事务。伊犁将军的设置使新疆处于清廷的统一领导之下，大大强化了清廷对新疆的军事控制。

清廷对驻守新疆的军队实行换防制度。如道光十三年（1833）奏准："叶尔羌、乌什，新增满洲营官兵，照伊犁换防喀什噶尔满洲营之例，定为二年班满，分作两次更换。"③ 新疆地处西北边陲，沙俄虎视眈眈，加上内部民族关系复杂，又距离京师遥远，因此，清廷在新疆不时借换防驻扎重兵，只是在边疆形势较安全时，才予以裁撤一部分军队。道光十六年（1836）议准："南疆八城，共驻满汉防兵一万三千六百二十四员名。今边氛久靖，自应于官兵换防时，陆续减调，所有叶尔羌应调乌鲁木齐满营官兵，自十七年（1837）为始，少调一百二员名，十八年（1838）少调一百一员名，裁撤领队大臣一员，乌什原驻乌鲁木齐满营官兵一百四十三员名，应于十七、十八两年全行裁撤，并于十七年咨明陕甘总督，少调绿营官兵一千六百九十七员名，在叶尔羌等防兵内均匀抽减。"清廷虽然在新疆安定时期裁撤军队数量，却重视军队的质量，即挑选年轻力壮、武艺高强的官兵留在军队内，即军队人数被裁减，但战斗力并没有削减。"咸丰元年（1851）谕：新疆换防兵丁，多有倩人代替，老弱充数者。著陕甘总督、乌鲁木齐都统，于每届换防之时，务须挑选年力强壮、弓马娴熟兵丁，前往更替。如有冒名代充，立即从严惩办。"

---

① 《清高宗实录》卷 673。
② 《大清会典事例》卷 981《理藩院·兵制》。
③ 《大清会典事例》卷 981《理藩院·兵制》。本自然段引文，均见于此。

（三）回部禁令

清廷除了在行政、军事上对新疆进行控制外，还颁布法令，对新疆社会生活各方面做出一系列规定，旨在维护新疆地区的社会安定。其一，严格控制外来人口大量流入新疆。如"道光八年（1828）奏定：寄居伊犁之安集延，在十年以外者，准其编入伊犁种地回户，不准婚娶置产。又奏定：南路各城流寓之未经驱逐各外夷，一体编入回户当差种地。如有犯禁者，即行驱逐，每年逐出若干，将增减户口，查核具奏一次"①。道光九年（1829）奏准："稽查居住卡内之安集延，每月增减人数，不准与回子联姻。严禁招引回户私入满城"；"稽查内子出卡，与外夷勾结"。其三，对回族神职人员阿珲（即阿訇）进行限制。如"（道光）九年（1829）谕：回子当阿珲者，止准念习经典，不准干预公事。其阿珲子弟，有当差及充当伯克者，亦不准再兼阿珲"；"稽查内地汉、回出关充当阿珲，擅娶回妇，慎选回子阿珲"。其四，禁止回族私自开矿、私自冶铸。道光九年（1829）奏准："回疆应行查禁私矿私硝，严防私毁私铸"。"咸丰八年（1858）奏准：喀什噶尔、昌巴尔山铜厂，永远封禁"。其五，严禁伯克、军队官兵侵害百姓利益。道光九年（1829）奏准："饬禁牧放营马，践食回子田禾，禁止商民重利盘剥穷回……严禁兵丁私入回庄游荡，及防兵汉民霸占回子园地。"《大清会典事例》卷993《回部禁令》所载上引禁令条文说明，清廷通过严格控制外来人口大量流入新疆和禁止回族与外部来往，以防止回族与新疆其他民族相互联合来反抗清廷在新疆的统治；通过对回族神职人员阿珲的限制，来防止回族宗教势力干政，削弱清廷在新疆的行政权力；通过禁止回族私自开矿、私自冶铸，来垄断新疆地区的开矿、冶铸高额利润；通过严禁伯克、军队官兵侵害百姓利益，来缓和新疆地区的社会矛盾，从而巩固清廷的统治。

总之，新疆在清代地处西北边陲，面临沙俄虎视眈眈的扩张威胁，以及内部诸多民族矛盾，加上距离京师路途遥远。因此，清廷在实施对

---

① 《大清会典事例》卷993《禁令》。本自然段引文，均见于此。

新疆的统治时，在行政上采取对其原有的伯克制度进行改造，尽可能在不触犯维吾尔族上层分子的政治、经济利益的基础上，让他们自行处理本民族的内部事务。同时，又将伯克制度纳入清朝的官僚体系中，重新划定品级和俸饷，禁止伊斯兰教宗教势力干预行政。在军事上，清廷通过在新疆设置伊犁将军，统一领导新疆的军事和行政，同时在新疆驻扎满洲军队，实行定期换防，大大加强了对新疆的控制。清廷还在新疆颁布了一系列回部禁令，防止回族与其他民族联合起来共同反抗清朝的统治；通过对回族神职人员阿訇的限制，来防止宗教势力干政；通过严禁伯克、军队官兵侵害百姓利益，来缓和社会矛盾；通过禁止回族私自开矿、冶铸来垄断新疆的矿山资源，从而巩固清廷在新疆的统治。

三、对西藏地区管理思想

（一）噶厦治政

清代西藏噶布伦议事之所曰"噶厦"。噶布伦为清代西藏官名，共 4 人，三品，掌总办藏务。初由达赖喇嘛选定，乾隆五十九年（1794）后改由驻藏大臣会同达赖喇嘛选补。

清代西藏的噶厦治政，经历了 40 年的变革。明代崇祯十年（1637）前后，厄鲁特蒙古四部之一和硕特首领图鲁拜琥率所部徙牧青海，十五年（1642），以维护黄教为名，兴兵入藏，占领青藏高原。在和硕特的占领下，西藏通过达赖喇嘛任命的第巴①，以总揽全藏政务。和硕特作为外来势力，只因固始汗图鲁拜琥保护黄教有功而在西藏享有特殊权益。

从康熙中期起一直到乾隆初年，西藏大贵族与和硕特部势力，以及内部彼此之间，围绕着争夺政治权力，矛盾不断。康熙五十六年（1717），准噶尔部势力进入西藏，整个局面动荡不安，又增加了西藏政

---

① 第巴又称牒巴、第悉，藏语意为酋长、头目、首领，清初文献中对执掌西藏事务的官员的称谓。

治形势的复杂性。为此，清廷曾几次动用军队，以控制局势。康熙五十九年（1720），清军驱逐准噶尔部，稳定了政局，同时对西藏地方政府实行改革。清廷废除第巴制，任命四噶伦，实行联合掌权。噶伦一职，原来已有，但那是在第巴或汗领导下的高级办事官，无决策权。现由清廷直接任命，又让其联合掌权，从而提高了噶伦的地位，改变了原由和硕特部首领控制政坛的格局。噶伦共4人，其中1人为首席，多由大贵族充任。秉承驻藏大臣及达赖喇嘛之命，共同主持噶厦政务，掌西藏钱谷、刑名、兵马及升调大小番目等事宜。

四噶伦联合掌权不久，便因激烈的内部争权夺利而遭到破坏。清廷于雍正六年（1728）又进行改革，任命原噶伦颇罗鼐总掌西藏政府事务，先后封他为贝子、贝勒、郡王等爵位，同时又派出两位驻藏大臣以协助工作。颇罗鼐主持西藏政务19年，加强了西藏地方与清朝中央政府的关系，使全藏社会安定，生产有所发生。他还主持镌刻藏文大藏经木版，即通称的那当寺版，对西藏宗教文化作出了贡献。

乾隆十二年（1747），颇罗鼐逝世，儿子珠尔墨特承袭父爵，继续执政。但是，珠尔墨特一反其父所为，秘密勾结准噶尔势力，图谋摆脱清廷自立。乾隆十五年（1750），驻藏大臣傅清、拉敦布设计诱杀珠尔墨特，但他们俩自己却被珠尔墨特余党所害。乾隆十六年（1751），清廷在达赖喇嘛的配合下，迅速平定了珠尔墨特余党的叛乱。平叛后，清廷组织了由3名贵族和1名僧侣参加的西藏地方政府——噶厦。4位噶伦地位平等，"公同办事"，并且明令"遇有紧要事务，禀知达赖喇嘛与驻藏大臣，按其指示而行"①。清朝政府还决定在达赖喇嘛系统下设置由僧官主持的译仓，即秘书处。噶厦的政令、公文必须通过译仓的审核，加盖达赖喇嘛的印信，才算生效。这一改革，加强了驻藏大臣对西藏地方的直接管辖，同时也赋予达赖喇嘛和黄教寺院的参政权力，确立了"政教合一"的体制。

---

① 《清高宗实录》卷386。

乾隆五十八年（1793），清廷颁布《钦定西藏章程》，进一步调整了对西藏的政策，使规制更加明确详尽，反映了中央朝廷对西藏统治的巩固和加强。

清廷规定，噶厦是驻藏大臣领导下的西藏地方政府机构，由参加噶厦的噶伦"总理大小事务"①。噶伦共有 4 人，其中 3 人是贵族，授三品顶戴，1 人为喇嘛，不给品衔。噶伦如有缺额，必须由驻藏大臣会同达赖喇嘛拣选稍低一级官员，拟定正陪，请旨补放。清廷通过掌握噶伦的选任权，从而控制了对西藏地方的管理。噶伦每年从户部支俸银 100 两，大缎 4 匹，再从达赖喇嘛处"拨给寨落庄园"，但只限于任期内支配，"一经缺出，即查明交代与新任接手之人收管，以资办公，毋得据为己有"②。

清朝在地方政府机构中设有管理库藏出纳及财政收支机构——商上，其长官称商特巴（又称商卓特巴、仓储巴），一般设 2 人至 4 人主管，由四品僧俗官员充任。商特巴"为商上办事之官"③，地位仅次于噶伦，常是噶伦的候选人。商特巴如缺出，也归驻藏大臣和达赖喇嘛拣选升补。此外，清代西藏地方政府中主要还有授五品顶戴的业尔仓巴 2 人，负责管理粮食；郎仔辖 2 人，负责管理街道；协尔帮 2 人，管理刑名事务；硕第巴 2 人，管理布达拉一带百姓。授六品顶戴的达瑲 2 人，司马厂之官；大中译 2 人，卓尔尼 2 人，均为噶厦办事官。授七品顶戴的中小译 3 人，噶厦办事官；管门第巴 3 人，管糌粑第巴 2 人，管草第巴 1 人，管柴第巴 2 人，管帐房第巴 2 人，管牛羊厂第巴 3 人。

西藏下一级地方委派营官进行管理，营官按地势冲缓、辖户口多寡，分为边营官（五品）、大营官（五品）、中营官（六品）、小营官（七品）等。

清廷在西藏设有武官。武官中最高的戴本（四品），共 6 人，总理藏

---

① 《大清会典事例》卷 977《理藩院·设官》。
② 《卫藏通志》卷 12《条例》，商务印书馆，1937 年。
③ 《大清会典》卷 67《理藩院》。

兵，他们也是噶伦的候选人；如本（五品），共 12 人，各管藏兵 250 人；甲本（六品），共 24 人，各管藏兵 120 人；定本（七品），共 120 人，各管藏兵 15 人。

在清代西藏，后藏为班禅额尔德尼所管之地，驻扎什伦布寺。班禅额尔德尼管理后藏自成系统，所有管理官员都是喇嘛。后藏营官缺出和扎什伦布管事喇嘛缺出，由驻藏大臣会同班禅额尔德尼补放给照。

西藏各官员缺出补用，都是以下一品衔之官升任上一等官，在手续上除前述噶伦和戴本得经过驻藏大臣会同达赖喇嘛拣选后，奏请朝廷定夺外，其余均由驻藏大臣会同达赖喇嘛或班禅额尔德尼（后藏官）拣补后，发给有满、汉、藏三种文字书写的印照，即可为凭。至于一般琐屑小职，只听达赖喇嘛和班禅额尔德尼自行补放，凡喇嘛官均无品衔顶戴①。

（二）驻藏大臣

驻藏大臣全称"驻扎西藏办事大臣"，是清廷派驻西藏的最高军政长官。初设于雍正五年（1727），共 2 人。统掌前藏、后藏之军政，凡察举官牟、操阅藏兵、防守边隘、稽核财赋、平正刑罚、拟定法制以及喇嘛事务，皆归其总理。其下属有理藩院司官、随印笔帖式、粮务、副粮务等官。自乾隆十年（1745）起，规定驻藏大臣 3 年一更代。乾隆十六年（1751），清廷在平定了珠尔墨特余党叛乱之后，建立了由 4 名噶伦组成的噶厦地方政府，明确规定，噶厦必须在驻藏大臣和达赖喇嘛的领导下进行工作。为了确保驻藏大臣全面掌握西藏的权力，乾隆五十八年（1793），清廷制定了《钦定西藏章程》②，对驻藏大臣的地位、职权做出系统的规定。以下以《钦定西藏章程》（以下简称《章程》）内容为主，再结合其他文献记载，对驻藏大臣代表清廷对西藏地区的掌控做一个介绍。

---

① 《中国政治制度通史》（第 10 卷），第 287 页。
② 《卫藏通志》卷 12《条例》，本目引文未注出处者，均见于此。

　　其一，明确了驻藏大臣的地位。驻藏大臣是代表清廷负责督办"藏内事务，与达赖喇嘛、班禅额尔德尼平等"。诸噶伦以及管事喇嘛同时也是驻藏大臣的"属员"，"事无大小，均应禀明"。其实，在乾隆五十七年（1792）就议准："驻藏大臣督办藏务，应与达赖喇嘛、班禅额尔德尼为平等。噶布伦以下番目及管事喇嘛，分系属员，无论大小事务，俱禀命驻藏大臣核办。至札什伦布诸务，亦一体禀知驻藏大臣办理，毋得仍令戴琫堪布代办，以致滋生弊端。并令驻藏大臣于巡边之便，稽查管束，以除积弊。"① 清廷在表面上规定驻藏大臣地位与达赖喇嘛、班禅额尔德尼平等，但实质上，从"事无大小，均应禀明"和"无论大小事务，俱禀命驻藏大臣核办"来看，驻藏大臣实际权力应在达赖喇嘛、班禅额尔德尼之上。换言之，西藏地区大小事务，均要经过驻藏大臣同意，才能办理。否则，即使达赖喇嘛、班禅额尔德尼同意了，但驻藏大臣不批准，也是办理不了的。

　　其二，驻藏大臣监督"金本巴瓶"掣签来决定达赖喇嘛和班禅额尔德尼的继承人。西藏实行政教合一制度，达赖喇嘛和班禅额尔德尼既是宗教领袖，也是政治领袖，因此，对达赖喇嘛和班禅额尔德尼继承人的选定事关西藏的政局。按照西藏的惯例，达赖喇嘛和班禅额尔德尼等活佛的承袭，是通过"金本巴瓶"掣签来实现"转世"，即所谓的"呼毕勒罕"。每当活佛"转世"之时，一些有势力的僧俗派别就乘机争夺操纵权，以谋求未来的代理人。这既可能引发西藏各种政治、宗教势力的争权夺利，发生社会动荡，又可能危及清廷在西藏的统治。因此，清廷在《章程》中做出明确规定：凡达赖、班禅及大小活佛"转世"，"一经呈报出世，指出数名"灵童，便由驻藏大臣将其姓名、出生年月，用满、汉、藏三种文字书于牙签之上，放入由朝廷钦颁的"金本巴瓶内"，并当场"亲往监同掣签"，最后决定达赖、班禅及大小活佛的继承人。为严防蒙藏贵族串通驻藏大臣操纵舞弊，清廷颁布两"金本巴瓶"，一贮拉萨大昭

---

　　① 《大清会典事例》卷 977《理藩院·设官》。

寺，一贮北京雍和宫，由驻藏大臣在大昭寺、理藩院尚书在雍和宫监督掣定。

其三，驻藏大臣负责西藏地方政府较高级别僧俗官员的拣选、赏罚。《章程》规定，"前后藏遇噶布伦、戴本、商卓特巴以下大小番目等缺，统归驻藏大臣会同达赖喇嘛拣选，分别奏补拣放"。"大寺座床堪布喇嘛缺出"，也以同样方式"秉公拣选，给与会印执照"。其实，在乾隆五十六年（1791），朝廷就规定："西藏戴琫、第巴缺出，由驻藏办事大臣会同达赖喇嘛商议拣选补放；至噶布伦责任更要，遇有缺出时，若即将达赖喇嘛议定正陪之人奏放，仍不免徇情滋弊。著交驻藏大臣，嗣后凡噶布伦缺出，合同达赖喇嘛，于应升用人内择其能事者，秉公选定正陪，于各人名下注明如何出力之处，奏请补用，俟朕拣放。驻藏大臣傥有徇私不公者，一经发觉，必加重谴。著为令。"① 乾隆五十七年（1792）又议准："凡大、小各缺，均由驻藏大臣会同达赖喇嘛挑选，如达赖喇嘛徇私不公，准驻藏大臣驳正，秉公拣补。除噶布伦、戴琫奏明补用外，其余各缺，由驻藏大臣会同达赖喇嘛发给清、汉字、番字印照为据。至管草、管门、糌粑、帐房、第巴及管牛羊、草厂、头人等，悉听达赖喇嘛自行拣补。"② 清廷通过驻藏大臣拥有选任、赏罚西藏地方政府较高级别僧俗官员的权力，来实现对西藏地区的有效统治。

其四，驻藏大臣监督达赖、班禅与外番部落、外国之间的交往。《章程》规定，凡境外"廓尔喀、布鲁克巴、哲孟雄、宗木等外番部落，如有禀商地方事件，俱由驻藏大臣主持"。外国与达赖、班禅的书信往来，也要"报明驻藏大臣"，"并代为酌定回书"。"藏内喇嘛"到国外"朝山礼塔者"，亦归驻藏大臣"给与照票，限以往返日期"，回藏后及时缴销。其余，乾隆五十八年（1793）奏准："西藏地方与廓尔喀、布鲁克巴、哲孟雄、宗木等处部落，皆系接壤，向来外番人等，或来藏布施，或讲论

---

① 《大清会典事例》卷 977《理藩院·设官》。
② 《大清会典事例》卷 977《理藩院·设官》。

事务，达赖喇嘛发给书信，原无禁例，但相沿日久，毫无稽察，甚至卫藏地方紧要事务，亦并不关白驻藏大臣，辄私行往来通信，彼此关说，弊窦丛生。将来遇有廓尔喀禀请之事，均由驻藏大臣主持，与达赖喇嘛、班禅额尔德尼前呈进土物等事，亦令驻藏大臣代为酌定回谕，方可发给。平日如有关系地方事件，及通问布施，均报明驻藏大臣，听候办理。至布鲁克巴素信红教，每年遣人来藏，至达赖喇嘛等呈递布施，哲孟雄、宗木、洛敏达等小部落，如差人来藏布施通问，亦应立法稽查，以昭体制。嗣后各外番部落差人来藏者，均由边界营官查明人数，禀明驻藏大臣，验放进口，并令江孜、定日驻扎备弁，实力稽查。其到藏瞻礼后，所有各该部落禀达驻藏大臣，由驻藏大臣给谕具呈达赖喇嘛等禀帖，俱应呈送驻藏大臣译出查验。由驻藏大臣与达赖喇嘛将谕帖酌定给发、查点人数，再行遣回。其噶伦布虽系达赖喇嘛管事之人，不准与各部落私行通信。即各部落有寄信噶布伦者，亦令呈送驻藏大臣，与达赖喇嘛商同给谕，仍不准噶布伦等私行发给。倘有私相往来暗通信息之事，驻藏大臣即将噶布伦革退，以示惩儆。"① 乾隆五十八年（1793）的规定大致分3个层面对达赖、班禅与外番、外国的交往做出明确详细的限制：一是外番部落来西藏通问布施、讲论事务、进呈土物，甚至书信来往，达赖或班禅都必须报告驻藏大臣，由驻藏大臣主持、酌定回谕或予以办理。二是外番部落、外国人员来藏，必须经驻藏大臣查验，边界营官才准予放行。其到藏瞻礼后，再由驻藏大臣与达赖喇嘛将谕帖酌定给发，并查点人数无误后，再予以遣还回国。三是禁止达赖喇嘛属下的办事人员噶布伦与各部落私自通信，如有需要通信，必须将信件呈送驻藏大臣与达赖喇嘛商定回信。如噶布伦违反规定暗通信件，驻藏大臣即将噶布伦革职。清廷之所以严格规定驻藏大臣从各方面监督达赖、班禅甚至下属噶布伦与外番部落、外国的交往，严禁他们私下交往，其用意十分明确，就是防止他们互相串通勾结，联合起来反抗清廷在西藏的统治。

----

① 《大清会典事例》卷 993《理藩院·禁令》。

其五，驻藏大臣负责对西藏地区边界的巡查，操演和监督驻藏军队。西藏地处边疆，山高路远，清政府通过驻藏大臣，加强边防建设。《章程》对军队驻防、操演、巡守、奖惩都有明确规定。如每年五六月间，驻藏大臣中"轮流一人，前往后藏巡视边界，操阅番兵"。大将军福康安在《藏内善后事宜疏》中提出："驻藏大臣，每年应亲身巡查边界，以重地方也。查后藏江孜、定日，新设番兵济咙聂拉木等处，现已立定界址，请于春秋两季，驻藏大臣奏明，轮流住后藏，操演番兵，巡视边界。"①乾隆五十七年（1792）议准："唐古特兵丁，令各处驻防将备，就近督同大小番目，按期认真教演。驻藏大臣于巡查之便，亲身校阅，练习纯熟者，酌加奖赏，并将该管之番目记名升擢；如有技艺生疏者，严行惩责；屡教不悛，即予裭革；番目等亦分别责降示惩。驻防将备，俱以所管番兵优劣，由驻藏大臣分别等第，于班满时咨部。优等者咨送本省将军、都统、提督，准予保举，仍照旧例升用；次等者咨部议叙，毋庸升用；劣等者即行参革。"②

清廷还规定，驻藏大臣负责考察西藏本地番兵和监督管理驻藏清兵。"乾隆五十七年（1792）奏准：前、后藏各设番兵一千名，此外冲途要隘之定日、江孜地方，安设番兵各五百名，共额设三千名。此项番兵，即在安设处所就近挑补，以省调成之烦。前藏原设戴琫之人，以二人驻扎后藏，以一人分驻定日，均各管该处新设兵五百名，再添设戴琫一人，分驻江孜，亦管新设兵五百名，各处俱有原设、新设之驻防将弁，即令督率管束，教演技艺。前藏番兵，归游击统辖，后藏及江孜、定日番兵，归后藏都司统辖。所有挑补番兵，造具花名清册，交该管游击、都司及戴琫稽查外，另缮名册二本，一交驻藏大臣衙门，一交噶厦公所，遇有事故，核实挑补，随时呈报，以资考察。又议准：嗣后前、后藏及定日、江孜官员兵丁，俱交四川总督拣选出色头等员弁，派往分驻。如内地赴

---

① 《清经世文编》卷81，福康安《藏内善后事宜疏》。
② 《大清会典事例》卷981《理藩院·兵制》。以下两自然段引文，均见于此。

藏官兵，有营私舞弊、欺凌唐古特兵丁等事，令该戴琫禀知驻藏大臣，随时严办。倘该戴琫等操办怠惰，苦累番民，亦令将备等禀明究办。如此互相钤制，庶彼此各知顾忌，不敢徇私玩法，日久弊生。至新设之番兵三千名，俱系定额实数，该管将备及戴琫等，不得擅行投占，若于例外私行跟随服役，转致差防乏人，一经查出，即行从严治罪"。

其六，驻藏大臣稽核西藏地区财赋、徭役摊派。《章程》规定，西藏地方政府的一切财务出纳，需呈报驻藏大臣查核，对外贸易必须经大臣批准发照。大将军福康安在《藏内善后事宜疏》提出："商上收纳银钱及采买各物，俱照所定兑换之数，按新旧分别折收。仍令驻藏大臣随时稽察，倘查有出轻入重等弊，即行奏明查办。又私给免差照票，宜严禁以均徭役也。向来达赖、班禅用事亲族，并大呼图克图等，往往听富户大族嘱托，即给与免票，苦乐不均，实未公允。嗣后请将免票概行缴销，不得专派穷番。如实有劳绩者，达赖喇嘛告知驻藏大臣，然后准免门户差使。如有事故革退，仍将原领免票缴销，以杜规避。"①

其七，驻藏大臣平正西藏地区刑罚，拟定法制。乾隆五十八年（1793）议准："卫藏地方番俗相沿，遇有唐古特番民争讼及犯人命、盗窃等事，多系罚赃减免，原不能按照内地律例科罪，但仍其旧例，亦必须按其罪名之轻重，定罚赎之多少。近年以来，该管之噶布伦、朗仔等，剖断不公，意为高下，遇有家道殷实之人，于议罚本例外，加至数倍，并不全数归公，侵渔肥橐。又或怀挟私嫌，竟将偶犯小过之人，捏词回明达赖喇嘛，辄行抄没家产，嗣后罚赎多寡，按照向来旧例，译写一本，交驻藏大臣衙门存案。如有应议罪名，总须回明驻藏大臣，核拟办理。其查抄家产之例，除婪索赃数过多，回明驻藏大臣酌办外，其余公私罪犯，俱令凭公处治，严禁私议查抄之弊。"②

总之，清廷在充分尊重、照顾达赖喇嘛、班禅额尔德尼两大活佛在

① 《清经世文编》卷 81，福康安《藏内善后事宜疏》。

② 《大清会典事例》卷 993《理藩院·禁令》。

西藏宗教领袖地位的同时，强调驻藏大臣在督办藏内事务时，应与达赖喇嘛、班禅额尔德尼平等。自噶布伦以下番目及管事喇嘛，均系属员，事无大小，均应禀明驻藏大臣办理。驻藏大臣还监督"金本巴瓶"掣签来决定达赖喇嘛和班禅额尔德尼的继承人，负责西藏地方政府较高级别僧俗官员的拣选和赏罚，通过人事权力来实现对西藏地区的有效统治。驻藏大臣监督达赖、班禅与外番部落、外国之间的交往，防止他们串通勾结，联合起来共同反抗清廷在西藏的统治。驻藏大臣还负责对西藏地区边界的巡查，操演和监督驻藏军队；稽核西藏地区财赋、徭役摊派；平正西藏地区刑罚，拟定法制，从军事、经济、刑法等方面加强对西藏的控制。应该说，驻藏大臣使清朝中央政府对藏的方针、政策能切实得到贯彻，对于稳定西藏，巩固边疆发挥了关键的作用。

四、对西南土司地区管理思想

（一）改土归流思想

土司地区主要存在于西南云南、贵州、广西、四川等少数民族聚居区，除此之外，西北的甘肃等省，也有实行土司统治的。所谓土司制度，就是任用当地各族头领或权威人士，授以他们大小不等的官号，并列入朝廷行政序列的一种特殊的对地方少数民族统治的形式。正如时人所说的"今之土司，即昔之酋长"①，是"修其教不易其俗，齐其政不易其宜"②。土司除因大事故被朝廷革斥外，通常可世代承袭。这是与州县流官统治最明显的不同。土司长官统称土官，分为文、武二职，文职有土知府、土同知、土通判、土知州、土州同、土州判、土知县、土县丞、土主簿等，武职有指挥使、指挥同知、宣尉使、宣抚使、安抚使、长官司长官等。土官均由中央政府任命，发给号纸。其承袭事，文职隶吏部，

---

① 乾隆《贵州通志》卷 7《苗蛮》，台湾商务印书馆影印四库全书本。
② 嘉庆《黄平州志》卷 3《土司》，嘉庆六年刻本。

武职隶兵部。分别管理各自所辖地区及土兵，听地方长官约束，并有奉征调、纳贡赋之责。

土司制度大约形成于元代，到了明代有了较大的发展，制度也更加完备。清代实行的土司制度基本沿袭明代，同时在许多方面又有所厘革。土司制度虽较元朝之前的羁縻统治是一大改进，是元、明、清我国对少数民族地区进行统治的一种行之有效的制度。但是，随着内地与边疆的联系日益紧密，汉族与少数民族之间的交往日渐增多，这种相对割据独立的土司制度，也日益显出了其局限性，同时也与当时加强中央集权制相矛盾。从明代起，朝廷常常借着土司反叛，或相互仇杀和本支故绝的机会，推行"改土归流"的活动，即取消当地的土司，实行与内地相同的流官制度。清代继续了明代的改土归流，特别是到了雍正年间，中央专制主义政权得到进一步发展，社会经济也有新的提高，西南土司地区少数民族受汉族影响更为明显，在云贵总督鄂尔泰的提议下，于西南的滇、黔、桂、川等开展了一场大规模的改土归流活动，很多土司遭到斥革，改置流官。清代的改土归流，在雍正以后继续不断，直至光绪、宣统年间，四川建昌道臣赵尔丰（后升总办川滇边务大臣、驻藏办事大臣），亦授命在川、滇、藏边地，通过武力大规模地实行改土归流活动。在改流地区，清政府设兵驻防，实行屯田，兴办学校，编造户口，废除过去土司的残暴统治，杜绝土司之间的纷争，对增进各该地区的安定与进步，不无裨益。

当时，倪蜕就主张，云南内地的土官可通过罢免、废除世袭或让其升迁为流官的方式进行改土归流，而地处遥远偏僻与缅甸相邻的边地土官，由于当地流行瘴病、运送粮米困难，朝廷难以驻兵控制，可继续实行土司制度。他提出："边徼多土官，子孙世守……而云南内地土官，消磨亦易，暴横不法者，参劾而去之；老病死亡者，停袭而免之；苟有贤者，荐而达之，与流官一体升迁。如此二十年，而土官皆可以尽。既不利其所有而起意驱除，又不坐之无名而恣情斩杀……独是相邻交缅各司，仍须羁縻系属，不宜轻有改更。亦非谓其尾大不掉而虞之也，特以地居

荒远，瘴疠特甚，设流官不谙风土，立防兵难免瘴病，运粮米又恐劳民，即其渠帅而用之，此固诸葛武侯经营简易之宏模也。"①

刘彬也主张内地土司应改土归流，因为内地土司长期存在会影响到国家的长治久安，那些土司没有理由数百年来一直享受着世袭的特权，也起不了护卫边疆的藩篱作用。如改土归流，可以使土司统治下的少数民族百姓摆脱土官的残暴统治。因此，内地土司必须改土官为流官。他指出："内地之土司，可裁也，虽在沿边，而实同于内地之土司，亦可裁也。宋祖云，卧榻之旁，岂容他人鼾睡，顾使侏僋异类，深根固蒂，分踞郡县中，岂国家久安长治之善策乎？且考此辈先人受职之始，皆非有开疆辟土不世之勋，治乱扶危非常之绩也。夫茅土分封、河山结誓，犹有不能保其终者，此辈何功何德，反得子孙世守其官，世虐其民，匪但宗藩世禄，所不能及。元明迄今，已六百余年，而彼不移，安然坐享不朽之业。揆厥由来，则去之宜也，非过也。或者谓夷人鸟语卉服，习俗攸殊，爰置土司统之，所以借其保固藩篱之用，而奈何去之？是殆不然，夷民种类虽别，而畏威惧法之心，与舍苦就乐之情则一。苟善抚之，畴非赤子，就滇而论，从前皆夷也。而今之城郭人民，风俗衣冠，改土归流，变夷为夏者，十且八九，未闻必借土司而后保固也。若所谓藩篱者，乃边境之外者也，岂有在内地者，而亦借以为藩篱乎？或者又谓夷人在内地者，虽属土官管辖，土官仍属流官节制，比乎子民，相安已久，何以更张为哉？此庸流浅见也，筹边之道，在乎防微，保民之方，贵于经久，若仅泥于目前，非不晏安无事，而不知其有事之机自在也。且以土人言之，同在中华之内，而风化不能及，恩泽不克沾，盖各有土官以隔别之。在流官曰，此土人非我百姓，漠视之耳，至于科派之重，刻虐之惨，则惟土官司之。在流官又曰，此土人非我百姓，奚预我事，又漠视之耳。若徭役差使，土官得以疲之者，流官亦得以疲之，征求需索，土官得以苛之者，流官亦得以苛之。若近值营镇之处，则又加以将弁之骚

① 《清经世文编》卷86，倪蜕《土官说》。

扰，其苦万状，更仆莫数。嗟乎！率土之滨，莫非王臣，乃忍令若辈人子孙奕叶，永沉沦苦海中乎？救焚拯溺，是诚不可缓者也。"① 鉴于以上理由，刘彬建议，对有罪之土官予以革职，以汉族流官代替之，废除土官世袭；如土官有缺，不予补充。然后统计登录土官辖下户口、田地，减轻他们赋税徭役，给予耕牛、种子，选任清廉官吏予以管理。不要 100 年，就能全部完全改土归流，使土司辖地少数民族摆脱土司的残暴统治。他说："若一旦尽去（土官）之势，又不能必有道焉。参处降调，一依流官之例，倪罪应斥革，即以汉官代之，停其承袭。善哉令狐绹所以处宦官者曰，有罪不赦，有缺不补，则以渐而去耳。毋务为姑息养痈之计，而兼不失乎燥急，然后录其人民，籍其田地，减赋役以甦其力，给牛种以裕其源，选用循良，善加抚恤。不出百年，内地可以肃清，肘腋可以无虞，使数千万众，蚩蠢穷夷，悉得变禽兽而隶编氓，出汤火而见天日，其于固边境、安夷獠，岂曰小补之哉？"

同时，刘彬也主张对于边境的土司，仍保留土官制度，朝廷对其采用恩威并济的统治策略。一方面善待安抚土司，禁止镇防军队贪赎索贿，汉奸流棍勾结教唆，附近豪强侵渔凌侮，奸商欺骗扰害；遇有灾荒，朝廷必须予以救助。另一方面，严于法治，使土司知道惧怕，不敢肆无忌惮。这样，就会使土司之下少数民族百姓安居乐业，国家长治久安，并由近及远，使缅甸安定，边境无忧。"若沿边之土司，则宜存也。彼既不在我腹里之地，与我土地不相错杂，城郭不相逼近，无事则借为藩篱之用。设或有事，犹可一面御之，非若内地者，一有不虞，即在心腹之间也。然非徒存之已也，必有以渐变之，必有以善抚之，禁有司镇防之贪黩，绝汉奸流棍之勾唆。邻近豪民，毋使有侵渔凌侮；出入宾商，毋使有欺骗扰害；祸患必援，毋因其有事而弃之；荒歉必拯，毋因其被灾而绝之。于是申之以法，而彼知惧，则其恶无敢肆，严之以威，而彼知警，则其乱何由生。为之百姓者，既获免于荼毒，为之统驭者，又不病于掣

---

① 《清经世文编》卷 86，刘彬《永昌土司论》。以下两自然段引文，均见于此。

肘，复为之潜消焉，默化焉。又养之以恩，恤之以惠，使彼得以生息焉，久之久之，鲜不为我良民矣。然后由近而推之，由渐而被之，举缅甸八百郡县之可也，夫何虑于永哉？"

雍正四年（1726），云南巡抚兼云贵总督事鄂尔泰提出改土归流的方针和办法是"计擒为上策，兵剿为下策；令自投献为上策，勒令投献为下策"①，即对土司计擒为主，兵剿次之，设法令其主动献土。清世宗为了统一事权，调整有关省区的行政区划，接受此建议，并于雍正六年（1728）任鄂尔泰总督云、贵、广西三省。鄂尔泰自雍正四年起，即进兵贵州长寨，设长寨厅（今长顺县）；派哈元生用兵云南乌蒙、镇雄二土府，改设府州；又任用张广泗为贵州按察使，深入都匀府、黎平府等处建设流官。至雍正九年（1731）底，基本完成改土归流。与此同时，广西、湖南、湖北、四川也实行改土归流。当时改流所添设的府州县有60多个。与此相并行的是，清廷也保留一些安分守法的土司，不必改土归流，以示鼓励。如雍正六年（1728）谕："湖广土司甚多，各司其地，供职输将，与流官无异。其不守度者，该督抚题参议处，改土为流，以安地方。若能循分奉法，抚绥其民，即与州县之循良相同。朕深嘉悦，何必改土为流，使失其世业。前据湖南巡抚王国栋奏称，下峒长官司向鼎晟恳请改土归流，甚为诚切，朕未准行。今又奏称土民有控告该土司之案，正在查审。朕思从前该土司改土归流之请，大抵由于土民之怂恿，及土司所请未曾准行，而土民复又列款控告，冀朕严治土司之罪而尽改为流。其所控必非实情，著该督抚留心详察，凡属土民，必不敢控告土司，皆由汉奸唆使播弄，冀生事端，以便从中逞奸滋弊耳。若各处土司等，因他处已改为流，不得已而仿效呈请者，朕皆不准。若被汉奸唆使控告，俾土司获罪而改土为流者，朕更不忍。该督抚等当以朕内外一体之怀，通行晓谕，使土司等守土奉法，共受国恩，不必改土为

---

① 《清经世文编》卷86，鄂尔泰《改土归流疏》。

流始为向化。至于土司实在不法，恶迹确著者，该督抚据实参劾治罪。"①

（二）对西南土司地区的政策措施

1. 蔡毓荣管理云南土司思想。

蔡毓荣（1633—1699），字仁庵、竹庵。康熙九年（1670）调川湖总督，吴三桂叛陷湖南，总统湖广绿旗兵进剿。云南平，调云贵总督，区画善后诸事。蔡毓荣曾就云南土司地区的管理提出了较系统的政策措施，兹缕述如下：其一，削夺土司的军权，给予他们虚衔，这是加强对土司管理的关键。他提出："滇省土司，亟宜请旨追夺武衔，权给衔札，无分文武，概行追缴，各照旧袭职衔，量加一等服色。既夺其嚣凌之气，复腼以章服之荣，有不畏威而怀德者乎？此制之安之之一大关键也。"② 其二，对土司明以朝廷法制。他提出："土人有犯，俱不关白流官，土官径自处决，土人知有土官，而不知有国法久矣。则请著之令曰：无萌故智，勿悖王章，其犯罪至死者，械送督抚，明正其罪，务使土人遵朝廷，土官不得擅威福。"其三，禁止各土司之间互相仇杀侵犯，维护社会安定。他指出："土官各有土地人民，而其性各不相下，往往争为雄长，互相仇杀，一不禁而吞并不已，叛乱随之。故明沙普之祸可鉴也，则请著之令曰：各守常度，毋相侵犯，其有称兵构衅者，歼厥渠魁，捣其巢穴，务申锄强扶弱之义，用遏乱萌。"其四，利用土司攻打犯法土司，如土司不听朝廷指挥，立即处以军法，如有立功表现，则论功行赏。他主张："土司有犯，即令众土司环而攻之。匪直分义宜然，亦取其熟于山箐，易为力也。则请著之令曰：一乃心力，备我声援。其有事则征调不赴，或观望迁延者，立逮而置之军法，一面奏闻。如果著有成劳，仍准论功行赏，使彼乐为我用，而控纵在我矣。"其五，在土司地区兴学教化，移风易

---

① 《大清会典事例》卷 145《吏部·土官》。

② 《清经世文编》卷 86，蔡毓荣《筹制滇边土民疏》。本自然段引文，均见于此。

俗。他认为："土情多诈，未始不可以信孚；土性至贪，未尝不可以廉格。臣仰体皇上怀柔至意，开诚布公，信赏必罚，革馈遗之陋习，禁采买之烦扰，亦既骎骎向化矣。彼其强凌众暴，斗狠操戈，岂尽天性然与？良由教化未明，徒议招讨无益也。臣请以钦颁六谕，发诸土司，令郡邑教官，月朔率生儒耆老，齐赴土官衙门，传集土人，讲解开导，务令豁然以悟，翻然以改，将见移风易俗，即为久安长治之机。"其六，土官子弟世袭者，必须经过儒学教育，并加以考试，由儒学推荐承袭；土官本人每年必须经过督抚考核，对优劣者进行奖惩。他指出："土官以世系承袭，不由选举，其祖父势利相传，其子弟恣睢相尚，不知诗书礼义为何物，罔上虐下，有由然矣。我国家八法计吏，三年考绩，土官皆不预焉，不肖者无惩，间有一二贤者，亦无以示劝，欲其奉职守法也，得乎？臣请著为定例，嗣后土官应袭者，年十三岁以上，令赴儒学习礼，即由儒学起送承袭。其族属子弟，有志上进者，准就郡邑一体应试，俾得观光上国，以鼓舞于功名之途。古帝舜敷文德以格有苗，由此志也。其土官于岁终开列所行事实，申报督抚，察核具题。不肖者降革有差，贤者增其秩，或赐之袍服，以示优异，使知以朝命为荣辱，自不以私心为向背。"其七，将战乱中流离失所的少数民族部落安置回原地，恢复原土司进行管理。他主张："两迤土司之中，昔为沙普并吞，继为吴逆殄灭者，变乱之后，其枝裔各回故土。土人俱恋恋以主事之，历有年矣。今使付之有司，编入里甲，则汉夷杂处，必有隐忧，若以归附邻近土司，无论必不相安，尤恐所附者益强大而难治。臣请稽其宗派，取其邻司保结，果无虚冒，准其一体报部，照袭原职，按其原管之地，责令供办粮差。斯安置得宜，葛藤自断，兴灭继绝，固旷世之殊恩，亦众建而少其力之意也。"

总之，蔡毓荣从削夺土司军权、对土司明以法制、禁止土司之间互相仇杀侵犯、利用土司攻打犯法土司、在土司地区兴学教化移风易俗、改进土官世袭制度、安置离散土司回原地恢复其原土司管理等7个方面对云南边疆土司进行管理，其思想系统合理，较符合当时云南边疆各少

数民族的实际情况，并具有较强的可操作性。如他认为当时削夺土司的军权是管理土司的关键，因为只有削夺土司的军权，就铲除了土司拥兵自重、对抗朝廷管理的基础。他主张对土司明以法制，意味着土司必须服从清廷的统一管理，不得割据一方，搞独立王国。他提出清廷应禁止土司之间互相仇杀侵犯，目的在于维护云南边疆少数民族地区的社会安定。清廷应利用土司攻打犯法土司、安置离散土司回原地并恢复其土司管理，其用意在于对土司分而治之，防止其联合起来反抗清廷统治，并达到以土司治土司的目的。他认为如在土司地区兴学教化，移风易俗，让土官子弟承继者接受儒学教育，对土官本人每年进行考核奖惩，可从文化思想上对土司进行潜移默化的改造，这是保证清廷对云南边疆少数民族长治久安的关键。

2. 鄂尔泰管理云贵、广西、楚川地区土司思想。

鄂尔泰（1680—1745），字毅庵。雍正三年（1725）任云南巡抚，管云贵总督事。次年建议实行改土归流，并请调整西南行政区划，以统一事权。旋升云贵总督，亲临少数民族地区，推动改流。雍正六年（1728）擢云贵、广西总督。在此期间，鄂尔泰上奏《改土归流疏》《云贵事宜疏》《分别流土考成疏》《正疆界定流土疏》《招抚生苗以安三省疏》等①，较系统地阐述他管理云贵等省少数民族土司的政策措施与思想。兹缕述如下。

雍正四年（1726），鄂尔泰上《改土归流疏》。在此疏中，首先，他提出改土归流的必要性："为蠲除夷官，清查田土，以增租赋，以靖地方事。窃以为苗猓逞凶，皆由土司，土司肆虐，并无官法，恃有土官、土目之名，行其相杀相劫之计，汉民被其摧残，夷人受其荼毒，此边疆大害，必当蠲除者也……若不尽改土归流，将富强横暴者渐次擒拿，懦弱昏庸者渐次改置，纵使田赋、兵刑尽心料理，大端终无头绪。稍有瞻顾，必不敢行，稍有懈怠，必不能行。不敢与不能之心，必致负君父而累官

---

① 本目所引鄂尔泰 5 个奏疏引文，均见于《清经世文编》卷 86。

民。故以臣愚昧统计滇黔，必以此（改土归流）为第一要务。"由此可见，鄂尔泰认为，当时云贵少数民族地区土司主要有 3 个方面的危害：一是影响朝廷对该少数民族地区租赋的征收；二是土司之间相互残杀、劫掠，影响该地区社会安定；三是土司压迫、摧残该地区汉族、少数民族百姓。因此，他认为，如不实行改土归流，上负皇帝朝廷，下使官民受到损害。在此基础上，鄂尔泰提出改土归流为国家第一等大事，其"改归之法，计擒为上策，兵剿为下策；令自投献为上策，勒令投献为下策"。

同年，鄂尔泰还上《分别流土考成疏》，指出当时云贵少数民族土司地区经常发生杀人抢劫、偷盗案件，其根源在于朝廷没有对土司进行严格考核，使土司没有安境保民的责任意识，致使社会治安混乱。因此，他建议，如少数民族地区发生社会治安问题，应分别追究土司、武职流官和文职流官的责任。他说："窃惟流、土之分，原以地属边徼，入版图未久，蛮烟瘴雾、穷岭绝壑之区，人迹罕到。官斯地者，其于猓俗苗情，实难调习，故令土官为之钤制，以流官为之弹压，开端创始，势不得不然……臣窃念：流官固宜重其职守，土司尤宜严其考成。土司之考成不严，则命盗之案卷日积。大凡杀人劫财，皆系苗猓，虽一经报闻，随即缉捕，而潜匿寨中，已莫可窥探。故无论吏目等微员，任呼不应，即使府州关移，臬司牌票，亦置若罔闻，十无一解，非知情故纵，即受贿隐藏，其在流官，束手无策，大吏深难其事，不敢咨题，多从外结，其实得外结者，亦复无几。故劫杀愈多，盗贼益盛，掳人男女，掠人财物，苗人无追赃抵命之忧，土司无降级革职之罪，有利无害，何惮不为？此土司之考成不可不严，所当与文武流官，划一定例者也。据臣愚见，事各有专责，应分为三途：盗由苗寨，专责土司；盗起内地，责在文员；盗自外来，责在武职。责在土司者，末减流官；责在文员者，末减武职；责在武职者，亦末减文员。参罚虽俱不免，轻重各有攸分。盗由苗寨者，是平时不行钤束，而临事又不行防闲，此土司之罪也；盗起内地者，是乡保不能稽查，而捕快又不能缉获，此文员之罪也；盗自外来者，是塘

汛不能盘诘，而兵丁又不能救援，此武职之罪也。以此三者分别议罪，土司无辞，流官亦服。”

　　鄂尔泰认为，要维护云贵少数民族土司地区社会秩序稳定，除了对流土之官分别考成外，还要在该地区实行保甲法，这是防止盗贼的根本。“所以清盗之源者，莫善于保甲之法”。鄂尔泰根据云贵少数民族土司地区人稀地广、各民族杂处的特点，将汉族地区的保甲法加以改造实施。“按保甲之法，旧以十户为率，云贵土苗杂处，户多畸零，保甲不行，多主此议。不知除生苗外，无论民夷，凡自三户起，皆可编为一甲，其不及三户者，令迁附近地方，毋许独住。则逐村清理，逐户稽查，责在乡保、甲长，一遇有事，罚先及之，一家被盗，一村干连，乡保甲长，不能觉察，左邻右舍，不能救护，各皆酌拟，无所逃罪。此法一行，则盗贼来时，合村百姓，鸣锣响应，互相守望，互相救护，即有凶狠之盗，不可敌当。而看其来踪，尾其去路，尽力寻缉，亦无所逃”。这里的保甲法改造，主要就是因云贵少数民族土司地区人稀地广，不硬性要求必须10户为1甲，只要3户就可编为1甲，而且不许一两户独住，必须迁到一起居住，组成1甲。保甲既发挥住户之间互相监督举报又相互救助保护的功能，这对于清朝地方政府强化对各民族杂处的云贵少数民族土司地区的管理，有着其积极的意义和作用。

　　鄂尔泰还提出，与保甲法相辅而行的是必须加强捕快和汛兵，这样才能真正确保云贵少数民族土司地区社会秩序的稳定。“至于保甲之外，最重者莫如严责捕快与汛兵。盖内地之盗，捕快多有知情，外来之盗，塘兵且为通气。平时缉盗之捕快，皆宜分定乡村，某方失盗，罪在某捕快，而捕快之中，亦有奸良不一，能否不齐，又须每十人立一快头。如缉盗不获者，捕快与快头一同治罪，大抵盗情未有能欺捕快者。其塘兵之设，原以昼则盘诘，夜则巡防，伊等平日毫无所事，每昼则看牌赌钱，夜则饮酒酣睡，甚或乘空偷窃，出人不意，种种非为，又或伙众结强，唆使劫掠，阳防阴助，其恶不可胜言。必须严加号令，定为成法，使不得不留心尽力，盘诘稽查，则盗贼既弭，而兵丁亦皆可用矣。”

雍正六年（1728），鄂尔泰上《正疆界定流土疏》，提出对云贵少数民族土司地区土地重新进行查勘，以确保清政府对该地区钱粮赋税的征收，防止不法之徒逃避、藏匿。"田土疆界一事，臣查汉夷地方，多有互相搀杂、隔涉弯远者。论田土亦不独军田，论隔属亦不独楚省，论黔省之内，亦不独镇远、施秉、玉屏、清溪，大抵鞭长不及，互相推诿，难于稽查者，所在皆是。臣自奉就近归并之谕旨，已概行委员分路查勘。不论隔省、隔府、隔州、隔县，通令查勘明确，就近改并，以归画一。庶几钱粮易于征输，奸宄无从逃匿，于地方极有裨益"。

雍正七年（1729），鄂尔泰上《招抚生苗以安三省疏》，主张对楚、川生苗土司实行招抚，保持该地区的社会安定。他提出："伏查楚属之容美，川属之酉阳两土司，实属顽劣，为边境隐忧。然论其目前，尚未竟至狂悖，用兵惩创，不但非时，亦暂可不必。在臣愚见，原欲先事预筹，逐渐化导，俾得备悉情形，熟知道路，或可以不须兵力，依次就绪，固属上策。即或仍须用威，则既有成算，然后相机而动，亦不难布置，是以仅遣数人，前往招抚，好言劝谕，以觇其动静，并非敢遽欲清理，以徒滋惶惑也。"

3. 蓝鼎元管理边省苗民土司思想。

蓝鼎元（1680—1733），字玉霖，别字任庵，号鹿洲。康熙六十年（1721）随其族兄提督蓝廷珍入台湾，镇压朱一贵起义。雍正年间任普宁知县、署广州知府。著有《鹿洲初集》《平台经略》《东征集》《鹿洲公案》等。他曾上《论边省苗蛮事宜书》，阐述了他管理边省苗民的政策措施和思想，兹简单介绍如下。

蓝鼎元指出，当时边省苗民野蛮嗜杀，而其土司则纵容苗民行凶，使其肆无忌惮。另一方面，土司对苗族百姓实行残酷的剥削压迫，使他们处于水深火热之中。"楚、蜀、滇、黔、两粤之间，土民杂处，曰苗，苗瑶，曰獞，曰犵狫，皆苗蛮之种类也。其深藏山谷，不借有司者，为生苗；附近郡邑，输纳丁粮者，为熟苗。熟苗与良民无异，但性顽嗜杀，或与汉民有睚眦，辄乘夜率众，环其屋，焚而屠之。白昼出乡井五里，

则惴惴忧其不还。是以亦畏汉民，而尤惧官长。此可以教化施恩，法令驯服者也。但土民之顽顺，惟视土司。土司多冥顽不法，坐纵其行凶杀夺，而因以为利。即使事迹败露，大吏督责，无参罚处分之加乎其身，是以无所忌惮，而敢于无所不为也。苗民受土司荼毒，更极可怜，无官民之礼，而有万世奴仆之势。子女财帛，总非本人所自有。愚闻黔省土司，一年四小派，三年一大派，小派计钱，大派计两，土民岁输土徭，较汉民丁粮加多十倍，土司一日为子娶妇，则土民三载不敢婚姻。土民一人犯罪，土司缚而杀之，其被杀者之族，尚当敛银以奉土司，六十两、四十两不等，最下亦二十四两，名曰玷刀银。种种朘削，无可告诉。闻昔年有阖村离散，呈请地方大吏，改土籍归流官管辖，遂有更生之庆。曾未几时，而土司苇贿关说，又复改还，土属丁壮举家屠戮，妻子没卖为奴，其他土部不得不吞声饮泣，忍受摧残。然其望见天日，愿如汉民沾被皇恩，则千万人如一心，四五省如一辙也"①。针对这种情况，蓝鼎元提出 3 条管理措施：一是对苗族百姓加强儒家伦理道德和奉公守法教育，使其改变野蛮嗜杀本性。"愚以为苗瑶獐黎，均属朝廷赤子，当与汉民一例轸恤教化，惟在地方大小吏，加意绥辑，使知孝悌礼让，奉公守法，自然不敢行凶杀夺。"二是制定土司削土则例，对暴虐土司进行惩罚，使其不敢为非作歹。"傥土司暴虐太甚，或其民有行凶杀夺，俱将该土司照汉官事例参罚处分。第汉官有罚俸降级革职，而土司无俸可罚，无级可降，革职则子孙承袭，仍旧为太土司，得以暴虐其民。愚以为惟有削土之一法，可令土司畏惧，请题定削土则例，照所犯重轻，削夺村落里数，以当罚俸降级，所犯重大，至革职者，相其远近强弱，可以改土为流，即将土地人民，归州县官管辖，勿许承袭"。三是准许苗民改土籍为汉籍，摆脱土司剥削压迫，或将所削土司之土分给苗民，使他们另立土司，从而分而治之。"土民有不甘受土司毒虐，愿呈改土籍为汉民

---

① 《清经世文编》卷 86，蓝鼎元《论边省苗蛮事宜书》。本自然段引文，均见于此。

者，亦顺民情，改归州县。其深山穷谷流官威法所不及之处，则将所削之土，分立本人子弟为众土司，使其地小势分，事权不一，而不能为害。将来教化日深，皆可渐为汉民，至山中生苗，责成附近土司，招徕响化，一体恩抚。如此数年之间，生苗可化为熟苗，熟苗可化为良善，不特五六省地方，享宁静和平之福，而自唐虞以来，仅传七旬舞干一格者，至我皇上而悉为衣冠礼义户口贡赋之区，此日之尧舜，贤于唐虞远矣"。

4. 加强对少数民族地区军事控制思想。

孙鹏提出，在云南少数民族地区加强军事控制，主要应采取 4 个方面的措施：一是在军事要地派兵把守："备兵以卫民也，而未雨绸缪，尤在山川要害之地。滇、古西南夷，于唐为南诏，西北距吐蕃，东北际黔巫，东南达交桂，西南扼缅甸，环境之夷，十居其七，王公设险，于斯要矣，岂可一日不备哉？而备之之要，莫若先防外夷诸关口……今永北厅，考其处，则丽江、曲靖、永北三口，皆昔日进兵之地，尤为紧要，防之宜密。"① 二是训练乡兵，与正规军相表里，共同保境安民："请于正军之外，郡州县之内，鸠集乡间之勇者，蠲其徭租，给以弓刀，令管辖佐贰官督帅，于农暇团练，以备有事驱用。则民间既无游闲流为盗贼之人，而国家亦得收精兵之用，则乡兵岂不与正军相表里哉？"三是改善驻滇军队武器装备："兵之所恃，在器；而器之所用，贵精……查滇省见储军器，计军分给，而藏其余者于官若干。分给则各知爱护，藏余则应用不穷，所给者或坏，则计年告换，所藏者或损，则挨年渐修。又于每岁军局所造，必拣选良工，如昔人请甲人于安定，弓人于河中，弩人于浙西之类，减其数而责其精，有不堪用，则罪其主者。如是，则军器皆精而可用也。"四是教习驻滇军队战阵之法："战阵之法，不可不熟习于平日。论兵于滇，与论兵于他省不同。高山险巇，无百里之平川，即诸蛮夷之所恃者，亦以山林川泽，寄倚草伏木之威，其外来者无论也。山深道险，马不能并列，人不能连肩，恐敌人伏兵险路，或扼我前，或冲我

---

① 《清经世文编》卷87，孙鹏《滇中兵备要略》。本自然段引文，均见于此。

中，或继我后，虽有哨兵探马，一时搜索不到，敌出我不意，或哨兵探马，误闯入敌人伏兵之中，为其所陷，不及报我，我冒然而进，与敌相遇，一线之路，彼以有备，待我无备，当此险要之区，首尾难援，百步之间，前后莫救，岂容不先为之防。惟用连珠倒卷之法，敌来攻我，中则两山出兵夹攻之，彼攻在左之营，则右营复如喷珠而出，又连布营，更番迭战，敌劳我逸，则敌人欲来前面攻我，势不能矣。设继我后，则以退而进，后哨作前哨，倒卷而回，敌亦难以邀截。傥遇大江关隘之地，我必先留兵把守，切忌轻进，使无归路。考古证今，谷战行营，断无有过于此者。"

魏源在《防备》一文中根据苗族居住区山高林密以及苗民步战技艺高强等特点，提出了在军事上克苗的战术。其一，在苗族居住区建边墙、碉堡、炮台以御苗。"御之之法曰：近其防闲，遥其声势，边墙以限疆界，哨台以守望，炮台以堵敌，堡以聚家室，碉卡以守以战，以遏出，以截归；边墙亘山涧，哨台中边墙，炮台横其冲，碉堡相其宜。凡制碉堡之法：近石以石，远石以土，外石中土，留孔以枪，掘濠以防，碉容五人，堡乃众藏。有三固：矢不洞，火不焚，盗不逾。有三便：族聚故心固，扼要故数敷，犄角故势强。壁坚野清，乃可以攻"①。其二，以苗攻苗。"攻之之法曰：征兵不如募勇，募勇不如土蛮，土蛮不如苗攻苗；习技艺，习登陟，习径路，习虚实，习劳渴，习苗情"。其三，攻苗以步战、火枪、分攻、速攻为宜。"攻之之法曰：骑不如步，矢战不如火枪。山丛径仄，箐密涧曲，故骑射不宜，步利猱捷，枪利仰攻。攻之之法曰：合攻勿如分攻，缓攻勿如速攻，悬深巢不如屯沿边。夫鸷鸟之将击也，必盘空而出不意，其视审，其至捷；有不击，击必中，中必逝。苗窟若狡兔，然专则聚，聚则坚，缓则备，备则延；分攻故不能相顾，来去不测，故备勿及；不株及，故党与离；屯边故进退如意，声东击西如意，水土粮饷如意。"其四，攻苗还必须采取威慑、收买、离间、向导等战

---

① 《清经世文编》卷88，魏源《防苗》。本自然段引文，均见于此。

术。"攻之之法曰：因其信鬼而威之，因其贪利而购之，因其仇猜而离之，因其乡导而用之"。

傅鼐在《练勇》一文提出，苗人健捷如飞，武艺高强，清朝军队必须经过各种有针对性的特殊军事训练，才能在对苗人战斗中克敌制胜。"苗人健捷如飞，非练勇不足以制之……今三厅自乙卯用兵以来，于沿边营汛之外，屯练七千名，其练之技，曰跑刀，曰绑铅瓦跳高，曰爬坡，练登蹑也；曰鸟枪，曰炮，曰长矛，练远攻也；曰拳棍，曰藤牌，曰双刀，曰单刀，曰短刀，曰铁尺，练近杀也。其练之丁，则有枪手、刀矛手、炮手之分，而屯弁跟役，亦一体操演，至百总总旗，与屯标各弁，于督操之余，亦令习本身技艺，有惰废者，必惩之。"①傅鼐主张，在军事训练中，应根据练勇与屯丁的不同定位，制定不同的训练时间和次数。"其练之时，练勇与屯丁则有异。练勇每年七月开操，至次年四月止，统计操练九十次，辰沅道则每季大操一次。屯丁每年十月开操，至次年正月止，统计操练三十六次，农隙仍不时演习，辰沅道则于正月内大操一次。至于寒暑泥湿，使耐劳苦，于山习步法，于水习涉法，于教场兼习阵法，此又法之不容疏者。"傅鼐认为，除了对练勇、屯丁进行军事训练外，还必须对他们进行军事和儒家道德思想教育。"抑思古者简阅，必明贵贱、辨等列、顺少长，因令屯弁率勇丁，于暇日听讲《武经》《孝经》，每月朔望听讲圣谕，盖又有以练其心也"。傅鼐认为，在"练技艺""练其心"的基础上，再能使军队号令统一、纪律严明、官兵同甘苦、赏罚分明，那么就会使苗疆安定。"凡屯弁务令推恩义一号令，约束坚明，与同甘苦，则勇丁用命，临事皆有实效。钦惟我皇上轸念边民，赐定训练章程，于屯弁勤能者拔补，供职者留任，废弛者革退，则屯弁皆知奋勉，即勇丁皆可精悍，何患边圉之不靖，黎庶之不安哉？"

5. 加强对少数民族地区教育和移风易俗。

傅鼐认识到苗族之所以反叛、臣服无常，是因为其性好斗，其俗桀

---

① 《清经世文编》卷 88，傅鼐《练勇》。本自然段引文，均见于此。

悍，难以统治。"湖南红苗，最为犷悍……犬羊之性，叛服无常，当无事而谋久安，惟有以移其习俗，奠其身家，格其心思，苗乃可得而治也。苗俗男女皆蓄发，而性好斗，矛戟火枪诸凶器，出入必携，仍其俗，则桀悍之风益长，而不可制"①。针对这种情况，傅鼐提出必须在苗族地区兴办苗馆，聘请教师传授儒家道德思想，移风易俗，使苗民与汉人无异，那苗族地区就长治久安了。"凡干法者置重典，夫如是，则苗之身家无扰，苗之心思亦渐驯矣。然不申之以教，恐其心犹未格也。今则添修苗馆若干处，延师训讲，使知孝亲敬长之道，进退揖让之礼，而其中苗生尤俊秀者，取入书院肄业，使知奋勉，久之则今日书院之苗生，即可为异日各寨之苗师。以苗训苗，教易入而感动尤神，则礼义兴而匪僻消，苗与汉人无异矣。夫苗异于民，叛服无常，由来旧矣，今一旦习俗移，身家安，心思格，始则内民外苗，贪残革而畏服神，继且即苗即民，畛域化而文教洽，更何必斤斤防范之为事哉？"

清政府为强制土司子弟学习儒家思想，尤其强制承袭土司位子的子弟学习儒家思想，规定土司子弟必须如期参加有关考试，如无故逃避考试，违者应受到革去生员身份的惩罚。乾隆二十九年（1764）议准："《学政全书》开载，土司应袭子弟，令该学立课教训，俾知礼义，俟父兄卸事之日，回籍袭职等语，嗣后边省土司地方，凡由生员袭职者，如事务繁多，自揣不能应试，即具呈告退。其愿应试者，饬令如期应试，不能托故避考。违者，该学政即照定例褫革。"

6. 土官承袭及考核思想。

清朝初年，朝廷就明确规定了土官承袭制度：各级土官承袭必须报朝廷吏部备案，由吏部给予号纸。再由督抚察实，具题请袭。承袭者一般为嫡长子；如无子，可由弟继承；如无同族继承者，才能由妻或婿承袭。如承袭者年幼，由督抚题明，选本族土舍护理，俟承袭者满 15 岁后承袭。如土官犯罪而被革职，不准亲子承袭，可选择伯叔兄弟或其子继

---

① 《清经世文编》卷 88，傅鼐《治苗》。本自然段引文，均见于此。

承。"顺治初年定：土知府、同知、通判、知州、州同、州判、吏目、知县、县丞、主簿、典史、经历、知事巡检、驿丞等文职承袭，由部给牒，书其职衔、世系及承袭年月于上，名曰号纸，其应袭职者，由督抚察实，先令视事，令司府州县邻封土司具结，及本族宗图，原领号纸，咨部具题请袭。又定：凡承袭之土官，嫡庶不得越序，无子许弟承袭；族无可袭者，或妻或婿，为夷众信服者，亦许承袭。子或年幼，由督抚题明注册，选本族土舍护理，俟其年至十五岁时请袭"①。同时又定："如土官受贿隐匿凶犯逃人者，革职提问，不准亲子承袭，择本支伯叔兄弟、兄弟之子继之。若有大罪被戮，即立夷众素所推服者，以继其职。"清廷规定，除了嫡长子孙继承外，其他支庶子弟中，如有谨慎能办事的，可比嫡长子孙承袭土官者降二等任职。如"雍正三年（1725）覆准：各处土司嫡长子孙承袭，其支庶子弟中，有驯谨能办事者，俱许本土官申请督抚给职衔，令其分管地方事务。其所授职衔，视本土官降二等，如土官系知府，则所分者给通判衔；土官系通判，则所分者给县丞衔。其分管疆土，视本土官或三分之一，或五分之一。再有子孙可分者，分土如前例，授职再降一等"。

　　清廷为加强对少数民族土司的管理，还制定了"土司大计"制度，每3年对土司进行一次考核，并根据考核结果予以奖惩。"康熙五十九年（1720）议准：广西巡抚所属土司，遇三年大计之期，其中果有清廉爱民、并无掳杀及贪残不职、恣意侵害之员，行令该管官据实确查，具题举劾，其升赏降革之处，分别轻重，仍照土司定例遵行。"雍正时期，为了鼓励土司奉公守法，朝廷规定，对奉法守职、对地方贡献突出的土司，可随时荐举恩奖，不必拘泥于3年大计时奖励。"雍正四年（1726）谕：各省所属土司，有奉法称职、裨益地方者，该督抚不必拘三年大计之例，随时荐举，朕当酌加恩奖，以昭鼓励，钦此。遵旨议定，照同知以下卓异官员之例，恩赏朝衣一袭"。但是，由于在具体实施中，对土官卓异者

---

① 《大清会典事例》卷145《吏部·土官》。本目引文，均见于此。

的奖励不容易做到公平，容易引起土官的不满怨恨，以致滋生事端，至乾隆时期，对土官卓异者的奖励被废止。"乾隆三年（1738）议准：土官皆系世袭，必遇贪酷不法等罪，始行革职，其余处分俱与流官不同，既无考核，亦无优升，由来已久，不必列入卓异。且土官卓异皆由督抚申报，或因请托不遂，以致结嫌起衅，滋生事端。嗣后土司等官卓异，永行停止"。

五、理藩院和清廷少数民族政策特点

（一）理藩院

理藩院是清代管理少数民族事务的机构。掌内外蒙古、新疆、青海、西藏及四川地区的蒙、回、藏族等事务。咸丰十一年（1861）前并办理与俄罗斯、廓尔喀等国的交涉、通商及其入贡事宜。理藩院初设于崇德元年（1636），原称"蒙古衙门"，三年（1638）更名理藩院，置承政，左右参政以及副理事官、启心郎等。顺治元年（1644），改承政为尚书，参政为侍郎，副理事官为员外郎，并增设堂主事、校正汉文官、司务、副使、笔帖式等职。顺治十八年（1661），定理藩院官制体统与六部同，尚书入议政之列，位在工部之后，理藩院的地位提高。其下置录勋、宾客、柔远、理刑四司，增设郎中等官分司共事。其后，内部机构、设官屡有增裁变易，至乾隆二十九年（1764）基本定制。理藩院额设满尚书一人，综理院务；左右满侍郎（间以蒙古人充任）各一人及额外蒙古侍郎（以贝勒、贝子之贤能者拣任）一人佐之，并特简王、公、大学士一人兼管院事。下设旗籍、王会、典属、柔远、徕远、理刑六司，以及满档房、汉档房、蒙古房、司务厅、当月处、督催处、银库、饭银库、俸档房等机构，并附设内馆、外馆（内外蒙古人来京人员住处）、蒙古官学、唐古特学、托忒学、俄罗斯馆、喇嘛印务处、木兰围场等机构，各设官掌事。光绪三十二年（1906），改理藩院为理藩部。宣统三年（1911），改尚书为臣，侍郎为副大臣。

　　清代的理藩院是中国古代以前任何朝代所没有的。其设置是清代的创新，说明了清政府对边疆少数民族事务的高度重视，故设专门机构予以处理。清代作为幅员辽阔的统一的多民族国家，其民族问题与边疆安全问题往往交织在一起，因此，有必要设置一个位高（与六部平列）权重（统掌民族事务）的机构专门进行办理。正如顺治十八年（1661）三月福临去世不久，清廷颁布诏令称："太宗皇帝时，蒙古各部尽来归附，设立理藩院，专管外藩事务，责任重大，今作礼部所属，于旧制未合。嗣后不必兼礼部衔，仍称理藩院尚书、侍郎，其印文亦著改正铸给。"①同年八月，清廷在给吏部的谕旨中，再次重申"理藩院职司外藩王、贝勒、公主等事务，及礼仪、刑名各项，责任重大，非明朝可比，凡官制体统，应与六部相同"。并将理藩院尚书与六部尚书一样，归于"议政之制"。随即吏部又遵旨按着六部设官例，议复置郎中 11 员，员外郎 21 员②。

　　理藩院虽然掌蒙、回、藏族事务，但其中特别重视满蒙之间的事务。清廷由满洲贵族建立，其在与其他民族的关系中，与蒙古族最为密切，满、蒙贵族长期通过联姻结成政治同盟。理藩院初设称"蒙古衙门"，就是专掌满蒙关系的。后来虽然改名理藩院，但蒙古族在理藩院居于仅次于满族的地位。如理藩院中左右满侍郎可由蒙古人充任，并专设额外蒙古侍郎一人佐之。理藩院中还特设蒙古房、蒙古官学和招待内外蒙古人来京居住的内馆、外馆。康熙二十八年（1689）之前，理藩院只用满文、蒙古文两种文字作记录。这年十一月，清廷鉴于都察院左都御史马齐的意见，同意"于事竣之后，兼用汉文注册"，才改变了一向只用满文、蒙古文两种文字作记录的习惯③。清廷之所以重视满蒙之间的政治同盟关系，一个很重要的原因是巩固北方边疆安全，通过安抚蒙古，化害为利，将蒙古部落作为北疆的屏障。康熙三十年（1691）五月，玄烨在蒙古多

　　①　《清圣祖实录》卷 2。
　　②　《清圣祖实录》卷 4。
　　③　《清圣祖实录》卷 134。

伦诺尔地方完成了一次与喀尔喀的盟会，在返京途中说："昔秦兴土石之功修筑长城，我朝施恩于喀尔喀，使之防备朔方，较之长城更为坚固"①。显然，康熙对秦以来，汉族历朝在北边兴修长城的消极防御战略不以为然，他改变为与北疆蒙古族友好相处，通过安抚施恩的笼络手段使边疆和平安定巩固。当时，驻古北口总兵官蔡元升提议修葺长城，但立即遭到玄烨的否定。他指出："帝王治天下"，应"不专恃险阻"，"惟在修德安民"。换言之，即通过安抚蒙古族使之归附，就是最好的"边境自固"的战略方针②，而通过修长城巩固北疆，其效果是很有限的。后来他又指出："朕阅经史，塞外蒙古多与中国抗衡，自汉、唐、宋、明，历代俱被其害，而克宣威蒙古，并令归心如我朝者，未之有也。"③ 玄烨到了晚年，仍然认为："柔远能迩之道，汉人全不理会，本朝不设边防，以蒙古部落为之屏藩。"④

清代乾隆时期，因平定准噶尔和规复回疆，理藩院的职司亦随之延伸到西北各民族地区。乾隆二十六年（1761），弘历指示理藩院兼办"回部"事务，并增设了徕远清吏司，负责新疆"回部"地区伯克年班、贡赏，以及哈密、吐鲁番上层爵位的袭封、俸禄，并有关扎萨克事务。清代西藏地区的事务，除朝廷派两名驻藏大臣总理前藏、后藏事务外，还由理藩院之下的典属司负责西藏等地喇嘛发放度牒，监临活佛转世和行使各种赏罚，并参与对西藏各僧侣官员选补以及有关军务营寨、课税、铸钱、刑罚、入贡的核定和监督。柔远司则负责西藏噶伦俸银、驻京喇嘛月廪以及年班、围班等事。

总之，在清代，之所以最终完成边疆统一大业，而且在内部各民族间基本上保持了团结向心的局面，应该说与清政府对边疆民族问题的重视，在政策的掌握和处理方式上比较平稳适度有很大的关系。在这中间，

① 《清圣祖实录》卷 151。

② 《清圣祖实录》卷 151。

③ 《清圣祖实录》卷 180。

④ 《清圣祖实录》卷 275。

理藩院扮演了一个非常重要的具体执行者的角色①。

（二）清廷少数民族政策特点

清代作为我国古代史上一个幅员辽阔的统一的多民族的封建主义中央集权制国家，其对少数民族政策有其成功的地方，兹将其中主要特点做一简单介绍。

其一，在少数民族事务中，抓大放小，维护大局稳定。古代，由于交通和通信的限制，而少数民族往往居住在幅员辽阔的边疆地区，与中央政府距离遥远。这种情况决定了朝廷对边疆少数民族的管理，不可能事无巨细，统统予以掌控，所以只能抓大放小，对其影响边疆安全稳定的大事予以控制，而一些无关大局的小事则由当地民族头领，或土官、土司等自行管理，根据当地民族的具体情况，享有不同程度的"自治"权。如清廷之所以对边疆少数民族拥有绝对的统治权，其中一个重要的原因是拥有强大的军事力量。因此，清廷在边疆少数民族地区，都必须驻扎军队，尤其在一些山川关隘等军事要塞，更要部署重兵。而且清廷还重视利用各民族的军队，通过安抚笼络，以达到以番治番、以苗治苗、以土司治土司等。又如在对边疆少数民族的管理中，清廷重视制订法律制度、官僚行政机构以及对上中层官员的选任，从而保证中央政府的方针、政策能在边疆少数民族地区得到贯彻执行。如清廷制定各少数民族地区法令、章程、制度，特设与六部并列的理藩院对蒙古、新疆、青海、西藏等蒙、回、藏族进行专管，同时派出将军、都统大臣等职，驻扎各地，代表朝廷统筹各少数民族地区军政事务，监督中央政令制度的推行。清廷通过立法权、行政权和人事任免权来牢牢掌握对边疆少数民族地区的统治权。

清代边疆少数民族地区绝大多数都是地广人稀、经济落后，因此，中央政府对这些地区的统治主要意义在于政治与军事方面，而不在经济方面。一般说来，对于这些地区的人丁编审、赋税征收、差徭佥派等并

---

① 《中国政治制度通史》（第 10 卷），第 155 页。

不重视，往往由朝廷任命的当地民族头领，如土官、土司等自行编审、征派。

这种抓大放小策略，是对当时边疆少数民族地区的实际情况做出的科学合理的制度安排。这既保证了中央朝廷对边疆少数民族的有效控制，防止他们脱离中华民族大家族，或分裂割据，同时又维护了边疆的稳定、安全，制止了外国的侵略活动，维护了国家各民族的团结和领土完整。这在一定程度上也照顾到边疆各民族的特殊情况，使之享有一定的自治权，保护本民族的利益和特色，且不致因小事而影响到各民族团结与边疆安全的大局。

其二，依据各民族的特点，循其俗，施其政。我国广袤的边疆地区，散布着众多的少数民族，他们因居住的地理环境不同，历史传统不同，产生了不同的生活习俗和民族宗教信仰，不同的政治、经济制度。清廷在对他们实行统治时，一般对他们原有的习俗、信仰和制度予以尊重保留。这样有利于减少各少数民族对清廷满族统治的抵触和矛盾，消除双方交往、融合的障碍。如边疆少数民族都有与满族、汉族不同的表现本民族特征的衣冠装饰等，所崇拜、信仰的宗教神灵和仪式与满族、汉族也大不相同，清廷一般都不加干预。清廷甚至在政治体制上也尽量保留利用原来各民族的模式，只是在此基础上稍加改造，纳入清朝官制的体系，予以实施。如清廷在新疆维吾尔族中实行伯克制，在西藏藏族中实行噶伦制，在西南诸多少数民族中实行土官、土司制，都是在承袭当地官制的基础上，将其列入清廷官制等级序列，有的还要授予品衔，并且规定必须经过朝廷的任命，才具有法定的权力有效性，同时还要对朝廷承担相应的义务，如承担朝廷分派的贡赋、差派等，有的还要定期进京朝觐。总之，循其俗、施其政既保留了各民族土官、族长、姓长、宗教领袖等的特权和统治，以及各民族的历史文化传统，又消除了他们分裂割据、脱离清廷统治的倾向，对巩固边疆安全和各民族团结有积极意义。

另一方面，清廷在循其俗、施其政的同时，也重视通过移风易俗从思想文化上对各少数民族进行潜移默化的改造，提高其文明程度，增强

其对中央政府的认同感。如清廷对西南边疆统治时，就很重视对熟苗的移风易俗，使苗民与汉人无异，"习俗移，身家安，心思格"，从而达到"畛域化而文教洽"①，使苗民长治久安。蔡毓荣则认为，对云南土司地区"移风易俗，即为久安长治之机"②，即把移风易俗视为清廷对云南边疆少数民族长治久安的关键。

其三，笼络少数民族头领人物，实行和亲政策。清廷对各少数民族头领人物，一般都予以优待，保留他们原有的地位和各种特权，尽力加以笼络，将他们作为清廷统治该民族的代理人。清廷笼络各少数民族的头领人物，在"绥抚蒙古"方面表现得最为突出。其原因是蒙古贵族较早投靠清廷，实行满蒙结盟，在清廷入主中原、统治全国中发挥了巨大的作用。而且，蒙古是清代北方势力最强大的民族。因此，清廷对蒙古影响较大的人物一般都恩宠备至，根据他们在蒙古族中原地位的高低，以及对清廷的效忠程度和功劳的大小，分别授予亲王、郡王、贝勒、贝子、台吉、塔布囊等爵位，有的还被任命为扎萨克和大扎萨克，成为一方之长，享受各种政治、经济特权。清廷每年还要拨出大量的缎匹、银两，作为俸赍，犒赏蒙古贵族。

清廷还通过联姻来巩固满汉联盟，通过和亲政策拉拢蒙古族头领人物，以加强和扩大清廷在蒙古的势力。在蒙古诸部中，最早与清（金）结盟，关系最为密切的是内蒙古的科尔沁部。如努尔哈赤和皇太极一共娶了9个蒙古妻妾，其中内科尔沁部的博尔济吉特氏占了6人。与此相对应，蒙古的科尔沁、巴林、敖汉、喀喇沁、苏尼特、阿鲁科尔沁等上层分子，也娶了不少满族亲贵的女儿，成为满洲人的"额驸"。清廷入主中原后，面对着众多的汉人和并不定安的北疆，仍然重视与蒙古的和亲政策，借此来加强自身的势力，巩固在全国的统治。如顺治帝的2个皇后和7个妃子都是蒙古人，而在顺治帝的姐妹中，有6个嫁往蒙古。尔后在

---

① 《清经世文编》卷88，傅鼐《治苗》。
② 《清经世文编》卷86，蔡毓荣《筹制滇边土民疏》。

康熙、雍正、乾隆三朝，又有 14 个公主嫁到蒙古。此外，还有不少宗室的女儿以郡主、县主、郡君、县君、乡君的名义嫁到蒙古。这些蒙古的"额驸"，有的在日后为清廷立下了大功。其中较为著名的有康熙三十六年（1697）将和硕恪靖公主（后晋固伦公主）配于土谢图汗部多罗郡王敦多布多尔济（后晋亲王），四十五年（1706）将和硕纯悫公主（后晋固伦公主）配于赛音诺颜部郡王策凌（后晋超勇亲王），后来乾隆时，又将固伦和静公主配给策凌的孙子拉旺多尔济。他们都为清廷立下了汗马功劳。如策凌在康熙四十五年（1706）娶圣祖第十女和硕纯悫公主，授和硕额驸。五十九年（1720）出师准噶尔，获胜，授扎萨克。雍正九年（1731），从顺承郡王锡保征准噶尔部噶尔丹策零，大胜，封和硕亲王，授喀尔喀大扎萨克。次年（1732），与准噶尔部小策零敦多卜战于额尔德尼昭，获胜，赐号超勇。

清代的和亲政策，不止限于蒙古，在东北"边民"中，不论姓长、乡长、子弟或白人，只要准备足够的聘礼，经皇帝批准后，就可以进京迎娶"宗女"。这些"宗女"，多由清廷预购民女顶替，但毕竟身份不同，婚礼大典由礼部亲为其主持，回归后，被"边民"们尊为"皇姑"。这对促进清廷与边疆少数民族的友好关系和融合起了很好的作用。

清廷笼络各少数民族头领人物，实行和亲政策，其最终目的都是使这些人为清朝统治效力。对于一些有特殊功劳忠于清廷的人，清廷更是破例提拔为心腹重任。如上述赛音诺颜部首领超勇和硕亲王策凌，以及阿拉善额鲁特旗扎萨克多罗郡王阿宝，阿宝子和硕亲王罗卜藏多尔济，都被授予将军、大臣之职。西藏的颇罗鼐原为四噶伦之一，因平定叛乱有功，又忠诚于朝廷，便接连进爵至郡王，命总揽西藏政务。新疆哈密和吐鲁番两地的封建主，也因同样缘故而取得世爵郡王的地位。清军统一新疆后，南疆各城的阿奇木伯克，大多是从这两个地区的封建主中挑选的①。

---

① 《中国政治制度通史》（第 10 卷），第 298 页。

其四，对各少数民族分而治之。清廷为了防止各少数民族联合起来反抗其统治，禁止他们私行往来，使之互相隔绝，甚至同一个民族各个部落之间也不得私下来往，从而不能集众成势，达到分而治之的目的。如蒙古的盟旗制度规定有严格的界线，蒙古贵族被限制在旗的小圈子里，不得随意活动和往来，各部都听命于皇帝，不能联合起来，构成对中央政府的威胁。清廷对蒙古族一方面采取和亲政策进行笼络，另一方面又对格格、额驸进行严格的管制，禁止他们之间私自往来，如一经查出他们之间私自往来，除将格格、额驸一并治罪外，并将该扎萨克照失察例议处。清廷还规定蒙古人不得与外地人随意联络，"外藩人出境，令在本旗管旗章京处陈明，违者将失察之管旗章京、副章京、参领、佐领、什长，一并议处"[①]。又如在西藏地区，清廷派驻藏大臣监督达赖、班禅与外番部落、外国之间的交往。外番部落来西藏通问布施、讲论事务、进呈土物，甚至书信来往，达赖或班禅都必须报告驻藏大臣，由驻藏大臣主持、酌定回谕或予以办理。禁止达赖喇嘛属下的办事人员噶布伦与各部落私自通信，如有需要通信，必须将信件呈送驻藏大臣与达赖商定回信。如噶布伦违背规定，将遭到革职的处罚。清廷在西藏的这些规定用意十分明确，就是防止他们里外互相串通勾结，威胁清廷在西藏的统治。

清廷在分而治之中还注意严格区别移民（主要针对汉族、回族移民）和原住民，对他们分别实行不同的管理。康熙以后，几乎每年都有大批内地居民流徙到口外、关外以及新疆地区。对此，清廷对那些流徙到口外、关外的内地居民，仍然用设府州县厅的办法，对他们实行管理，以区别于原住民的蒙古盟旗制度。清廷的这种办法，虽然有沿袭习惯、简便管理的用意，但更重要的是通过分别管理，阻隔各民族或移民与原住民之间的交往，达到分而治之的根本目的。

在分而治之中，清廷还常常采取"众建以分其力"的办法，即将势力大的部落、盟旗、土司等，通过在其内部增编新的盟旗、土司、土官

---

① 《大清会典事例》卷993《理藩院·禁令》。

等，来分散削弱其势力。如雍正二年（1724），清廷以其首领罗卜藏丹津叛乱，将其编为21旗，并不设盟长，连同其他各部蒙古29旗，统归西宁办事大臣辖领。喀尔喀原来是3部37旗，后来因陆续增编，到乾隆时已有4部82旗了。旗数增加，意味着每旗的势力被削弱。乾隆三十六年（1771），土尔扈特部回归祖国后，清廷也将其部分为新旧2部，分地进行游牧。

在西南土司地区，清廷则通过庶支子弟授职的办法，以削弱地广民众土司的势力。如雍正三年（1725），清廷规定，各处土司嫡长子孙承袭，其支庶子弟中，有驯谨能办事者，可比嫡长子孙承袭者降二等任职，其分管疆土，视本土官或者1/3或1/5。不言而喻，其原地广民众的土司通过众多庶支子弟的授职而被分解。还有清廷在安置因战乱而离散的土司时，反对其归附邻近土司，因为这会使所附者更加强大而使清廷难以控制。清廷往往让其回到原管之地，恢复其原土司统治，从而达到"众建而少其力"的意图。

清廷在对各民族分而治之中一项很重要的措施是在军事方面。如清廷将蒙古各部军队分别由科布多参赞大臣、伊犁将军、西宁办事大臣分别统领其中一部分，遇用兵时，各由该处将军、大臣奏调。这样使蒙古军队力量分散，无法形成一个统一的指挥，大大削弱了其联合起来共同抗衡清廷军队的力量。对于云南土司，清廷采取以土司攻打不法土司的策略，如土司不听朝廷指挥，就立即处以军法，如有立功表现，就论功行赏。魏源在《防苗》一文中更是明确提出，在军事上克苗，"征兵不如募勇，募勇不如土蛮，土蛮不如苗攻苗"①，可见以苗攻苗是最佳的选择。

其五，清廷大力扶植喇嘛教为其统治服务。喇嘛教发端于西藏，亦称藏传佛教。明朝初年，僧人宗喀巴创立新派，形成藏传佛教中的黄教新派。明末清初，黄教不仅在西藏地区举足轻重，而且广为传播，影响遍及青海、甘肃、天山北路以及大漠南北广大藏蒙牧区。黄教在这一地

---

① 《清经世文编》卷88，魏源《防苗》。

区传播的一个重要特点是呈现出政教合一的趋势，一些上层喇嘛不仅传习教义，还利用其特殊身份参与各项政治活动，扮演特殊角色。清廷统治者清楚意识到这一点，早在入主中原之前，就注意与喇嘛教上层结好。入主中原后，清廷更明确指出，"兴黄教即所以安众蒙古，所系非小"①，大力予以倡导、扶植，为其统治广大蒙藏地区服务。

在清代西藏地区，达赖和班禅，是黄教中的两大宗教领袖。顺治时，清廷特敦请五世达赖进京，封他为"西天大善自在佛所领天下释教普通瓦赤喇怛喇达赖喇嘛"，给金册金印。康熙时，清廷又封班禅为"喀尔德尼"，也授金册金印。雍正六年（1728）重新划定班禅在后藏辖区，与达赖喇嘛同为西藏政教领袖。乾隆十六年（1751），清廷授权达赖七世格桑嘉措掌管西藏地方政权，达赖喇嘛遂成为西藏地方实力最大的政教领袖。西藏政教合一的体制，就是在清廷的大力扶植下确立发展起来的。

清廷虽然将达赖和班禅作为其在西藏地区统治的代理人，但另一方面也对他们加强监督控制，以防止他们脱离清廷统治，建立独立王国。雍正五年（1727），初置"驻扎西藏办事大臣"2人，统掌前藏、后藏军政。乾隆五十七的（1792）规定：驻藏大臣督办藏内事务，应与达赖喇嘛、班禅额尔德尼平等。自噶布伦（总办藏务之西藏官员）以下番目及管事喇嘛，均系属员，事无大小，均应禀明驻藏大臣办理。驻藏大臣还从各方面监督达赖、班禅甚至其属下噶布伦与外番部落、外国的交往，严禁他们私下交往。外番部落来西藏通问布施、讲论事务、进呈土物，甚至书信来往，达赖或班禅都必须报告驻藏大臣，由驻藏大臣主持、酌定回谕或予以办理。

清廷对蒙古地区的喇嘛也大力优待、扶植，封各大庙住持为"呼图克图"（活佛），发给俸禄廪给，授予各种特权。清廷还拨巨款，在各地修建黄教寺院，其中较为著名的有热河外八庙，多伦诺尔的汇宗寺、善因寺，喀尔喀的庆宁寺，五台山的咸通寺，青海佑宁寺、广惠寺，北京

---

① 《清高宗实录》卷1427。

的雍和宫等。喀尔喀大喇嘛哲卜尊丹巴呼图克图和章嘉呼图克图，都因清廷的册封而势力大增，地位提高。前者成为喀尔喀地区的最高宗教领袖，后者则负有总管内蒙古及京师、盛京、热河、青海、甘肃、五台山等地黄教寺院之责。哲卜尊丹巴和章嘉两大活佛，与西藏的达赖、班禅一并成为喇嘛教中黄教派的四大领袖。

清廷在蒙古、青海等，通过设置喇嘛旗，利用喇嘛教对地方实行统治。当时所设喇嘛旗共有7个，即内蒙古的锡埒图库伦旗、喀尔喀的哲卜尊丹巴呼图克图旗、额尔德尼班第达呼图克图旗、扎牙班第达呼图克图旗、青苏珠克图诺门罕旗、那鲁班禅呼图克图旗、青海察罕诺门罕旗。各喇嘛旗均由大小喇嘛主持，除主持宗教事务外，还与普通扎萨克一样行使行政、司法权。有的大寺庙虽然没有编立喇嘛旗，但鉴于僧徒多、势力大，在当时有举足轻重的影响，清廷也常委授扎萨克喇嘛进行管理，"治其事如扎萨克"①。

清廷通过喇嘛教对藏、蒙地区实行管理，其一个关键的措施即掌握大喇嘛的确认权。清廷规定，凡喇嘛寺庙、僧徒得登记注册，包括达赖、班禅在内的各大喇嘛（呼图克图）转世（称呼必勒罕），需经清廷认可才算有效。乾隆五十七年（1792），清廷颁布了确认黄教大活佛转世所特定的金瓶掣签制度。清廷颁发两金瓶，一贮拉萨大昭寺，一贮北京雍和宫，规定达赖、班禅、哲卜尊丹巴、章嘉呼图克图及其他黄教大活佛转世时，须将所觅若干"灵童"名字用满、汉、藏三种文字缮写在象牙签上，置金瓶中，由驻藏大臣在大昭寺、理藩院尚书在雍和宫监督掣定，以防止藏、蒙贵族操纵。此后遂成定制。其经特别奏准者，亦可免于掣签，如达赖九世、十三世。但是，无论是否掣签，藏、蒙地区大活佛转世必须经过清廷认可方为有效。总之，清廷在活佛转世问题上归权于己，就能有效利用喇嘛教，维护其在藏、蒙地区的统治。除此之外，清廷还对各大寺庙的喇嘛规定了年班制度，要求他们定期赴京朝觐，以表示在政治

---

① 《大清会典》卷 63。

上对清中央政府的从属关系。

清廷在倡导、扶植喇嘛教为其统治服务的同时，还对胆敢抗拒清朝统治的大小喇嘛采取残酷的镇压。如雍正初年，厄鲁特蒙古和硕特部罗卜藏丹津叛乱，青海不少寺院的喇嘛参与，清军捣毁了负隅抵抗的郭隆等寺院，斩杀喇嘛数千人。平叛之后还限令，"寺庙之房不得过二百间，喇嘛多者三百人，少者十数人，仍每年稽察二次，令首领喇嘛出具甘结存档"①，并禁止寺庙直接向属民征收粮银。乾隆时，阿睦尔撒纳在伊犁起兵反清，朝廷即下令，对喇嘛中"起意倡乱之人，即行正法"②。清廷对大小喇嘛的反清叛乱残酷镇压，决不姑息，其意在于以威显权，起到一种威慑的作用，使一些心怀反清的大小喇嘛不敢轻举妄动。总之，清廷采用倡导、扶植和残酷镇压恩威并济的手段，使藏蒙大小喇嘛认识到顺清者昌、逆清者亡的现实，使他们只能忠实地充当清廷在该地区的统治工具。

清廷在藏、蒙地区通过倡导、扶植喇嘛教来巩固自己的统治，一方面基本上消除了藏、蒙对清朝中央政府抵触的心理，加强了他们对中央政府的向心力，对促进统一多民族国家的巩固发展、稳定边疆，发挥了积极的作用。但另一方面，清廷在藏、蒙地区对喇嘛教的倡导、扶植，也使当地人大量出家当喇嘛，形成一个庞大的僧侣寄生群体，各地寺庙林立，许多社会财富耗费在宗教迷信活动中，严重阻碍了藏蒙地区社会经济的发展。

其六，通过年班、围班和贡赏表示该边疆民族诚顺归服清廷。我国自夏代开始，就有"任土作贡"制度，就是各地方向上贡献方物，以表示该地方向中央政府诚顺归服，从而体现了中央政府对该地方的统治权力。基于这种传统，清廷通过年班、围班或贡使等制度，要求蒙古、新疆、西藏等地区定期到京师朝觐，并向朝廷贡献，表示忠心，然后朝廷

---

① 《清世宗实录》卷 20。

② 《清高宗实录》卷 502。

赐以朝会宴飨、按品秩供给路费、廪饩及赏赉，以示恩宠。从而巩固清廷与边疆各少数民族之间的友好君臣关系，维护民族团结和边疆安定。

所谓年班，就是蒙古各王公首领及回伯克、四川土司、蒙藏喇嘛等，各按人数多寡编定若干班次，每年各以一班于年节时轮流入京朝觐，故称年班。年班始于顺治五年（1648），朝廷规定："蒙古王、贝勒、贝子、公、台吉、都统等，准于年节来朝。"① 顺治六年（1649）题准："蒙古朝觐之期，每年定于十二月十五日以后，二十五日以前到齐。"顺治八年（1651）题准："各蒙古分为两班，循环来朝。"清初所定的年班，只限于内蒙古各旗，即"内扎萨克年班"。以后因统治地区的扩大，年班对象也扩及喀尔喀等诸外扎萨克以及新疆回部地区，即称"外扎萨克年班"。乾隆四十一年（1776）第二次金川之役后，对该地的藏族头领人物也推行年班制。除此之外，由于喇嘛在政教合一统治制度中的重要性，清廷对蒙古、青海、甘肃各地的寺庙，则排有"喇嘛年班"。

参加年班，对各部上层人士来说，是向朝廷"以尽执瑞之礼"②，所以一经排定，就得"按期朝集"，无故不至者，本人连同所管扎萨克，都要"题参治罪"。如康熙五十九（1720）题准："年例朝觐，蒙古二十四部落，定例分为两班，将班次晓谕应来之王、贝勒、贝子、公、台吉等，令其按期朝集。如有事故，令协理旗务之台吉一人前来。若协理旗务之台吉亦有公事及患病等情，即遣本旗内大台吉代觐，仍将情由用印文送院察核。如并无事故托辞不朝者，将该管扎萨克等一并题参治罪。"嘉庆二十二年（1817）还规定，"如轮直本班有患病等故者，报明该盟长查实报院，准其次年补班"。

清代的"年班"班次，最初规定内扎萨克分成两班，"循环来朝"，也就是每两年进京朝觐一次。雍正时改为3班，即3年进京朝觐一次。到了嘉庆年间，因子孙繁衍，陆续更定为5班、6班、10班等。如"嘉庆

---

① 《大清会典事例》卷984《理藩院·朝觐》。以下3个自然段引文未注出处者，均见于此。

② 昭梿：《啸亭续录》卷1《除夕上元筵宴外藩》，上海图书公司铅印本。

六年（1801）奏准：科尔沁之图什业图亲王、巴林郡王二旗，公主之子孙台吉等，生齿日繁，人数众多，改定为六班，一年一班，轮流来京。八年（1803）奏定：敖汉旗公主子孙台吉，共六百十余人，定为十班，每班六十人，一年一班，轮流来京。十年（1805）奏定：科尔沁达尔汉王旗下公主子孙台吉、姻亲台吉，共四百余人，定为五班，每班八十人，一年一班，轮流来京"。清代，除因子孙繁衍，人数太多而分班隔5年、6年、10年轮流来京朝觐外，还有更现实的原因是因路途遥远，很难隔一两年就来京朝觐一次。如像新疆回部和大小金川，因距离京师万水千山，跋涉辛苦，朝廷规定以6班为制，即6年赴京朝觐一次。除此之外，还有一种特殊情况，在蒙古各部中，有少数王公台吉被选拔为御前乾清门行走。对于这些特加恩宠的王公台吉，通常分作两班，轮流朝觐。如嘉庆二年（1797）奏准："现在乾清门行走之喀尔喀王、贝勒等有十三人，除图什业图汗、扎萨克图汗二人，每年一人赴热河朝觐外，所余十一人，仍照旧例分为两班，一年一班，轮流来朝。"

参加年班进京朝觐者，都随带土宜贡物。如"康熙十三年（1674）题准：每年节进贡，科尔沁等十旗，共进十二九，计羊一百有八只，乳酒百有八瓶；鄂尔多斯六旗、乌喇特三旗，共进九九，计羊八十一只，乳酒八十一瓶；余二十五旗，共进三九，计羊二十七只，乳酒二十七瓶。由院查收，交与礼部"[①]。"嘉庆六年（1801）议定：内外扎萨克汗、王、贝勒、贝子、公暨喇嘛等所进马匹，由上驷院验视，每九匹内酌收四匹；每四五匹内，酌收二三匹；每二三匹内视其程途远近酌收。均按马匹等第，咨行广储司照例折赏。"清廷规定，回部贡物有鹰、羊角弓面、布、乾瓜、小刀、砺石、葡萄、手巾、金丝缎、果膏等。西藏喇嘛贡物"有哈达、铜佛、舍利、珊瑚、琥珀数珠、藏香、氆氇之属"。甘肃河州等处喇嘛贡物有"舍利、铜塔、佛像、番犬及马、驼、氆氇、豹皮、酥油等物"。

---

① 《大清会典事例》卷986《理藩院·贡献》，本自然段引文，均见于此。

古代由于交通工具的限制，路途较远的边疆各族，一般是每年进贡一次，而且往往是随年班来时一起进贡。如外扎萨克中，喀尔喀、阿拉善、额济纳贡羊、马，青海贡藏香、氆氇，杜尔伯特、土尔扈特、和硕特贡羊、马、佩刀、手枪等，都"不定以额，皆于年班来时进贡"。

清廷对于参加年班进京朝觐者，都给予优待，借此进行笼络，收买人心，使他们臣服、效忠。如清廷规定年班人员的沿途费用都由政府承担。"康熙六十一年（1722）议准：自固伦公主以下、官员以上随来仆从，原定每日给银二分五厘，嗣后加增一半，定为仆从一人，日给银五分；其宗女亦酌给口粮路费。再固伦额驸本身口粮，原定日给银七钱三分，今加增七分，日给八钱；公之婿本身口粮路费，原定日给银四钱，今加增一钱，日给五钱；扎萨克台吉本身口粮，原定日给银七钱四分，今加增二钱六分，日给银一两。若额驸、公主、郡主，暨蒙古王福晋与台吉之妻夫妇同来往者，口粮并为一分支给。其坐马养马，仍各照例分给。"① 有的年班人员在进京途中，还需地方官妥为护送。抵京后的安排也十分周到，并采取严格的保安措施。朝见时，皇帝还有颁赏赐宴，除夕宴于保和殿，正月初三宴于紫光阁，十五日元宵节宴于正大光明殿，而且每次都有文武大臣陪宴，规模宏大。赏赍的物品都是蒙、藏、回民族所喜爱的，如缎匹、茶叶、布、腰刀、鞍辔、衣帽、伞袋等。如康熙十三年（1674）题准："赏年节来朝之王，贝勒、贝子、公、台吉等，各分等次。亲王，雕鞍一，银茶筒、茶盘各一，缎三十六，茶五篓；郡王，雕鞍一，银茶筒一，缎二十九，茶四篓；贝勒，雕鞍一，银茶筒一，缎二十二，茶三篓；贝子，漆鞍一，银茶盆一，缎十四，茶二篓；镇国公、辅国公，漆鞍一，银茶盆一，缎十，茶二篓；一二等台吉，漆鞍一，缎七，茶一篓；三四等台吉，漆鞍一，缎五，茶一篓。科尔沁土谢图、卓里克图、达尔汉三亲王，加赏甲胄一副，缎八；扎萨克图郡王，加赏银

---

① 《大清会典事例》卷 988《理藩院·廪给》。

盆一，缎六。"① 康熙五十五年（1716）后，朝廷将赏赍物品改折银两：亲王430两，郡王370两，以下至三四等台吉给银53两。"乾隆三十四年（1769）议准：年班来京，内外扎萨克汗、王、贝勒、贝子、公、台吉、塔布囊等，应赏衣帽、伞袋、腰刀、鞍辔、缎匹、茶、布等物，按照品秩折给银两。科尔沁卓里克图亲王、图什业图亲王、达尔汉亲王，各赏银五百两，其余汗亲王，各赏银四百两；科尔沁扎萨克图郡王，赏银三百五十两，其余郡王，各赏银三百两；贝勒，各赏银二百两；贝子，各赏银一百五十两；公，各赏银一百两；扎萨克台吉、塔布囊，各赏银七十两；一二等协理台吉、塔布囊，各赏银六十两；三四等协理台吉、塔布囊，各赏银五十两"。

为了照顾来班的头领人物及其跟从人役，清廷还特允准他们根据品秩不同随带不同数量的货物进行贸易。如新疆回部亲王、郡王准随带8000斤，贝勒6000斤，贝子4000斤，三品伯克4000斤，公及四品伯克3000斤，五品伯克2000斤，六品伯克1000斤，各伯克子弟600斤。他们出卖货物后，可采购所需商品带回。这样，使每次年班进京朝觐，都可在经济上获得很大利益。

清代康熙二十年（1681），在内蒙古卓索图、昭乌达二盟之牧地，东西三百余里，南北二百余里，周围千余里地，置木兰围场（在今河北围场县），供皇帝、贵旗演习马弓、合围射猎之场地。清圣祖、高宗、仁宗等皇帝，每年秋季均在此大规模的围猎，以满洲八旗兵为营卫，凡内外蒙古各扎萨克均率左右分班扈猎，称"秋狝大典"。清廷因鉴于蒙古等北方民族害怕传染"痘症"，特规定，凡经出痘者，归入年班进京；未曾出痘的，一律到热河觐见皇帝，并扈从围猎，即参加围班。如乾隆三十五年（1770），"遵旨议定：喀尔喀、额鲁特、辉特之王公、扎萨克台吉，已出痘者，分为六班，一年一班，轮流来京朝觐；未出痘者，亦分为六

① 《大清会典事例》卷990《理藩院·赏赍》。本自然段以下引文，均见于此。

班，按年轮赴木兰随围"。① "（嘉庆）十八年（1813）谕：外扎萨克蒙古王公、台吉等业经出痘者，均于年班来京，其未经出痘者，止于热河瞻觐。伊等游牧较远，此内年老者来京当差，步行差使较多，恐伊等不能耐劳，著加恩嗣后年逾六十五岁之外扎萨克蒙古王公、台吉等，如遇年班，毋庸来京，均赴热河，以节其劳，著理藩院将如何轮班之处，定议具奏。钦此。遵旨议奏：喀尔喀、图什业图汗、车登多尔济，现年已逾六十五岁，下届年班应免来京，即令前赴热河瞻觐，其余外扎萨克四部落、土尔扈特、和硕特、杜尔伯特、青海蒙古汗王公台吉内，年逾六十五岁者，通行查明遵旨免其来京，均令轮赴热河，随同喀尔喀四部落两翼，派定善猎之王公、台吉等进哨当差，永为定例"②。由此可见，嘉庆十八年（1813），赴热河围班从"未经出痘者"扩展到"年逾六十五岁者"。

围班的班次与年班基本相同，参加围班者的贡品和清廷的赏赐、招待，亦与年班大同小异。其中较有差异的是由于参加围班是在"秋狝大典"之时，因此其时间不是如同年班安排在十二月，而是安排在七八月间，并随皇帝来往于避暑山庄和木兰围场两地。此外，有时因故停止木兰秋狝，那么围班的间隔也要相应拉长。咸丰之后，秋狝之礼废弛，围班之制也随着停止。

清代除了年班、围班进贡外，还有各少数民族地区专门派贡使进京向清廷进贡。史载："国初定，归化城、土默特二旗，每年四季贡马百匹，缎百匹。顺治二年（1645）题准：归化城、土默特二旗，四季贡马百六十三匹，免其贡缎。"③ 这里"每年四季贡马"显然是贡使一年四季前来京城进贡，而不是随年班、围班一年一次或数年一次进京贡献。乾隆二十二年（1757）更明确规定："乌珠穆沁亲王，每年八月进活羊三十

---

① 《大清会典事例》卷 985《理藩院·朝觐》。
② 《大清会典事例》卷 984《理藩院·朝觐》。
③ 《大清会典事例》卷 986《理藩院·朝觐》。本自然段引文，均见于此。

六只，十月进活羊十六只，十二月进汤羊五十五只。"这里显然是一年三次遣使进京贡举。西藏距京师路途遥远且崇山峻岭阻隔，所以虽然是每年一次进贡或两年一次进贡，但一般不是年班或围班进贡，而是遣使进贡。如清廷"原定：达赖喇嘛、班禅额尔德尼，间年遣使进贡，贡道由西宁至京，寓居西黄寺。贡物有哈达、铜佛、舍利、珊瑚、琥珀、数珠、藏香、氆氇之属，来使各附进哈达、铜佛、藏香、氆氇。其附前藏贡使入贡者，有由京派往西藏办事之呼图克图"。

清廷对于贡使来贡同样予以赏赐，以示恩宠。清廷赏赐主要分为两种：一是以俸禄形式向来贡者头领人物按品秩、爵位高低颁发不同数量俸银、缎等。如外藩蒙古汗年俸银2500两，缎40匹；亲王俸银2000两，缎25匹；郡王俸银1200两，缎15匹，等等。二是随贡的赏赐。如"顺治十年（1653）定：归化城进贡官员，各赏给裘、帽、靴、带弓、矢、鞍辔、白金有差"[①]。康熙五十二年（1713）定："达赖喇嘛、班禅额尔德尼遣使进贡，除例赏外，回时皆奉慰问，加赐达赖喇嘛，重六十两镀金银茶筒一、镀金银瓶一、银钟一、各色缎三十、大哈达五、小哈达四十、五色哈达十。正使，二等雕鞍一、重三十两银茶筒一、茶盆一、缎三十、毛青布四百、豹皮五、虎皮三、江獭皮五；副使，三等蟒缎一、方补缎一、大缎一、三梭布二十四；正使从人，彭缎各二、毛青布各二十；副使从人，彭缎各一、毛青布各十。加赐班禅额尔德尼，重三十四两银茶筒一、瓶一、钟一、各色大缎二十、大小哈达各十；来使金黄蟒袍一、重三十两银茶盆一、缎一、毛青布六十二；从人，缎各二、毛青布各二十；从役，缎各一、毛青布各十。日给正使银二钱，副使银各一钱五分，从人各一钱，复给四十日路费，送至西宁。"从清廷赏赐来贡者俸禄、物品之多可知，这种贡献与赏赐明显是薄来厚往，其主要意义在于政治上，清廷通过来使贡献，重赏遣使来贡者，而对其进行笼络，使其臣服，尽忠于清廷。这对巩固统一的多民族国家和维护边疆安定，还是有积极意义的。

---

① 《大清会典事例》卷990《理藩院·燕赉》。本自然段引文，均见于此。

第九节　政治、社会变革思想

一、反专制政治思想

明清时期，中国古代封建君主专制制度愈益走向反面，整个封建统治呈现出极端的腐朽性。在这一历史背景下，思想界出现了一股反对专制主义政治统治的思潮，其中较为突出者有明末清初的黄宗羲、顾炎武、王夫之，以及清末的龚自珍。兹将他们反专制政治思想缕述如下。

（一）黄宗羲的反专制政治思想。

1. 专制君主以天下为私产，实为天下大害。

黄宗羲生活在明末清初政权更迭时代，剧烈的政治、社会变动，使他更深刻地看到封建君主专制制度的腐朽，痛恨封建君主专制，从而提出了具有进步意义的反专制政治思想。

中国古代从先秦开始，就有丰富的民本思想。黄宗羲在阐发先秦的"天生民而树之君"这一先秦儒家传统民本思想时，反其道而行之，做了与传统截然不同的诠释。他说："有生之初，人各自私也。天下有公利而莫或兴之，有公害而莫或除之。有人者出，不以一己之利为利而使天下受其利，不以一己之害为害而使天下释其害。此其人之勤劳必千万于天下之人。夫以千万倍之勤劳则己又不享其利，必非天下之人情所欲居也。故古之人君，量而不欲入者，许由、务光是也；入而又去之者，尧、舜是也；初不欲入而不得去者，禹是也。岂古之人有所异哉？好逸恶劳，

亦犹夫人之情也。"① 黄宗羲在此对两千年来古代儒家所一致称颂的许由、务光隐世不仕和尧舜的禅让做了批判，认为隐世不仕和禅让其实质上是他们好逸恶劳、自私自利的结果，即逃避为天下兴利除害的义务，因为君主对于百姓来说，不是权利而是义务，而且为天下百姓谋利而自己又不享有其利是要付出千万倍的勤奋辛劳，这是大家都不愿意做的。因此，这是许由、务光、尧、舜做出隐世不仕或禅让的真正原因。正因为如此，黄宗羲认为远古时期，君主的产生，其根源在于君主要负起抑私利、兴公利的责任，而自己又不享有其利，这就是所谓天下为公。

在此基础上，黄宗羲进一步指出，远古时期的君主，是天下的公仆，但是延及后世，君主由最初的公仆蜕变成天下产业的所有者，把统治天下的权力完全私有化为自己谋取私利的工具，将天下之利都归于自己拥有，而将天下之害都归于别人承担。君主制之所以发生这种180度的变化，其根本原因在于君主以一己之私欲强加于天下之人，借用现代政治学的术语来说，就是政治权力的私有化。因此，君主产生初期为天下谋利的公天下，从此变为君主统治权力完全为一己之私谋利的私天下、家天下。他说：后世君主"以为天下利害之权皆出于我，我以天下之利尽归于己，以天下之害尽归于人，亦无不可。使天下之人不敢自私，不敢自利，以我的大私为天下之大公。始而惭焉，久而安焉。视天下为莫大之产业，传之子孙，受享无穷，汉高帝所谓'某业所就，孰与仲多'者，其逐利之情不觉溢之于辞矣"。

黄宗羲认为，当专制君主将天下作为自己私产，出现私天下、家天下后，为了满足一人、一家一姓的私欲，将天下作为自己一人的产业，就不顾天下百姓的死活。这样，君主不再是天下公利的化身，不再代表天下，相反，君主成为天下大害，成为最不仁的人。他指出："古者以天下为主，君为客，凡君之所毕世而经营者，为天下也；今也以君为主，

---

① 黄宗羲：《明夷待访录·原君》。以下3个自然段引文未注出处者，均见于此。

天下为客，凡天下之无地而得安宁者，为君也。是以其未得之也，屠毒天下之肝脑，离散天下之子女，以博我一人之产业，曾不惨然！曰：'我固为子孙创业也。'其既得之也，敲剥天下之骨髓，离散天下之子女，以奉我一人之淫乐，视为当然，曰：'此我产业之花息也。'然则为天下之大害者，君而已矣。"在古代传统的观念中，君主就等同于天下，等同于公利，君主权力也因此在人们观念中具有神圣的合法性。黄宗羲的批判直指后世的君主，把天下化为私有产业，为了一己私利而不顾天下苍生死活，这样的君主已不再是公利化身，不再代表天下，不言而喻，这样的君主权力也已不具有合法性了。而且，从后世君主的作为来看，实际上也没担负起天下为公的责任。如他指出，君主本该具有教养民众的责任，但从后世田制、学校制度的废除，可知君主没有承担起这一责任。他说："嗟乎！天之生斯民也，以教养托之于君。授田之法废，民买田而自养，犹赋税以扰之；学校之法废，民蚩蚩而失教，犹势利以诱之。是亦不仁之甚，而以其空名跻之曰'君父，君父'，则吾谁欺！"①

2. 在专制君主社会里，只有一家之私法，天下就永远难免于乱。

黄宗羲认为，先秦夏商周三代，天下为公，故有天下的公法；秦汉以来，君主家天下，所以一家私法代替了天下公法。黄宗羲的这一观点虽然不符合历史事实，但旨在说明公天下才能产生天下公法，而家天下也只能产生一家私法，不可能出现天下公法。因此，没有天下公法的社会，也是君主私天下的产物。他指出："三代以上有法，三代以下无法，何以言之？二帝三王知天下之不可无养也，为之授田以耕之；知天下之不可无衣也，为之授地以桑麻之；知天下之不可无教也，为之学校以兴之，为之婚姻之礼，以防其淫；为之卒乘之赋，以防其乱。此三代以上之法也，固未尝为一己而立也。后之人主，既得天下，唯恐其祚命之不长也，子孙之不能保有也，思患于未然以为之法。然则其所谓法者，一家之法，而非天下之法也。是故秦变封建而为郡县，以郡县得私于我也；

---

① 《明夷待访录·学校》。

汉建庶孽，以其可以藩屏于我也；宋解方镇之兵，以方镇之不利于我也。此其法何曾有一毫为天下之心哉？而亦可谓之法乎？"① 在此，黄宗羲所谓的法，不仅指国家的法律、法规，还包含封建社会的政治、经济、教育制度等，是一种广义的法的范畴。而且他认为所谓的法，应该是天下的公法，如果是君主一家之法，就不是法。因此，他关于"三代以上有法，三代以下无法"的论断，就是基于这种思想而提出的。这种论断虽然不符合历史事实，但却深刻揭示了君主家天下不可能产生天下公法，换言之，君主家天下是没有法度的社会。

在此对法的认识基础上，黄宗羲又提出，三代以下，法网愈密，而天下愈乱，其根本原因就在于所谓的法是君主一家之私法，是非法之法，不符合天下至公的原则，使法失去其正当性、公平性，所以人们如按一家之私法行事，天下就永远难免于乱。他指出："后世之法，藏天下于筐箧者也。利不欲其遗于下，福必欲其敛于上。用一人焉，则疑其自私，而又用一人以制其私；行一事焉，则虑其可欺，而又设一事以防其欺。天下之人共知其筐箧之所在，吾亦鳃鳃然日唯筐箧之是虞，故其法不得不密。法愈密而天下之乱即生于法之中，所谓非法之法也。"

3. 天下治乱的标准不是王朝的兴亡，而是民众的忧乐。

在中国古代传统观念中，往往把一个王朝的盛衰兴亡作为天下的治乱标准。但是黄宗羲却认为，由于君主将天下视为自己的私产，因此一姓王朝的灭亡、更迭是必然的，不可避免。从公天下的角度看，天地并不私于一人一姓，因此一姓王朝的兴亡不能作为天下治乱的标准，而天下治乱的标准应是天下广大民众的忧乐。他指出，君主将天下"既以产业视之，人之欲得产业，谁不如我？""一人之智力，不能胜天下欲得之者之众。远者数世，近者及身，其血肉之崩溃在其子孙矣"②。既然天下是天下民众的公产，因此，"天下治乱，不在一姓之兴亡，而在万民之忧

---

① 《明夷待访录·原法》。以下 2 个自然段引文，均见于此。

② 《明夷待访录·原君》。

乐"①。黄宗羲将万民忧乐作为天下治乱的标准，是对传统儒家民本思想的进一步发展，从更高的层面对民的价值和意义进行肯定，并对封建君主专制的权力私有化做了尖锐的批判，对君主权力的合法性进行大胆否定。

4. 对君主专制政治的变革主张。

黄宗羲对君主专制政治不仅仅停留在批判这个层面，还在批判的基础上，进一步提出变革的主张。

其一，变法以救世。黄宗羲指出，由于秦汉以来君主私天下，其所制定法律均是一家之私法，是非法之法，根本没有效法和继承的价值。儒家所谓的法先王或法祖之说，纯粹是谬论。他说："论者谓一代有一代之法，子孙以法祖为孝。夫非法之法，前王不胜其利欲之私以创之，后王或不胜其利欲之私以坏之。坏之者固足以害天下，其创之者亦未始非害天下者也。乃必欲周旋于此胶彼漆之中，以博宪章之余名，此俗儒之剿说也。"② 在黄宗羲看来，非法之法的一家之私法，其目的都是为一家一姓谋取私利，因此，不仅历代破坏这个传统的人遗害天下，而且创立这一法统的"圣人""明圣"也遗害天下。

黄宗羲在否定一家之私法是非法之法的基础上，进一步指出，由于天下动乱的根本原因在于非法之法，因此，如果非法之法不予变革，即使有明主贤人也不可能把国家管理好。如果要把国家管理好，并不在得其人，而首先要把非法之法废除，制定天下公法。黄宗羲对古代传统儒家的"有治人无治法"进行批判，提出治国必须"有治法而后有治人"，即首先必须有法制保证，明主贤人才能在治国中发挥作用。他指出："自非法之法桎梏天下人之手足，即有能治之人，终不胜其牵挽嫌疑之顾盼。有所设施，亦就其分之所得，安于苟简而不能有度外之功名。使先王之法而在，莫不有法外之意存乎其间。其人是也，则可以无不行之意；其

① 《明夷待访录·原臣》。
② 《明夷待访录·原法》。以下 2 个自然段引文，均见于此。

人非也，亦不至深刻罗网，反害天下。故曰：有治法而后有治人。"

其二，臣下出仕应以万民为重。黄宗羲认为，在专制君主以天下为私产的历史背景下，封建纲常名教也违反了天下为公的原则。如在君臣关系上，历代统治者以及自董仲舒以后的正统儒家都主张极端尊君，"君为臣纲"，臣下必须绝对地服从君主，臣下被视为君主的奴仆，要向君主无条件地尽忠，这是极不正常的君臣关系。还有更为极端的杀身事君，一味按君主的旨意办事，其实只是一种愚忠的表现，是不讲客观道义和原则的行为。黄宗羲指出，正常的君臣关系应该是臣下出仕，并不是仕于君主而是仕于天下，应该以道为重，以万民为重。他说："有人焉视于无形，听于无声，以事其君，可谓之臣乎？曰：否！杀其身以事其君，可谓之臣乎？曰：否！夫视于无形，听于无声，资于事父也。杀其身者，无私之极则也，而犹不足以当之，则臣道如何而后可？曰：缘夫天下之大，非一人之所能治，而分治之以群工。故我之出而仕也，为天下，非为君也；为万民，非为一姓也"；"吾以天下万民起见，非其道，既君以形声强我，未之敢从也，况于无形无声乎！非其道，即立身于其朝，未之敢许也，况于杀其身乎！"①

其三，置相权以分君权。黄宗羲指出，君主一人独裁治国，由于事务繁杂，必须设置许多官员帮助其处理具体事务。但是，黄宗羲认为，这种设官应不是为君，而是为分君身以求治，即分君权而达到管理好国家。他指出："原夫作君之意，所以治天下也。天下不能一人而治，则设官以治之。是官者，分身之君也。"②

在设百官以分君身求治中，黄宗羲特别重视设置宰相以分君权。他认为，远古时的禅让制，天下传贤不传子，决定天子去留的，主要是宰相，"其视天下之位，去留犹夫宰相也"。其后天子传子，而宰相传贤，天子之子又不能保证尽贤，就通过宰相传贤来弥补天子所传之子不贤。

---

① 《明夷待访录·原臣》。
② 《明夷待访录·置相》。以下 2 个自然段引文，均见于此。

但是明王朝废除了宰相制度，政治权力集中于君主一身，则使天子传子不贤无法得到补救，因此，君主专制政治愈加黑暗。"宰相既罢，天子之子一不贤，更无与为贤者矣。"

黄宗羲还认为，明王朝后期宦官专权，政治腐败，其根源也在于宰相制度的废除。明后期，随着宦官权力的日益膨胀，六部衙门名义上虽然对皇帝负责，但其实是奉宦官的旨意行事。因此，明朝宦官专权，较之汉、唐更为严重。他指出，"盖大权不能无所寄，彼宫奴者见宰相之政事坠地不收，从而设为科条，增其职掌，生杀予夺，出自宰相者次第而尽归焉"①，"汉唐宋有干与朝政之奄（阉）宦，无奉行奄宦之朝政"②，而明王朝不仅有干预朝政的宦官，而且是朝政尽归于宦官。

为了分割君主的权力，防止宦官专权，黄宗羲主张恢复明以前的宰相制度，朝廷设宰相1人，参知政事无常员，下再分设吏、户、礼、兵、刑、工六部，以分管政务。宰相、参知政事与天子共同讨论商定国家大事，可以和天子一起批发文件，"天子批红，天子不能尽，则宰相批之"③。天下大事，都要经过宰相以上传下达，从而以相权分君权，达到牵制君主的权力。

其四，设学校以监视朝政。黄宗羲认为，在三代以上，学校不仅是培养和教育人才的地方，而且也是议论朝政、判断天子施政是非和制造舆论的中心。"天子之所是未必是，天子之所非未必非，天子亦遂不敢自为非是，而公其非是于学校。"④ 因此，学校的设置，不仅影响朝政，而且也关系到社会风气，从而达到天下大治。学校"使朝廷之上，闾阎之细，渐摩濡染，莫不有诗、书宽大之气"；"学校所以养士也，然古之圣王，其意不仅此也，必使治天下之具皆出于学校，而后设学校之意始备"。

---

①　《明夷待访录·置相》。
②　《明夷待访录·奄宦上》。
③　《明夷待访录·置相》。
④　《明夷待访录·学校》。以下2个自然段引文，均见于此。

在这种思想指导下，黄宗羲赋予从中央太学至地方郡县学校议政的功能。他主张，在中央太学选择当世的大儒充任祭酒，并给予其与宰相相等的政治地位。每月初，由祭酒南面讲学，皇帝及百官亲自到太学，执弟子礼听讲。在地方郡县，通过公议选举，由名儒担任郡县学官，这就是"郡县学官，毋得出自选除，郡县公议，请名儒主之"。在每月的朔日和望日，"大会一邑之缙绅士子，学官讲学，郡县官就弟子列，北面再拜"。郡、县官政事缺失，小则纠正，大则公之于众。总之，将中央皇帝、百官至地方郡县官置于太学至郡县学校的弟子地位，通过学校讲学的途径，规范和指导国家的政治，通过学校舆论的作用，使专制国家的各级政府的权力受到监督和制约。

其五，设方镇以去集权之弊。黄宗羲认为，周代的分封制度和秦汉之后的郡县制都有其弊端，"封建之弊，强弱吞并，天子之政教有所不加；郡县之弊，疆场之害苦无已时"①。他主张，只要在边疆各地区设立方镇，给各方镇充分的自主权力，使中央放弃对地方的统治权，就可解决过分的中央集权问题。"欲去两者之弊，使其并行不悖，则沿边之方镇乎。""田赋商税听其（方镇）征收，以充战守之用，一切政教张弛，不从中制。"

黄宗羲的变法治世主张，从当时来说，对反对君主专制政治，是有积极意义的。但是，黄宗羲作为封建时代的思想家，其思想仍有很大的局限性。他的反专制政治思想带有复古倾向，甚至要恢复三代的井田制、卒乘之法。还有一些措施根本解决不了当时的政治弊端，反而会带来更严重的问题。如在边疆各地区设立方镇，历史证明会带来更严重的封建割据与战乱，如唐末的藩镇割据与战乱，给社会经济与民众生活带来深重的灾难。他所主张的以相权分君权，以学校来制约君权，这在君主专制主义统治日益强化的明清时代，也是不切实际的。

---

① 《明夷待访录·方镇》。本自然段引文，均见于此。

（二）顾炎武的反君主专制制度思想

顾炎武（1613—1682），初名绛，字宁人，号亭林。因避人陷害，曾化名蒋山佣。明季诸生。少时加入复社，阅读邸报，留心经世之务。27岁时秋试被黜，退而读书，遍阅各地郡县志书及章奏文册资料，研究疆域、形势、水利、兵防、赋税等社会现实问题。清顺治二年（1645），清兵陷南京，顾炎武在苏州参加抗清活动。失败后，离乡北游，往来于鲁、燕、晋、陕、豫诸省。遍历关塞，实地考察，搜集资料，访学问友。一生拒不仕清，晚年卜居陕西华阴，致力于学而终。论学强调学以经世，自一身以至天下国家之事，都应探究原委，反对明末空谈心性的空疏学风。著书撰文贵独创，反对因袭、盲从和依傍。一生著述宏富，著有《日知录》《天下郡国利病书》《音学五书》《肇域志》《亭林诗文集》等。

1. 专制君主无法使天下致治。

顾炎武与黄宗羲一样，也强烈反对君主个人独裁与专断。但是，他与黄宗羲的论证视角不同。他认为，中国幅员辽阔，政事万端，如专制君主集一切权力于一身，由君主一个人对众多的国家事务一一作出决断，这是一个人的能力所不及的，根本无法胜任使天下致治的责任。他说："后世有不善治者出焉，尽天下一切之权，而收之在上，而万几之广，固非一人之所能操也。"① 然而，专制君主把天下视为自己的私产，出于"专大利"的目的，集政权、财政、兵权于一身，"一兵之籍，一财之源，一地之守，皆人主自为之也"②。为了使自己专制统治得以巩固，能永远"专大利"，避免受到侵害，只能是"废人而用法，废官而用吏"，用严刑苛法和酷吏来统治天下，"内外上下，一事之小，一罪之微，皆先有法以待之"③。但是，事与愿违，严刑苛法与酷吏无法使天下致治，自秦以来刑政治天下的结果，是"事功日堕，风俗日坏"。顾炎武在此基础上进一步推论，如专制君主视天下为私产，据政治权力为己有，以个人有限的

---

① 顾炎武：《日知录》卷 9《守令》，上海古籍出版社，2012 年。
② 《日知录》卷 8《法制》。
③ 《日知录》卷 8《法制》。

能力来处理无限的政事，其结果是过度的集权，剥夺了郡县守宰的事权，使各级官吏之间相互猜忌，相互牵制。各级地方官吏由于不被信任，没有自主权，不求有功，但求无过，所以在政治上很难有作为，也很难尽到责任。他指出："今之君人者，尽四海之内为我郡县，犹不足也。人人而疑之，事事而制之，科条文簿日多于一日，而又设之监司，设之督抚，以为如此，守令不得以残害其民矣。不知有司之官，凛凛焉救过之不及，以得代为幸，而无肯为其民兴一日之利者，民乌得而不穷，国乌得而不弱？"① 顾炎武还进一步指出，当君主一个人专断独裁，而地方郡县守令没有选官、行政、理财、治军的权力时，怎么可能使国家富强百姓富足呢？"是故天下之尤急者，守令亲民之官，而今日之尤无权者，莫过于守令。守令无权，而民之疾若不闻于上，安望其致太平而延国命乎？""夫辟官、莅政、理财、治军，郡县之四权也，而今皆不得专之……是以言莅事而事权不在于郡县，言兴利而利权不在于郡县，言治兵而兵权不在于郡县，尚何以复论其富国裕民之道也哉！"②

顾炎武为了说明君主专制制度的不合理，还通过周代的班爵制度来论证君主与公侯伯子男贵族并没有什么不同，本来就没有自尊独裁的权力，而且同样只享受俸禄，不能肆无忌惮地向百姓敛取以自奉。他说："班爵之意，天子与公侯伯子男一也，而非绝世之贵……是故知天子一位之义，则不敢肆于民上以自尊，知禄以代耕之义，则不敢厚取于民以自奉。"③ 顾炎武的这一观点，虽然还未达到君民平等的认识，但在明清君主专制日益强化的背景下，敢于否定君主至高无上的地位和绝对的权力，还是相当难能可贵的。

顾炎武在反对君主专制制度思想中很突出的一点是提出了国家和天下两个不同的概念。他认为国家是指一家一姓的王朝，而所谓天下则是指万民的天下，因此，亡国是指一家一姓王朝的灭亡，而亡天下则是指

① 顾炎武：《亭林文集》卷 1《郡县论》，新兴书局，1956 年。

② 《日知录》卷 9《守令》。

③ 《日知录》卷 7《周室班爵禄》。

道德沦丧，人与人相残。"有亡国，有亡天下，亡国与亡天下奚辨？曰：易姓改号，谓之亡国；仁义充塞，而至于率兽食人，人将相食，谓之亡天下。"① 因此，顾炎武进一步指出，既然亡国与亡天下不同，因此，对于保国还是保天下，统治者与被统治者的责任也不同。"保国者，其君其臣，肉食者谋之；保天下者，匹夫之贱，与有责焉耳矣"。显然，顾炎武认为，国家是一家一姓之王朝，因此保卫国家是君主及其臣子的责任；天下是万民的天下，因此保卫天下是每一个老百姓的责任。近代梁启超把顾炎武的这一观点用"天下兴亡，匹夫有责"来表述，是符合顾氏的本意。

2. 分权众治的政治主张。

顾炎武在反对君主专制制度的基础上，为了限制君主权力，矫正过度集权专制的弊端，提出了分权众治的政治主张。他认为如能自天下至公卿大夫、百里之宰，都分得天子的一些权力，把各自分管的事务管理好，不但能使国家得到管理，天子还能因各级官吏的分权，使其地位愈益尊崇。"所谓天子者，执天下之大权者也。其执大权，奈何以天下之权寄天下之人，而权乃归之天子？自公卿大夫至于百里之宰，一命之官，莫不分天子之权，以各治其事，而天子之权乃益尊"②。相反，如果君主独揽大权，就会导致名目繁多的刑罚，无法实现天下大治。君主只有分权，才能发挥各级官吏的作用，从而不用刑罚就能实现天下大治。"人君于天下，不能以独治也，独治之而刑繁矣，众治之而刑措矣"③。

顾炎武的分权，主要指"辟官、莅政、理财、治军"四权。所谓"辟官"，就是指选拔、任免官吏的权力；所谓"莅政"就是行政权，即临政治民的权力；所谓"理财"就是赋税征发、财政支出的权力；所谓"治军"，就是对军队的管理。他认为，宋明以来，封建君主专制强化，这四种权力都集中于朝廷，由专制君主一人决断，这是导致国家积弱的

① 《日知录》卷 13《正始》。本自然段引文，均见于此。

② 《日知录》卷 9《守令》。

③ 《日知录》卷 6《爱百姓故刑罚中》。

一个重要原因。因此，必须将这四权分割给地方郡县，提高地方官吏的权力。

对于分权的方式，顾炎武主张从中央到地方层层分权，先由郡县分割中央政府的权力，再由宗族分割郡县的权力，这是指所谓"寓封建于郡县之中"。顾炎武认为，郡县制与分封制都有一定的弊端，"封建之失，其专在下，郡县之失，其专在上"①，这是指分封制的弊端在于地方权力太大，而郡县制的弊端在于中央权力太大，因此应该把两者结合起来，其具体做法是：其一，将辟官、莅政、理财、治军四权授予郡县长官，"尊令长之职，而予以生财治人之权，罢监司之任，设世官之奖，行辟举之法"②。其二，设世官之奖，即将知县升为五品官，正名为县令，选拔熟悉风土人情的人担任。县令试用期 3 年，如果称职，3 年后即行"转正"；再任职 3 年，如果称职，就封其父母；如终生任县令称职，当其退休时，可以推荐自己的子弟接任。这实际上以世官世禄制来激励县令廉洁勤政。其三，恢复宗族之制，与政权结合，实现对民众的统治。"天子之宗子各治其族，以辅人君之治，罔攸兼于庶狱，而民自不犯于有司，风俗之醇，科条之简，有自来矣。"③ 其四，谨乡里之治，效法周秦时期的乡里制度，完善乡、亭行政组织，"大率十里一亭，亭有长，十亭一乡，乡有三老，有秩、啬夫、游徼，三老掌教化，啬夫职听讼、收赋税，游徼徼循禁盗贼"④。通过地方层层分权，"以县治乡，以乡治保，以保治甲"⑤，可以防止郡县权力过分集中，从而收到"若网在纲，有条而不紊"的成效，达到天下大治。

顾炎武的反君主专制制度思想中最突出的是提出亡国与亡天下两个不同概念，其主张是企图通过分权来限制君主权力，矫专制集权的弊端。

① 《亭林文集》卷 1《郡县论》。
② 《亭林文集》卷 1《郡县论》。
③ 《日知录》卷 6《爱百姓故刑罚中》。
④ 《日知录》卷 8《乡亭之职》。
⑤ 《日知录》卷 8《里甲》。

但他与黄宗羲一样，毕竟作为封建时代的思想家，其思想带有浓厚的复古色彩，如其设想的宗族制度、乡亭制度等，大都模仿《周礼》的村社组织，把希望寄托于恢复古制之上。

（三）王夫之的"不以天下私一人"的民本思想

王夫之经历了明末清初的改朝换代，目睹了明王朝末年对民众实行残酷的剥削压迫，最终自身被农民起义军推翻的历史事实，提出了"以民为基"的民本思想。他说："君以民为基……无民而君不立。"[1] 这其实是先秦"民为邦本，本固邦宁"思想的翻版，即君主应以民众为根基，民心是否稳定，涉及君主统治根基是否稳固。王夫之清醒地看到当时民众的疾苦："今夫农夫泞耕，红女寒织，渔凌曾波，猎犯鸷兽，行旅履霜，酸悲乡土，淘金、采珠、罗翠羽、探珊象，生死出入。"[2] 不言而喻，君主统治的根基是不稳固的。因此，他呼吁君主为了自己的切身利益，应把关心民众作为"第一天职"来对待。"人君之当行仁义，自是体上天命我作君师之心，而尽君道以为民父母，是切身第一当修之天职。"[3]

在此认识的基础上，王夫之针对当时贫富分化悬殊、土地兼并严重的社会问题，提出平均天下的治国主张。他说："聚者有余，有余者，不均也。聚以之于彼，则此不足；不足者，不均也……故平天下者，均天下而已。"[4] 他看到引起当时贫富不均的一个重要原因就是土地问题，提出土地不应是君主一人一姓之私产，也不能凭君主的权力来授予，而应是天地赋予广大民众生活所必需的条件，凡是有劳动力的人都可以耕种土地，使其为民造福。他说："若土，则非王者之所得私也。天地之间，有土而人生其上，因资以养焉。有其力者治其地，故改姓受命而民自有其恒畴，不待王者之授之。"[5] "王者能臣天下之人，不能擅天下之土……

---

① 王夫之：《周易外传》卷2，中华书局，1962年。
② 王夫之：《黄书·大正》。
③ 王夫之：《读四书大全说》卷8，中华书局，1975年。
④ 《诗广传》卷4。
⑤ 《噩梦》。

若夫土，则天地之固有矣。王者代兴代废，而山川原隰不改其旧……而王者固不得而擅之"。"地之不可擅为一人有，犹天也。天无可分，地无可割，王者虽为天子，天地岂得而私之，而敢贪天地固然之博厚以割裂为己土乎？"① 王夫之提出的君主可以统治天下的人，但不可以把土地据为私有，这是对两千年来"溥天之下，莫非王土"的传统观念的大胆否定。

王夫之认为，君主以民众为基，除要解决贫富分化、土地兼并问题之外，还应该实行"严以治吏，宽以养民"的治国方略。他说："严者，治吏之经也；宽者，养民之纬也。并行不悖，而非以时，为进退者也……故严以治吏，宽以养民，无择于时而并行焉，庶得之矣。"② 他进一步指出，所谓"严以治吏"，就是要求"为政者，廉以洁己，悲以爱民，尽其在己者而已"③。所谓"宽以养民"就是"轻徭薄赋"，"藏富于民"和重教轻刑。

王夫之的"不以天下私一人"的民本思想还把君与民从公与私的角度做了区分。他指出："一姓之兴亡，私也；而生民之生死，公也。"④ 君主的一家一姓的兴亡是私事，而广大民众的生死存亡问题则是国家的公事。这是因为天下国家是广大民众的天下国家，君主个人是一人之私，不能把天下国家与君主个人等同看待；为君主个人不是为公，而是为君主个人之私。"以天下论者，必循天下之公，天下非一姓之私也。"⑤ "国祚之不长，为一姓言也，非公义也。秦之所以获罪于万世者，私己而已矣。斥秦之私，而欲私其子孙以长存，又岂天下之大公哉？"⑥ 正由于如此，王夫之认为，君主为一人之私，是"可禅、可继、可革"的⑦，如果

---

① 王夫之：《读通鉴论》卷 14，中华书局，2013 年。
② 《读通鉴论》卷 8。
③ 《读通鉴论》卷 19。
④ 《读通鉴论》卷 17。
⑤ 《读通鉴论》卷末《叙论一》。
⑥ 《读通鉴论》卷 1。
⑦ 《黄书·原极》。

以中国的富强，改变君主的一人之私，整个国家是大有希望的。"中国财足自亿也，兵足自强也，智足自名也，不以一人疑天下，不以天下私一人，休养厉精，士佻粟积……足以固其族而无忧矣"①。

王夫之的"不以天下私一人"的民本思想与他的义利统一观是相联系的。他认为仁义与功利两者是统一的，是紧密相连，缺一不可的。如单纯地强调利而放弃义，就失去了人间的道义准则；如单纯地强调义而否定利，就不能产生利民的功用，使天下民众获利，而有利于天下国家，这也是仁义的事情。"立人之道曰义，生人之用曰利。出义入利，人道不立；出利入害，人用不生。"② "夫功于天下，利于民物，亦仁者之所有事。"③ 总之，义和利两者并不矛盾，关键在于是否正确对待义利。只要对民众有利，对天下国家有利，这样的利就是义。

最后值得提出的是，与王夫之同时代的黄宗羲和顾炎武，鉴于明王朝的过分中央集权，主张恢复方镇制度或寓分封于郡县。他们实际上是认为郡县制是造成过分集权的原因，因而要部分恢复封建制以相补救。王夫之则以发展变化的历史观，认为从分封制向郡县制的转变是历史发展的必然，郡县制优于分封制。他指出："郡县之法已在秦先，秦之所灭者，六国耳，非尽灭三代之所封也。则分之为郡，分之为县，俾才可长民者皆居民上，以尽其才，而治民之纪，亦何为而非天下之公乎？古者诸侯世国，而后大夫缘之以世官，势所必滥也，士之子恒为士，农之子恒为农，而天之生才也无择，则士有顽而农有秀，秀不能终屈于顽而相乘以兴，又势所必激也。封建毁而选举行，守令席诸侯之权，刺史牧督司方伯之任，虽有元德显功而无所庇其不令之子孙，势相激而理随以易，意者其天下乎？"④ 在分封制下，诸侯、大夫世袭官职，士人及农民的职业也世传。但是，天在生民的时候，对于每个人的才能并没有选择，无

---

① 《黄书·宰制》。

② 王夫之：《尚书引义》卷2《禹贡》，中华书局，1976年。

③ 《周易外传》卷1。

④ 《读通鉴论》卷1。

论诸侯、卿大夫，还是士人、农民，其子孙都有贤有不肖。如诸侯、卿大夫、士的权力世袭，就不免有不肖子孙当政，而农民的贤子孙不可能永远屈居于诸侯、卿大夫、士的不肖子孙统治之下，这就会导致社会的动荡不安。而郡县制选举贤能，凡是贤能都各得其所；使守令、刺史取代诸侯、卿大夫，诸侯、卿大夫功劳再大也不能庇护其不肖子孙世袭。因此，以郡县制代替分封制是合理的，是顺应历史发展的。

总之，王夫之的"不以天下私一人"思想，其核心是"君以民为基"，因此，关心民众应是君主的"第一天职"，应通过平均天下，"严以治吏，宽以养民"来解决民生疾苦，这是有利于劳动人民的。而且他提出，君主一家一姓的兴亡是私事，而广大民众的生死存亡问题则是国家的公事，充分说明了其民本思想是反对君主专制政治的，具有很大的进步性。但是，王夫之的反君主专制制度思想也有局限性。他强调以民为本，但对民又持保留态度，不充分相信民众。他认为："由乎人之不知重民者，则即民以见天，而莫畏匪民矣；由乎人之不能审于民者，则援天以观民，而民之情伪不可不深知而慎用之矣。"① 他还主张严君子小人之防，把庶民比作禽兽，即"庶民者，流俗也；流俗者，禽兽也"②。他一方面反对君主专制政治，提出"不以天下私一人"，主张削弱君权，另一方面又认为封建等级、君臣关系是天经地义、不可改变的，"君臣之义，生于性者也"③，天子应该"绝乎臣民而独尊"④，而且不容许有"庶人之议"⑤。这反映出王夫之的思想意识深处仍然是正统的观念在支撑，而他顺应时代变化所提出的诸多政治主张多为权宜之举，并非思想观念的根本转变⑥。

① 《尚书引义》卷 4《泰哲中》。

② 王夫之：《俟解》，中华书局，1982 年。

③ 《读通鉴论》卷 9。

④ 《读通鉴论》卷 29。

⑤ 《读通鉴论》卷 21。

⑥ 曹德本主编：《中国政治思想史》，高等教育出版社，2004 年，第 286 页。

（四）唐甄"帝王皆贼"的反专制思想

在中国古代传统政治思想中，帝王都是上承天命而立，故曰天子，是神圣不可侵犯的。唐甄对传统的这一权威君主理论和君主专制制度提出了勇敢、无所畏惧的挑战和批判。首先，他将君主是神、是天子复原为一般的人。他指出："天子之尊，非天帝大神也，皆人也。"① 从而使世人看清了君主为一般人的真面目，使其丧失了神圣的权威，从理论上动摇了君主专制制度的基础。其次，更令人振聋发聩的是，他大胆提出了"帝王皆贼"的思想。他不仅提出"自秦以来，凡为帝王者皆贼也"，还进一步简单明了地做了很有说服力的推理，"杀一人而取其匹布斗粟，犹谓之贼；杀天下之人而尽有其布粟之富，而反不谓之贼？"② 这就说杀一个人而抢夺其布粟，这显然就是谋财害命的盗贼，但是帝王通过战争杀戮天下之人而将其财物据为己有，难道反而不是谋财害命的盗贼？不言而喻，这些帝王当然是更大的盗贼。因此，唐甄进一步指出，那些臣子为帝王夺取天下，屠杀百姓，是助纣为虐，必须悔悟，离帝王而去。他说："使我而事高帝，当其屠城阳之时，必痛哭而去之矣；使我而事光武帝，当其屠一城之始，必痛哭而去之矣。吾不忍为之臣也。"③

从"凡为帝王者皆贼"的认识出发，唐甄进一步推断，历代帝王是社会动乱的根源，对社会动乱负有不可推卸的责任。由于帝王的昏庸，任用奸佞、贪官、后妃、宦官，导致政治昏暗，官吏扰民，民不聊生。这些扰乱天下的奸佞、贪官、后妃、宦官，其主子就是专制君主，由此可知，乱天下的罪魁祸首正是君主。他指出："天下难治，人皆以为民难治也，不知难治者非民也，官也。"④ 但是官员难治只是表面现象，其根源在于专制君主，唐甄的理由是："治乱非他人所能为也，君也。小人乱天下，用小人者谁也？女子、寺人乱天下，宠女子、寺人者谁也？奸雄、

---

① 《潜书·抑尊》。

② 《潜书·室语》。

③ 《潜书·室语》。

④ 《潜书·柅政》。

盗贼乱天下，致奸雄、盗贼之乱者谁也？"① 历史上，人们常常指责奸佞、贪官、后妃、宦官乱天下，然而，使奸佞、贪官、后妃、宦官之所以能够乱天下，是由于其主子——专制君主的指使、支持或纵容。

唐甄认为，自秦汉以来，中国历史上贤君少而乱君多，其原因主要有两个方面：一是帝王之家贤人很少，故继承皇位者多不肖子孙。"天之生贤也实难，博征都邑世族贵家，其子孙鲜有贤者。何况帝室富贵，生习骄恣，岂能成贤？是故一代之中，十数世有二三贤君，不为不多矣。其余非暴即暗，非暗即辟，非辟即懦。此亦生人之常，不足为异。惟是懦君蓄乱，辟君生乱，暗君召乱，暴君激乱，君罔救矣，其如斯民何哉？"② 在唐甄看来，由于帝王家生活骄奢淫逸，故子孙很少有贤者，继承皇位者多是暴君、暗君、辟君或懦君，这是社会动乱的根源，因此，不能实行君主世袭制度。二是尊君卑臣使专制君主处于至高无上的尊贵地位，臣子视君主如虎狼，君臣关系还不如奴仆关系，臣下的人格与意见都不能得到帝王的尊重，而皇帝自然成了孤家寡人。这必然导致政治黑暗腐败，最终使国家灭亡。"人君之尊，如在天上，与帝同体，公卿大臣，罕得进见；变色失容，不敢仰视，跪拜应对，不得比于严家之仆隶。于斯之时，虽有善鸣者，不得闻于九天；虽有善烛者，不得照于九渊。臣日益疏，智日益蔽；伊尹，傅说不能诲，龙逢、比干不能谏，而国亡矣。"③

唐甄虽然提出"凡为帝王者皆贼"的思想，并认识到帝王是社会动乱的根源，但是，他并不主张废除君主制度，而是寄希望于明君治国。他认为，明君治国必须具备3个基本条件。

第一，君主要抑尊，大臣地位要提高，才能使臣下帮助君主改过。唐甄认为，君主自尊，就失去臣下的辅佐，没有臣下的辅佐，民情无法

---

① 《潜书·鲜君》。
② 《潜书·鲜君》。
③ 《潜书·抑尊》。

上达，君主就成为孤家寡人。这就是"势尊自蔽"，"是故人君之患，莫大于自尊；自尊则无臣，无臣则无民，无民则为独夫"①。因此，君主要尽量提高大臣的地位，使臣下能够"攻君之过"，从而建立正常的君臣关系，成为明君，得到民众的拥戴。

第二，君主要做节俭的表率，才能在社会形成节俭的风气，官吏不敛取百姓，民众富足，天下大治。唐甄指出："人君能俭，则百官化之，庶民化之，于是官不扰民，民不伤财；人君能俭，则因生以制取，因取以制用，生十取一，取三余一，于是民不知取，国不知用，可使菽粟如水火，金钱如土壤，而天下大治。"②

第三，君主要知人善任，发挥每个官吏的特长，必须明确官吏的职责，使他们管理好百姓，就能使天下长治久安。唐甄主张："明君欲兴上治，举贤以任官，必审官以尽其所学。稽古以为名，顺时以定职，期于允宜，以安天下之民。"③

（五）龚自珍对封建专制制度的批判

龚自珍（1792—1841），又名巩祚，更名易简，字璱人，一字伯定，又字尔玉，号定庵。道光进士。曾官内阁中书、礼部主事。道光十九年（1839）辞官南下，就任江苏丹阳书院、杭州紫阳书院讲席。少有才华，与林则徐、魏源等同倡经世致用之说。20—25岁之间，作《尊隐》《明良论》《乙丙之际著议》等，批判封建末世的黑暗与腐朽，要求"更法""改图"。文笔泼辣锋利，思想清新敏锐，被视为惊世骇俗之论。28岁起，又从刘逢禄学今文经学，寻求微言大义，阐发变易进化观点，以贫富不均为社会危机的根源，主张平均与计宗授田。又究心西北舆地，主张加强对新疆管理。著作有《龚定庵文集》等，后人辑有《龚自珍全集》。龚自珍是晚清时期著名的思想家、诗人，也是鸦片战争之际地主阶级改革派的主要代表。

---

① 《潜书·任相》。
② 《潜书·富民》。
③ 《潜书·卿牧》。

清王朝统治至嘉庆、道光年间，政治上更加腐败黑暗，内忧外患，纷至沓来。在国内，社会矛盾尖锐，农民起义愈演愈烈。嘉庆十八年（1813），河北、河南、山东等地爆发了天理教农民起义，河北起义者林清率人攻进紫禁城，大闹皇宫，极大地震动了清朝的统治者。对外，鸦片战争后，列强以坚船利炮打开了中国的国门。罪恶的鸦片贸易使中国白银大量外流，银价飞涨，人民的负担不断加重。清政府在外国列强的大炮和军舰的威逼下，不断采取妥协让步的卖国政策，国家处于危急关头。

面对清政府统治"日之将夕"的严重危机，龚自珍以敏锐的眼光、极大的胆识对当时社会经济中民众有十分之五六无所事事，或抽鸦片、习邪教，或因犯罪被处死，或因挨冻饥饿而死，广大民众日益贫困化的现象予以揭露、批判。他指出，清王朝"自乾隆末年以来，官吏士民狼艰狈蹶，不士、不农、不工、不商之人，十将五六，又或飧烟草、习邪教、取诛戮，或冻馁以死；终不肯治一寸之丝，一粒之饭以益人。承乾隆六十载太平之盛，人心贯于泰侈，风俗习于游荡，京师其尤甚者。自京师始，概乎四方，大抵富户变贫户，贫户变饿者，四民之首，奔走下贱，岌岌乎皆不可以支月日奚暇问年岁？"① 在这种民不聊生的境况下，清政府中的大小官吏只会像豺狼似的残暴压榨迫害百姓，像苍蝇一样腐蚀社会。"豺踞而鸱视，蔓引而蝇孳"②，"丑类窳㾕，诈伪不材，是攘是任，是以为生资"③。龚自珍认为，至嘉庆、道光年间，清朝已出现"日之将夕"的衰世景象，整个国家处于黑暗沉寂之中，"俄焉寂然，灯烛无光，不闻余言，但闻鼾声，夜之漫漫，鹘旦不鸣"④。

龚自珍认识到，导致当时社会的严重危机和政治的黑暗腐败，最主要的原因是封建君主专制。因此，他首先对传统封建皇权的神圣性进行

---

① 《西域置行省议》，《龚自珍全集》，上海古籍出版社，1975年，第106页。
② 《乙丙之际塾议第三》，《龚自珍全集》第3页。
③ 《尊隐》，《龚自珍全集》第87页。
④ 《尊隐》，《龚自珍全集》第88页。

批判。中国传统儒家思想认为，皇帝与官民的关系是天意安排的，尤其是程朱理学把"三纲五常"说成是天理的体现，以此来说明皇权的神圣性、绝对性。但是，龚自珍则不以为然。他认为人类历史之初，天地为民众所造，而不是帝王圣人所造。人与上天的沟通，主要是通过各种官吏的进行。后来世道败坏了，帝王一人断绝了人与上天的沟通。很久以后，由于出现大圣人，又恢复了人与上天的沟通。其实，那些代替民众与上天沟通的帝王，开始也同普通人一样，是从事农业生产劳动的人，与民是平等的。他指出："天地，人所造，众人自造，非圣人所造……人之初，天下通，人上通，旦上天，夕上天，天与人，旦有语，夕有语。万人之大政，欲有语于人，则有传语之民，传语之人，后名为官。或以龙纪官……或以云纪官……或以鸟纪官……后政不道，使一人绝天不通民，使一人绝民不通天……比其久也，乃有大圣人出，天敬降之"①，"帝若皇，其初尽农也"②。在此，龚自珍否定了"天子作民父母，以为天下王"的天意观点，降低了君主的神圣性，而强调了君主与普通人一样的人性，从根本上否定了封建君主专制的神圣性、权威性。

嘉庆十八年（1813），天理教林清率教徒70多人大闹皇宫。嘉庆皇帝在镇压了这次起义后，颁布了《罪己诏》及一系列"谕旨"。但是，嘉庆皇帝其实并没有从这事件中醒悟，励精图治，救国家于危亡之中，而是故作姿态，将责任推卸到群臣身上。他在《罪己诏》中不仅宣称"朕虽未能仰绍爱民之实政，亦无害民之虐事，突遭此变实不可解"，为自己责任开脱，还责骂群臣昏庸无能，寡廉鲜耻，只重自家私利，不顾国家，从而将事件归罪于群臣。他说"朕虽再三告诫，舌敝唇焦，奈诸臣未能领会"，痛斥群臣"顽钝无耻"，"名节有亏"。众臣面对皇帝的训斥均惊慌失措，只得相互指责，不敢声辩。但是，龚自珍以大无畏的胆略，撰写《明良论》四篇，与嘉庆皇帝的《罪己诏》针锋相对。他认为群臣之

---

① 《壬癸之际胎观第一》，《龚自珍全集》第12、13页。

② 《农宗》，《龚自珍全集》第49页。

所以无耻无能,是因为皇帝将臣子当奴仆、狗马看待,群臣当然失去了自尊廉耻之心和努力进取之意。这就是臣无耻无能是因为君不明,只有明君才能有明臣。他说:"历揽近代之士,自其敷奏之日,始进之年,而耻已存者寡矣。官益久,则气愈偷;望愈崇,则谄愈固;地益近,则媚亦益工……臣节之盛,扫地尽矣。"① 臣下只会看皇帝的脸色行事,苟且偷生,谄媚以保住自己的荣华富贵,这一切都是皇权专制淫威的结果。龚自珍进一步指出,专制君主之所以把臣子当奴仆、狗马看待,这是因为君主以为,如臣子丧失自尊廉耻之心,有利于提升君主至高无上的地位,便于君主对臣子发号施令,使臣子对其服服帖帖。正如他说:"(君主)未尝不仇天下之士,去人之廉,以快号令,去人之耻,以嵩高其身"②。

龚自珍在批判现实中君臣关系的同时,提出正常的君臣关系应是主宾关系,而不是当时的主仆关系。君主首先要尊重大臣,待臣如贵宾,敬如师尊,相见时赐坐、赐茶,君主重视倾听大臣的意见,这样臣下有了自尊心、廉耻心,便尽力为君主出谋划策、劝谏进言,更好地维护君权。他指出:"唐宋盛时,大臣讲官,不辍赐坐、赐茶之举,从容乎便殿之下,因得讲论古道。"③ 另一方面,龚自珍认为臣子也应该将自己定位于宾客身份,而不是奴仆与犬马。臣子应该"应所以自位","知所以不论议",保持"礼乐道艺","不自卑所闻,不自易所守,不自反所学","北面事人主,而不任叱咄奔走,捍难御侮,而不死私仇","谏而不行则去"。这就是臣子如定位正确,不自卑,不改变自己的操守,不违背自己的原则,而为君主效劳时,不盲目任凭君主指挥,不为君主私事而献出生命,如君主不听劝谏,臣子可以离开。龚自珍指出,臣子如能保持这种宾客身份为清王朝效劳,君主就不敢肆无忌惮、骄横,如果臣子自轻自贱,为了利禄而将自己置于奴仆、犬马地位,那是不可取的。"夫宾也

---

① 《明良论》(二),《龚自珍全集》第 31 页。
② 《古史钩沉论》(一),《龚自珍全集》第 20 页。
③ 《明良论》(二),《龚自珍全集》第 31 页。

者，生乎本朝，仕乎本朝，上天有不专为其本朝而生是人者在也，是故人主不敢骄"。如果"仆妾色以求容（荣），而俳优狗马行以求禄"，那就是"徒乐厕于仆妾，俳优狗马之伦，孤根之君子，必无取焉"①。龚自珍在此强调君主如不以宾客身份礼遇臣子，那么臣子也没有为君主尽忠孝死的责任义务，这是对传统的"君要臣死，臣不敢不死"的君臣关系的否定。这不仅体现了反君主专制的可贵思想，也在某种程度上反映了维护人的尊严、倡导人性解放的思想萌芽。

龚自珍还对封建社会论资排辈的任官制度进行揭露和批判。他指出，这种论资排辈任官制度以任官的时间长短作为升迁的依据，如一个人30岁左右科举入仕，如要升迁到宰相等一品官员，需要35年时间，最快也要30年时间。换言之，如按论资排辈升迁，做到宰相等一品官时，已是60—65岁的垂垂老者了。"今之士进身之日……大抵由其始宦之日，凡三十五年而至一品，极速亦三十年，贤智者终不得越，而愚不肖者亦得以驯而到。此今日用人论资格之大略也。"② 这种论资排辈任官制度使才华出众者也不能越级升迁，等升迁到宰相等一品官时，已是到了退休年龄的老人，无法在年富力强时更好地为国效劳，而那些平庸之人，则通过混资历，同样到年老时也能升迁至大官。这种论资排辈任官制度，堵塞了大批才华出众者报效国家的道路，使当时的整个官场死气沉沉，毫无活力，因此，必须进行变革。"一限以资格，此士大夫所以尽奄然而无有生气者也。当今之弊，亦或出于此，此不可不为变通者也。"③ 对此，龚自珍写出了震烁古今的诗句："九州生气恃风雷，万马齐暗究可哀。我劝天公重抖擞，不拘一格降人才。"

龚自珍不仅反对论资排辈的任官制度，而且反对通过科举考试来选拔人才。他认为，知识分子用毕生精力死记硬背四书五经，练习八股文，疲精神于无用之文，"万喙相因，词可猎而取，貌可拟而肖，坊间刻本，

---

①《古史钩沉论》（四），《龚自珍全集》第 29 页。
②《明良论》（三），《龚自珍全集》第 33 页。
③《明良论》（三），《龚自珍全集》第 34 页。

如山如海。四书文禄士，五百年矣；士禄于四书文，数万辈矣，既穷既极"①。这种选拔人才的形式实际上是误导知识分子皓首穷经，只为博取功名利禄，其结果是扼杀了人才，培养了一批无用之徒，也无益于国富民强。因此，龚自珍主张废除八股，改试策论，引导知识分子学习与实际相结合的学问。他认为知识分子的面貌、地位和作用反映了一个时代、民族和国家的面貌："士气申则朝廷益尊，士业世则祖宗益高，士诗书则民听益美。"②

清代大兴文字狱镇压知识分子，使知识分子"避席畏闻文字狱，著书都为稻粱谋"③，不敢议论朝政。龚自珍却以大无畏的胆略，敢于对当时清政府的各种封建专制制度进行深刻的揭露与批判，在万马齐喑的年代主张思想与言论自由，可谓是振聋发聩之谈。

二、抵御外侮、学习西方思想

清代末期，时局面临着两个特征：一是西方资本主义对中国的侵略逐步加剧，一系列的不平等条约，迫使清政府割地赔款，开放通商口岸，西方商品大量涌入国内；二是一些有识之士在与外国侵略者打交道的过程中，看到外国的长处和自己的短处，主张学习西方，变法自强，以达到抵御侵略、巩固清王朝统治的目的。其中主要代表者有林则徐、魏源、冯桂芬、张之洞、李鸿章等，以下就他们的有关思想做一简要介绍。

（一）林则徐的抵御外国侵略、学习西方思想

林则徐（1785—1850），字元抚，一字少穆，晚号俟村老人。嘉庆进士。曾先后任浙江杭嘉湖道、江苏按察使、东河河道总督、江苏巡抚。道光十七年（1837）擢湖广总督。十八年（1838）支持黄爵滋严禁吸食

---

① 《与人笺》，《龚自珍全集》第 344 页。
② 《乙丙之际塾议第二十五》，《龚自珍全集》第 12 页。
③ 《咏史》，《龚自珍全集》第 471 页。

鸦片的主张，提出6条禁烟措施，在湖广地区大力开展禁烟运动。旋受命钦差大臣，赴广东查禁鸦片。次年（1839）正月，至广州，与两广总督邓廷桢协力查禁鸦片；又令水师提督关天培整兵严备，加强海防，并于四月下旬在虎门海滩当众销烟237万余斤。同时招募水勇，组织团练，多次挫败英军武装挑衅。又组织人员翻译西方书报，主编《四洲志》，主张仿造西洋船炮，师敌之长技以制敌。鸦片战争后，令广东军民严阵以待，使英军在粤无法得逞。不久受诬被革职。道光二十五年（1845）起复，历任陕西巡抚、云贵总督。三十年（1850）再度任钦差大臣，赴广西镇压农民起义，行次广东潮州病逝。著有《云左山房文钞》《云左山房诗钞》《林文忠公政书》《林则徐集》等。林则徐是晚清著名的爱国政治家、思想家和诗人，是近代中国开眼看世界的第一人。

1. 主张严禁鸦片，抵御外国侵略。

在晚清，外国奸商不断向中国走私鸦片，对中国造成严重的危害。林则徐清楚地看到鸦片对中国政治、经济、人的体质、军事、社会等诸方面所造成的严重后果，因此主张严厉禁烟。他指出，鸦片的泛滥会加深腐蚀整个官僚集团，各级官僚因吸食鸦片，贪污中饱，使腐败程度加深，并使鸦片进一步泛滥。鸦片大量流入中国，使巨额白银耗于吸食鸦片上，商业和手工业受到严重破坏和摧残。"近来各种货物销路皆疲，凡二三十年以前某约货有万金交易者，而今只剩得半之数，问其一半售于何物，则一言以蔽之，曰鸦片烟而已矣"[①]。长期吸食鸦片，对人的健康造成巨大危害，甚至危及生命。鸦片"其性毒而淫，其味涩而滞"，以至于"吸烟之人，中气无不伤者；中气伤，则气不能化精而血衰"。长期吸食鸦片的人，如"溺而不戒，则直徇以身命"。如是大量青壮年男性吸食鸦片，身体羸弱不堪，将会造成国家"无可以御敌之兵"的危险局面。大量民众如吸食鸦片，还会在社会形成一批不从事生产的社会蠹虫。他

---

① 林则徐：《筹议严禁鸦片章程折》，《林则徐集·奏稿》，中华书局，1963年。本自然段引文，均见于此。

们游手好闲，偷盗欺诈，赌博斗殴，严重影响社会的稳定。

另一方面，林则徐对当时贩卖鸦片的英国不法商人的贪婪、狡诈本性有充分的认识。"此辈奸夷，性贪而狡，外则桀骜夸饰，内实怯怯多疑，稍纵即骄，惟严乃肃"①。早在道光十二年（1832），英国船只"胡夏米"号游弋于上海洋面，进行侦查活动，林则徐就密切关注，认为这是"显违定例"的，"夷情狡诈……不可不严为防范"。由此可见，林则徐主张对鸦片走私一方面严厉禁止，使英国不法商人的贪婪、狡诈本性有所收敛；另一方面必须严加防范，不让他们有可乘之机。道光十九年（1839）二月，林则徐到达广州后，立即晓谕外商呈缴鸦片，并出具甘结，声明以后不再夹带鸦片。他义正词严地向外国侵略者宣告："若鸦片一日未绝，本大臣一日不回。誓与此事相始终，断无终止之理。"② 尔后在虎门海滩，当众销毁其缴获的 237 万余斤烟土，以实际行动证明了他严厉禁烟的思想和决心，并向全世界表明了中国人民对烟毒的痛恨和反抗侵略的坚决性和彻底性。

林则徐主张对鸦片走私应严厉禁止，实行重惩，但是对于正常的海外贸易，则允许进行，并给予适当的保护。他指出："将现未犯法之各国夷船与英吉利一同拒绝，是抗违者摈之，恭顺者亦摈之，未免不分良莠，事出无名。"③ 由此可见，林则徐是一位坚决抵御外侮的爱国者，与当时一些盲目排外的顽固保守主义者是不同的。

林则徐清楚地预见到英国侵略者不会对中国人民的禁烟运动善罢甘休，必然会进行武装干涉，所以必须加强战备，严阵以待。他到广州后，当即采取整顿海防，修筑炮台，加强水师，严查奸细等各项防范措施。面对西方侵略者坚船利炮的强大军事威胁，他主张应重视人的作用，"用民心，恃民力"，组织人民群众齐心协力踊跃参战，鼓励民众"群相集

① 《附奏夷人带鸦片罪名应议专条片》，林则徐：《林文忠公政书·使粤奏稿》卷 2，中国书店，1991 年。
② 《谕各国商人呈缴烟土稿》，《林则徐集·公牍》。
③ 《覆奏曾望颜条陈封关禁海事宜折》，《林文忠公政书·两广奏稿》卷 1。

议，购置械器，聚合丁壮，以便自卫"①。他坚信，一旦战争爆发，英国的侵略行径必然激起民众的愤怒，民众一定会参与到反英斗争中来。"沿海民人，莫不视波涛如平地，倘一触动公愤，则人人踊跃思奋"②。所以他主张从渔民、农户、盐工中挑选精壮劳力，加以训练，协助军队作战。他重视发动民众起来保家卫国，"号召民间丁壮，已足制其命而有余"，指导民众通过"器良、技熟、胆壮、心齐"③ 来克敌制胜。对于奋勇杀敌的官兵和民众，林则徐颁布重赏："如英夷兵船一进内河，许以人人持刀痛杀。凡杀白头鬼一名，赏洋银一百元；杀死黑鬼子一名，赏洋银五十元。"④ 鸦片战争后，林则徐被加以"误国病民"的罪名发配到新疆伊犁。在发配途中，他还念念不忘报国之心，建议建设海军，加强海防。他指出，如若筹划造船来不及，"漳、泉、潮三郡民商之船，尚可雇用"，"水军亦须于彼募敢死之士"，"必能效命"⑤。

2. 了解和学习西方。

清王朝实行闭关锁国，当时中国人对外国，尤其对于遥远的西方的了解十分有限。封建帝王和官僚妄自尊大，抱着"天朝物产丰盈，无所不有，原不借外夷货物以通有无"⑥ 的陈腐观念，无视以英国为首的西方资本主义国家，在社会生产和科学技术水平方面已遥遥领先于中国，中国已处于落后就要挨打的危险境况。然而，林则徐与朝廷中大多数夜郎自大、故步自封的大臣不同，清醒地看到西方在科技水平、军事技术方面的先进性，因此，要求打破当时朝野上下封建蒙昧的闭塞状况，了解

---

① 转引自马士：《中华帝国对外关系史》第一卷，上海书店，2006 年，第 272 页。

② 齐思和、林树惠，等：《中国近代史资料丛刊·鸦片战争》（二），第 302 页，神州国光社，1954 年。

③ 林则徐：《致姚春木、王冬寿书》，《道咸同光名人手札》第二集卷 1，商务印书馆 1924 年影印本。

④ 转引自范文澜《中国近代史》上册，人民出版社，1955 年，第 31 页。

⑤ 《致姚春木、王冬寿书》，《道咸同光名人手札》第二集卷 1。

⑥ 《乾隆五十八年给乔治三世上谕》，《海国图志》卷 7，第 17 页。

西方，以便可以"知己知彼，百战不殆"。

林则徐在广州期间，主张翻译并出版了一大批西方书报。这些书报对当时了解、学习西方发挥了重要作用，大体可分为5个方面：一是为了解世界各国基本知识而翻译的《四洲志》，二是为了解西方军事、政治等方面情况而翻译的《澳门新闻纸》《澳门日报》，三是为了解各国法律、开展外交需要而摘译了瑞士人滑达尔著的《各国律例》（又译作《万国公法》），四是为学习西方军事技术而翻译了关于大炮等武器制造和应用的书籍，五是为了解外国人对中国的评论而摘译了《华事夷言》。

林则徐不仅组织人员翻译书报、了解西方，还主张学习西方的长技。当时，他认为西方的长技就是军事技术，因此，组织人员翻译了关于欧式大炮瞄准、发射技术的书籍，学习使用欧式大炮，并在此基础上积极引进西方的船炮。他通过英国军人、商人或者派人到澳门和新加坡购买葡萄牙和英国制造的几百门钢铁大炮，以装备虎门炮台和广东水师船只。在学习、引进西方大炮的基础上，林则徐还积极着手制造，多次向道光皇帝提出创办新式国防工业，制造新式船炮。在经费困难的情况下，终于在道光二十年（1840）仿造出两艘欧式战船。他在积极引进、学习西方先进军事技术时，还注意把中西技术相结合，进行创新。如兼取中西战船的优点，设计制造新式战船。林则徐开启了近代中国向西方学习的先河。

林则徐在了解、学习西方中逐步认识到工商业对于一国实力的重要作用，因而积极鼓励、支持民族工商业的发展。他认为商办开矿业比官办开矿业有优势，因为由于政治腐败，官办垄断开矿业，往往管理不善，容易产生很多弊端，远不如"招集商民，听其朋资伙办，成则加奖，歇亦不追"①的商办开矿业。因此，他积极主张商办矿山，以使"裕国足民，利民厚生"。林则徐也重视商业的作用。他不同意清政府的闭关锁国政策，认为对外贸易的正常开展，可使国家关税收入增加，也就是说使

---

① 《查勘矿厂情形试行开采折》，《林则徐集》第1149页。

财政收入增多。另一方面，中国商人到外国经商，也可将洋银运回国内，使国家富足。他指出："且闻华民惯见夷商获利之厚，莫不歆羡垂涎，以为内地民人，格于定例，不准赴各国贸易，以致利薮转归外夷。此固市井之谈，不足与言大义。然就此察看，则其不患无人经商，亦已明甚矣。"① 林则徐不仅积极鼓励民众对外贸易，还保护商民的利益，帮助他们搞好货物和资金的周转。鸦片战争后，在外国资本主义的刺激下，原来处于萌芽状态、极其微弱的民族工商业逐渐开始有了发展的态势，林则徐积极鼓励、支持民族工商业发展的主张和行动，对中国民族工商业的发展，有积极的先导作用。

（二）魏源的反侵略、师夷长技以制夷思想

1. 主张抗击英国侵略者。

鸦片战争前后，鸦片走私在中国日益猖獗，魏源清醒地意识到鸦片走私在当时造成的严重后果。他指出："江海惟防倭防盗，不防西洋，夷烟蔓宇内，货币漏海外，病漕，病鹾，病吏，病民之患，前代未之闻焉。"② 具体而言，魏源认为日益猖獗的鸦片走私对当时中国造成的后果主要有两个方面：一是鸦片走私对中国的社会经济和国家财政造成巨大的伤害。鸦片是"民财之大漏卮"，"鸦片耗中国之精华，岁千亿计，此漏不塞，虽万物为金，阴阳为炭，不能供尾闾之壑"③。中国民众和国家财政即使有再多的钱财，也会因吸食鸦片而耗费殆尽。二是吸食鸦片严重毒害人民的身心健康。鸦片烟"醉我士女如醇浓，夜不见月与星分，昼不见白日，自成长夜逍遥国"④。总之，他认为"鸦烟流毒为中国三千年未有之祸"⑤，因此必须坚决打击鸦片走私和顽固不改的鸦片吸食者，以期收到"惩一儆百"的成效。他坚定地站在严禁派一边，大力支持禁

---

① 《附奏夷人带鸦片罪名应议专条夹片》，《林文忠公政书·使粤奏稿》卷 2。
② 《明代食兵二政录叙》，《魏源集》，中华书局，1976 年，第 162 页。
③ 《军储篇》（一），《魏源集》第 470 页。
④ 《军储篇》（一），《魏源集》第 470 页。
⑤ 《海国图志》卷 36。

烟运动。

鸦片战争爆发后，魏源坚决主张抗击英国侵略者。当时他在浙东沿海，随后加入两江总督裕谦的幕府，参与筹划浙江前线的抗英斗争。在著名的《寰海》诗中，他满怀激情地讴歌三元里人民的抗英斗争："揭竿俄报郊支围，呼市同仇数万师"，"同仇敌忾士心齐，呼市俄闻十万师"，"前时但说民通寇，此日翻看吏纵夷"①。在此，他不仅热情赞扬了三元里人民的抗英斗争，而且愤怒谴责投降派奕山等人的纵敌行径。他在《海国图志》中也写道："三元里之战，以区区义兵，围夷酋，斩夷师，歼夷兵，以歕开网之而逸，孰谓我兵陆战之不如夷者？""广东之斩夷首，捐舰者皆义民"，"两禽夷舶于台湾，火攻夷船于南澳者亦义民"②。他主张依靠和利用民众的力量来抗击外来侵略，与当时统治阶级内部占主导地位的投降派认为的"防民甚于防寇"的思想形成了鲜明的对比。

鸦片战争最终以清王朝签订丧权辱国的《南京条约》而告终，魏源悲愤至极，在《海国图志》中写道："凡有血气者所宜愤悱，凡有耳目心知者所宜讲画。"不久，他写成了《道光洋艘征抚记》一书，详细而忠实地记录了第一次鸦片战争的经过。在书中，他揭露了英国侵略者的罪行，批判了统治集团因腐败无能而导致战争的失败，鞭挞了主和派琦善、伊里布等人的卖国行径，甚至连道光帝的昏聩虚骄、举措失当行为，也敢于秉笔直书。同时，他肯定和赞扬了林则徐等抵抗派爱国将领的英勇抗敌精神和功绩，并如实反映了广大民众抗英战争的巨大成就。

在鸦片战争失败后，魏源还注意对此进行清醒的总结。在《南京条约》签订后的当月，他就完成了《圣武记》一书，总结了清廷自开国以来在军事、政治等方面的经验和教训，为今后清王朝抵御英夷进犯，谋求改弦更张提供历史借鉴。后来，魏源又在《海国图志》前两卷《筹海篇》中，对鸦片战争的失败做了较深刻的分析总结。他认为鸦片战争失

---

① 《寰海十一首》，《魏源集》第 806 页。

② 《海国图志原叙》。

败的一个重要原因是不熟悉"夷情"，因为当时清王朝长期实行闭关锁国政策，夜郎自大，故步自封，对外面世界一点也不了解，从而在鸦片战争中仓促应战，失败后盲目投降。因此，魏源强调要通过翻译夷书熟悉夷情："欲制外夷者，必先悉夷情始；欲悉夷情者，必先立译馆翻夷书始。"① 这就是《孙子兵法》常说的"知己知彼，百战不殆"。魏源根据自己对西方国家的认识和清政府在鸦片战争中失败的教训，提出了一套有效抗击外来侵略的策略和原则。魏源看到外国侵略者坚船利炮，在外洋、海口有优势，主张诱敌深入，将其引诱进入河口，使其坚船利炮不能充分发挥作用，然后利用当地军民齐心协力将其歼灭。他提出："设阱以待虎"，我则"出奇设伏，多方误敌，使不可测"，"自守之策二：一曰守外洋不如守海口，守海口不如守内河；一曰调客兵不如练土兵，调水师不如练水勇"②。他还根据外国侵略军远道而来，补给困难，主张采取持久战、消耗战，并进行坚壁清野，对其不断骚扰，使侵略军缺乏补给而失败。他说，"客兵利速战，主兵利持重，不与相战而惟与相持，行与同行，止与同止，无淡水可汲，无牛羊可掠，无硝药可配，无铁物可购，无篷缆可补，烟土货物无处可售，柁枪无处可修，又有水勇潜攻暗袭，不能安泊，放一弹即少一弹，杀一夷即少一夷，破一船即少一船……逸待劳，饱待饥，众待寡"③，这样，终能取得反侵略战争的胜利。

魏源在反侵略战争中也重视民众的力量。他依据在鸦片战争中"一战于三元里而夷酋大困"的战例，主张把沿海的渔艇疍户以及"海盗"，内地的"盐枭"及至"捻匪"等利用、发动起来。这是很大胆的设想，因为这些海盗、盐枭都是清政府镇压的对象，但魏源认为当中华民族与外国侵略者矛盾激化的情况下，这些人是可以发动起来抗击外国侵略者的。他重视依靠熟悉情况的当地官兵和群众，可发挥他们对当地情况熟悉的长处和保家卫国的积极性来组织反侵略武装力量。他指出："各省之

① 《海国图志》卷2。
② 《海国图志》卷1《筹海篇一·议守》。
③ 《海国图志》卷2《筹海篇三·议战》。

勇民原足充各省之精兵；练一省之精兵，原足捍一省之疆圉。"①

总之，魏源的"悉夷情"、诱敌深入、"守内河"、持久战、消耗战以及重视利用发动民众抗击外国侵略者的战略战术思想，是切合于当时敌强我弱的客观实际的，通过灵活机动的战略战术，充分发挥自己的优势，使敌人的长处无法充分发挥，从而取得反侵略战争的胜利。

2.师夷长技以制夷思想。

鸦片战争的惨败，使魏源清醒地意识到，在西方侵略者的坚船利炮面前，国人奉为圣典的经义伦理、微言大义已是一筹莫展。要想取得抗击外国侵略的胜利，就必须学习外国先进的科学技术。他在《海国图志原叙》中提出了著名的"为以夷攻夷而作，为以夷款夷而作，为师夷长技以制夷而作"的思想。他的这一思想在当时社会上产生重大反响，在全国掀起一股向西方学习的高潮。魏源成为中国第一个正式公开提出"师夷"，即向西方学习的思想家。其著作《海国图志》同另一部徐继畬著的《瀛环志略》，在相当长的时间内，成为中国人认识世界、走向世界的指南，被梁启超等誉为"谈海外掌故之嚆矢"，是"开山之作"。张之洞则称"《海国图志》是为中国知西政之始"②。

在《海国图志》中，魏源一再强调"师夷长技"的重要性，把学习西方先进的科学技术提高到关系整个民族安危的高度来认识，认为"善师四夷者，能制四夷；不善师外夷者，外夷制之"③，这就是善于学习西方者，就能打败西方侵略者；而不善于学习西方者，就会被西方侵略者打败。他针对当时封建顽固派把西方先进的科学技术一概视作"奇技淫巧，形器之末"的无知和认为西方"长技"是"奇造化，通神明"，是不能学的观点，指出这些科学技术其实在中国早已有之："古之圣人刳舟剡楫，以济不通，弦弧剡矢，以威天下，亦岂非形器之末？……指南制自

---

① 《海国图志》卷1

② 张之洞：《劝学篇·广译》，广雅书局本。

③ 《海国图志原叙》。

周公，挈壶创自《周礼》。有用之物，即奇技而非淫巧。"① 在此，他驳斥了顽固派的"奇技淫巧"论，认为日常生活的许多器物，都是古代圣人在科技上的发明创造，由于都是非常有用之物，因此只可说是"奇技"，而并不是无用之物的"淫巧"，西方科技所创造出的器物，也是非常有用的，因此，也都是奇技，必须学习。他还进一步指出，这些所谓西方长技制造出的器械，无非是人的聪明才智的产物，没有什么神秘之处，凭着中国人的聪明才智，也一定能够制造出来。他说外国器械"无非竭耳目心思之力"，并无神秘之处。况且，"中国智慧无所不有，历算则明薄蚀，闰余消息，不爽秒毫；仪器则钟表晷刻，不亚西土；至罗针、壶漏，则创自中国而后行"。中国"人材非不足"，"材料非不足"。他深信中国人民的聪明才智并不亚于西方，可以逐步做到"不必仰赖于外夷"，尽转外国之长技，为中国之长技，将来定会"风气日开，智慧日出，方见东海之民犹西海之民"②，中国定能赶上并超过西方资本主义国家。

在此认识的基础上，魏源进一步提出了一套向西方学习"长技"的具体方案。一是他认为，向西方学习的"长技"中最重要就是军事方面的，"夷之长技三：一战舰，二火器，三养兵练兵之法。"③ 换言之，也就是坚船利炮以及军队训练之法。这就是在鸦片战争中，侵略者取得胜利的最主要"长技"。二是西方的"长技"还包括科学技术方面，如天文仪器、机械、蒸汽机、民用器物等，诸如"量天尺、千里镜、龙尾车、风锯、火锯、火轮机、火轮舟、自来火、自转碓、千金秤之属"④。他主张，可通过官办军事工业或民办企业来学习、制造这些军事装备和天文仪器、机械、蒸汽机和民用器物。他特别强调："沿海商民，有自愿仿设厂局，以造船械，或自用，或出售者，听之"⑤，鼓励商民学习、制造新式西洋

---

① 《海国图志》卷2《筹海篇三·议战》。

② 《海国图志》卷2。

③ 《海国图志》卷2。

④ 《海国图志》（百卷本）卷3。

⑤ 《海国图志》卷2。

船只、机器等。他还倡议翻译西方科技著作，鼓励闽粤两省军队仿造西洋战船、蒸汽船、火炮、水雷等，并聘请外国技术师向中国工匠传授制造枪炮船舰技术。魏源主张"立译馆翻夷书"，并"于闽粤二省武试，增设水师一科，有能造西洋战船、火轮舟，造飞炮火箭、水雷奇器者，为科甲出身"①。他还建议在广东设立造船厂、火器局各一个，聘请外国技术师，选送中国工匠向他们学习制造枪炮船舰的技术，学成之后，给予科甲出身，以示鼓励。他认为这样做，即可以"尽得西洋之长技为中国之长技"，逐步改变中国军事技术落后的局面，从而达到"师夷长技以制夷"的目的。

在对外贸易方面，魏源提出"款夷"的思想，即在主张严禁鸦片走私的同时，保持与西方资本主义国家正常的经贸往来，尤其重视向外国购买先进的洋舰洋炮和"有益民用"的货物。通过广泛开展同各国的贸易，打破英国"兵贾相资"的贸易垄断，而"合诸国以制一国"。魏源的"款夷"思想否定了封建顽固派的闭关锁国的保守观点，有利于中国在与外国经济贸易中提高自己的科学技术水平和发展社会经济，尤其是购买外国先进的洋舰、洋炮，其实也是一种"师夷长技以制夷"的战略思想。

更为难能可贵的是，魏源不仅看到当时中国与西方诸国在科学技术方面的差距，而且也清晰地看到中国与西方诸国在政治制度方面的差距。他在《海国图志》中用了很大的篇幅介绍了英国的议会制度，指出英王即位必须先通过巴厘满衙门（parliament，即议会），国家大事必须经国会合议通过，如有"用兵、和战之事虽国王裁夺，亦必由巴厘满议允。国王行事有失，将承行之人，交巴厘满议罚。凡新改条例、新设职官、增减税饷及行楮币，皆王颁巴厘满，转行甘文好司而分布之，惟除授大臣及刑官，则权在国王。各官承行之事，得失勤怠，每岁终会核于巴厘满，而行其黜陟"②。议会对于来自民间的意见，实行"大众可则可之，

---

① 《海国图志》卷2。
② 《海国图志》（百卷本）卷50。

大众否则否之"的办法，并准许民众监督政府，刊印逐日新闻纸，以论国政，如各官宪政事有失，许百姓议。魏源在此大致揭示了英国议会制与当时中国封建君主专制的主要不同，即英国议会可决定战争、议和等国家大事；如国王有过失，必须交议会讨论处罚；凡是更改法律、新设官位、增减税收及发行纸币等，皆由国王提交议会，然后由各部门执行。每年终，议会对各种官吏进行考核，然后依据勤怠，予以升迁或降级。由此可见，议会大大分割了国王的权力，并对国王进行监督和牵制。而且英国民众通过舆论对政府进行监督。

在《海国图志》中，魏源还对美国的民主共和制度也给予高度的评价，对美国民众选举总统、总统 4 年一个任期以及议会的组成和职能都做了充分的肯定，认为这些制度尊重民意，出于公心，设计完善。他说："全国公举一大酋总摄之，匪惟不世及，且不四载即受代，一变古今官家之局。而人心翕然，可不谓公乎？议事听讼，选官举贤，皆自下始，众可可之，众否否之，众好好之，众恶恶之，三占从二，舍独徇同，即在下预议之人，亦无由公举，可不谓周乎？"[1] 更难能可贵的是，魏源还认识到，美国的民主政治使国家走向富强，这是因为在民主政治上，民众工作积极性高、勤奋，民众舆论主导国家大政方针，事务简易政令快速，实行法治，令行禁止。他指出："数百年来，育奈士迭遂成富强之国，足见国家之勃起，全由部民之勤奋，故虽不立国王，仅设总领，而国政操之，舆论所言必施行，有害必上闻，事简政速，令行禁止，与贤辟所治无异，此又变封建郡县官家之局，而自成世界者。"[2] 他还十分肯定地预言，美国这种民主共和制度将延续后世而不产生弊端："墨利加北州之以部落代君长，其章程可垂奕世而无弊。"[3]

魏源通过中西政治制度的比较，更加深刻地认识到中国封建专制制度的弊端。他认为封建帝王是集天下势、利、名于一身，是最为自私的

---

① 《海国图志》（百卷本）卷 60。
② 《海国图志》（百卷本）卷 60。
③ 《海国图志》（百卷本）附《后叙》。

人，只知道享乐而不为天下民众忧虑。他指出："治天下之具，其非势、利、名乎？井田，利乎？封建，势乎？学校，名乎？圣人以其势、利、名公天下，身忧天下之忧而无天下之乐，故褰裳去之，而樽俎揖让兴焉。后世以其势、利、名私一身，穷天下之乐而不知忧天下之忧，故慢藏守之，而奸雄觊夺兴焉。"[①] 他还指出，国家好比一个人，帝王是头，宰相是股肱，诤臣是喉舌，而人民是鼻息，如果帝王失去了臣僚尤其是庶人百姓，那就无法呼吸生存，国家就处于十分危险的境地，如"人之九窍、百骸、四支之存之，视乎鼻息，口可以终日闭而鼻不可一息柅"。因此，古代圣人十分注意倾听人民的意见，"取于臣也略而同取于民也详"。他认为，国家强盛的重要标志，就是人民有意见敢于公开，直接提出，"言在都俞"；如果有话不敢说，憋在心中，那就危险了，"言在腹臆，其世可知矣"。

总之，魏源的"师夷长技以制夷"思想，不仅主张学习西方的先进军事技术和工业生产技术，而且也主张学习西方的民主制度，这在当时具有巨大的进步意义，使闭关锁国、夜郎自大而转向学习西方，这种开放思想在当时的中国可谓是"创榛辟莽，前路先驱"。他的这种思想不仅在中国影响巨大，而且对邻国日本打破幕府时代末期的锁国政策，掀起维新变革思想也起了启蒙作用。魏源的《海国图志》《圣武记》传入日本后，日本维新派人物"皆为此书所刺激，间接以演尊攘维新之活剧"[②]，魏源的革新和批判精神给予他们很大的影响。

（三）冯桂芬向西方学习，创办洋务思想

冯桂芬（1809—1874），字林一，号景亭。道光进士，授编修。咸丰三年（1853）以在籍京官身份在苏州办团练，企图镇压太平天团运动。同治元年（1862）参与筹组中外会防局。淮军抵沪后，入李鸿章幕，深得李鸿章器重。次年，参与创设上海广方言馆。先后主讲金陵、上海、

---

① 《默觚下·治篇三》，《魏源集》，第 43、44 页。
② 梁启超：《论中国学术思想变迁之大势·近世之学术》，《饮冰室合集》之七，中华书局，1989 年。

苏州诸书院。重视经世致用之学，主张采西学、制洋器，改革内政、赋税制度及漕运等，成为维新派的前驱。著有《校邠庐抗议》《显志堂诗文集》《说文解字段注考证》等。

1. 向西方学习，提出改革主张。

两次鸦片战争后，清政府与西方列强签订了一系列不平等条约，中国的利益一步步被西方列强蚕食。国难当头，民族危机激发了冯桂芬的爱国热情，他在深入分析中国落后于西方的原因后，提出必须学习西方，进行一系列改革的主张。其一，他在《校邠庐抗议·采西学议》中提出著名的"以中国之伦常名教为原本，辅以诸国富强之术"的主张，这就是后人视为"中体西用"的先河。冯桂芬站在正统儒家的道德观念立场上，主张学习、利用西学，其目的还是为了维护中国伦常名教这一本原。这种本末的思想虽然有很大的局限性，但是却容易为朝野上下的封建官僚、士大夫所接受。因为在当时一般中国人的观念中，"三纲五常"等伦常名教是神圣不可侵犯的，冯桂芬将中国的"伦常名教"作为本，置于西方"富强之术"这一末之上，既强调学习西学的合理性和必要性，又维护伦常名教这个本原，从而很好地协调了西方"富强之术"与中学"伦常名教"两者的关系，成为后来洋务运动思想的最重要理论基础之一。

其二，冯桂芬认为，西方的"富强之术"具体而言，就是人无弃才、地无遗利、君民不隔、名实必符。所谓"富强之术""诸强国之术"，林则徐、魏源等已有提及，但冯桂芬却有自己的认识。他把自己的国家与西方诸强国进行比较后，认为中国除军事之外，还有 4 个方面不如西方诸强国："今顾腼然屈于四国之下者，则非天时地利物产之不如也，人实不如耳……以今论之，约有数端。人无弃才不如夷，地无遗利不如夷，君民不隔不如夷，名实必符不如夷……至于军旅之事，船坚炮利不如夷，

有进无退不如夷。"① 他认为西方国家之所以富强，就在于他们在这些方面优于中国。中国如要富强，不仅在这些方面要向西方诸国学习，而且还要赶超他们："始则师而法之，继则比而齐之，终则驾而上之，自强之道，实在乎是。"由此可见，冯桂芬向西方学习的眼界比林则徐、魏源显得更为开阔、深刻。林则徐、魏源等学习西方，主要还是强调学习他们先进的军事技术，因为"坚船利炮"是他们最直观感觉到的"夷之长技"，西方强国正是依靠军事上的这一优势，取得鸦片战争的胜利，迫使中国签订了屈辱的不平等条约。而冯桂芬则从更广阔、更深层次思考中国不如西方强国的原因，从而从经济、教育、政治制度等方面进行中西对比，找出中国不如西方强国的 4 个方面，然后呼吁中国必须予以学习、赶超，才能使自己国家也成为世界强国。

除此之外，冯桂芬也把当时顽固派视为"奇技淫巧"的西方科学技术看作"富强之术"。他看到西方在科学技术方面远比中国先进，而且有益于国计民生，并不是什么"奇技淫巧"，中国应该向西方学习这些科学技术。他指出，西方"如算学、光学、化学等……多中人所不及"，"输俥之巧……诸夷以独能也"②；西人海港刷沙，"其法甚捷"，可用来疏浚河道；其他西方农具、织具、百工所用机，用人力很少，但效率很高。总之，所有这些西方科学技术，都"是可资以治生"，有益于国计民生，因此，都应该加以学习。从此可知，冯桂芬对学习西方的认识已经从着重学习西方先进军事技术进入学习西方先进的自然科学和工业、农业等制造技术。

2. 创办洋务思想。

近代洋务运动的基本纲领是"中学为体、西学为用"，这一纲领的先导就是冯桂芬提出的"以中国之伦常名教为原本，辅以诸国富强之术"。因此，冯桂芬可算为洋务运动的开先声者。具体而言，冯桂芬不仅提出

---

① 冯桂芬：《校邠庐抗议汇校·制洋器议》，上海社会科学院出版社，2015 年。本自然段引文，均见于此。

② 《校邠庐抗议汇校·采西学议》。

中国在"人无弃才""地无遗利""君民不隔""名实必符"4个方面要学习西方，而且在军事工业、近代民用工业等方面也要学习西方，后者就是创办洋务思想。

首先，冯桂芬认为，中国要达到真正的自强，必须建立"自造、自修、自用"的独立的军事工业体系，才能与西方侵略相抗衡，摆脱西方列强的控制和奴役，成为世界强国。"夫而后内可以荡平区宇，夫而后外可以雄长瀛寰，夫而后可以复本有之强，夫而后可以雪从前之耻，夫而后完然为广运万里地球中第一大国"①。他主张在我国开办近代军事工业，"于通商各口拨款设船炮局，聘夷人数名，招内地善运思者从受其法，以授众匠"。由此可见，他创办军事工业的一个重要目的还是通过国人中善思考者向外国技师学习军事制造技术，然后传授给中国工匠，从而逐渐建立自己的军事工业体系，达到"始则师而法之，继则比而齐之，终则驾而上之"②，最终实现"师夷长技以制夷"。

其次，冯桂芬认识到中国必须开办近代民用工业，才能抑制西方列强对我国的经济侵略和资源的掠夺。他指出："诸夷以开矿为常政……且夷书有云：'中国地多遗利'。设我不开而彼开之，坐视其捆载而去，将若之何？"③因此，他积极主张开办铁路、矿山等民用工业，以免路权、矿山权等经济权利被洋人掌握。

最后，冯桂芬主张开办新式学堂，培养新式人才，才能掌握西方的先进科学技术。他认识到中国传统的训诂、考据之学无益于强国富民，要实现强国富民，就必须学习和掌握西方先进的科学技术。他主张推广同文馆法，在上海和广州设同文馆，招收学生学习西方先进的科学文化知识。这就是中国近代的新式学堂。他还主张在新式学堂中"募近郡年十五岁以下之颖悟诚实文童，聘西人如法教习，仍兼聘品学优之举贡生

---

① 《校邠庐抗议汇校·制洋器议》。
② 《校邠庐抗议汇校·制洋器议》。
③ 《校邠庐抗议汇校·筹国用议》。

监兼课经史文艺……三年为期"①。由此可见，在新式学堂中，既聘请洋人教授西方先进的科学文化知识，又聘请传统的举贡生监讲授经史文艺，其培养出的人才兼通中西学。他认为照此坚持办学，就可以"得西人之要领而驭之"。

冯桂芬提出的创办军事工业、民用工业和新式学堂思想，对洋务运动影响很大，洋务运动基本上就是按照他的这一思路开展起来的。因此，可以说他是洋务运动的理论设计者，他的思想在洋务运动中起了先导的作用。

（四）张之洞实业、军事救国和中学为体、西学为用思想

张之洞（1837—1909），字孝达，号香涛，晚号抱冰。同治进士。早年与宝廷、陈宝琛、张佩纶等纠弹时政，号为清流。光绪十年（1884）任两广总督后，曾设广东水陆师学堂、矿务局，立广雅书院，以图自强。光绪十五年（1889）调湖广总督，开办汉阳铁厂和湖北枪炮厂，设织布、纺纱、缫丝、制麻四局、创办两湖书院，筹办芦汉铁路。中日甲午战争时代任两江总督兼江宁将军，巡阅江防，购新式炮，筑西式炮台，编练江南自强军，广设武备、农工商、铁路、方言、军医学堂，主张改革科举。反对《马关条约》的签订。光绪二十一年（1895）列名维新派的北京、上海强学会。次年北京强学会被查禁后，他以不同意康有为的"孔子改制"为由，下令查禁上海强学会。光绪二十四年（1898）作《劝学篇》，提出"旧学为体，新学为用"。光绪二十八年（1902）充督办商务大臣、署两江总督。光绪二十九年（1903）任经济特科阅卷大臣，厘定大学堂章程。光绪三十二年（1906）晋协办大学士，擢体仁阁大学士，授军机大臣兼管学部。后督办粤汉铁路，充实录馆总裁官。著作有《张文襄公全集》。

1. 实业与军事救国思想。

张之洞生活的时代，正是清王朝内外交困之时，在内经济落后，政

---

① 《校邠庐抗议汇校·采西学议》。

治腐败，军备废弛，社会矛盾尖锐；在外，在西方列强的入侵下，诸多不平等条约，使国家主权一步步沦丧。在清王朝的统治岌岌可危的情况下，胸怀抱负的张之洞将救国家于危亡之中看作自己不可推卸的责任，提出了实业救国与军事救国的思想和主张。

张之洞深刻认识到，"求富"乃"自强救国之本"，国家只有先富起来，才有可能变得强大，然后才能"御外侮"。而要使国家富起来，就必须兴办实业，开辟利源，抵御西方列强的经济侵略。他指出："通商以来，各国挟其制造物产以图中国之利，断无禁阻之法，我而不自振作以图抵制，将财源日涸，民生日蹙，既不能富，何以能强？"[①] "今日自强之端，首在开辟利源，杜绝外耗"[②]。

张之洞的发展实业主张和实业救国思想是建立在他"以工为本"的富国论基础之上的。他一反传统的以农为本、重农抑商的传统观念，认为工业是社会经济的中心，能带动农业、商业的发展。"工者，农商之枢纽也。内兴农利，外增商业，皆非工不为功"[③]。因此，要"开利源"，重在发展民用工业。基于这种认识，张之洞在兴办军事工业的同时，也兴办了大量的民用工业。从19世纪80年代中叶起，他先后兴办了湖北织布局、湖北纺纱局、湖北缫丝局、湖北制麻局、汉阳铁厂、大冶铁矿等一系列厂矿，从而为我国工业体系中增加了一批近代化的民用企业。

张之洞主张"以工为本"的富国论，但并不意味着他忽视了农业和商业的发展。在农业方面，他主张修农政，学农学，引进先进的农具等。在商业方面，他提倡仿效西方，革新商政。由此可见，他发展农业、商业的思想也带有深厚的西学色彩。

张之洞面对中国在抵御外国侵略战争中屡次失败，被迫签订了诸多不平等条约，深刻感受到军事力量的强弱关系到一个国家的存亡。"兵之

---

① 张之洞：《张文襄公全集》卷12《电牍》，中国书店，1990年。
② 《张文襄公全集》卷27《奏议》。
③ 《张文襄公全集》卷203《劝学篇》。

于国家，犹气之于人身也"，"人未有无气而能生者，国未有无兵而能存者"①。显而易见，强军在保国救国中起着关键的作用。因此，他提出了兴办近代军事工业，编练新式陆军，建设近代海防、海军，举办新式军事教育等思想主张，并极力付诸实施。

其一，兴办近代军事工业。张之洞在中国屡次反侵略战争失败中深刻认识到，武器装备在战争中的重要性，没有精良先进的武器装备，即使将士再勇猛，也难取得战争的胜利。他说："无论水军陆军，若不讲求精利枪炮，而欲战胜洋人，无论如何勇猛，皆属欺人妄谈。故枪炮子弹均非多设厂局，速行自造不可。"② 而且这些新式枪炮弹药，还必须自行制造，才能免受制于外国。在中法战争中，张之洞感到向外国采购枪弹十分困难，常常因此而贻误战机，因此，他提出"必须购置机器，自行制造，始可取用之不尽，无庸倚借外洋"③。甲午战争后，他又提出"快枪快炮，最为行军要需，若仰给外洋，必致靡费而误事，断以自造为宜"④。在这种思想指导下，张之洞先后在广东建立了广东枪弹厂、在湖北开办了汉阳兵工厂。在张之洞的苦心经营下，汉阳兵工厂还成为当时制造枪械、火炮和弹药的最先进的大型综合性兵工厂。

其二，编练新式陆军。张之洞有感于中法战争、中日甲午战争中中国军队废弛，战斗力低下的状况，强烈主张仿照西式编练新军。他说："愤兵事之不振，由痼习之太深，非认真仿照西式，急练劲旅，不足以为御侮之资。"⑤ 他曾仿照德国军制，先后编练新式陆军自强军和湖北新军。在编练新军时，张之洞改变原清军兵种单一的状况，注重诸兵种之间的组合配套。他注重提高官兵的素质，在招收新军兵员时，对入伍者的身体和文化素质有严格的要求，拒收不合标准的人入伍，起用一批有文化、

---

①　《张文襄公全集》卷 203《劝学篇》。
②　《张文襄公全集》卷 27《奏议》。
③　《张文襄公全集》卷 27《奏议》。
④　《张文襄公全集》卷 38《奏议》。
⑤　《张文襄公全集》卷 40《奏议》。

懂军事、有活力的青年担任军官，还按西式的方法训练军队，尤其重视实战的要求。张之洞编练新军的思想与实践，对中国军队后来的发展起了推动和借鉴的作用。

其三，建设中国近代海防、海军。张之洞针对中法战争中福建水师惨败暴露出的种种弊端，提出自己建设近代海防、海军的基本主张。第一，他认为中法战争中我国海上失利主要在于海军力量弱小，因此主张建设一支由铁甲巨舰组成的海军，这样中国海防才有安全。当时中国还不能制造铁甲舰船，张之洞主张先从外国购置，装备海军，以充急需，但他同时强调中国海军舰船最终必须立足于自造，才能避免受制于外人。第二，张之洞提出建设近代海防的一个关键，即必须使海岸上的炮台和水面上的舰船相辅相成，互相声援，才能使海防巩固。他指出："海防之要，无论战守，必有水师战船以援炮台，炮台以护战船，船台相辅，其用乃宏。"① 海军战舰必须"有炮台可以助护，方能操纵如意"，只有用炮台相辅，中国水师才能更好地发挥作用。因此，张之洞主张在购置、制造舰船的同时，还必须仿照西法构造新式炮台。

其四，举办近代军事教育。张之洞意识到，当时中国不仅缺乏先进的武器装备，还更缺乏使用这些先进武器装备的人才，"有船而无驾驶之人，有炮而无测放之人，有鱼雷水雷而无修造演习之人，有炮台而不谙筑造攻守之法，有枪炮队而不知训练修理之方，则有船械与无船械等，故战人较战具为尤急"②。因此，张之洞很重视对使用先进武器装备人才——"战人"的培养，从根本上提高军队的素质。他先后主持开设了一批新式军事学堂，如广东的水陆师学堂、南京的陆军学堂、武昌的武备学堂以及一些中小学军事学堂。在国内开办军事学堂，培养军事人才的同时，张之洞还派遣一批学生到德、日等国留学，学习当时各国最先进的军事技术，"如陆师则肄业于德，水师则肄业于英，其他工艺各徒，皆

---

① 《张文襄公全集》卷 11《奏议》。
② 《张文襄公全集》卷 11《奏议》。

就最精之国从而取法"①。而且出国留学学习能够及时学到最先进的军事技术，相反，如"在中国学堂肄业，观摩既鲜，收效过迟"。张之洞创办的新式军事学堂和选派留学生到国外学习先进军事技术的思想和实践为中国培养了一大批优秀的军事人才，对后世影响很大，很多资产阶级革命派的军事领导人都曾在张之洞创办的军事学堂中学习过。

张之洞的实业与军事救国思想和实践，在一定程度上提高了中国的经济水平，增强了中国军事力量。特别是他的实业救国在某种程度上对西方列强在华的商品输出和资本输出起到了一定的抑制作用，刺激和带动了中国民族工商业的发展，使中国民族工商业逐渐由官办转为民办，这在当时具有重要的积极作用和历史意义。

2. 中学为体、西学为用思想。

中日甲午战争中国军队失败后，标志着30年的洋务运动的破产，清王朝统治的危机日益加剧，统治者所谓的国体日益不保。与此同时，随着洋务运动的破产，中国又兴起了救亡图存的维新变法运动。维新变法志士主张用西方资本主义政治制度来改造中国，提出民权、平等、议会等政治思想和主张，已超出了洋务运动思想所能接受的范围。于是在当时出现了一次改革派的维新变法与守旧派的"祖宗之法不可变"的思想论战。在此历史背景下，张之洞写了一部《劝学篇》，对洋务派的指导思想和实践做了总的概括，其核心思想就是著名的"中学为体，西学为用"。

所谓中学、西学，张之洞在《劝学篇》中又称作旧学、新学，其中中学（旧学）即指四书五经、中国史事、政书、地图等，西学（新学）则指西政、西艺、西史等。他认为，中学、西学在当时的社会中都是有用的，只要把它们放在适当的位置，就能各尽其用。所以他说："图救时者言新学，虑害道者守旧学，莫衷于一。旧者因噎而废食，新者歧多而羊亡。旧者不知通，新者不知本。不知通则无应敌制变之术，不知本则

---

① 《张文襄公全集》卷37《奏议》。

有非薄名教之心。"① 由此可见，张之洞既反对只言新学而丢弃旧学之人，认为这种人不知道名教是中国的根本，又反对只言旧学而反对新学的人，认为这种人不知道变通而缺乏新的先进的军事技术以克敌制胜。因此，他主张"新旧兼学"，"旧学为体，新学为用"，两者不可偏废。

张之洞之所以以中学为体，这是因为他认为变法救国必须达到"三保"的目的，所谓"三保"就是"保国、保教、保种"②。其中心则是"保教"，而教的主要内容就是旧学中的儒学，具体而言，就是纲常名教，这是维护天道的关键，也是治国之本。张之洞说，清朝自开国以来250多年，便是依靠这个天道来维系统治的，"列圣继继绳绳，家法、心法，相承无改，二百五十余年，薄海臣民，日游于高天厚地之中，长养涵濡，以有今日"③。不仅如此，甚至中国两千年来的封建社会也是靠这种思想延续的："我圣教行于中土，数千年而无改者，五帝三王，明道垂法，以君兼师，汉唐及明，宗尚儒术，以教为政。"④ 因此，"夫不可变者，伦纪也，非法制也；圣道也，非器械也；心术也，非工艺也"⑤。由此可见，张之洞的中学为体，就是要维护封建专制主义国家以及维系这个国家的根本——纲常礼教。

另一方面，张之洞所谓的西学为用，就是要学习西方的先进军事技术、科学技术、机器制造、经营管理方法以及兴办矿务、铁路、商务、学堂等，以此达到富民强国，以抵御西方列强的侵略，挽救清王朝的统治，维护中国封建社会的根本——纲常礼教。换言之，西学为用只是手段，而中学为体才是目的，即通过西学为用而达到中学为体的目的。总之，中学是体，是本，是主，西学是用，是末，是次，只是起到补阙的作用。张之洞基于这个立场，因此竭力反对资产阶级改良派提倡的民权

① 《劝学篇·益智》。
② 《劝学篇·同心》。
③ 《劝学篇·教忠》。
④ 《劝学篇·同心》。
⑤ 《劝学篇·变法》。

观和君主立宪制度，认为这是万万不能实行的制度。因此，他所提倡的西学为用的西学是不包括西方的政治制度和哲学思想，这些是万万不可以学习的。

基于这种认识，张之洞进一步提出实现中学为体、西学为用的路途是应先学习中学，以纲常名教作为立身立国之本，再学习西方的军事技术、科学技术、机器制造、经营管理方法等，以弥补中学的不足。换言之，先用中学治身心，先具备了"孝悌忠信""尊主庇民"的圣人之心之行，再学习实践西方科技，这样，西学就不会影响你作为一位忠实的圣人孔子的信徒。他说："今日学者，必先通经，以明我中国先圣先师立教之旨，考史以识我中国历代之治乱。九州之风土，涉猎子集，以通我中国之学术文章。然后择西学之可以补吾阙者用之。"① "中学为内学，西学为外学，中学治身心，西学应世事，不必尽索之于经文，而必无悖于经义。如其心圣人之心，行圣人之行，以孝悌忠信为德，以尊主庇民为政，虽朝运汽机夕驰铁路，无害为圣人之徒也。"②

张之洞的中学为体、西学为用思想，可谓是当时洋务运动思想的最集中概括和总结，并得到了清王朝许多人的赞同。如光绪帝读了《劝学篇》之后，就十分欣赏，认为该书"持论平正通达，于学术人心大有裨益"。在皇帝的赏识和提倡下，张之洞的中学为体、西学为用思想在当时成为官方主导思想，风靡一时。

综观历史的发展过程，中学为体、西学为用的思想大致经历了3个发展阶段：第一阶段是林则徐、魏源的"师夷长技以制夷"的思想，第二阶段是冯桂芬的"以中国之伦常名教为原本，辅以诸国富强之术"的思想，第三阶段是张之洞的中学为体、西学为用思想。这三阶段的思想尽管有诸多的不同，但其共同点是都主张学习西方先进的军事技术、科学技术等，采用西学，制洋器，用西学改造中国，达到由弱变强，由穷

---

① 《劝学篇·循序》。
② 《劝学篇·会通》。

变富，"张国威，御外侮"的目的，都具有明显的爱国主义色彩。可以说，当时抗击西方列强侵略的爱国主义与主张学习西学两者是紧密结合在一起的，可谓是两位一体。但是，我们必须看到，张之洞的中学为体、西学为用思想的提出，是反对当时资产阶级维新派主张的要学习西方的政治制度和哲学思想，实行君主立宪，将西方的先进生产技术与政治制度相结合的思想，显然，张之洞的中体西用理论，已落后于时代了。

三、维新变法思想

甲午中日战争中清王朝的失败和《马关条约》的签订，使西方列强对中国的侵略进一步加深。在经济方面，西方列强大量向中国输出资本，开始在中国大规模投资办厂，开矿山，修铁路；同时向清政府进行政治贷款，贷款利息高，并附有苛刻的政治条件。在国家主权方面，西方列强掀起瓜分中国的狂潮，划分势力范围，强占租借地。中华民族的危机空前严重。另一方面，甲午中日战争后，清政府放宽了对民间办厂的限制，列强在中国的资本输出也刺激了中国民族资本主义的发展。中国民族资产阶级投资近代工业后，因受帝国主义、封建势力的压迫和摧残，而产生某些变革要求，企图通过和平改良的手段，逐步发展资本主义，要求民主政治。戊戌维新变法思潮正是适应这种需要而产生的，其代表人物有康有为、梁启超、严复等。

（一）康有为的维新变法和大同思想

康有为（1858—1927），原名祖诒，字广厦，号长素，又号更生、更甡。光绪进士。光绪十四年（1888）上书光绪帝，要求变成法，通下情，慎左右，受阻厄。讲学于广州万木草堂，致力变法理论著述，撰成《新学伪经考》《孔子改制考》等。光绪二十一年（1895）会试，闻《马关条约》签订，四月初八日，与会试的1300多名（一说600多名）举人上书，要求拒绝、迁都、练兵、变法，这就是历史上著名的"公车上书"。不久，康有为与梁启超合办《万国公报》（后改名《中外纪闻》），和陈炽

等组织北京强学会，后在上海设分会，出版《强学报》。光绪二十三年（1897），德国强占胶州湾，他又两次上书，主张大誓群臣以定国是，设对策所以征贤才，开制度局以完宪法。次年立保国会，旨在保国、保种、保教。后由徐致靖密荐，受光绪帝召见，在总理衙门章京上行走，特许专折言事。上疏数十次，促成"百日维新"。戊戌政变时，遭通缉，亡命海外，后在加拿大组织保皇会。民国成立后，主编《不忍》杂志，诋毁共和，保护国粹，任孔教会会长。1917年与张勋策划清帝复辟，旋即失败。1927年逝世于青岛。著有《戊戌奏稿》《大同书》《康南海文集》《康南海先生诗集》等。

1. 维新变法思想。

甲午中日战争中，清政府惨败，康有为受到很大的刺激，决定以维新变法挽救危亡中的国家。他看到日本与中国地理相近，文化风俗相似，原来所处的社会性质、法律制度和受外敌压迫的形势都类似，但是日本明治维新采取以天皇为首实行自上而下的资产阶级改革，仅仅经过30年时间，就使日本初步达到了富国强兵发展资本主义的目标，并在甲午战争中一举打败腐朽的清朝。因此，他提出中国应该走日本明治维新的道路，"其守旧政俗与吾同，故更新之法，不能舍日本而有异道"①，"不妨以强敌为师资"。通过借助光绪皇帝的权威发号施令，像日本明治天皇那样，"以君权雷厉风行"②，减少变法的阻力，使新法顺利得到实施，"在我皇上一反掌间，而措天下于泰山之安矣"③。总之，以日本为榜样，借助光绪皇帝，实行自上而下的资产阶级民主改革，使中国走向富国强兵的发展资本主义的道路。具体而言，康有为的维新变法思想涉及政治、经济、文化诸方面，兹缕述如下。

在政治上，康有为主张开民权，设议院、制度局，实现三权分立，从而改君主专制为君主立宪制。光绪二十二年（1896），康有为在《上清

---

① 康有为：《日本变政考》跋，中国人民大学出版社，2011年。
② 《日本变政考》卷1。
③ 《日本变政考》序。

帝第四书》中，主张"设议院以通下情"。光绪二十四年（1898）在《上清帝第五书》中，又明确提出"议员"的名称，并要求"自兹国事付国会议行"①。由此可见，康有为最初是主张通过设立议院，通过议员议事来决定国家大政。但是，当维新变法进入高潮后，康有为意识到顽固势力十分强大，"旧党盈塞"，"守旧盈朝"，维新力量还很薄弱，如马上开设议院，很可能被守旧势力操纵把持，反而不利于变法。还有学校未兴，民智未开，人们根本不识民主为何物，如操之过急，"遽用民权，则举国聋瞽，守旧愈甚，取乱之道也"②。于是，改变了设议院的想法，提出了"于宫中开制度局"的主张。

康有为所要设立的制度局，是参考日本变政的模式，其主要职能是议决政事，制定宪法，相当于三权之中的"立法官"。制度局人员由皇帝"妙选天下通才十数人充任"，不受出身资历限制，可每天同皇帝见面，共同议政，总揽新政大权。康有为所主张的设制度局，是在当时形势下，一种比较切合实际的权宜之计，以此作为向议会制、君主立宪制的一种过渡。由于制度局成员不受资历出身的限制，这就为维新派代表进入制度局铺平了道路。其成员可每日同皇帝见面，共同议政，就可使维新派利用皇帝权威掌握实权。制度局虽与正式的议会还有很大的不同，如成员不是通过选举产生而是由皇帝任命，大事仍由皇帝裁决，但从立法职能看，它已具有一定的资产阶级议院的性质，有利于推行维新变法措施，因此，仍不失为在中国当时特殊的历史背景下向国会过渡的一种形式。

在康有为的维新变法思想中，不论是早期的设议院（国会），还是后期的置制度局，都是根据西方"三权鼎立之义"，强调"立国必以议院为本"③，只有改定国宪，改君主专制为君主立宪制，建立三权分立的政治制度，才算真正的变法。他认为，以往像洋务派购船置械，可谓之变器，不可谓之变事；设邮政开矿务，可谓之变事，不可谓之变政；改官制，

---

① 《日本变政考》卷 1。
② 《日本变政考》卷 11。
③ 《日本变政考》卷 1。

变赞誉，可谓之变政，不可谓之变法；只有像日本那样，改定国宪，才叫变法。因此，他呼吁："今欲行新法，非定三权，未可行也。"①

康有为认为，要"革旧图新"，关键是统治者要改变治国之道，由"治一统之世"变为"治竞长之世"。他比较了这两种治国之道的优劣，"夫治一统之世以静，镇止民心，使少知、寡欲而不乱；治竞长之世以动，务使民心发扬，争新竞智，而后百事皆举，故国强。治一统之世以隔，令层级繁多，堂阶尊严，然后威令行；治竞长之世以通，通上下之情，通君臣之分，通心思、通耳目，通身体，咸令无阻阂，而后血脉流注而能强。治一统之世以散，使民不相往来，耕田凿井，不识不知；治竞长之世以聚，令人人合会讲求，然后见闻广，心思扩，有才可用。治一统之世以防弊，务在防民，而互相牵制；治竞长之世以兴利，务在率作兴事，以利成务"②。

这两种不同的治国之道，实际上是两种不同社会制度的治国之道，即封建主义的治国之道和资本主义的治国之道。在康有为看来，"一统之世"的封建主义的治国之道，主张保守，对民众实行管制，采取愚民政策，使民众欲望少而不乱，主张尊卑等级制度，上下有别，不识不知，防弊防民，整个社会离散封闭；而"竞长之世"的资本主义治国之道，主张变革，重视发挥民众积极性，鼓励创新竞争，上下通达，使民众团结进取，见多识广，人尽其用，兴利成事，整个社会凝聚开放。不言而喻，康有为热切期望，当时中国能从"一统之世"中解放出来，进入"竞长之世"，建设符合时代潮流的资本主义治国之道，创造一个充满生机的资本主义制度。

在经济方面，康有为主张发展民族资本主义工商业，富国养民。在维新变法中，以康有为为首的维新派一直把发展资本主义、富国养民作

---

① 《日本变政考》卷1。

② 《戊戌奏稿（杰士上书汇录）·为推行新政请御门誓众，开制度局以统筹大局，革旧图新以救时艰折》，《中国近代史资料丛刊·戊戌变法》，神州国光社，1953年。

为施政纲领之一。康有为提出的"富国之法"包括钞法、铁路、机器轮舟、开矿、铸银、邮政等，"养民之法"包括务农、劝工、惠商、恤穷等，以此达到"国不患贫"，民不匮乏的目的①。百日维新前，康有为利用专折奏事的权利，向光绪帝提出了不少新政建议，其中在经济方面要求振兴商务、农务、工业，奖励工业创新，开矿筑路，举办邮政，废漕运，裁厘金，保护民族资本主义的发展。

康有为十分重视科学技术在发展资本主义生产力及其在达到富国目标中的重要作用。他在中西比较中认识到，西方之所以富强，"深考其由，则以诸欧政俗学艺，竞尚日新"，中国则相反，轻视科学技术，"诋奇技为淫巧，斥机器为害心"，知识分子把精力全用在"八股举业"之上，结果国家日益落后贫困。由此可见，正是中西对科学技术态度的不同，"故致富强之道，亦适相反"。为此，康有为建议光绪帝大力鼓励科技创新，"劝募工业，奖募创新"，凡著作新书能"寻发新地，启发新俗"，而非抄袭者，可"与以高科，并许专卖"；创新器者，根据效用大小，"小者许以专卖，限若干年，大者加以爵禄"。这样通过朝廷对科技创新的奖励、专卖，使"举国移风，争讲工艺，日事新法，日发新议，民智大开，物质大进"，就可以"有恃无恐"地自立于世界②。

在文化上，康有为主张发展新式教育，培养人才，以智富国。他认为，国家的强弱，归根结底取决于人才的多寡，"才智之民多则国强，才智之士少则国弱"③。因此，应该把教育作为立国之本。康有为提出的"教民之法"主要就是设学校、开民智。他主张首先要普及教育，使教育"下逮于民"，逐步改变当时"民多士少"的状况。只有提高全民族的文化素质，才能"明其理，广其智"，否则"天下民多士少，小民不学"④，

① 《上清帝第二书》，《康有为政论集》上册，中华书局，1981年，第123—133页。

② 《请厉式艺奖创新折》，《康有为政论集》上册，第289、290页。

③ 《上清帝第二书》，《康有为政论集》上册，第131页。

④ 《上清帝第二书》，《康有为政论集》上册，第130页。

是无法实现强国目标的。康有为还主张增加教育经费，教育"欲速收成效，非大增学费，不能奏功"。他建议清政府"清查善后局及电报、招商局各溢款、溢规、溢费，尽拨为各学堂经费"，同时广募地方经费，鼓励绅民捐创学堂，以补经费之不足。

2. 大同思想。

康有为的大同思想主要内容在他写的《大同书》中。光绪十年（1884），26 岁的康有为写成了《大同书》初稿。戊戌变法失败后，康有为周游世界，有机会目睹西方资本主义社会，又接触了 19 世纪的空想社会主义，使他根据这些见闻对其著作进行修改和补充。1913 年，他以《大同书》为名，在《不忍》杂志上发表甲、乙两部。1935 年即在康有为死后 8 年，全书由其弟子交中华书局付印。在这部书中，康有为通过大同社会的乌托邦理想，全面、直接、系统地表述了他的社会政治理想和理论。

康有为认为，人类社会是一个充满苦难的社会，古今中外皆是如此。"苍苍者天，抟抟者地，不过一大杀场大牢狱而已"。人生之苦的终极根源，在于人与人之间的差别，即所谓"界"的存在。他把这些差别归为九界："一曰国界，分疆土、部落也；二曰级界，分贵贱、清浊也；三曰种界，分黄、白、棕、黑也；四曰形界，分男女也；五曰家界，私父子、夫妇、兄弟之亲也；六曰业界，私农、工、商之产也；七曰乱界，有不平、不通、不同、不公之法也；八曰类界，有人与鸟兽虫鱼之别也；九曰苦界，以苦生苦，传种无穷无尽，不可思议。"① 正由于存在着这 9 种差别，痛苦是不可避免的。

康有为提出，为了消灭人类的痛苦，必须倡导人人平等的观念。"人皆天所生也，同为天之子，同此圆首方足之形，同在一种族之中，至平等也"②。"夫人类之生，皆本于天，同为兄弟，实为平等，岂可妄分流

———

　　① 康有为：《大同书·甲部·入世界观众苦》，生活·读书·新知三联书店，1998 年，第 102 页。

　　② 《大同书·甲部·入世界观众苦》，第 93 页。

品，而有所轻重，有所摈斥哉？"① 他认为，人人都是天所生，属同一种族，同为兄弟，不应该分为各种等级，而应该人人平等，所以尽量实现平等的社会制度才是合理的。在康有为看来，当时世界上平等实现程度最高的是美国。"美之人民至平等，既不立君主而为统领。自华盛顿立宪法，视世爵为叛逆，虽有大僧而不得入衙署、干公事。林肯之放黑奴也，动兵流血，力战而争之。故美国之人举国皆平民，至为平等。虽待黑人未平，亦升平世之先声矣"②。他还把一个国家民众的平等程度与国家的强大联系起来，正由于美国是当时世界上平等实现程度最高的国家，因此，美国也是当时世界上最强大的国家。

康有为认为，现实社会的不平等，在很大程度上体现为种族的不平等。这种不平等是由于种族智愚差别决定的。具体而言，他认为地球上白种人、黄种人是最优秀的，棕色人次之，黑人是最低劣的人种。所以，他设想通过消灭人种差别来实现民族平等，这就是"去级界平民族"。所谓去级界，就是通过不同种族之间的通婚，来改良人种，使各民族之间的差别日益缩小，最后达到没有人种差别的状态，从而就消灭了种族的不平等。

康有为还认为，男女之间的不平等是人类社会最大的不平等，男女之人同形体同智力，但女子却受到压抑、限制、歧视甚至虐待。男女之人，"同为人之形体，同为人之聪明，且人人皆有至亲至爱之人，而忍心害理，抑之，制之，愚之，闭之，囚之，系之，使不得自立，不得任公事，不得为仕宦，不得为国民，不得预议会；甚至不得事学问，不得发言论，不得达名字，不得通交接，不得预享宴，不得出观游，不得出室门；甚至斫束其腰，蒙盖其面，刖削其足，雕刻其身，遍屈无辜，遍刑无罪，斯尤无道之至甚者矣！而举大地古今数千年号称仁人义士，熟视坐睹，以为当然，无为之讼直者，无为之援救者，此天下最奇骇不公不

---

① 《大同书·丙部·去级界平民族》，第 162 页。
② 《大同书·丙部·去级界平民族》，第 161 页。

平之事，不可解之理矣"①。他认为，只有消灭家庭才能实现男女的真正平等。

康有为设想了一个没有等级制度、没有人对人的奴役、没有种族差别、完全实现了男女平等的大同社会："太平之世，人人平等，无有臣妾奴隶，无有君主统领，无有教主教皇，孔子所谓'见群龙无首'，天下治之世也。"②

康有为推崇仁，自称"吾好仁者也"③。他在《论语注》中解释说，"博爱之谓仁"。他从不忍人之心出发，提出不但要爱天爱地，更要爱人爱物爱众生。他的学生梁启超评价其师思想时说，仁是其师思想的宗旨和根本。他指出："先生之哲学，博爱派哲学也。先生之论理，以"仁"字为唯一之宗旨，以为世界之所以立，众生之所以生，家国之所以存，礼义之所以起，无一不本于仁，苟无爱力，则乾坤应时而灭矣。"④

康有为指出，人世间的痛苦是一种普遍的现象，不仅存在于人类社会，而且遍及整个生物界。"康子于是起而上览古昔，下考当今，近观中国，远揽全地，尊极帝王，贱及隶庶，寿至篯彭，夭若殇子，逸若僧道，繁若毛羽，盖普天之下，全地之上，人人之中，物物之庶，无非忧患苦恼者矣。"⑤ 因此，他认为，真正的仁爱是不能以人类为限的，仁爱的对象应该包括整个自然界的万物。"夫将自仅爱其同类同形之物而言，则虎狼毒蛇，但日食人而不闻自食其类，亦时或得人而与其类分而共食之。盖自私其类者，必将残刻万物以供己之一物，乃万物之公义也。然则圣人之与虎，相去亦无几矣。不过人类以智自私，则相与立文树义，在其类中自誉而交称，久而人忘之耳。"⑥ 在康有为看来，人类如果仅仅知道

---

① 《大同书·丙部·去种界同人类》，第 179 页。

② 《大同书·辛部·去乱界治太平》，第 350 页。

③ 《大同书·壬部·去界类爱从生》，第 355 页。

④ 梁启超：《南海康先生传》，载《梁启超传记五种》，百花文艺出版社，2009年。

⑤ 《大同书·甲部·去世界观众苦》，第 51 页。

⑥ 《大同书·壬部·去界类爱从生》，第 354 页。

爱己类，那与虎狼也没有什么差别，即使是圣人也没什么差别。所不同的是，人类有智慧，通过文字标榜自己仁爱，而虎狼却承担着不仁之名，其实二者是一样的。对此，康有为提出，爱不止于人类，而要爱世间万物。显然，这种仁爱观已超出了以往思想家的仁爱范围。

康有为的仁爱观与平等观是紧密联系、互为一体的。他认为，仁爱实际上是以平等实现的程度为前提的，也就是说，实现了什么程度的平等，就会有什么程度的仁爱，人们的道德也就能达到什么境界。"人类既平等之后，大仁益盎盎矣。虽然，万物之生，皆本于元气，人于元气中，但动物之一种耳。"① 康有为还认为，在不同的历史环境下，人们的仁爱行为是不断进步的，其进步的阶段性就是孔子所说的亲亲、仁民，然后爱物。"孔子之道有三，先曰亲亲，次曰仁民，终曰爱物。其仁虽不若佛，而道在可行，必有次第：乱世亲亲，升平世仁民，太平世爱物，此自然之次序，无由躐等也。"② 也就是说，仁爱在乱世时表现为爱自己的亲人，在升平之世时表现为爱人类，太平盛世则表现为爱世间万物。而且，其发展必须依次经过这 3 个阶段，不能随意改变顺序。

康有为设想，在他所追求的大同世界里，人们所看到的是一个至仁的社会。在这样的社会里，不仅没有人与人之间的杀戮，而且也没有对动物的屠杀。"大同之世，至仁之世也，可以戒杀矣"③。他认为，如果人类发明了最先进的技术，能够人工造出最精美的食品，这些食品足以替代鸟兽之肉保证人们的健康，那世界上就没有屠杀了。"当是时，人之视鸟兽之肉也犹粪土也，不戒杀而自能戒矣，合全世界人而戒杀矣"④。由于人们戒杀动物，所以与牛马羊等动物之间的关系也发生了根本的变化，人类把这些动物看作是自己的仆人，爱之，亲之，养育之，这就达到了"大同之至仁"。

———————————

① 《大同书·壬部·去界类爱从生》，第 353 页。
② 《大同书·壬部·去界类爱从生》，第 356 页。
③ 《大同书·壬部·去界类爱从生》，第 356 页。
④ 《大同书·壬部·去界类爱从生》，第 356 页。

康有为在《大同书》中，还对未来大同世界的经济、社会和政治方面提出了制度设计。首先，大同世界在经济上废除私有制，实行财产公有制，实行计划经济和按劳分配，人民生活幸福。"今欲致大同，必去人之私产而后可；凡农工商之业，必归之公"①。农业实行"公农"，工业实行"工公"，商业实业"商公"，以保证财产公有。在实行财产公有之后，再根据人口的需要和各地物产的情况，作出预算，依各地生产能力和条件，分配定额，进行生产。然后将产品运到各地，按核定人口，进行消费。在消费时，实行按劳分配，按照人们的资历、才能、劳动成果和对社会的贡献，发放不同等级的工资。要求人人必须工作，不许不劳而获。在大同社会里，人民生活幸福快乐，"太平世之生人不知抽剥追敲之苦，只有领得工金，为歌舞游观之乐，其为乐利岂有比哉！"②

其次，在社会方面消灭等级制度，人民当家做主，世界大一统，废除家庭，人人平等。康有为所设想的大同世界，"既无帝王、君长，又无官爵、科第，人皆平等，亦不以爵位为荣，所奖励者唯智与仁而已"③。社会实行自治制度，"大同之世，全地皆为自治，全地一切大政皆人民公议"④。而且全世界"无国，废兵"，合为一公政府，只有议员，没有行政官员，"举世界之人公营全世界之事，如以一家之父子兄弟，无有官也"⑤。为了实现男女平等，消除私有财产和国家，康有为认为，"最要关键，在毁灭家族"，因为"佛法出家，求脱苦也，不如使其无家可出；谓私有财产为争乱之源，无家族则谁复乐有私产；若夫国家，则又随家族而消灭也"⑥。为此，康有为大胆提出，不要家庭，男女自由同居，所生子女"公养公教"，这样就能"去家界"，取消家庭。总之，"大同之世，

① 《大同书·庚部·去产界公生业》，第301页。
② 《大同书·庚部·去产界公生业》，第313页。
③ 《大同书·辛部·去乱界治太平》，第340页。
④ 《大同书·辛部·去乱界治太平》，第319页。
⑤ 《大同书·辛部·去乱界治太平》，第323页。
⑥ 梁启超：《清代学术概论》，《戊戌变法》第1册，《中国近代史资料丛刊》，神州国光社，1953年，第440页。

天下为公，无有阶级，一切平等"，是个没有任何天然或人为束缚的人人平等、独立、自主的社会。

再次，在政治上实行世界大一统和民主管理。康有为设计的大同世界，其行政分为三级制：第一级，全世界设一公政府；第二级，把地球分为100个度，每度设度政府；第三级度政府之下是地方自治局，属基层行政单位。公政府的首脑是总统，由上下议员选举产生，任期1年，不得连任。下设20个部，部长由精于本部业务、道德高尚的人经选举得票过半数者担任。这三级行政机构只是社会的经济文化管理机关，而不是具有强制压迫性质的国家机器。议员由人民公举，"议员但为世界人民之代表"，每3年或1年赞誉1次。

总而言之，康有为的大同思想中所设想的美好的大同社会，是不可能实现的，只是一种空想的乌托邦。但是他的大同思想主张人人平等，尤其是种族平等、男女平等，人类应该仁爱，消灭等级制度，政治上实行民主管理，还是与近代资产阶级提倡平等、博爱、自由民主是一致的，在当时反封建主义中起了积极的作用，在历史上具有进步的意义。

（二）梁启超的维新变法和民权思想

梁启超（1873—1929），字卓如，一字任甫，号任公，别号沧江，又号饮冰室主人。光绪举人。光绪十六年（1890）从学于康有为，参与编著《新学伪经考》等。光绪二十一年（1895）随康有为入京会试，发动"公车上书"。次年与汪康年等在上海办《时务报》，作主笔，并编辑《西政丛书》，创办大同译书局。发表《变法通议》《论中国积弱由于防弊》等，主张变法图存，要求实行君主立宪，成为康有为的得力助手，时人合称"康梁"。光绪二十三年（1897）任长沙时务学堂中文总教习，制定《湖南时务学堂学约》。次年以六品衔专办京师大学堂译书局。戊戌政变后亡命日本，在横滨倡办《清议报》，宣传改良、保皇。光绪二十八年（1902）创刊《新民丛报》，介绍西方资产阶级学说和科学知识，鼓吹开明专制。光绪三十一年（1905）与《民报》展开论战。光绪三十三年（1907）在东京组织政闻社。宣统二年（1910）在东京又办《国风报》，

配合立宪派。1913年初归国,任共和党领袖,旋与民主党、统一党合并为进步党,任理事。不久任司法总长、币制局总裁。1916年策动蔡锷组织护国军反对袁世凯称帝。后又组织研究系,任段祺瑞内阁财政总长。五四运动时期游历欧洲。晚年讲学于南开大学、清华学校。梁启超学识渊博,"笔锋常带感情",极富感染力,说理明白流畅、清新,在当时影响很大。著述宏富,其著作编为《饮冰室合集》。

1. 维新变法思想。

19世纪90年代的中国,处于内忧外患并存的严峻局面。国内,由于清政府的腐败统治,苛捐杂税繁重,再加上分摊在民众身上的对外国侵略者的巨额赔款,使民不聊生,社会矛盾尖锐。国际上,由于甲午战争中国战败,对日赔款达2亿两白银,并助长了侵略者的气焰,列强掀起了瓜分中国的狂潮。面对这种亡国危机,梁启超深切感受到变法强国的必要性和紧迫性,并意识到唯有变法图强才能救国图存,摆脱外国侵略,实现独立自主。他的变法图强的理论基础是西方资产阶级进化论,从阐述自然界一切事物都在不断发展变化,从而得出社会也没有一成不变的制度这样的结论。"法何以必变?凡在天地之间者,莫不变。昼夜变而成日,寒暑变而成岁",一切事物都在不断发展变化,"上下千岁,无时不变,无事不变,公理有固然,非夫人之为也"①。这是自然规律,是不以人的意志为转移的。"法者,天下之公器也;变者,天下之公理也"②。只有变化发展,才符合社会发展的规律。如果不按这一规律发生变化,那么,整个世界将不能正常运转,直至消亡。

梁启超强烈反对封建的守成观念和"变则乱"的观点。他针对顽固派"祖宗之法不可变"的陈旧观念,大声疾呼"非变革不足以救中国"。他认为主动采取变革以强国的国家,非但可以兴盛本国,还可以保卫国家主权免遭侵略,而被迫进行改革变法的国家,由于主动权已交于他人,

---

① 《变法通议》,载《梁启超选集》,中国文联出版社,2006年,第3页。
② 《变法通议》,载《梁启超选集》第10页。

因而必然受到约束，本国的发展将遭到控制。因此，他主张，中国应采取积极主动的态度进行变法维新，使自己成为独立、富强的国家，否则，中国将会被列强吞并或瓜分，沦为外国的殖民地，将有亡国的危险。对于顽固派的守旧谬论，他驳斥说："革也者，天演界中不可逃避之公例也。"① 改革和变法，是社会发展所不可避免的，是社会发展到一定阶段的必然要求。他认为法律、法规的存在只是适合一时的，时间久了，随着社会向前发展，必然会出现很多弊端，阻碍社会的进步。因此，无论是法律还是政治体制，都要随着社会的发展而变化，没有一成不变的法律，也没有一成不变的政治体制。他还指出，一切以"公理"为衡量标准，即一切传统的观念和理论都要接受社会发展规律的检验，符合社会发展规律的可以接受，否则就要无情地摒弃。梁启超的这些思想从理论上有力地批判了顽固派因循守旧的陈腐观念和主张，很有说服力地论证了变革图强是当时中国救亡图存的唯一出路。

梁启超面对西方先进的科学技术和生产力以及资本主义的高速发展，提出中国必须跟随世界发展潮流而发展是一种历史的必然。他认识到当时西方由于交通工具的飞速发展，轮船和火车的出现，使各国来往较之以往顺达很多，因此，各国对外贸易和交流迅速发展，是不可遏制的发展趋势。

梁启超倡导的变法维新思想归纳起来主要有 6 个方面：其一，改变官制，变专制制度为议院制度，这是变法的本原；其二，全面促进经济发展，兴交通，清除阻碍经济发展的不利因素；其三，废科举，兴学堂；其四，建立法制，借鉴西方各国法律以完善中国法制；其五，兴民智，实行君民共主；其六，设报馆，译西书，宣传维新变法。梁启超维新变法思想中较有特色的是兴民智，认为只有废除科举，学习西学，开通民智，人们获得民主权利，国家才能真正得到发展。他在维新变法实践中最突出的是践行设报馆、译西书，宣传维新变法。他先后办过《时务报》

---

① 梁启超：《释革》，载《饮冰室合集》之四，中华书局，1989 年，第 41 页。

《清议报》《新民丛报》《国风报》等，任主笔、总撰述，以他卓越的文采，撰写了大量文章，在当时影响很大。"上自通都大邑，下至僻壤穷陬，无不知有新会梁氏者"①。时人评论说："任公文笔，原自畅遂，其自甲午以后，于报章文字，成绩为多，一纸风行海内，观听为之一耸。"②他还积极译西书，向广大民众介绍西学，以兴民智。他先后创办大同译书局、京师大学堂译书局，介绍西方资产阶级政治学说和科学知识。他还先后在长沙时务学堂、南开大学、清华学校任教，培养了一批国家栋梁之材。

梁启超在宣传他的变法理论时，提出了"以群为体，以变为用"的思想，对维新变法思想做了理论上的概括。他的这一思想是针对洋务派的"中学为体，西学为用"提出的。梁启超指出，洋务派的"中学为体"是为了维护封建君主专制统治之下的政治、思想和文化体系，是根本不触及封建专制统治的，西学仅是维护封建专制统治的方式。因此，洋务派的这一思想犹如一剂治标不治本的药方，对国家通向富强之路没有丝毫裨益。洋务派本末倒置，"知有兵事而不知有民政，知有外交而不知有内治，知有朝廷而不知有国民，知有洋务而不知有国务"③。中国的富强之本，不是从学习西方技术而能得到的，最根本的还是进行社会改革，进行体制上的变革，否则，在内忧外患日益严重的状况下，中国一定会有亡国的危险。梁启超认为，要改变洋务派的"中学为体"，就必须"以群为体"，即建立君主立宪制度下的资本主义的政治、经济和文化体系。这里的"群"是指新兴的资产阶级，即是享有人权的国民。他指出，当时中国建立资产阶级的君主立宪制，是符合世界发展趋势和规律的，能使中国真正走上强国之路。

2. 民权思想。

民权思想是梁启超的重要政治思想，其内容大致有以下 3 个方面。

---

① 胡思敬：《梁启超》，载《戊戌变法》第 4 册第 47 页。
② 严复：《与熊纯如书》，载《严复集》第 3 册，中华书局，1986 年，第 648 页。
③ 《李鸿章》，载《饮冰室合集》之三，第 33 页。

其一，梁启超提出变专制制度为议院制是变法的本原。他认为，"变法之本，在育人才；人才之兴，在开学校；学校之立，在变科举，而一切要其大成，在变官制"①，而变官制的实质就是要变专制制度为议院制度。而之所以要改变封建专制制度，则是因为历代帝王都将国家视为一家之私，对人民横征暴敛，根本无视人民的权利，造成中国软弱不振的局面。

梁启超特别强调民主启蒙的重要性，认为议院的设立必须以办学校、广民智为前提。他指出，有知识、有文化的人才会产生权利的要求，因此，权利和知识是相辅相成的。民权与民智是成正比例关系的，有一分之智即有一分之权，有六七分之智即有六七分之权，有十分之智即有十分之权，"是故权之与智相倚者也"。当今，如要伸张民主权利，则必须先使人们获得知识。因此，梁启超变官制的变法本原便落在"广民智"上，"昔之欲抑民权，必以塞民智为第一义；今日欲伸民权，必以广民智为第一义"②。而要"广民智"，必须兴办学校，对全体人民实行启蒙教育。总之，梁启超认为，一切的改变都要以开民智为前提，"强国以议院为本，议院以学校为本"，"凡国必风气已开，文学已盛，民智已成，乃可设议院"③。

梁启超所谓的开民智，主要是指民主之智，并将学校作为民主启蒙的主要场所。他主张，开民智当"以政学为主义，以艺学为附庸"，这里的所谓"政学"即指政治理论，"艺学"即指科学技术。其实质上是提倡开民智应以学习与专制主义相对立的民权思想为主，以学习与愚昧无知相对立的科学技术为辅。梁启超指出，广民智是对全体人民的启蒙教育，因此要大力兴办女学、幼学、师范，以中外历史，"西人公理公法之书"，即包括设议院章程在内的，以平等、民权为核心的书籍为教材，要尽快翻译西方书籍，首先是政法书籍，普及国民教育。

在梁启超民权思想中，设议院和开民智是不可分离的两个方面，他

① 《变法通议》，载《梁启超选集》第 13 页。

② 《上陈宝箴书论湖南应办之事》，载《戊戌变法》第 2 册，第 551 页。

③ 《古议院考》，载《梁启超选集》，第 34 页。

更侧重于开民智，培养民众实行民权社会思想的修养，为开议院这一民主制度的确立奠定社会基础。他在《变法通议》中连续 8 节谈开民智问题，足见其对启蒙民众民主思想的重视。

其二，梁启超指出，民权代替君权是历史发展的必然趋势。他根据康有为的公羊三世说，提出了"三世相演"说，明白地把"三世"分为"多君为政之世""一君为政之世"和"民为政之世"。他认为多君世即乱世，一君世是小康升平世，民政世乃大同太平世，此三世在地球上自有人类以来就存在，并按照各个阶段和层次循序渐进，不能逾越，"未及其世，不能躐之，既及其世，不能阏之"，是非人力所能改变。他指出，民主制并非资本主义国家专有，也不是中国所能避免的，在他看来，中国以后也必然实行民主制度。当时的清政府正处于一君之世中的君主之世，而美、英、日、法诸国，或处于一君世中的君民共主之世，或处于民政世中的总统世阶段，它们都比清政府进步。因此，改变君主专制为君民共主，符合历史发展的客观规律。他还指出："据乱世以力胜，升平世智力互相胜，太平世以智胜。"① 当今时代，正由升平世向太平世转变，太平世是民为政之世，以智胜，因此，当前最迫切的任务是广开民智，对人民实行民主启蒙教育。按照这条历史发展规律，当今世界必将进入民为政之世，"民权之说即当大行"。

对于如何实现当时的君民共主，梁启超的主张比同时代的维新变法派显得激进。他不仅主张通过变法维新实现从专制政体转变为立宪政体，而且也可通过流血革命，推翻封建专制，实现民主共和。光绪二十三年（1897），他在长沙时务学堂讲课时，"所言皆当时一派之民权论，又多言清代故实，胪举失政，盛倡革命"②。他在学堂课艺上写下很多措辞激烈的批评，其中有些具有明显的反清革命色彩。但是，总的说来，梁启超的革命思想是有限的，因为他的主张仅限于革命宣传，并无具体的革命

---

① 《变法通议》，载《饮冰室合集》之一，第 14 页。
② 《鄙人对于言论界之过去及将来》，载《饮冰室合集》之二十九，第 2 页。

行动，而且这种思想宣传也仅限于他在时务学堂的几个月时间。从他一生的思想主流来看，他的思想还是从属于维新改良的。

其三，梁启超提出地方自立的主张。他认为，在民族危机空前严重的情况下，面对列强瓜分中国的图谋，只有一些省份"自立"，才可以挽救民族危亡。这样，当列强瓜分中国时，就可以像西汉末年窦融据河西自立以佐复汉室，像郑成功据台湾而存明朝正朔 40 年那样，不致使全国所有的地方均被外国侵占。光绪二十三年（1897），他在致湖南巡抚陈宝箴的信中说："数年之后，吾十八省为中原血，为俎上肉，宁有一幸？故为今日计，必有腹地一二省可以自立，然后中国有一线之生路。"①

梁启超的地方自立思想，类似于西方资本主义国家的联邦制度和地方自治制度，即他所谓的"西人各行省之自治"。他认为自立和割据是不同的，自立并不是完全脱离中央政府的统治，而是在无事时整顿人才，发挥地方优势，发展本地经济，一旦遭到西方列强侵略，则奋起反抗，保卫疆土，即使"大统沦陷，而种族有依恃之所"。因此，他所设想的各省自立，非但不是脱离中央辖制，而是在一定程度有保皇的意味，即由各地方政府通过自立，保存实力，共同拱卫中央清王朝统治。这种思想较之康有为依靠皇帝和中央政府进行变法的主张，民主色彩要浓得多。

地方自立，是资产阶级民主制度中的一项重要内容，是资产阶级自由、民主、独立等思想在行政制度中的体现。这一思想在清末甚为流行，章太炎、欧榘甲等都曾提出分镇或自立主张，但均在梁启超之后，梁启超是近代中国地方自立思想的首倡者。

总之，梁启超的变革中国社会思想总的说来可用 6 个字概括，即变法、民权、救国。救国是根本目的，变法是救国的手段，民权是变法的核心内容②。他作为中国近代的启蒙学者，凭借高涨的爱国热情，以其卓越的文笔，宣传资产阶级民主思想和维新变法思想，对封建专制主义进

---

① 《上陈宝箴书》，载《戊戌变法》第 2 册，第 533 页。

② 曹德本主编：《中国政治思想史》，第 385 页。

行有力的批判。他的思想对当时的广大民众尤其是青年知识分子产生了巨大的影响，使他们不同程度地接受了资产阶级民主学说的洗礼，并从此走上追求民主、自由的革命道路。但是，另一方面我们也必须看到，由于历史的局限性，他一方面提倡君主立宪制，一方面又认为中国民智未开，开议院条件不成熟，从而否认革命的必要性。随着清末民主运动的高涨，梁启超的改良主义思想，不仅失去了原来的作用，还成为阻碍辛亥革命的绊脚石。

（三）严复的维新、自由和科学思想

严复（1854—1921），原名传初、体乾，易名宗光，字又陵，又字几道，晚号瘝瘝老人。福建船政学堂第一届毕业生。曾在军舰上实习5年，并至南洋、日本等地。同治十三年（1874），随船政大臣沈葆桢赴台湾，筹备海防。光绪三年（1877）入英国格林尼次海军大学研习战术及炮台建筑等，并悉心研究资产阶级政治、经济学说。五年（1879）归国后，任福州船政学堂教习。次年调北洋水师学堂总教习，旋任总办。中日甲午战争后，在天津《直报》发表《论世变之亟》《原强》《救亡决论》《辟韩》等，反对顽固派，主张向西方学习，倡民权，鼓民力，开民智，新民德。译述赫胥黎《天演论》，以"物竞天择，适者生存""优胜劣败"等进化论观点激励国人。光绪二十三年（1897）与夏曾佑、王修植在天津创办《国闻报》《国闻汇编》。百日维新期间，光绪帝曾向他面询办海军及学校事。戊戌政变后，在北洋水师学堂潜心翻译《群学肄言》《穆勒名学》等，系统传播西方资产阶级政治学说，为中国思想界启蒙。光绪二十六年（1900）义和团运动时期逃亡上海，创名学会，入中国国会，任副会长。次年主开平矿务局事，后任京师大学堂编译书局总办。光绪三十二年（1906）任复旦公学校长。次年为学部名词馆总纂。宣统二年（1910）以硕学通儒充资政院议员。1913年发起成立孔教会。1915年参加筹安会，然终未莅会。五四运动爆发后，反对学生"干预国政"。严复译书以信、达、雅为旨，独得精微。译著有《严译名著丛刊》《侯官严氏丛刻》和《严复集》。

1. 维新思想。

19世纪末20世纪初，中国面临着在国际上被列强瓜分，国内社会矛盾尖锐的内忧外患的局面。在这种时代背景下，严复对中国积弱积贫的深层次原因进行思考，认为其表面的原因是西方先进的科学技术，即汽车、机器、兵器、机械远远超过中国，但其内在本质的原因是在学术上追求"黜伪而崇真"，尊重科学，追求真理，克服蒙昧主义，在政治上则"屈私以为公"，实行民主政治，贯穿二者之间的是自由，即人权问题，所谓"民之自由，天之所界"的"天赋人权论"。他说："今之夷狄，非犹古之夷狄也。今之称西人者，曰彼善会计而已，又曰彼擅机巧而已。不知吾今兹之所见所闻，如汽机兵械之伦，皆其形下之粗迹，即所谓天算格致之最精，亦其能事之见端，而非命脉之所在。其命脉云何？苟扼要而谈，不外于学术则黜伪而崇真，于刑政则屈私以为公而已。斯二者，与中国道理初无异也。顾彼行之而常通，吾行之而常病者，则自由不自由异耳。"① 由此可见，严复认为中国与西方之所以差距如此之大，主要原因在于中国社会的封闭和君主专制，禁止自由和民主，使人毫无自由可言，失去创造力，相反，西方国家提倡相互自由竞争，竞争是相反而又相成的，使社会充满活力。因此，严复主张"以自由为体，以民主为用"，西方的民主是自由的表现形式，自由才是内在的根本。他在《辟韩》一文中，从资产阶级社会契约论的思想出发，有力地驳斥了韩愈的君主神圣、专制有理的观点，猛烈批判君主专制，指出中国之所以弱，就是因为君主专制，禁止自由和民主，应该学习西方主权在民、立君为民、君仆民主的民主思想。

基于对当时中国现状的充分认识，严复翻译了许多西方名著，借此来向国人介绍、宣传西方，以图在国家、民族危亡之际，实现"保国保种"。严复在英国期间，达尔文的《物种起源》一书风靡一时，严复看后受到很大启发，认为达尔文主义可以作为维新变法的理论依据。他在

---

① 《论世变之亟》，载《严复集》第1册，中华书局，1986年，第2页。

《原强》中介绍了达尔文《物种起源》一书，指出："其一篇曰物竞，又其一曰天择。物竞者，物争自存也。天择者，存其宜种也。意谓民物于世，樊然并生，同食天地自然之利矣，然与接为构，民民物物，各争有以自存。其始也，种与种争，群与群争，弱者常为强肉，愚者常为智役。及其有以自存而遗种也，则必强忍魁桀，趫捷巧慧，而与其一时之天时地利人事最其相宜者也。"① 严复在此以自然界的弱肉强食，物竞天择，适者生存的规律来说明人类社会与此相似，暗示当时中国变法的必要性和紧迫性，必须通过维新变法才能救亡图存。尔后，严复翻译了英国生物学家赫胥黎的《天演论》，成为当时影响最大的一部译著。他认为《天演论》一书的实质在于"救斯宾塞任天为治之末流"②，所谓"斯宾塞任天为治"，就是斯宾塞认为，人类社会也受生物生存竞争的规律支配，因此，人类只能任凭它的摆布。赫胥黎一反斯宾塞的观点，在《天演论》中强调，要"以人持天""与天争胜"的积极主动态度，对自然界进行干预，以达到"自强保种"的目的。严复借用《天演论》中的这一思想，阐明中国如能顺应"天演"规律而实行变法维新，就会由弱变强，由落后变先进；否则，则将会亡国灭种，从而被淘汰。

严复针对当时中国的实际情况，提出开民智、合群体的"与天争胜"的主张。他认为，国家欲求兴盛，首先必须提高人民的素质。这是因为"人欲图存，必用其才力心思，以与是妨生者为斗。负者日退，而盛者日昌，胜者非他，智德力三者皆大是耳"③。只要"民智即开，则下令如流水之源，善政不期举而自举，且一举而莫能废"④。这就是国家的强盛与否，取决于人民智慧的高下，民智开，推行善政畅通无阻，国家必然兴盛。其次，国家由弱变强的一个关键是合群体。他指出："'天演'之事，

① 《原强修定稿》，载《严复集》第 1 册，第 16 页。
② 《译〈天演论〉自序》，《天演论》卷首。
③ 赫胥黎著，严复译：《天演论》，中国青年出版社，2009 年，第 27 页。
④ 《天演论》第 31—32 页。

将使能群者存，不群者灭，善群者存，不善群者灭。"① 一个国家只有人民加强团结，这个国家才能由弱变强，获得生存。因此他呼吁国人要"早夜孜孜，合同志之力，谋所以转祸为福，因害为利"②。

综上所述，严复的维新思想中最突出的一个特点是借助自然科学的理论来论证他的变法维新思想。他将自然界的生存竞争，即弱肉强食，优胜劣败，物竞天择理论用于论证当时中国变法的必要性和紧迫性，中国只有变法才能由弱变强，才能"自强保种"，否则，将亡国灭种。他还用生物进化论的思想为维新变法提供理论基础，因为进化论承认渐变而不承认飞跃，这很适合资产阶级改良派在政治上要求改革而不主张革命。

2. 自由思想。

如前所述，严复认为西方强于中国的原因主要在崇尚科学和实行君主立宪两个方面，而中国之所以没有达到这两方面，其根本原因在于缺乏自由。正如他在《论世变之亟》中所说的："夫自由一言，真中国历代圣贤之所深畏，而从未尝立以为教者也。"③ 他把保护个人自由，视为资本主义社会的最高原则，"故侵人自由，虽国君不能，而其刑禁章条，要皆为此设耳"④，这就是，即使君主也不能侵犯个人自由，所有的国家法律条文，都是为保护个人自由而制定的。严复认为，西方的民主是"自由"的表现形式，"自由"才是内在的根本，因此，他在《原强》中总结西方社会自由与民主的关系是"自由为体，民主为用"。具体而言，严复的自由思想主要有 5 个方面的内容。其一，言论自由，"人人得其意，申其言"。其二，人人平等，"上下之势，不悬隔，君不甚尊，民不甚贱"。其三，人身不受侵犯的权利。其四，财产不受侵犯的权利。其五，尚贤、隆民，以公治天下。由此可见，严复所极力倡导的自由实际上是包括了自由、平等、人权在内的资产阶级民主思想，在当时的反封建斗争中，

---

① 《天演论》第 45 页。
② 《天演论》，第 142—143 页。
③ 《论世变之亟》，载《戊戌变法》第 3 册，第 73 页。
④ 《论世变之亟》，载《戊戌变法》第 3 册，第 73 页。

起到了十分重要的作用。

严复还积极宣传卢梭的"天赋人权论"思想，把卢梭的"天赋人权论"译为"民之自由，天之所畀"。他认为中国之所以贫穷落后，遭列强凌辱，最根本的原因是中国没有自由，君主对待人民就像对待奴隶一样。"盖自秦以降，为政虽有宽苛之异，而大抵皆以奴虏待吾民"。而自由之说，更是中国历代君王所不敢提及的。严复用"天赋人权论"批判封建的专制主义，猛烈抨击君权，论述了国家是人民的公产，官员是人民的公仆的道理。

严复主张中国应通过维新变法从封建的君主专制转变为资产阶级的君主立宪制。他创立了一套国家起源学说来论证君主立宪的合理性。他认为，在人性并未进化完全的上古时代，人们对于"物"即财产会有相欺相夺、强梗、患害的现象发生，而当时人们各司其职，有的专事耕作，有的专事制造器具，有的则经商，因此，忽略了对社会公共事业的管理。在这种状况下，人们就必须推举公正贤能的人作为君主，来调停、仲裁争端，使国家得到高效管理，社会趋于安定。他指出："有其相欺，有其相夺，有其强梗，有其患害，而民既为是粟米麻丝，作器皿，通货财与凡相生相养之事矣。今又使之操其刑焉以锄，主其斗斛权衡焉以信，造为城郭甲兵焉以守，则其势不能，于是通功易事，择其公且贤者，立而为之君。"① 不言而喻，在管理国家中，君主作为调停、仲裁的公证人，是不可或缺的，因此，君主立宪是当时中国维新变法的目标。

严复在此基础上进一步研究设计了君主立宪制的国家体制。他指出，因为社会上有相欺相夺，有强梗、患害，所以必须有君主，必须制定刑，即法律，必须设立兵，即军队，来保障人民生活的安定和维护社会秩序。严复在其所设计的国家体制中，还特别强调君臣与民的关系。他说："西洋之言治者曰：国者，斯民之公产也，王侯将相者，通国之公仆隶也。"②

---

① 《辟韩》，载《戊戌变法》第 3 册，第 79 页。
② 《辟韩》，载《戊戌变法》第 3 册，第 81 页。

他认为，君是为民服务的，而主权在民，是民将权托付于君，让其执行而已，君和臣都是人民的公仆。所以国家对内要保障人民自由，国家管理好的标准是"和众保民"，使民安居乐业，这样的国君才是好的符合标准的国君。

严复指出，要使中国建立君主立宪制度，实现自主富强，其最根本的措施是鼓民力、开民智和新民德。他认为，当时的中国民众是无知的，根本没有能力自治，如果中国不尽快变法维新，像斯宾塞所说的鼓民力、开民智、新民德，那就会如达尔文所预言的那样，优胜劣汰，走向亡国灭种而被淘汰。"今虽有圣神用事，非数十百年薄海知亡，君臣同德，痛锄治而鼓舞之，将不足以自立。而岁月悠悠，四邻眈眈，恐未及有为，已先作印度、波兰之续，将斯宾塞尔之术未施，而达尔文之理先信"①。他指出，人民是否享有自由民权，是否具有自立、自治的能力，这才是决定一个国家能否实行民主制度的根本。"政欲利民，必自民各能自利始；民各能自利，又必自皆得自由始；欲听其皆得自由，尤必自其各能自治始，反是且乱。"现今的中国，人民根本还没有达到自治的水平，因此，民主政体虽好，中国还不能立刻实行。废除君主制在当时的中国"是大不可，何则？其时未至，其俗未成，其民不足以自治也"②。严复认为，当时的中国，必须有一个皇帝对人民实行开化教育才行，如果仓促地改君主为民主，必然天下大乱，不可收拾。他说："夫君权之重轻，与民智之浅深为比例。论者动言中国宜减君权兴议院，嗟呼！以今日民智未开之中国，而欲效泰西君民共主之美治，是大乱之道也。"③ 因此，中国首要的任务是在君主制下办教育、开民智、新民德，学习西方先进的科学技术和政治法令。戊戌变法之后，严复还发表了《论教育书》，强调只有教育才是救国的当务之急，而"革命""民权"则是"吾国前途之害"。

---

① 《原强》，载《严复集》第1册，第380页。

② 《辟韩》，载《戊戌变法》第3册，第80页。

③ 《中俄交谊论》，载《国闻报汇编》上卷，文海出版社，1987年，第16页。

3. "黜伪崇真"，提倡科学。

从"开民智，新民德"以使人民达到自利自强的目的出发，严复大力提倡科学，反对蒙昧主义。严复指出，西方资本主义国家之所以船坚炮利，学术昌明，国家富强，究其根本是在于其有新的科学的方法论作指导，而这种新的方法论就是形式逻辑的归纳法和演绎法，"二者即物穷理之最要涂术也"①。"及观西人名学，则见其于格物致知之事，有内籀之术焉，有外籀之术焉。内籀云者，察其曲而知其全者也，执其微以会其通者也；外籀云者，据公理以断众事者也，设定数以逆未然者也。"② 严复这里所翻译的"内籀"即归纳法，"外籀"则演绎法。他认为，物理、化学、数学、医学、天文学等各种学科都是反复运用这两种方法的结果。

他又指出，与此相反，中国的封建专制主义导致在文化上实行蒙昧主义，以使人民"各安于朴鄙顽蒙，耕凿焉以事其长上"的被统治地位。封建文人终日埋头于科举八股、汉学考据、宋明义理、金石等旧学，"一言以蔽之曰无实"，"曰无用"。严复认为，这种"无用无实"的八股文和宋明理学，只能对人民起到"锢智慧""坏心术""滋游手"的反面作用。

严复将西学和中学比较后，主张废除八股取士制度，提倡学术思想自由，要做到"一不为与人所欺，二不为权势所屈"③。尊重事实，用科学的精神和方法去看待问题。严复认为"中国之政，所以日形其绌，不足争存者，亦坐不本科学"④，即不重视科学技术。中国古代历朝，儒家传统观念只把"修身齐家治国平天下"那套"治人之术"看作学问，而把科学技术贬为末艺，把从事科学技术工作的人称为"小人"。对此，严复批驳说，实际上"艺"就是科学，包括数学、物理、化学、逻辑等，这些学科与"政"是紧密联系的，"西政之善者，即本斯而立"。基于这种认识，严复主张自然科学与社会科学并重：首先须注重自然科学，强

① 《译〈天演论〉自序》，《天演论》卷首，第6页。
② 《译〈天演论〉自序》，《天演论》卷首，第6页。
③ 约翰·穆勒著，严复译：《群己权界论》首卷，商务印书馆，1930年。
④ 《与〈外交报主人书〉》，载《严复集》第3册，第559页。

调"格致之事不先，偏颇之私未尽，生心害政，未有不贻误家国者也"①；第二，也必须重视社会科学，学问之事，以群学为要归，"唯群学明而后知治乱盛衰之故，而能有修齐治平之功"②。

严复所提倡的科学思想和介绍的西方科学方法论，在当时为中国学者闻所未闻，因此，产生了强烈的反响，扩大了中国人的视野，风靡一时。他的译著与思想首次在中国人面前打开西方科学文化的大门，使先进的中国人从他介绍的西学中接触到西方科学文化的宝藏。他所宣扬的物竞天择、适者生存和资产阶级自由、民主思想，成为当时先进的中国人反帝反封建的理论武器。严复的宣扬民主、提倡科学的思想言论，对后来的爱国青年产生巨大的影响，实际上成了五四运动要求民主、提倡科学的先导。但遗憾的是，严复的思想也有局限性。戊戌变法失败后，他用庸俗进化论来反对资产阶级革命，起了消极的破坏作用。辛亥革命时期，严复完全抛弃了他早年宣传的民主思想，甚至认为四书五经是最富矿藏。

四、民主革命思想

20世纪初，中国民族资产阶级作为一支独立的政治力量登上了历史舞台，资产阶级民主革命思潮也随之产生和发展起来。他们主张将反帝和反封建相结合，以武装革命推翻清政府的统治，建立资本主义民主共和国。在资产阶级民主革命思想中，以邹容、章太炎、孙中山的民主革命思想较有代表性，兹缕述如下。

（一）邹容的资产阶级共和国思想

邹容（1885—1905），原名绍陶，字蔚丹，又作威丹。光绪二十四年（1898）在重庆习英、日语，开始接受"新学"。光绪二十八年（1902）

---

① 《原强》，载《戊戌变法》第3册，第42页。
② 《原强》，载《戊戌变法》第3册，第43页。

留学日本，入东京同文书院。次年因剪留日陆军学生监督姚文甫发辫，被迫返上海。旋参加爱国学社，投身拒俄运动。同年作《革命军》一书，疾呼推翻清廷，建立中华共和国。是书出版后，《苏报》广为介绍，销行逾百万册，影响很大。鲁迅曾评论说："倘说影响，则别的千言万语，大概都抵不过浅近直截的'革命军马前卒'邹容所做的《革命军》。""苏报案"发，邹容自动至上海租界工部局投案，与章炳麟同被监禁，判刑2年。光绪三十一年（1905）瘐死狱中。1912年2月，由中华民国南京临时政府追赠为大将军。

1. 对清朝封建专制统治的批判。

邹容在《革命军》一文中，以激烈的言辞对中国历史上的封建专制给以痛斥，揭露历代帝王将国家作为自己私产，把民众财产据为己有，残酷压迫奴役其民众，对民众实行愚民政策，以维护其子孙世世代代为帝王。他说："自秦始皇统一宇宙，悍然尊大，鞭笞宇内，私其国，奴其民，为专制政体，多援符瑞不经之说，愚弄黔首，矫诬天命，搀国人所有而独有之，以保其子孙帝王万世之业。"① 邹容不仅从历史角度痛斥封建专制的残暴统治，还大胆无畏地对清王朝的残酷压迫剥削和腐朽统治进行批判。

他指出，在清王朝的统治下，农民过着极其悲惨的生活，终日劳苦，但却不得温饱，还要受到官府、地主土豪的几重压迫剥削和苛捐杂税的盘剥，被迫卖妻鬻子。"今试游于穷乡原野之间，则见夫黧其面目，泥其手足，荷锄垄畔，终日劳劳，而无时或息者"②。而且还会因"以某官括某地之皮，以某官吸某民之血，若昭信票，摊赔款，其犹著者也。是故一纳赋也，加以火耗，加以钱价，加以库平，一两之税，非五六两不能完，务使之鬻妻典子而后已"③。他还揭露，由于清政府的腐败软弱，无

① 张枬、王忍之编：《辛亥革命前十年间时论选集》第1卷下册，生活·读书·新知三联书店，1960年，第652页。
② 《辛亥革命前十年间时论选集》第1卷，第658页。
③ 《辛亥革命前十年间时论选集》第1卷，第658页。

法保护海外华工，使华工在海外受到非人待遇，境遇更为悲惨，"饥寒交迫，葬身无地"。广大士兵则被清政府任意驱遣，要么到战场送死，要么就被遣散流落他乡，"沦为乞丐"，尔后清政府又以散兵游勇的罪名加以杀害。邹容还批判清政府的对待知识分子政策，其一方面大兴文字狱，对广大知识分子实行文化专制，杀害有反清思想的知识分子，另一方面又以科举诱骗广大知识分子，造成知识界"抗议发愤之徒绝迹，慷慨悲咤之声不闻"①。

邹容谴责清政府巧取豪夺富商大贾，严重阻碍民族资本主义发展的行为。他清楚地看到，在封建专制统治下的商人，社会地位极其低下，"贬之曰末务，卑之曰市井，贱之曰市侩，不得与士大夫为伍"，而在经济上却要"偿兵费，赔教案，甚至供玩好，养国蠹者"，"若者有捐，若者有税，若者加以洋关而又抽以厘金，若者抽以厘金而又另以洋关，震之以报效国家之名，诱之以虚衔封典之荣，公其词则曰派，美其名则曰劝，实则敲吾同胞之骨，吸吾同胞之髓，以供其养家奴之费，修颐和园之用而已"②。邹容在为富商大贾鸣不平，其实就是在揭露当时民族资产阶级沦为统治者纳税和服务工具的现实，这大大阻碍了民族资本主义的发展。与此同时，邹容非常羡慕欧美各国的资产阶级成为执掌政权的统治者，可以当议员参与政权，享有很高的政治地位。邹容的这种思想实际上反映了作为新生产力代表的民族资产阶级渴望冲破封建的重重关卡、捐税和各种歧视、束缚，自由地发展资本主义经济和获得相应的政治权利与社会地位的愿望。

邹容还深刻揭露清王朝的投降媚外政策是为了保住自己一家一姓的帝王生活，而不顾国家和民众的财产、土地等。他指出，清政府在鸦片战争后，推行的是"量中华之物力，结与国之欢心"的卖国政策。"割我同胞之土地，抢我同胞之财产，以买其一家一姓五百万家奴一日之安逸，

---

① 《辛亥革命前十年间时论选集》第 1 卷，第 656 页。
② 《辛亥革命前十年间时论选集》第 1 卷，第 659 页。

此割台湾、胶州之本心，所以感发五中矣！"

2. 对资产阶级共和国蓝图的设想。

在《革命军》中，邹容对清朝封建专制统治的激烈、深刻批判，其目的是企图革故鼎新，推翻其残暴、腐朽的统治，以建立一个符合民族资产阶级要求的民主共和国。

邹容以西方资产阶级革命民主主义思想为基础，对君主政体的合理性予以否定，主张中国进行民主革命也应像法国、美国那样运用进化论、民约论作为革命的理论武器。他运用卢梭的民约论论证民主革命的合理性：在古代，最初没有皇帝、大臣之分，"人无不自由""无不平等"，这是每个人的天赋权利。后来，由于百姓事情多而内部不一致，或外部来劫掠，于是就需要选出几个人代表全体人民办理公共事务，并根据全体民众的意愿制定法律，要求大家共同遵守，这就产生了国家。再后来，人们逐渐淡忘了国家的这一特征，少数人就窃取了百姓的权利，把属于全体民众的国家变成了他的财产。所谓的"皇帝""君"不过是篡夺了人民的权利，建立了专制国家的人。因此，进行民主革命、推翻君主专制的封建统治，是要恢复人民"天然之权利"的行动，完全是合理正当的。不言而喻，当时中国人民对清朝封建专制统治"张九世复仇之义，作十年血战之期……以恢复我声明文物之祖国，以收回我天赋之权利，以挽回有生以来之自由，以购取人人平等之幸福"①，也是合理正义的，是符合历史发展规律的。

邹容主张通过革命的手段推翻清朝的封建专制统治，这是当时解决中国社会问题，使中国走向富强，跻身于世界强国的唯一途径。"我中国今日欲脱满洲人之羁缚，不可不革命。我中国欲独立，不可不革命。我中国欲与世界列强并雄，不可不革命。我中国欲长存于二十世纪新世界上，不可不革命。我中国欲为地球上名国，地球上主人翁，不可不革

---

① 《辛亥革命前十年间时论选集》第 1 卷，第 665 页。

命……吾今大声疾呼，以宣布革命之旨于天下"①。他之所以主张要采取革命的手段，这是因为他认为革命是人类社会追求公平正义，顺应天地民众，由野蛮走向文明，民众由奴隶成为主人的必经之路。

邹容的民主革命除了主张通过暴力手段推翻清王朝统治之外，还提出"革命之教育""革命必剖清人种""革命必先去奴隶之根性"等主张。

邹容的所谓"革命之教育"，就是要通过对人民的教育，使其具有资产阶级民主主义思想，这是"收回我天赋之权利"的重要一环。具体而言，就是通过教育，使人民认识到："当知中国者中国人之中国也"；"当知平等自由之大义"；"当有政治法律之观念"。通过教育，使人民养成"上天下地，惟我自尊，独立不羁之精神"；"冒险进取，赴汤蹈火，乐死不辞之气概"；"相亲相爱，爱群敬己，尽瘁义务之公德"；"个人自治，团体自治，以进人格之人群"。

所谓"革命必剖清人种"就是要在革命中分清敌我，"内有所结，外有所排"。自近代鸦片战争之后，西方列强侵略中国，烧夺抢掠，无恶不作，清政府则腐败无能，任人宰割，因此邹容主张，革命必须联合"我"而共同抗击"敌"，以反抗民族压迫和侵略。这是邹容强烈的民族意识的反映。

所谓"革命必先去奴隶之根性"，就是要站起来反对"忠于君，孝于亲"的封建伦理道德，争平等，争自由，做国民而不做奴隶。他以曾国藩、李鸿章为例，剖析了他们的奴隶根性："柔顺也，安分也，韬晦也，服从也，做官也，发财也，中国人造奴隶之教科书也。"邹容在此对中国封建官僚的奴隶根性进行深刻的揭露和辛辣的讽刺，认为升官发财是这些封建官僚柔顺、安分、韬晦、服从奴隶性的根源，这是中国人为塑造出的奴隶性的典型。他大声疾呼："吾愿我同胞万众一心，全体努力，以砥以砺，拔去奴隶之根性，以进为中国之国民。"

邹容不仅主张通过民主革命，推翻清朝封建专制统治，建立资产阶

---

① 《辛亥革命前十年间时论选集》第 1 卷下册，第 651 页。

级民主共和国,还"模拟美国革命独立主义",描绘了在中国建立的资产阶级民主共和国的具体蓝图。他在《革命军》中制定了中国建立独立自由的"中华共和国"25条纲领,总而言之,大致有3个方面内容。其一,推翻清王朝统治,建立资产阶级民主共和国,"以儆万世不复有专制之君主"。全国民众无论男女,皆为国民,"一律平等,无上下贵贱之分";人人皆有生存权利、人身自由及言论、出版自由等权利,同时,也有纳税、服兵役和忠于国家的义务。政府的职责在于"保护人民权利",一旦失职,人民就有权通过革命推翻旧政府的统治,建立一个新政府。为维护国家独立,把反对中国革命的外国侵略者和国内反动派,一律当作敌人看待。其二,实行议会制的政体形式。建立中央政府,作为全国办事总机关;每省投票公举一个总议员,各省总议员中再投票公举一人为暂行大总统,另举一人为副总统;全国各州县府,各举议员若干名。其三,以美国的宪法和法律为蓝本,依照本国国情,制定本国的宪法和法律。邹容所描绘的资产阶级民主共和国的蓝图,是中国历史上第一个全面系统的资产阶级共和国方案,为同盟会的革命方略,为创建民国政治纲领奠定了理论基础。

(二)章炳麟的爱国民族主义和民族共和思想

章炳麟(1869—1936),一名绛,字枚叔,号太炎。早年从俞樾习经史。清光绪二十一年(1895)列名强学会。光绪二十三年(1897)任《时务报》撰述,宣传变法。光绪二十五年(1899)编辑《訄书》,以尊君改良为旨。次年,参加唐才常发起的"张园国会",倡言革命排满。光绪二十九年(1903)任上海爱国学社教员。曾为邹容《革命军》作序,发表《驳康有为论革命书》。"苏报案"发,被判监禁3年。光绪三十年(1904),参与策划组织光复会,增修《訄书》,鼓吹革命光复主义。光绪三十二年(1906)出狱,东渡日本,入同盟会,主编《民报》,与改良派论战。宣统元年(1909)秋发表《伪"民报"检举状》,抨击孙中山等。宣统二年(1910)在日本重组光复会,任会长。武昌起义后返国,散布"革命军起,革命党消"言论,要求解散同盟会。1912年1月在上海组织

中华民国联合会，任会长。旋改名统一党，任理事。5月，与民社等合并成立共和党，拥护袁世凯。先后任袁氏总统府高等顾问、东三省筹边使。1913年因"宋教仁被刺杀案"离任南返，策动讨袁。1917年参加护法军政府，任秘书长。五四运动后，反对新文化运动，鼓吹尊孔读经。1931年九一八事变后，力主抗日，抨击蒋介石"攘外必先安内"的反动政策，受到人们的赞扬。1934年迁居苏州。次年，设立国学讲习会。章炳麟对文字学、声韵学、经学、诸子学等都有精深研究，世称国学大师。著有《章氏丛书》，现出版有《章太炎全集》。

1. 爱国的民族主义思想。

章炳麟在维新思潮高涨时，投身于变法运动中，"与尊清者游"，主张维护清朝统治。他把挽救民族危亡的希望寄托于清政府，希望光绪帝"发愤"，实行自上而下的改革变法。他认为，当时中国面临帝国主义的侵略，如果汉人反对满人，就会引起"内讧"，结果两败俱伤，带来失地亡国的危险。在义和团运动被镇压以后，章炳麟开始认识到清政府已完全投降卖国，变成了"洋人的朝廷"，助长了帝国主义侵略、控制中国，因此，由"尊清"转变为"排满"，开始走上反清的革命道路。当时，以康有为为首的保皇派认为，只要光绪复辟，实行君主立宪，就可挽救民族危亡。章炳麟给以严厉的驳斥，认为光绪赞成变法，"不过欺饰观听，而无救于中国之亡"①。他提出，只有进行"排满"革命推翻清朝统治，才能挽救中国的民族危机，才能救亡中国，否则，中国将被帝国主义列强瓜分，中国人民将沦为帝国主义的奴隶。"满洲弗逐，而欲士之争自濯磨，民之敌忾效死，以期至乎独立不羁之域，此必不可得之数也。浸微浸衰，亦终为欧、美之奴隶而已矣。"② 中国必须进行一场雷霆万钧、翻天覆地的革命，如果"无奋雷之猛迅，则万蛰不苏；无蒲牢之怒吼，则晨梦不醒；无掀天揭地之革命军，则民族主义不伸。民族主义不伸，而

① 汤志钧编：《章太炎政论选集》上册，中华书局，1977年，第227页。
② 《章太炎政论选集》上册，第207页。

欲吾四万万同胞一其耳目，齐其手足，群其心力，以与眈眈列强竞争于二十世纪之大舞台，吾未闻举国以从也"①。

章炳麟还驳斥了康有为的"满汉平等"论，指出在清王朝的统治下，满洲贵族是奴隶主，汉人是奴隶，"汉人无民权，而满洲有民权，且有贵族之权者也"②。在清朝政府里，满人高官勋爵，占据显要，握有实权，汉族官吏只是陪衬而已。更有甚者，满洲贵族对汉族人民实行"屠剔之惨，焚掠之酷，钳束之工，聚敛之巧"③的残酷民族压迫。他列举了清廷从清初的"扬州十日"，"嘉定屠城"，大兴文字狱，直至晚清发动戊戌政变，镇压大批维新爱国志士等的残暴罪行，充分说明了满汉根本没有平等可言。他在《讨满洲檄》中，从政治、经济、思想文化等方面列出 14 条罪状，揭露满洲贵族的民族压迫和封建剥削，指出满洲贵族统治者的剥削和压迫已使汉族和其他少数民族忍无可忍，所以进行民主革命，推翻清朝统治是解除满族贵族民族压迫的唯一正确的道路。

由于历史的局限性，章炳麟前期提出的"排满"革命思想中有大汉族主义思想，这是他民族主义思想的缺陷。他把中国历史上的汉族为统治者的统治称为正统统治和以少数民族为统治者的统治称为"异族统治"。他宣扬汉族是"神明之胄"，诬蔑满族是"异种贱族"，说什么"非种不去，良种不滋"④，"汉族之仇满族，则当仇其全部"⑤。因此，"排满"革命的任务是"光复"，"光复中国之种族也，光复中国之州郡也，光复中国之政权也。以此光复之实，而被以革命之名"⑥。

随着革命实践的增多和思想的成熟，章炳麟的大汉族主义思想情绪和种族复仇主义情绪逐渐有所减弱。他认识到，民族主义思想的提出是

①　《章太炎政论选集》上册，第 231 页。
②　《辛亥革命前十年间时论选集》第 1 卷上册，第 95 页。
③　《辛亥革命前十年间时论选集》第 1 卷上册，第 94 页。
④　《辛亥革命前十年间时论选集》第 1 卷上册，第 97 页。
⑤　《章太炎政论选集》上册，第 197 页。
⑥　《章太炎政论选集》上册，第 309 页。

为了消除民族压迫，而不是进行种族复仇，以一种民族压迫代替另一种民族压迫。他提出"排满洲即排强权矣，排清主即排王权矣"①。即"排满"是为了排除强权，推翻清朝君主统治是为了铲除君主专制。尔后，章炳麟更明确地指出，"排满"革命是推翻清政府统治，而不是仇恨和排斥一般满族人民，把满洲贵族统治和广大满族人民做了区分。"排满洲者，排其皇室也，排其官吏也，排其士卒也"，"非排一切政府，非排一切满人，所欲排者，为满人在汉之政府。而今之政府，为满洲所窃据，人所共知，不烦别为标目，故简略言之，则曰排满云尔"②。更难能可贵的是，1911 年武昌起义时，章炳麟还提出了推翻清政府后中国各民族平等的思想。他主张革命军推翻清政府后，建立共和政体，不仅满族人民和汉民族"选举之权，一切平等，优游共和政体之中"③，其他如蒙、回、藏等诸民族，也一视同仁。

章炳麟爱国民族主义思想的另一重要内容是反对帝国主义对中国的侵略。早在戊戌变法期间，他就清楚地看出帝国主义妄图瓜分中国的狼子野心。他指出，德、俄、英、法诸国对中国虎视眈眈，在"胶州屯军，吉林筑路，齐鲁与东三省将为异域"④。因此，中国欲争得完全独立，就必须反对帝国主义的侵略。他深刻剖析了帝国主义的保全政策，指出帝国主义的所谓"保全"政策不过是一个骗局，实质上是列强慑于义和团运动的声威，害怕中国人民会持续反抗。他说："诚知（中国）地大物博，非须臾所能撼拾。四分五裂之余，兵连不解，则军实匮而内乱生。其言保全，非为人道，亦所以自完耳！不然，庚子联军之役，四方和会，师出有名，而虏酋亦已播迁关右，不以此时瓜分中国，乃待日本胜俄之后乎？"⑤他还揭露帝国主义的文化侵略，指出美国退还庚子赔款，以帮

① 《辛亥革命前十年间时论选集》第 2 卷下册，第 771 页。
② 《辛亥革命前十年间时论选集》第 3 卷，第 51 页。
③ 《章太炎政论选集》上册，第 520 页。
④ 《章太炎政论选集》上册，第 6 页。
⑤ 《中华民国解》，《民报》第 15 号。

助中国发展教育为名，实际上是培养为帝国主义服务的买办。他同情人民的反洋教斗争，认为反洋教斗争完全是由于传教士"挟国权"进行侵略，"武断闾里"等所引起的。他对帝国主义在"文明"外衣掩护下的侵略本质予以揭露："帝国主义，则寝食不忘者，常在劫杀，虽磨牙吮血，赤地千里，而以为义所当然……今世所谓文明之国，其屠戮异洲异色种人，盖有甚于桀纣。"① 由此可见，以"文明"自我标榜的欧美各国满口平等自由，对被压迫民族却实行最不文明最不平等自由的野蛮政策。

章太炎认识到帝国主义和满清政府都是中华民族的敌人，但他反对"排满"与反帝同时进行，因为他认为如两者同时反对，势必会造成两者联合起来共同镇压中国革命的可怕局面。因此，他主张先"排满"，后对付帝国主义，把民族革命分成两个阶段，并以"排满"为主。他认为"言种族革命，则满人为巨敌，而欧、美少轻，以异族之攘吾政府者，在彼不在此也"②。清政府与帝国主义相比较，是更主要的敌人。

章炳麟不仅反对列强对中国的侵略，而且对沦为帝国主义殖民地的亚洲印度、越南、缅甸等国表示同情。他认识到全世界被压迫民族是休戚相关的，亚洲被压迫民族应该团结起来，共同反对帝国主义。他在《五无论》《定复仇之是非》等文章中，一再申明他的民族主义，"非专为汉族而已，越南、印度、缅甸、马来之属，亦当推己及之"③，"欲圆满民族主义者，则当推我赤心，救彼同病，令得处于完全独立之地"④。他还把争取世界和平与反对帝国主义对亚洲弱小民族的压迫和侵略联系起来，明确提出"使欧美人不得占领亚洲，使亚洲诸民族各复其故国"，只有这样，才能"维持世界真正之和平"⑤。

光绪三十三年（1907），章炳麟与张继、刘师培等联络、组织了中

① 《辛亥革命前十年间时论选集》第 2 卷下册，第 762 页。

② 《章太炎政论选集》上册，第 432 页。

③ 《辛亥革命前十年间时论选集》第 2 卷下册，第 770 页。

④ 《辛亥革命前十年间时论选集》第 2 卷下册，第 755 页。

⑤ 《民报》第 22 号。

国、印度、越南、缅甸、朝鲜等国的革命者和爱国者，在日本成立了
"亚洲和亲会"，以联络亚洲被压迫民族国家。亚洲和亲会的宗旨为"反
对帝国主义，期使亚洲已失主权之民族，各得独立"①。《约章》中规定的
和亲会任务是：第一，支援亚洲各被压迫民族的国家争取独立；第二，
亚洲各国一国发生革命，其余各国应予以支援；第三，各国应摒弃前嫌，
互相联络，增进感情。总之，亚洲各民族、各国应团结起来，反对帝国
主义，争取民族解放和国家独立。

2. 民主共和思想。

章炳麟主张，在中国推翻清王朝统治之后，应当建立资产阶级的民
主共和国，因为民主制的兴起是历史发展的必然趋势。他指出"民主之
兴，实由时势迫之，而亦由竞争以生此智慧者也"，"在今之世，则合众、
共和为不可已"②。但是，章炳麟反对民主共和国实行议会制度，认为西
方代议制有种种弊端。他以欧美、日本的议员选举为例，猛烈抨击了代
议制的虚伪性。他批判说，欧美、日本议员的选举法，以财产、纳税、
文化程度等作为选举人或被选举人的标准，结果当选的往往是有钱有势
的"显贵仕宦之流"，"以纳税定选权者，其匪戾亦已甚矣"，"所选必在
豪右"③。而且在选举过程中营私舞弊现象严重，竞选优胜者并不真正以
其才能出众获得选票，而是依靠权势、欺骗等手段。这样选出的议员，
大多出身于豪门贵族，名义上代表人民，其实质上依附于某一政党，与
官吏朋比为奸，不考虑人民的利益，所考虑的只是一党私利。这样的议
会，只能成为有钱有势者的附庸，不仅不能伸张民权，反而只能扼杀民
权，成为"奸府"。他说："及设议院，而选充议士者，大氐出于豪家，
名为人民代表，其实依附政党，与官吏相朋比，挟持门户之见，则所计
不在民生利病，惟便于私党之为。"④"是故选举法行，则上品无寒门，而

① 汤志钧编：《章太炎年谱长编》上册，中华书局，1979 年，第 243 页。
② 《章太炎政论选集》上册，第 203 页。
③ 《章太炎政论选集》上册，第 460、461 页。
④ 《辛亥革命前十年间时论选集》第 2 卷下册，第 755 页。

下品无膏粱，名曰国会，实为奸府，徒为有力者傅其羽翼"①。总之，"议院者，民之仇，非民之友"②。

章炳麟认为，代议制在欧美各国已是弊端丛生，而在中国加上以下两方面原因，更是不宜实行。其一，中国人口众多，无法实行代议制。中国如按日本比例，那么选出的议员太多。人多意见纷纭，"猱屯麋聚，分曹辩论，謷欵之声，已足以乱人语"③，根本无法施政；如果选出的议员人数太少，则不能照顾和代表各方面，民意不能上达，则民权不能伸。其二，中国区域经济发展不平衡。如果选举议员以纳税多少为标准，则江南富庶地区选出的议员必定占多数，而西北贫穷地区选出的议员则必定占少数。"如是，则选权凑集于江浙，而西北诸省，或空国而无选权也。此何等政体耶?"④

章炳麟在批判西方代议制的基础上，构思了自己的民主共和国蓝图。在政治上，他主张实行行政、立法、司法三权分立的总统制。由国民选举产生的总统，对外代表整个国家，对内负责行政、国防，其他事务不得干涉。总统决定的事务，必须经过国务官共同签署意见后才能实行。立法、司法独立，都不隶属总统管辖。法律"不自政府定之，不自豪右定之"，而由懂得法律、精通历史和"周知民间利病之士"来制定。"法律既定，总统无得改，百官有司，无得违越"。整个国家事务，从中央到地方，"专以法律为治"，强调以法治国。"司法不为元首陪属"，由法官掌握司法大权，它与"总统敌体"，"总统有罪，得逮治罢黜"，其他不守法的人，"人人得诉于法吏，法吏逮而治之"。他主张扩大人民的权利，人民除有集会、言论、出版等自由外，在国家有外交或宣战等紧急任务时，应每县选出1人，参加讨论。另外，国家之经费收入、开支、加税

① 《章太炎政论选集》上册，第458页。
② 《章太炎政论选集》上册，第468页。
③ 《章太炎政论选集》上册，第458页。
④ 《章太炎政论选集》上册，第459页。

等事项，要经常征求人民的意见，"民可则行之，否则止之"①。

在经济上，章炳麟为理想中的民主共和国设计了一系列"抑富强，振贫弱"的措施。他主张"均配土地"，赞同孙中山提出的"均田""不躬耕者，不得有露田""夫不稼者，不得有尺寸耕土"②的主张。后来，他又明确提出："田不自耕植者不得有，牧不自驱策者不得有，山林场圃不自树蓺者不得有，盐田池井不自煮暴者不得有，旷土不建筑穿治者不得有，不使枭雄拥地以自殖也。"③他主张一些经济政策应以立法的形式予以保障："当制四法以节制之：一曰均配土田，使耕者不为佃奴。二曰官立工场，使佣人得分赢利。三曰限制相续，使富厚不传子孙。四曰解散议员，使政党不敢纳贿。"④

章炳麟是中国近代史上有过很大影响的资产阶级民主主义思想家。他学习和研究了西方资产阶级政治学说，有选择有分析地介绍了西方有代表性的政治思想，从当代中国的实际出发，通过对西方资产阶级政治制度的弊端和缺陷进行批判，努力探索适合中国国情的政治发展道路。这种不盲目崇拜资产阶级的一切东西，不迷信资本主义制度的精神，以及能根据中国国情加以改造创新的思想，是难能可贵的，至今仍有启迪作用。但是，由于时代的局限性，他的民族主义、民主主义思想中夹杂着一些糟粕。例如：狭隘的大汉族主义思想阻碍了国内各民族团结起来，共同进行反帝反封建的斗争；在反帝的问题上，对帝国主义还缺乏本质的认识，不懂得中国人民要真正建立独立的民族国家，必须彻底推翻帝国主义，因为帝国主义早就与封建势力勾结在一起。这种对帝国主义模糊不清的认识，蒙蔽了人民的双眼，不利于反帝反封建的斗争。

（三）孙中山的三民主义思想

孙中山（1866—1925），名文，字德明，号逸仙，后化名中山樵，遂

---

① 《章太炎政论选集》上册，第 465 页。
② 《章太炎政论选集》上册，第 188 页。
③ 《章太炎政论选集》上册，第 465 页。
④ 《辛亥革命前十年间时论选集》第 2 卷下册，第 755 页。

以中山名世。清光绪十八年（1892）于香港西医书院毕业，行医于澳门、广州。光绪二十年（1894）十月，在檀香山创立兴中会。次年，在香港设总部，旋在广州策划反清起义，事败逃亡国外。光绪三十一年（1905）七月在日本东京组织成立中国同盟会，被推为总理，确定以"驱除鞑虏，恢复中华，创立民国，平均地权"为同盟会的纲领。十月在《〈民报〉发刊词》中首次提出"民族、民权、民生"三民主义学说，并领导资产阶级革命派同改良派进行论战，又在国内外发展组织，联络华侨、新军和会党发动多次武装起义。宣统三年（1911）武昌起义后，从美国回国，在南京被推选为中华民国临时大总统。1912年1月1日，在南京就职，建立中华民国临时政府。旋因南北议和达成，遂于2月13日提请辞职，让位于袁世凯。3月经临时参议院通过，公布他主持制订的《中华民国临时约法》。8月，同盟会改组为国民党，被推为理事长。1913年宋教仁被刺后，号召兴师讨袁，发动二次革命，旋败。1914年，在日本组织中华革命党，被推举为总理。1917年段祺瑞解散国会，他在广州召开国会非常会议，组织护法军政府，被选为大元帅，誓师北伐。次年遭西南军阀排挤，被迫辞职。1919年在上海创办《建设》杂志，发表《实业计划》，写就《建国方略》，并改中华革命党为中国国民党。1920年回广东，次年就职非常大总统，再揭护法旗帜。1924年1月在广州主持召开中国国民党第一次全国代表大会，发表宣言，确立联俄、联共、扶助农工三大政策，把旧三民主义发展为新三民主义，并把中国国民党改组为民主革命的阶级联盟，邀请共产党人参加，还创办黄埔军校，组织东征和北伐。同年11月，应邀抱病北上讨论国是。1925年3月12日在北京逝世。著作编入《中山全书》《总理全集》《孙中山全集》。

孙中山的政治、社会变革思想丰富，其最主要的内容就是民族主义、民权主义、民生主义的三民主义。它是孙中山革命思想的主要内容，也是中国民主主义革命思想体系的理论基石。

1. 民族主义。

孙中山的民族主义思想渊源主要来自两个方面。一是近代史上"先

民"的反满斗争，尤其是太平天国的反清思想。孙中山的革命思想受太平天国运动影响甚大。光绪二十八年（1902），他嘱刘成禺写一本《太平天国战史》，以"发扬先烈"，作"为今日吾党宣传排满好资料"，并赞扬太平天国"为吾国民族大革命之辉煌史"①。他认为"太平天国即纯为民族革命的代表"②，称赞洪秀全为"反清第一英雄"，并以"洪秀全第二"作为自己的志向。他曾说："余之民族主义，特就先民所遗留者，发扬而光大之，且改良其缺点"③。所谓"先民所遗留者"，就是指太平天国的反清思想。可见，孙中山的民族主义思想的一个重要来源，就是太平天国的反清思想。但孙中山不是简单地继承而是"改良其缺点"，摒弃了太平天国革命思想中农业小生产者固有的"帝王思想"和"笼统的排外主义"，提出推翻清王朝专制统治，建立包括满族在内的、实行各民族平等的民主主义共和国的政治主张。二是19世纪西欧出现的民族主义思潮和20世纪初亚洲、美洲殖民地国家要求民族解放的思想。在20世纪初，民族主义是资产阶级民主革命、民族解放运动的一面大旗，它用来团结本民族，反对异族封建统治，要求民族独立，建立民主共和国家。孙中山在构建民族主义纲领时，就汲取了资产阶级民族独立，民主共和的思想，提出"驱逐鞑虏"和"创立合众政府""创立民国"的民主革命目标，超越了反满的藩篱，赋予民族主义资产阶级革命的新内涵。他推崇法国18世纪资产阶级民主革命的"自由"口号和美国林肯提出的"民有"观念，认为中国的民族主义也应当争取"自由"和实现"民有"。他指出："究竟我们三民主义的口号和自由、平等、博爱三个口号，有什么关系呢？照我讲起来，我们的民族，可以说和他们的自由一样，因为实行民族主义，就是为国家争自由。"④ 换言之，就是通过反对满洲贵族的民族压迫和帝国主义的侵略来获得中国的自由独立。

---

① 《孙中山全集》第1卷，中华书局，2011年，第217页。

② 《孙中山选集》上卷，人民出版社，2011年，第84页。

③ 胡汉民编：《总理全集》第1卷，上海民智书局，1930年，第916页。

④ 《孙中山选集》下卷，第689页。

孙中山的民族主义的主要内容，就是其在同盟会的盟书和宣言中作的简明概括："驱逐鞑虏，恢复中华"；"覆彼政府，还我主权"，具体而言，就是推翻清王朝满洲贵族统治和争取民族独立，兹缕述如下。

其一，孙中山指出，中国资产阶级民主革命中民族主义的任务之一就是要推翻清王朝满洲贵族的腐败统治，解除国内的民族压迫、民族歧视和专制统治，实行民族平等。他在《中国问题的真解决》一文中，列举了清廷民族压迫和专制统治的 11 条罪状，如"把我们作为被征服了的种族来对待"，"侵犯我们……的生存权、自由权和财产权"，"压制言论自由"，"禁止结社自由"等①。清朝专制统治的"贪残无道，实为古今所未有。二百六十年中，异族凌践之惨，暴君专制之毒，令我汉人刻骨难忍，九世不忘"②。总之，清王朝满洲贵族的残暴统治，是汉族人民和全国其他被压迫的少数民族所无法忍受的，因此，必须"反满"，推翻清朝满洲贵族统治。

必须指出的是，孙中山的"排满""反满"并非排斥所有的满族人民，不是"仇满""复仇"。他明确表示，"民族主义，并非是遇着不同族的人便要排斥他"③。"兄弟曾听见人说，民族革命是要尽灭满洲民族，这话大错。民族革命的原故，是不甘心满洲人灭我们的国，主我们的政，定要扑灭他的政府，光复我们民族的国家。这样看来，我们并不是恨满洲人，是恨害汉人的满洲人。假如我们实行革命的时候，那满洲人不来阻害我们，决无寻仇之理。"④

其二，孙中山的民族主义反映了救亡图存的要求，即挽救民族危亡，争取民族独立。早在光绪二十年（1894）发表的《兴中会宣言》就开宗明义地揭示了中国面临的民族危机，明确指出创立兴中会就是要振兴中

① 《孙中山全集》第 1 卷，第 296、297 页。
② 《孙中山全集》第 1 卷，第 317 页。
③ 《孙中山选集》上卷，第 60 页。
④ 《孙中山全集》第 1 卷，第 325 页。

华，"集会公众以兴中，协贤豪而共济，抒此时艰，奠我中夏"①。次年，他在《民报》发刊词中明确把"外邦逼之"与"异种残之"并列为民族主义"殆不可以须臾缓"②的原因。

孙中山针对当时的现实情况，把民族危机的形成归结为清政府的腐败无能，清朝之"政治腐败已极，遂至中国之国势亦危险已极，瓜分之祸已岌岌不可终日"③，所以，要挽救民族危亡，就必须推翻清朝的腐朽统治，"故欲免瓜分，非先倒满洲政府，别无挽救之法也"④。他还主张在推翻清朝统治之后，建立一个汉、满、蒙、回、藏"五族共和"的民主国家，实现各民族的真正平等。"四万万人一切平等，国家（民）之权利义务无有贵贱之差、贫富之别，轻重厚薄，无稍不均。是为国民平等之制"⑤。辛亥革命后，《中华民国临时约法》明文规定："中华民国一律平等，无种族、阶级、宗教之区别"。孙中山的"五族共和"、各民族一律平等的思想进一步充实和发展了民族主义的内容。总之，民族主义在辛亥革命时期"起了很大的作用，革命的风暴主要是这样鼓动起来的"⑥。孙中山的民族主义是三民主义的首要问题，是解决民权主义、民生主义的前提和基础。它体现了中国各族人民反对帝国主义及其走狗清政府的革命要求，是资产阶级革命派为了挽救民族危亡，实现民族平等独立、国家富强而提出的革命理论。

但是，我们也必须看到，孙中山的民族主义也有其历史的局限性，主要表现在两个方面。其一是没有提出明确的、坚决的、彻底的反帝纲领。孙中山认为，帝国主义之所以侵略中国，"根源乃在于满清政府的衰弱与腐败"⑦。他相信西方各国会赞成中国革命，幻想得到它们的同情和

---

① 《孙中山全集》第 1 卷，第 19 页。
② 《孙中山全集》第 1 卷，第 288 页。
③ 《孙中山全集》第 1 卷，第 442 页。
④ 《孙中山全集》第 1 卷，第 234 页。
⑤ 《孙中山全集》第 1 卷，第 317、318 页。
⑥ 吴玉章：《辛亥革命》，人民出版社，1961 年，第 17 页。
⑦ 《孙中山选集》上卷，第 57 页。

援助。其二是没有彻底摆脱大汉族主义倾向和种族主义色彩。孙中山把中国历史的发展单纯归结为汉族活动的结果，而无视其他少数民族对中华文化的贡献。他强调民族构成的"血统"，把满族当成"异族"，将"华夏""轩辕后裔"同"鞑虏""野番贱种"对立起来，没有彻底摆脱封建种族意识的影响。

2. 民权主义。

孙中山提出的民权主义的核心内容是"推翻帝制，建立民国"。他在《中国同盟会革命方略》中作了具体阐述："今者由平民革命以建国民政府，凡为国民皆平等以有参政权。大总统由国民公举。议会以国民公举之议员构成之。制定中华民国宪法，人人共守。敢有帝制自为者，天下共击之！"并且，国体民生"虽经纬万端，要其一贯之精神则为自由、平等、博爱。"① 这表达了孙中山决定在中国推翻封建君主专制，建立资产阶级民主共和国的思想。孙中山的民权主义思想，主要有以下 2 个方面的内容。

其一，以"平民革命"推翻封建君主的专制统治，创立民国。孙中山认为，资产阶级民主革命与历史上的"帝王革命""英雄革命"不同，它是平民革命，即国民革命，同少数人的暗杀或政变在性质上有原则的区别。平民革命在民族革命的同时，也进行政治革命，"扫除中国一切政治上、社会上旧染之污，而再造一庄严华丽之新中国，为民所治，为民所享者也"② 。他指出："民权主义就是政治革命的根本。"中国仅仅有民族革命是不够的，在进行民族革命推翻清王朝满洲贵族统治的同时，还必须进行政治革命，废除君主专制制度，建立民主共和国。孙中山开始从事革命活动时，就非常重视暴力革命的作用，始终将争取民权和武装斗争联系在一起。在建立兴中会后到辛亥革命的十几年中，在进行革命宣传和组织工作的同时，孙中山亲自领导和发动了多次武装起义，和清

① 《孙中山全集》第 1 卷，第 296、297 页。
② 胡去非等编：《总理遗教》，商务印书馆，1937 年，第 207 页。

王朝进行了英勇的斗争。他认识到，要想实现中国的真正独立和民主，就必须拿起武器去夺取政权。总之，孙中山民权主义的提出，具有巨大的历史进步意义，开辟了几千年来中国革命的新纪元，为中国民主主义革命指明了方向。

其二，共和政体的基本构架是"五权宪法""建国三时期""主权在民"原则和"权能分立"。"五权宪法"是孙中山设计的民主共和国的重要组成部分，也是民权主义的重要内容。孙中山非常重视五权宪法，把它看作是共和国的命脉，将五权分立载入国家的基本法。他曾把自己的学说概括为"三民主义，五权宪法"8个字，并指出"将来中华民国的宪法是要创一种新主义，叫作'五权分立'"①。

五权宪法源于资产阶级的行政、立法、司法三权分立学说。三权分立是西方资产阶级反对专制君主制度的有力的理论武器，后来又成为资产阶级国家政治制度的组织原则。孙中山在三权分立的基础上，创造性地提出五权分立，即在三权之外，增加两权。所谓五权，就是立法权，议会议员制定法律之权；行政权，政府首脑管理国家之权；司法权，裁判官司法之权；考试权，试官掌管考试以选择大小国家官员之权；监察权，监察官对国家大小机关和官员进行弹劾之权。国家中央机构根据这五种权限分别设立立法、行政、司法、考试和监督五院，这五院彼此独立又互相联属制衡，共同构成国家机构的主体。孙中山之所以提出在西方资产阶级三权分立的基础上增加两权，其原因是他在对三权分立做了考察和研究后，发现三权分立对国家政体有着重要的制衡作用，但在实际操作中还存在着两大弊端：一是选举和委任中有"很大的流弊"，选举可以作弊，委任则不免任人唯亲，结果是政治腐败和散漫；二是监督弹劾权力的滥用，形成议院专制，产生许多弊端。他认为，为防止在选举和委任中徇私舞弊，就要把考试权从行政权中分离出来，考试权独立，任何人都不能干预和侵犯，只有这样才能真正发挥考试以选拔人才的作

---

① 《孙中山全集》第 1 卷，第 330 页。

用。为防止议会滥用权力，就要把监察从立法权中分离出来，独立于议会之外，这样监察机关不仅要"监察议会"，同时还要"专门监督国家政治"。由此，孙中山提出了"五权分立"的国家体制。他认为，在这样的体制下，民国就成了"民族的国家，国民的国家，社会的国家"，这样的国家就可以达到"完整无缺"的管理了。

"建国三时期"是指"建立民国"，实行民权主义的 3 个阶段。孙中山明确将其分为军政时期、训政时期、宪政时期 3 个阶段。其中"军政时期"即"军法之治"时期，属于共和国奠基时期，是革命的军政府率领国民扫除一切旧势力的时期。在这一时期不仅要扫除清政府的民族压迫和专制统治造成的一切"政治之害"，而且要废除一切旧风俗，如缠足、养奴婢、抽鸦片等，从封建的旧风俗、旧习惯、旧道德中获得思想上的解放，振奋民众精神。军政时期这一过程大约定为 3 年。"训政时期"即"约法之治"时期，属于从军政向宪政的过渡时期，其特点是革命的"军政府授地方自治权于人民，而自总揽国事之时代"①。这就是中央政权继续由军政府掌握，各县实行地方自治，积极为宪政准备条件。训政时期这一过程大约定为 6 年。"宪政时期"即"宪法之治"时期，从这时期开始，"军政府解除权柄，宪法上国家机关分掌国事之时代"②，其特点是结束军政府的统治，真正进入民主共和时代。"地方自治完备以后，乃由国民选举代表组织宪法委员会创制宪法。宪法颁布之日，即为革命成功之时"③。

孙中山的"建国三时期"思想反映了中国民主革命的大致过程，提出了革命派在民主革命中不同阶段的主要目标，指明了前进的方向，鼓舞了人民的革命斗志。但是，这一思想也有消极的一面，即低估和轻视人民群众的觉悟和力量，如所谓"训政时期"，就是训导人民，使其懂得民主政治。

---

① 《孙中山全集》第 1 卷，第 298 页。
② 《孙中山全集》第 1 卷，第 298 页。
③ 邹鲁：《中国国民党史稿》，东方出版中心，2011 年，第 139 页。

"主权在民"和"权能分立"是孙中山民权主义的重要原则。孙中山认为,所谓"主权在民"就是国家政权必须真正掌握在人民手里,以这个标准衡量,欧美的民权至今仍不完善,代议制不是真正的民权,直接民权才是真正的民权。他的民权主义要"把中国改造成一个'全民政治'的民国,要驾乎欧美之上"①。共和国人民应不仅享有选举权,还要享有罢免权、创制权、复决权,"人民有了这四个权,才算是充分的民权"②。他把人民手中的这四权称为政权,授予政府以立法、行政、司法、考试、监察五权为治权,主张要用人民的四权来管理政府的五权,即主权属于人民,而利用有本领的人去管理政府,这就是所谓"权能分立"的构想。只有这样,"那才算是一个完全的民权的政治机关……民权问题才算是真解决"③。

"主权在民"和"权能分立"思想体现了孙中山不满足于照搬西方议会制度和民主共和思想,以及在中国贯彻民主主义的十分可贵的探索精神,其思想至今仍有借鉴价值。

3. 民生主义。

民生主义是孙中山继民族主义、民权主义提出的"社会革命"纲领,是近代先进思想家提出的经济纲领中的最重要最先进的一种方案。

孙中山的民生主义思想渊源主要有两方面。一是继承了中国近代先进思想家的经济思想和经济纲领。如太平天国制定的《天朝田亩制度》提出了废除封建土地所有制和平分土地的原则,太平天国后期,洪仁玕的《资政新篇》企图效法西方使中国逐步走上发展资本主义的道路。资产阶级改良派把解决社会经济问题作为维新变法的主要内容,提出了中国富强之道在于发展资本主义工商业。孙中山继承并发展了农民阶级朴素的经济平等思想,而淘汰了小农的绝对平均主义,接受了改良派把中国的富强和资本主义化联系起来的思想,但抛弃了他们力图维护封建土

---

① 《孙中山选集》下卷,第722页。
② 《孙中山选集》下卷,第795页。
③ 《孙中山选集》下卷,第761页。

地所有制的立场。

二是接受了西方资产阶级的土地国有学说。西方资产阶级经济学家关于征收地价税和土地国有的主张，对孙中山民生主义思想的形成产生了很大的影响。其中影响最大的是 19 世纪末美国小资产阶级经济学家亨利·乔治的"单一税"的土地国有学说，孙中山在他的平均地权方案中直接借鉴了该学说。

孙中山提出的民生主义的主要内容是"一曰平均地权，二曰节制资本"①。他在《中国同盟会革命方略》中完整阐明了平均地权的内容："文明之福祉，国民平等以享之。当改良社会经济组织，核定天下地价。其现有之地价，仍属原主所有；其革命后社会改良进步之增价，则归于国家，为国民所共享。肇造社会的国家，俾家给人足，四海之内无一夫不获其所。"② 换言之，其具体做法是，在革命胜利之后，由地主自报地价，国家按价抽 1‰ 的地价税，并随时有权照价收买地主的土地。这样，就使地主既不敢以少报多，因为报多了就要多交税；也不敢以多报少，因为报少了国家随时按价收买。核定地价后，因经济繁荣而土地增值的部分全部归国家所有。孙中山提出平均地权，其目的是为了避免中国走上西方资本主义社会富者愈富，贫者愈贫，富者极少，贫者极多的道路。

孙中山民生主义的另一个重要内容就是"节制资本"。他在《中国国民党第一次全国代表大会宣言》中提出："凡本国人及外国人之企业，或有独占的性质，或规模过大为私人之力所不能办者，如银行、铁道、航路之属，由国家经营管理之，使私有资本制度不能操纵国民之生计，此则节制资本之要旨也。"③ 另一方面，他又指出："夫吾人之所以持民生主义者，非反对资本，反对资本家耳，反对少数人占经济之势力，垄断社会之富源耳。"④ 由此可见，孙中山的"节制资本"就是一方面使私人资

---

① 《孙中山选集》下卷，第 526 页。
② 《孙中山全集》第 1 卷，第 297 页。
③ 《孙中山选集》下卷，第 527 页。
④ 《孙中山选集》上卷，第 93 页。

本不能操纵国计民生，避免大资本家垄断之流弊，另一方面又可以发展资本主义的大工业，促进社会经济的发展。

民生主义是中国近代第一个把土地问题和发展资本主义联系起来的纲领，在一定程度上反映了民族资产阶级革命派重视农民土地问题和发展工商业的迫切愿望。其历史局限性在于，它缺乏彻底的反封建的土地革命内容，反对用革命的手段去夺取地主的土地，因此，不能发动广大农民起来参加民主革命，这是辛亥革命失败的一个重要原因。

总之，孙中山的三民主义思想指导着中国近代民主主义革命斗争和前进的方向，使中国进入旧民主主义革命时期。尔后，他又根据革命形势的变化，制定了联俄、联共、扶助农工的三大政策，把旧三民主义发展为反帝反封建的新三民主义。他的思想适应了当时社会经济发展的需要，客观上表达了中国人民要求摆脱帝国主义与封建主义的束缚，解放和发展生产力的愿望。

第十节　对官吏选任、监察和考核思想

一、通过科举、荐举和捐纳对官吏进行选拔思想

清代对官吏的选拔，主要有 3 种形式，即科举、荐举和捐纳，其中以科举为主，辅以荐举、捐纳，兹简要缕述如下。

（一）科举选拔思想

清代的科举选拔人才，与明代基本一样，分为乡试、会试和殿试。乡试各在每省省城和顺天府举行，但囿于旧例，江苏、安徽同考于江南，湖北、湖南称湖广，甘肃附于陕西，都是合两省统一考试。乡试是选拔举人的考试，每逢子、午、卯、酉年为乡试期，三年一科。另外，如遇

到太上皇、太后、皇帝万寿，新皇登基等庆典，朝廷还常常加恩士子，诏谕加科，叫作"恩科"。但也有朝廷因急需用人，或因战争、天灾，或以"士习敝败"为缘由，特旨加科、停科和部分停科者，则属于非规制的特殊情况。

乡试的主考官和副主考官，由朝廷特派，一般选自进士出身的侍郎、内阁学士以上官。除此之外，还有同考官（也叫房考官）、监临官、提调官、监试官等等，例由具备一定资格的地方官担任。由于各省乡试录取的举人名额都有定规，所以送考的应试者也不是毫无限制。顺治二年（1645）定：各省每取举人1名，可送应试生儒30名。以后，随着清政权的日益稳固而被汉族士人逐渐接受，以及经济和文化事业的发展，应举者的增多，其比例也不断提高，录取难度增大。乾隆初年，直隶、江南、浙江、江西、福建、湖广（湖北、湖南）等大省，每取举人1名，送儒生80名，其余山东、山西、河南、陕西、四川、广东是每取举人1名，送儒生60名，广西、云南、贵州是每取举人1名，送儒生50名。比例最大的是福建台湾府，"向来额中举人二名，录送乡试者约五百人"[1]。清代规定，参加乡试者必须是各儒学出学生员中经学政科考定为前三等的人，或在国子监肄业、经本监官送考的贡生和监生。这些应试者如中了举人，便可以通过拣选、大挑[2]等途径，进入官场。但是，对于大多数的科举者来说，乡试并不是他们的最终目标，在乡试的第二年，录取举人者还要赴京师参加会试，希望考中进士，以求取更好的前程。

会试在北京举行，也是三年一科，于丑、未、辰、戌年为会试期。会试除正科外，也有恩科。一般是乡试有恩科，会试相应也有恩科。会

---

①　光绪《大清会典事例》卷337《礼部·贡举》。

②　据陈康祺《郎潜纪闻二笔》载："举人大挑始于乾隆丙戌科，吏部新议选法，一等用知县者，又借补府经历，直隶州州同、州判，属州州同、州判，县丞，盐大使，藩库大使，凡九班；二等以学正、教谕用，借补训导，凡三班。时谓之九流三教"。又据高照煦《闲谈笔记》言："国朝定制，会试三次后，特设大挑一科，不试文艺，专看像貌，二十人为一排，挑一等三人，以知县用，二等九人，以教职用。像貌魁伟者挑一等，其次挑二等，余八人，俗呼为八仙。"

试的主考官称总裁、副总裁，由翰林院进士出身的大学士及一二品官担任。会试的应试者即为各省举人，与乡试稍有不同的是，会试取中的人数无确定的数额，一般情况下，每科取一百多人至三百多人。会试录取开始时沿袭明制，分南北中 3 卷，每卷各都规定取中名额。康熙五十一年（1712），取消分卷，按省分配名额，由数名至二三十名不等，目的是照顾边缘省份，不致因文化落后而无人取中。

会试中式后称贡士，第一名为会元。贡士需再经殿试，才能取得进士名号。殿试地点起初在太和殿丹墀前或太和殿内，乾隆五十四年（1789）起，改在保和殿。殿试专试策问，题目由皇帝钦定或圈点。考试名次，最后也由皇帝点定。进士登第计一甲 3 人，称状元、榜眼、探花，赐进士及第；二甲称进士出身，三甲同进士出身。宣布进士登第名单时，典礼十分隆重，皇帝礼服登殿奏乐，鸿胪寺官员唱名，故称太和殿传胪。传胪后，即颁上谕，授进士及第 3 人翰林院修撰、编修职，其余须经朝考后授官。

朝考于殿试后 3 日在保和殿举行。朝考内容历朝有所不同。雍正时考诏、论、奏议各一，乾隆时定论、奏议、诗、赋各一，嘉庆二十年（1815）又以论、疏、诗命题，光绪二十七年（1901）只考论、疏。朝考前列者选为翰林院庶吉士，入庶常馆学习 3 年，散馆时再加御试，优秀者留翰林院为编修、检讨，次者改给事中、御史、主事、中书、推官、知县、教职等。凡留官任编修、检讨的，外任可以知府保送、迁调，都特别受到优待。"有清一代，宰辅多由此选，其余列卿尹膺疆寄者，不可胜数。士子咸以预选为荣，而鼎甲尤所企望。"[1] 其余朝考者分派各部以主事学习行走，3 年期满，分别补主事、知县、国子监助教等职。总之，考中了进士，就意味着进入仕途，并可以较快地得到晋升。由科举进入仕途，比荐举、捐纳等途径得官，发展前景要好得多。

清代的科举取士，便于清王朝从不同阶层中吸收优秀分子，参与其

---

① 《清史稿》卷 108《选举三》。

统治者行列，最大限度地招徕人才，扩大其统治基础，并借此收买笼络人心，维护社会稳定，以巩固清王朝的统治。如顺治二年（1645），浙江总督张存仁针对江南地区借反对剃发所兴起的一场反清斗争说："近有借口剃发，反顺为逆者，若使反形既露，必处处劳大兵剿捕。窃思不劳兵之法，莫如速遣提学，开科取士，则读书者有出仕之望，而从逆之念自息。"① 给事中龚鼎孳也进言："诸士身依辇毂，归顺最先，必亟开功名之门，乃益从王之志，此课收士之心也。"② 可见科举在清初对于笼络人心、消除士人反清思想中所起的作用。清廷还继承明制，以"四书五经"作为考试的命题范围，以朱子的忠孝伦常说教来训诫士子，从而培养选拔了一批为清王朝竭忠尽力的人才，对于促进国家的管理和封建社会的稳定是有利的。但是，清代科举引导士人做代圣人立言、不切实用的八股文章，束缚了人们的思想，阻碍了科学技术的发展。许多士子为求得功名利禄，奔波于科场之路，以致困顿场屋，耗尽了英发的锐气，浪费和败坏了人才。

科举制度在清代所暴露出的种种弊端，表明其已走向穷途末路。时人梁启超就指出："夫近代官人，皆由科举，公卿百执，皆自此出……然内政外交，治兵理财，无一能举者则以科举之试，以诗文楷法取士，学非所用，用非所学故也。"③ 及至清末，随着西学东渐和新式学堂的兴起，行之千余年的科举制度，终于退出历史舞台。光绪三十一年（1905）八月，清廷下诏停罢科举："朝廷以近日科举每习空文，屡降明诏，饬令各省督抚广设学堂……兹据该督等奏称，科举不停，民间相率观望，欲推广学堂，必先停科举等语，所陈不为无见。著即自丙午科（光绪三十二年，1906）为始，所有乡、会试一律停止。各省岁、科考试，亦即停止。"④

---

① 《清世祖实录》卷 19。

② 龚鼎孳：《龚端毅公奏疏》卷 1《请宏作人之化疏》，文海出版社，1976 年。

③ 《公车上书请变通科举折》，《戊戌变法》第 2 册，第 344 页。

④ 《清德宗实录》卷 548，中华书局 1986 年影印本。

（二）荐举选拔思想

1. 征召山林隐逸、贤良。

清廷入关后，由于统治区域骤然大为扩大，中央和各地都急需人才，加上为收买、笼络明朝旧臣、汉族士人，顺治帝不断下诏，要求各属大吏访求"隐逸""贤良"，及时荐举。于是，许多旧明臣僚，如前大学士谢升、冯铨，都因此进入内院。其他如明朝吏部尚书傅永淳、刑部右侍郎潘士良、户部侍郎党崇雅、副都御史房可壮、蓟辽总督丁魁楚、王永吉、陕西总督丁启睿、湖广巡抚王梦尹、郧阳巡抚苗胙土、陕西巡抚练国事等，也先后得到重用。除此之外，清初被荐举担任府州县官的明朝旧臣及士人就更多了。顺治年间的征召山林隐逸和访求贤良，对于解决清初人才匮乏，弥补中央至地方官员的空缺，缓和满族与汉族的民间矛盾，起了相当积极的作用。尔后，在康熙和雍正时期，征召山林隐逸活动仍不时举行，继续搜罗散失民间的人才。如"康熙九年（1670）恩诏：地方有才品优长山林隐逸之士，著该督抚核实具奏，酌予录用。雍正十二年（1734）议准：嗣后如有山林隐逸之士，该督抚具题覆准，令其赴部。其录用之处，具题请旨"①。

但是，我们也必须看到，由于此种荐举，多是各举所知，互为保结，加上明末以来"党争"的风气，仍有残余，所以党风沆瀣，呼朋引类，在所难免。如顺治十三年（1656），工科给事中梁铉曾上疏指出，当时在引荐的人员中，有相当一部分是"名实相违"，"不过为梯荣之借耳"，并不属于"品行迈论""怀才应聘"的"山林隐逸"②。

2. 大吏保举。

在荐举人才中，清廷还经常要求地方督抚等封疆大吏，以及中央四品以上京官等定期推荐属员，包括佐贰、教官等。顺治初，规定省级官员升迁离任时，须荐举人才一次，后定每岁一荐举，大致大省限 10 人，

---

① 《大清会典事例》卷 75《吏部·除授》。

② 《清世祖实录》卷 104。

小省限三四人。不久，又改两年一荐举。康熙时，注重整饬吏治，曾一再诏令群臣荐举天下廉能官。一些被当时公认为清官廉吏的人，如毕振姬、陆陇其、于成龙、邵嗣尧、赵苍璧、格尔古德、彭鹏、赵仑、崔华、张鹏翮、郝浴等，都因此得到膺荐，有的人还被超擢重任。雍正时，随着密折陈奏制度的进一步推行，保举下属也多采取密折的形式，以防止在荐举中官员互相串通作弊。如康熙六十一年（1722）十二月，雍正帝刚即位，即谕令诸大臣将周围"品行端方，或操守清廉，或才具敏练"的属官，"密奏"荐举①。又以道府州县等官，均属"亲民要职，必才干素著廉洁自持者，方克胜任"，敕下督抚布按和将军、提督，"各举所知"，"密封奏闻"②。雍正朝之所以采取密折的形式，旨在使官员荐举时背靠背地进行，保证荐举的独立性、公正性，防止串通作弊。如雍正二年（1724），"著于各省道府官内，令督抚藩臬各举所知，保举一二员二三员，俱各密封具奏，不得会同商酌。如所保之人不当，日后劣迹败露，将保奏上司一并治罪"③。雍正七年（1729），胤禛甚至谕令在京、地方各大员，要他们"密保""可胜任督抚之任，或可胜藩臬之任"的人才，而且申明，可"不必拘定满汉，亦不限定资格，即府县等员，官阶尚远者"，只要"果有真知灼见，信其可任封疆大僚"的，都"准列荐牍之内"④。乾隆八年（1743），弘历诏令大学士们荐举翰林院编修、检讨中有才力的人，出任各省知府；十四年（1749），又命"侍郎以上举能任三品京堂者，尚书以上举能任侍郎者"，"明扬密保，并行不废"⑤。

清廷为确保所保举的官员廉正，对保举不当者予以处罚。如"康熙六年（1667）覆准：凡督抚保举府州县官，必开列实在政绩，傥并无实在政绩，妄行空填字样，及保荐不实，别经发觉者，将督抚各降二级调

---

① 《清史稿》卷109《选举四》。
② 《大清会典事例》卷81《吏部·处分例》。
③ 《大清会典事例》卷81《吏部·处分例》。
④ 《宫中档雍正朝奏折》第15辑，故宫博物院，1977年，第619页。
⑤ 《清史稿》卷109《选举四》。

用。申详之司道府、直隶州知州等官，各降三级调用，加级纪录，不准抵销"。"康熙五十二年（1713）议准：九卿保举官员内，除因公违误外，如有贪婪事发，将原保举官照督抚滥举例降二级调用；保举后自行访出揭参者，免议"①。

3. 荐举孝廉方正。

荐举孝廉方正又称荐举贤良方正，最早始于康熙六十一年（1722）十一月，诏令"每府州县各举孝廉方正，暂赐六品顶戴荣身，以备召用"②。清廷荐举孝廉方正的目的主要是为了"振风俗而励人才"，"振拔幽滞用端风俗"，"广励人才"，因此对荐举对象没有很高的门槛限制。无论是在籍乡绅，还是一般布衣百姓，只要"有敦宗睦族，倡行义举等事，足为乡里所矜式者"，就可由"该地方绅衿耆庶邻里乡党合辞公举"，再由地方官中"采访公评，详稽事实，其所举或系生员，会同该学教官考核，造具事实册结，加具印甘各结，申详该官上司，逐加采访，督抚核实保题，给以六品顶戴荣身。如其中果有德行才识兼优、堪备召用者，准该督抚出具切实考语，破格保荐，给咨赴部，会同九卿翰詹科道，公同验看。如果众论相符，引见候旨简用"。由此可见，荐举孝廉方正为达到"振风俗而励人才"的目的，主要侧重于对荐举对象品德的考察核实，所给的六品官衔也属于荣誉性质的，只有少数德才兼优者，才授予实权的官职。

清政府为保证荐举孝廉方正活动的如实公允，防止徇私舞弊、荐举不实，对荐举不实、弄虚作假官员予以惩处。如雍正十二年（1734）覆准："保举贤良方正出身人员，如犯贪酷不法等事，审实，查明该员保举缘由，于疏内附参，将原保举之州县等官降三级调用；转详之司道府直隶州知州，降二级留任；不能查出之督抚，降一级留任。"③乾隆元年（1736）议准："直省督抚，转饬府州县等官，保举孝廉方正，详稽事实，

① 《大清会典事例》卷81《吏部·处分例》。
② 《大清会典事例》卷75《吏部·除授》。本自然段引文，均见于此。
③ 《大清会典事例》卷81《吏部·处分例》。本自然段引文，均见于此。

造册加结，申详该管上司，递加访察，督抚核实保题。傥所举不实，将平日并非敦崇实行之人，以贪缘奔竞，辄行保荐，或被旁人举发，或被访察题参，除本人斥革追究外，将滥行出结各官降三级调用，受财者从重论。如各衙门胥役，借端需索，该管官失于觉察者，照失察衙役犯赃例，分别议处。"

4. 开设"博学鸿儒"或"博学鸿词"科。

在清代的荐举活动中，影响面最大的，当首推博学鸿儒科（又称作博学鸿词科）。博学鸿儒科形式上虽然也要进行考试，但实际上并不看重答题的优劣，只要被举荐者有名望，就一律都在录取之列。

清廷自顺治帝入主中原后，通过科举和各种荐举活动，使很多汉族知识分子纷纷加入其各级政权，为新政权效劳。但是，仍有相当部分在学术上颇具名声的"硕儒""奇才"，或埋名隐姓，或徘徊观望，不仕新朝。康熙帝在基本平定三藩之乱后，为了表示"振兴文教"，争取更多的士人为我所用，兴起了一场推荐网罗人才的博学鸿儒科考试。他在给吏部的诏谕中说，"自古一代之兴，必有博学鸿儒振起文运，阐发经史，润色辞章，以备顾问著作之选"。"我朝定鼎以来，崇儒重道，培养人才，四海之广，岂无奇才硕彦、学问渊通、文藻瑰丽，可以追踪前哲者。"因此，他要求在京三品以上及科道官，在外督抚布按，各举所知。只要是"学行兼优，文辞卓越"，"不论已仕未仕"，均可入选①。然后经皇帝亲自出题考试，录取后便可从优授予翰林院官职。

经过官员们的广泛推荐，到康熙十八年（1679）三月，共有 143 名士子被推荐到京师参加博学鸿儒科考试。经考试选拔后，康熙帝共录取了 50 名，其中一等 20 人，二等 30 人。录取者分别被授予侍读、侍讲、编修、检讨等职。康熙的博学鸿儒科，虽然未能把当时的所有名流罗致在清王朝各级政权中，如顾炎武、黄宗羲、李颙、孙奇逢、傅山、杜越诸人，仍坚持抗节不仕。但博学鸿儒科对于缓和汉族知识分子中的抗清

① 《清圣祖实录》卷 71。

思想，收买笼络人心，扩大清廷统治基础，还是起了应有的作用。康熙对于业经录取的名流，除授予翰林院官职外，大多数还被派往纂修《明史》，给那些有"故国之思"的士人以某种精神寄托。即使是那些抗节不仕者，康熙也一概置之不问，以示宽大。

清代的第二次博学鸿儒酝酿于雍正十一年（1733），雍正帝鉴于康熙博学鸿儒科的成功，特颁诏内外官员，要求"悉心体访""足称鸿儒之选者"，将名单咨送吏部[①]。但1年之后，全国仅保举3人，使考试未能举行。乾隆帝继位后，再次下诏督促，并规定以1年为限，将被荐者礼送到京师。乾隆元年（1736）九月，全国被荐者共176人齐集紫禁城保和殿进行考试。事后取一等5人，授编修；二等10人，授检讨、庶吉士。第二年再行补试，又录取一等1人，二等3人。由于康熙时较彻底地网罗"硕儒""奇才"，因此至乾隆朝的50多年间，应荐者的才学、名望远逊于康熙朝，故其录取者人数、影响很难与第一次相提并论了。而且，雍乾之际，清廷的统治在全国已经稳固，经济上正处于上升阶段，因此，雍正、乾隆热衷倡导的博学鸿儒科，已不是以网罗人才为主要目的，而是主要为了夸耀"盛世"，点缀升平。

清代的博学鸿儒科，后来在道光和光绪年间，又曾有人提出。但由于今非昔比，那时的国运、文运都已江河日下，即使统治者有心装点门面，也很难实施。所以两次建议，都是不了了之。

5. 荐举优行生员。

雍正年间，清廷认为，国家选拔人才，仅凭科举考试是不够的，因为科举考试也会因一些品学兼优的人才在考场发挥不好而未被录取，另外一些年迈力衰的人却因考试成绩优秀而被录取，却无法为国家所用。因此，雍正帝诏令，各省学政在3年任满之时，将品学兼优生员，各推荐2—5人，送部引见，由皇帝亲自考核后予以任用。这样能更好地激励全国生员努力学习，注重品德修养。"雍正四年（1726）谕：国家设学校

---

① 《清世宗实录》卷130。

以储养人才，乡会廷试，拔其尤者而用之，即古选士造士之遗意也。但士子作文，有一日之长短，纵使主司公明，搜罗岂能无遗，况去取惟凭文艺，其人品之高下，才能之优绌，无由得知。每有出群拔萃之才，屡试不售，即或晚得一第，而年力衰迈，不堪为国家任使。朕思各省学政，奉命课士，黜劣举优，系其专责。嗣后学政三年任满，将生员中实在人品端方，有猷有为有守之人，大省举四五人，小省二人，送部引见，朕亲加考试，酌量擢用。现在报满各学政，即遵照荐举，其到任未久者，如有所知，亦即举出。夫一省而举数士，不可谓无人。学政巡历各府，三年之久，日与士子相亲，考文察行，不得谓不知，但能虚公衡鉴，所举必得其人。且风声所树，凡读书士子，必皆鼓舞振兴，力学敦行，求为有用之儒，于士习人才，大有裨益。该学政其各实心奉行，毋得苟且塞责"①。

　　雍正皇帝是清朝诸帝中较重视人才的皇帝，他认识到"从来为政在乎得人，书曰：'野无遗贤，万邦咸宁。'盖贤才登进，在位者多，则分猷效职，庶绩自能就理，而民生无不被其泽也"。他基于这种认识，在雍正五年（1727），再次谕令各省学政，并扩展到知州知县及各学教官，荐举直省府州县学贡生生员中德才兼优者，上报朝廷，以备任用。而且将失于荐举生员的州县教职等官，依照溺职例予以革职。"念各省学校之设，原以养育人才，爰命学臣，保举贤能，升闻于朝，以备任使。乃直省学臣，所举人数不多，又多草率塞责，不能副得人之实。夫十室之邑，必有忠信，今直省府州县学贡生生员，多者数百人，少亦不下百余，其中岂无行谊醇笃、好修自爱明达之士乎？著知州、知县官，会同各该学教官，将府州县学之贡生生员内，居家孝友、行止端方、才可办事而文亦可观者，秉公确查，一学各举一人，于今年秋末冬初，申报该上司，奏闻请旨。其或僻远中学小学，实无可举者，令知县教官出具印结，该督抚查实奏闻。朕因广揽人才，举此旷典，所以黜浮华而资实用，州县

---

①　《大清会典事例》卷75《吏部·除授》。本自然段引文，均见于此。

教职等官，为一方师长，选贤荐能，乃其专责，傥敢有轻忽之心，虚应故事，滥举非人者，定照溺职例革职。若或徇情受贿，则又加倍治罪。八旗之满洲、蒙古、汉军，亦照此例，将人品端方、通晓汉文者，著该佐领各举一人，如不得其人之佐领，亦具印结，令该都统汇齐奏闻请旨。庶使潜修笃行之士，得以表见，而国家亦收得人之效矣。"

6. 举办经济特科。

清朝末年，中国在西方列强的侵略下，民族危机严重，社会矛盾尖锐，整个国家处于内外交困的境地。一些有识之士，提出了维新自强的主张，其中在选任人才方面，提出改革官员选拔制度，举办经济特科思想。光绪二十四年（1898）正月，清廷根据贵州学政严修的建议，下谕总理各国事务衙门，会同礼部讨论开设经济科事。但是，由于慈禧太后发动戊戌政变，百日维新失败，经济特科也就搁置不行了。

光绪二十七年（1901），八国联军侵华后，强迫清政府签订了丧权辱国的《辛丑条约》，中国面临着被帝国主义瓜分的危险。在国家面临生死存亡的紧急关头，清廷被迫又实行改革，诏行经济特科，命各部院堂官及各省督抚、学政保荐"志虑忠纯，规模闳远，学问淹通，洞达中外时务"的各等人才。当时的中国，面临着西方列强的侵略，朝野上下有识之士已认识到，必须学习西方科技知识和政治制度，变革中国腐朽的封建制度，才能自强，实现救亡图存。因此，当时的经济特科就是选拔懂得新政、新科技的专门人才。其选拔保荐的人才大致必须具备 6 个方面知识：一是懂内政，熟悉"方舆险要，郡国利病，民情风俗"；二是懂外交，了解"各国政事条约、公法、律例章程"；三是懂理财，能考求"税则、矿产、农工商务"；四是能经武，讲究"行军布阵，管驾测量"；五是懂格致，能运算"中西算学、声光、化电"；六是懂考工，能操作"名物象数，制造工程"①。

光绪二十九年（1903），政务处确定经济特科的考试方法，所采取的

---

① 张寿镛：《清朝掌故汇编》卷 37《科举三》，广陵书社，2011 年。

方式类似科举中的廷试，用策用论。考试后，录取一等 9 人，二等 18 人。录取者如原是举贤，以知县、州佐任用；如录取者原是京职、外任，都只比原职略加升叙。总之，对录取者的任用都较之原来设想的特加重用相差甚远。经济特科在拟定章程时，原计划每隔 10 年或 20 年举行 1 次，但不到几年，辛亥革命爆发，清朝被推翻，经济特科最终仅举办了 1 次。

（三）捐纳选拔思想

清代捐纳主要指士民通过捐资、纳粟等而得到官职。康熙十三年（1674）始开捐例，仅限文官；武职捐纳始自雍正初年，只捐千总、把总，乾隆九年（1744）后，始得递捐参将、游击、都司、守备等。捐纳分为两种：一是朝廷为了赈灾、河工、军需而行捐纳，期满或事竣即停，此称暂行之例；二是捐纳贡监、衔封、加级、纪录无关铨政者，其为定制，称现行事例。文职捐途自小京官至郎中，未入流到道员；武职自千总、把总至参将。清代，捐纳授官的限制有所放宽，如现行事例可以捐职衔、贡监，以及捐加级、纪录、封典之类，由于主要捐虚衔，无实质权力，故对吏政的影响还不十分明显。暂行事例除捐纳上述现行事例所涉及的项目外，最大的不同是可以捐实官，京官自郎中、员外郎，外官文职自道府、武职自参将以下，直到从九品、未入流官，都可捐买。现行职官则可以捐升任、改任、免降，捐选补各项班次、分发指定省份。另外还可以将降革留任、离任、原衔、原翎加以捐复，或坐补原缺；试俸、历俸、实授、保举、试用、离任引见、投供、验看、回避，也可通过出钱予以捐免。乾隆以后，还陆续把某些原来只在暂行事例中施行的项目，也陆续实施于现行事例。在名目繁多的捐纳名目中，价格最高的当推捐实官，其对吏治的危害也最大。

清代捐纳名目虽然超过前代，但仍有一些限制。如朝廷规定，捐纳官不得分用于吏部、礼部，大概是因为吏部掌握人事大权，须得防微杜渐；礼部负责礼教和教育、科举之事，须有较高文化水平，如让捐纳官充任，恐难以胜任，并有伤大雅。还有如捐纳道府职务的，若以前从未担任实缺正印官的，只能仅授简缺。

清代的捐纳，与历朝捐纳一样，以捐钱粟为主，除此之外，还有根据实际需要，捐纳其他的，如官员捐垦荒地议叙、捐栽芦苇树木议叙等。如"乾隆三十年（1765）定：本省文武官员，捐给牛种招垦荒地十顷，捐银一百两者，准其纪录一次；四十顷，捐银四百两者，准随带加一级；多捐者计算增加。令该督抚随案咨部备核，吏部附入年终汇奏"①。"乾隆三十七年（1772）定：江南蓄水诸湖，豫东二省、黄河两岸月格等堤内外，以及沮洳坑塘等处，栽种芦苇，准其议叙。印河官员，栽种芦苇，一顷者准其纪录一次，二顷者纪录二次，三顷者纪录三次，四顷者加一级。民人有情愿捐栽者，确查数目，分别造册，咨部议叙。如捐栽芦苇，不及议叙之数者，准其次年补栽。地方官先行查验收管，申报河督存案，俟三年之内，统计种芦苇四顷者，造册报部议叙，给予九品顶戴荣身。至捐栽树木……其直隶等十五省地方官员，有能自出己资，在官山官地栽种树木，三年后培养长成，该督抚委员查验数目，造册送部。成活五千株者，纪录一次；一万株者，纪录二次；一万五千株者，纪录三次，二万株者，加一级，分别议叙。各省商民，如在官山官地栽种，成活二万株，及在己地内栽种，成活一万株者，给以九品顶戴荣身。如生监能于官地内栽种，成活四千株，及在己地内栽种，成活二千株者，免其考职，给以主簿职衔"。

《清史稿》云：清王朝捐纳，"其始固以搜罗异途人才，补科目所不及，中叶而后，名器不尊，登进乃滥，仕途因之淆杂矣"。如前赈灾、河工捐纳，捐垦荒地、捐栽芦苇树木等，的确在弥补科举选拔人才不足方面网罗各种不同类型人才，在培育社会良风美俗方面发挥了一定的作用。但是，由于捐纳从一开始就把解决财政困难放在重要位置，因此，难免被人诟病为朝廷卖官。而且愈到清王朝后期，口子开得愈大，卖官腐败、选官冗滥程度愈益严重，终于成为有清一代考选制度中的一大弊政。对此，有清一代不少官员对朝廷推行捐纳的做法，提出不同的意见。其中

---

① 《大清会典事例》卷 77《吏部·除授》。本自然段引文，均见于此。

有主张禁止者，有主张有限制地实行，或加以完善者，兹举有代表性的观点数例。

康熙中，四川道监察御史陆陇其就捐纳之事上疏谏止："夫捐纳一事，原非皇上所欲行，不过因一时军需孔亟，不得已而暂开，复恐其贤愚错杂，有害百姓，故立保举之法以防弊，为虑深远矣。近复因大同宣府，运送草豆，并保举而亦许捐焉，则与正途无复分别，甚非皇上立法防弊之初意。且保举所重，莫重于清廉，故督抚保举，必有'清廉'字样，方为合例，若保举可以捐纳，则是'清廉'二字可捐纳而得也，此亦不待辨而知其不可矣……且捐纳先用之人，大抵皆奔竞躁进之人，故多一先用之人，即多一害民之人，此又不待辨而知其不可者矣……夫既以捐纳出身，又不能发愤自励，则其志趋卑陋，甘于污下可知，使之久踞民上，其荼毒小民，不知当何如。故窃以为不但保举之捐纳，急当停止，而保举之限期，更当酌定，不但目前先用之例，万不可开，而从前先用之人，不可不行稽核。伏乞敕部，查一切捐纳之员，到任三年而无保举者，即行开缺，听其休致，庶吏治可清，选途可疏，而民生可安矣。"[①] 但是，陆陇其的上疏被康熙帝斥责为"懵愦不知事情"[②]，险些被遣戍边疆。后来，李光地也从捐纳导致吏治腐败角度陈述了捐纳的弊端："虽市井负贩之人，用一百余金加一监衔，再用千金便得知县之职，层累而上，而用数千金遂致道府，而未尝一日办事也"。"臣所见同乡之人，有口未生髭，目不识丁，便已牧民者，或剖百里之符，或拥一道之节。而其为童骏无知自若也"[③]。这些靠金钱买官之徒，既出钱当官，那么在其任期之内，大多数人必然要贪污受贿，剥削百姓，以求赚取比出钱买官更多的钱财。这些靠捐纳当官的人往往无德无才，不仅不为国效力，而且贪赃枉法之事皆能干、敢干，因此，使清王朝官场腐败之风蔓延，

---

① 《清经世文编》卷17，陆陇其《请速停保举永闭先用疏》。

② 《三鱼堂文集》附《陆清献公本传》。

③ 《榕村全集》卷30《奏明开捐议稿未敢画题札子》。

吏治更加黑暗。

在清代，更多的官吏赞同捐纳，但是同时提出对捐纳制度进行完善或限制。如陈廷敬主张，对捐纳者必须进行考试，合格者再予以授官，只是考试时可以放宽要求，可不试八股经义，只试时务策、判。如在捐纳前已经过考试，那么一旦捐纳就可授官。他指出："自捐纳以来，有未经考试之人，辄授正印亲民之官者。夫古者以经术为吏治，必学古然后可以入官。今即不能尽然，而亦须略晓文义之人，委以民社之寄。臣查俊秀一项，初捐既是白身，有司曾未一试，而吏部辄与选补，则其文义通暗，何由得知。此项人若一概束之高阁，则既已尝许其得官，若尽数录用，则自古未有不晓文义之人，可以为民父母者也……臣愚谓知府知州知县，凡俊秀捐纳，有已经考职后捐纳者，依例选补；有未经考职遂行捐纳者，于补选之时，仍行考试。文义略晓者，即与选补，否则，且令肄业，听其再试。凡考试之时，若绳以八股经义，既非其所素习，亦难以猝然而能，合无试以时务策一道，判一条。但须严加防察，毋得令其代倩，徒应虚名。如此，则既不绝其功名仕进之路，亦使知有郑重名器之思，庶可以责吏治之实效也。"[1]

蒋伊赞成捐纳，但主张对捐纳者要从身言书判 4 个方面进行考察，合格者可授予知县，不合格者给以职衔，作为佐贰。并对捐纳授官者实行保举制，给予一年试用期，才长守慎者升转，贪残阘茸者罢斥。康熙十八年（1679），他上《甄捐纳以恤人才疏》，指出："从来亲民之官，莫切于县令，县令贤，则一邑被其泽。推而言之，天下之民困矣，捐纳知县，原出于一时权宜之策。乃有先用，又有即用，更有小京职之一途，以为终南捷径。揆其欲速之心，莫非取偿之计，此辈欲望其毋侵渔百姓，岂可得乎？……夫捐纳之中，未必无贤能，而不可不选择。臣请将捐纳未选者，在内责成吏部行拣选之法，身言书判实加考验，取其文理才干堪为民牧者，照次除授；如文义荒谬，出身下贱者，给以知县职衔，俾

---

① 《清经世文编》卷17，陈廷敬《请考试正印官疏》。

为佐贰以自效。其捐纳已选者，在外责成督抚行保举之法，一年之中，试之政事以观其能，稽之操守以定其品。如果才长守慎，许该督抚保奏，不拘资格，一体升转；其贪残阘茸者，亟请罢斥。如是则铨法澄，而吏治端矣。"①

徐元文也赞成捐纳，但他认为必须加强对捐纳为官者的考核，称职者升转，不称职者随时题参罢黜。而且必须使捐纳为官与科举为官者有所区别，前者必须经过保举才能升转。他说："凡捐纳授官及捐纳复职州县，到任三年后称职者，具题升转，不称职者题参，照例议处。其官箴有玷者，不时题参，是凡捐纳之人，无论称职不称职，皆当以三年为限，分别具题也……今吏途甚杂，所以令三年具题，盖欲使贤者劝而不肖者惧。""岁贡一项，所谓正途，自捐纳事例，渐推渐广，而生员俊秀，并得输纳，嗣又开捐纳生员之例。虽复目未识丁，而今日纳生员，他日即纳岁贡，名则清流，实多铜臭，公然冒滥，自诩正途。臣以为正途非可捐纳而得，其由捐纳岁贡得官者，仍须保举，方与正途一体升转。"②

魏裔介则主张，对于捐纳为官者必须用其所长，分门别类加以任用："夫捐纳者之先用，当先用于捐纳者之本行耳。奈何将历科进士、举人，皇上临轩亲策之人而并先之也。进士为一行，举人为一行，例监捐纳为一行，丞簿捐纳为一行，教习为一行，斯可矣。"③

（四）考选御史思想

清朝"都察院各官皆朝廷谏诤之臣"④，非一般官员可比，因此，清廷重视考选御史，特别规定了考选御史的一些标准，主要有以下几个方面。

其一，御史必须才守兼优，敢于直言。清廷认为，御史为朝廷"耳

---

① 《清经世文编》卷17，蒋伊《甄捐纳以恤人才疏》。
② 《清经世文编》卷17，徐元文《酌议捐纳官员疏》。
③ 《清经世文编》卷17，魏裔介《复黄蓁园书》。
④ 《大清会典事例》卷998《都察院·宪纲》。

目之官，关系最重，必须选用得人，方能称职"①。任源祥也认为，"科道职司言路，必使品行卓荦、扬历时务者居之"②。因此，朝廷对都察院各官的考选标准是"才守兼优"③；"勤敏练达，立心正直"④；"上之则匡过陈善，下之则激浊扬清，务求知无不言，言无不尽，乃称厥职"⑤。总之，才守兼优、敢于直言是考选科道官的必备条件。

其二，中老年人经验丰富，思想成熟，是考选御史的最佳年龄段。嘉庆四年（1799）规定："各衙门保送御史，其年龄过轻者，固不便率行保列，如年逾耆艾各员，精力尚强者，仍准保送，以六十五岁为率，过此者不准保送。"⑥ 大致说来，30—65岁之间，身体健康、精力强壮者是理想的年龄人选。

其三，考选御史必须实行严格的回避制度。为了防止各级文武官员利用宗族、姻亲、师生、同乡等关系，结党营私，互相包庇，破坏法纪，清政府严格规定了考选御史的回避制度，以使任职者更好监察、弹劾百官，尤其是高官权贵，从而在肃清吏治中发挥作用。清初顺治时就规定，考选御史时，"汉人现任三品以上堂官子弟，不准考选"⑦。康熙帝时又规定，"汉人督抚子弟亦不准考选"。"父兄现任三品京官，外任督抚子弟，例不准考选科道。其父兄在籍起文赴补，及后经升任者，有子弟现任科道，令其呈明都察院具奏回避，移咨吏部，改补各部郎中"。乾隆时规定，既然都察院所属十五道，是"按省分道，专司稽察该省事务，则本省之人，自应回避本省"。光绪时规定，满洲、蒙古御史，亦应参照汉御史之例，实行回避制度。

其四，考选御史讲究出身。清代官员出身有正途、杂途之分，正途

---

① 《大清会典事例》卷1029《都察院·各道》。
② 《清经世文编》卷17，任源祥《铨法》。
③ 《大清会典事例》卷1029《都察院·各道》。
④ 《大清会典事例》卷1029《都察院·各道》。
⑤ 《大清会典事例》卷998《都察院·宪纲》。
⑥ 《大清会典事例》卷1029《都察院·各道》。
⑦ 《大清会典事例》卷1029《都察院·各道》。本自然段引文，均见于此。

受重视，杂途被轻视。清代大多数皇帝都讲究御史必须正途出身。如顺治时规定，汉官由贡生出身者，不准考选御史。康熙时又规定，汉官非正途出身者，虽经保举，不准考选御史。正途之中，又以科甲出身的最受优待。如康熙时规定，满洲给事中员缺，应升官内，先尽科甲出身之人升补。清朝唯雍正帝对科甲出身的人颇不以为然，而重视选拔有行政经验、德才兼备者为科道官。他规定，科道缺出，在京则令各部院堂官于各属司官内挑选，不论科甲贡监，择其勤敏练达、立心正直者保送。

其五，御史考选。清初规定，大理评事、太常寺博士、中书科行人等，凡历俸 2 年者，以及在外俸深有荐之推官知县，都可以是六科给事中和监察御史的考选对象。"御史由保举考试补授"①，这就是考选对象首先必须由大官员保举，在京由各部院堂官保举，在外省由督抚保举，然后经吏部奏请考试，合格者引见记名后，等待皇帝简用。后因保举官与御史结党营私，弄虚作假，损害了保举制度，康熙时曾一度停止了堂官和督抚保举御史的做法。直至乾隆时重新规定，由九卿于应行考选人员内秉公保举，请旨考试引见，等待皇帝简用。

二、任官中的官缺、条件审核、正途与杂途、回避思想

（一）官缺制度

清代考选合格，只是取得当官的资格，但并不意味着就已当了官。考选合格只是进入当官的门槛，还必须等待有官位空缺时，再予以任命，这样就需要有一定的候选和候补期。清代后期，由于通过捐纳的官愈来愈多，候选、候补的时间也越来越长，有的竟拖了一二十年也捞不上一个实缺官，也有的开缺官则长期无法递补。

清代的官缺，即指职官的额定设置，即现代的所谓职数。清代为满洲贵族建立的封建政权，在官缺上明显体现了对满族、皇室宗亲的优待。

---

① 《大清会典事例》卷 1029《都察院·各道》。

清制规定，凡内、外官之缺，分宗室缺，满洲缺、蒙古缺、汉军缺、汉缺、内务府包衣缺等。京内外各衙门官员额缺均有明确规定，一般不能随意更动。宗人府官员为宗室缺，内务府官员为内务府包衣缺，各直省驻防官、理事、同知、通判为满洲缺，京官大学士以下，翰林院孔目以上亦为满洲缺（但顺天府府尹、府丞、奉天府府丞及京府、京县官、司坊官不授满洲缺），唐古特司业、助教、中书、游牧员外郎、主事为蒙古缺，钦天监从六品秩官正为汉军缺。唯宗室京堂以上缺，满洲、汉军可互补；汉军司官以上缺，满洲、汉军可互补（但刑部司官，不授汉军缺）。外官蒙古可补满洲缺，满、蒙、汉军包衣可以补汉缺。此外还规定，满洲、蒙古无微员（即从六品首领、佐贰以下官），宗室无外任（即外任道以下官员，但督抚、藩臬由特旨简放者，不在此例）。由此可见，清廷在官缺的设置上，既保证满族贵族和八旗子弟在政府机构中享有的特殊地位，同时又不致过分损害汉族等各民族上层分子的利益。

清代在地方府州县官缺的设置上，有两点值得提及。一是由于汉族人数众多，因此，府州县官基本上都由汉人充当，这样用汉人直接管理汉人，也避免产生满、汉之间的民族冲突，省去许多不必要的麻烦。二是根据地方府州县事务的繁简情况，对各地府州县官的缺分，规定出不同的等次。雍正时，广西布政使金鍂提出了"冲、繁、疲、难" 4 字标准。所谓冲，就是"地当孔道为冲"；所谓繁，就是"政事纷纭为繁"；所谓疲，就是"多逋欠者为疲"；所谓难，就是"民刁俗悍，命盗案多者为难"[1]。尔后，吕耀曾又作了补充，在要、中、简 3 等中，"如遇要缺开，则于中、简之中，择才守兼优者，一面题达，即一面调补。所调之缺，或归部选，或以部发人员补用"[2]。经过廷臣讨论，雍正九年（1731）十二月批准确定，凡四字俱全者为"最要缺"，四字中占三项者为"要缺"，占二字一字或无字者，分别是"中缺"或"简缺"。缺分的等次不

① 《宫中档雍正朝奏折》第 10 辑，第 92 页。
② 《宫中档雍正朝奏折》第 12 辑，第 466 页。

同，补授的方式也不同。一般说来，新选知县授"简缺"或"中缺"，待有行政经验后再转"要缺"和"最要缺"。其中不少"最要缺"，选授权力不在吏部，须得请旨简放，或请旨特授。另外在边疆偏远地区，还有"烟瘴缺""苗疆缺"。因为那里条件艰苦，在题调补授上可得到适当照顾，以使"人地相宜"，"吏治民生均有裨益"①。

（二）官员的任用

清朝任用官员根据各官初任或再任的具体情况，分为除、补、转、改、调、升六班。通常刚刚任官，统谓之除，如进士授官，或举贡、生员以及吏胥任满得官等类，皆属于此。补是原有任职，因丁忧、终养、病假、省亲、娶亲等缘故，暂时去职，期满后等待补职者。转，在同一衙门，改任同一品位，而地位又略高于前者，如六部右侍郎转左侍郎，御史转给事中，翰林院侍讲学士转侍读学士，侍讲转侍读等。改，从此衙门改调于另一衙门而任相同品级官员者，如由都察院右都御史改任六部尚书，外任总督改任尚书、左都御史，巡抚改任六部侍郎、左副都御史等。调，与改班意思相同，有的地方官因触及回避规定，由总督、巡抚便宜行事，调任同样品级职务者，还有的是本衙门不设专官，依例调用其他衙门官员，限定年份充当者，如隶于户部的宝泉局（铸钱）大使，例由该部笔帖式调充，工部宝源局大使由本部笔帖式调充，任期 3 年，即属此类。升，晋升更高一级的职位，像巡抚升总督、侍郎升尚书、尚书升大学士等②。

清朝任官，不论铨选或保举，在领凭证赴任前，有关部门必须对任官条件逐一审核。

其一，"别其流品"，考究官员的身家。在中国古代，士被认为是四民之首，当官的必然清白，才得为人表率。为此，清朝规定：凡为人家奴、长随、倡、优、隶卒的子孙，或八旗户下人，均不得进入仕途。凡

---

① 《清世宗实录》卷 113。
② 《中国政治制度通史》（第 10 卷），第 535—536 页。

已服役三代，经主人同意拔出为民的八旗或汉人家奴，由有关衙门记档存案，再经三代所生子孙，方准出仕，但在任职上仍有京官不得到京堂，外官不得至三品的限制。

其二，官员铨选掣签后，吏部要会同九卿、科道官进行查验，也就是"观其身言"。具体查验内容包括行止、出身、年岁、身体状况、有无冒充籍贯、父祖有无亏空钱粮等。雍正时又规定，初除官员必须随同履历进呈考单，分别回答就任后"何以治民，何以厚俗"，有何"催科抚字之术，谳狱息讼之方"等问题。对于升任、补任之员，"令其将旧任地方利弊，明白敷陈于履历之后"，目的是"看其学问识见，以观将来之志向"①。

其三，对升任、补任官，必须考查先前有无降罚、住俸以及其他尚未了结之事，即所谓"核其事故"。

其四，"论其资考"。清代各官有论俸推升制度，不论京官、外官，升降调补均有一定的计算俸禄的方法，看是否符合规定发放俸禄。凡有裁缺、对调、回避、丁忧服满、终养事毕、病愈销假、新旧交接、往返候缺日期等等，均按例或予以扣除，或准许接算。

其五，"定其期限"。凡新进进士以及荫生、捐输、拔贡等员，分发到各部门行走和各省试用，依据其原科目出身和分授职务，分别规定一年二年三年，最多至九年的任期。待任期满后，由原衙门咨文吏部查核，以备升补调用。在这过程中，各衙门咨文，吏部查核后回文，该员接读回文后办理移交到引见赴任，都有严格的期限规定。

其六，"密其回避"。清代任官，定有回避制度，任官前必须考察是否有该回避而没有回避的。

其七，"验其文凭"。凡候选官员，必须有原任职衙门或有关部门等发给证明其身份的执照、咨文、印结，呈交吏部，以便赴京投供验到，或在籍选候。选后赴任，除京官由吏部直接发文知照各衙门，外官则领

---

① 《大清会典事例》卷 44 《吏部·汉员铨选》。

凭或给部照、咨文，以便各省督抚查验。待查证后，又咨吏部回复。

清代规定，任官前必须审查以上 7 条，均符合条件的，才能正式开始担任官职。

清代官员任职后，还有种种区别，大约有如下 7 种。

其一，管理事务，即在中央或某些特定衙门，在主管官员之上，再任命高一级的官员为管理大臣。如在六部和理藩院尚书之上，再任命某亲郡王或大学士兼管某部事；乐部、太常寺、鸿胪寺由满洲礼部尚书兼管；顺天府和奉天府，各派尚书、侍郎和盛京五部侍郎为兼管府尹事。

其二，行走、兼充，指以原官衔兼任或在另一衙门办事。如行走之类指大学士或尚书、侍郎在军机处行走，以翰林院、詹事府和国子监有关官员入值南书房充任行走等。兼充之类指以大学士兼领文渊阁事，以翰林院掌院学士、詹事府詹事兼充日讲起居注官，以王或御前大臣领侍卫内大臣、领虎枪营总统等。行走和兼充，都属于临时性的差遣供职，不是实官，任职者的品衔都以原官为准。

其三，差委，"凡钦派曰差，各衙门堂官所派曰委"①。钦派即皇帝派遣，如道光十八年（1838），道光帝任湖广总督林则徐为钦差大臣，"驰往广东，查办海口事件，水师咸归节制"②。咸丰十年（1860），咸丰帝授恭亲王奕䜣"钦差大臣，便宜行事全权大臣"，负责与入侵京师的英法两国谈判议和事③。这种钦差，多属临时性质，办完事务，即交差停止任职。另外还有一种是出任某些特定官职的差官，如各省学政，多派进士出身的侍郎或翰詹科道等官以原衔派往，规定 3 年差满，回京供职。委任之官多系各部院寺监下属"分设处所官无缺额者"，一般都是由本堂官派委。

其四，分发，通常是刚刚进入仕途的官员，像科举中式、大挑举人、

---

① 《大清会典》卷 7《吏部》。
② 《清史列传》卷 38《林则徐》。
③ 《清史稿》卷 221《诸王列传》。

捐纳分发、督抚奏请等，需有一段的见习试用期，称作分发。待见习试用期中确实熟练工作后，才能甄别实授。见习时，如是留京供职的，称分衙门学习行走，如到地方任外官的，称发省差委试用。前者如新进士以额外主事学习，有庶吉士散馆改主事分发到各部行走；后者新进士以知县用分发差委，大挑一等举人分发试用等。当见习试用期满后，吏部再依照见习试用时间先后顺序，正式予以任命。如乾隆四十八年（1783）议准："捐纳议叙并大挑分发人员，各该督抚均按到省日期先后……扣明实在试用日期多寡，按照次序，每季造册咨部查核，遇有缺出，应行补用之员，按班各计先后补用。"① 嘉庆二十二年（1817），吏部遵旨议复："大挑一等分发河务人员，一年期满甄别，择其谙练河务、堪膺民社者，以知县用。"②

其五，署理、护理，也就是暂时代理。在京尚书、侍郎，或地方总督、巡抚等官，因接受差遣或因病等其他缘故，以及当事官调遣别地，替代官还未任命等，在此各种情况下，就得临时委托别的官员进行代理，即署理或护理。如康熙三十八年（1699）五月，正在南巡的康熙帝命令江南总督张鹏翮"扈从入京"，暂缺的江南总督职务，命吏部右侍郎陶岱"署理"③，直至次年五月，陶岱被放任总督仓场侍郎，才算结束署理使命。乾隆二十四年（1759），清廷召闽浙总督杨应琚进京，"其间闽浙总督印务"，命浙江巡抚杨廷璋"暂行护理"，而杨所掌巡抚印务，由布政使明山暂行护理④。有时候，皇帝对所任命的官员是否胜任把握不大，就先委以署理、护理，待考察一段时间后，确认能够胜任，再改以实授。一般说来，署理或护理印务，都任命比之稍低一级的官员担任，如尚书、巡抚等署总督，侍郎、布按等官署巡抚。他们的署理、护理，均得经过皇帝特旨。至于道府以下官员的署、护，只要督抚委嘱，报于吏部备案

①　《大清会典事例》卷 61《吏部·汉员遴选》。
②　《大清会典事例》卷 60《吏部·汉员遴选》。
③　《清圣祖实录》卷 193。
④　《清高宗实录》卷 582。

即可。

其六，稽察，即以本职受命考察其他官员，如内阁、六部、理藩院、銮仪卫、通政司、顺天府，以及各寺监衙门，照例由各道御史进行稽察。大学士或尚书可以稽察钦奉上谕事件处，内阁学士可以稽察中书科。还有一些在京衙门，也指定有稽察官。他们都由皇帝特简，或由都察院引见所简派，不属于专职官。

其七，加衔，主要有恩宠性虚衔和常例性加衔。如内阁大学士加太师、太傅、太保，尚书加少师、少傅、少保衔等，即属于恩宠性虚衔；各省总督例兼兵部尚书、右都御史衔，巡抚例兼右副都御史、兵部侍郎衔，使其可以兼行辖区内的行政、军事和监察权，即属于常例性加衔。加衔也常作为去世大臣封赠之用，如乾隆三十六年（1771），大学士尹继善病故，乾隆帝以其"历封疆者三十余载，绥辑协宜，洎入赞纶扉，兼直禁近，恪勤奉职"，故"加赠太保"衔①。

（三）入仕的正途与杂途

清代捐纳盛行，"登进乃滥，仕途因之淆杂矣"。但是，尽管进入仕途途径较多，但从总体上划分，大致分为正途出身和杂途出身两大类。所谓正途出身中，首推为"科甲出身"。清朝崇尚科举，在官员队伍中，凡是由举人、进士入仕的，均以有此出身为荣。其次经国子监培养的贡生出任外官的，叫学校出身，其出身仅次于科甲出身。再次由恩荫或难荫的荫生而授官叫恩荫出身。除此之外，如幕客等经保举而得官，"旗人并免保举"者，也视同"正途出身"。与正途出身相比的是杂途出身，又称异途、偏途。杂途出身大致是通过捐纳、荐举优行生以及吏胥迁秩而入仕的。

清代重视正途而轻视杂途，在委任官职时，正途一般会受到优待，而杂途则有一些限制。如按清制，"选班首重科目正途"②，在铨选官员

---

① 《清史列传》卷 18《尹继善》。
② 《清史稿》卷 110《选举五》。

时，科举等正途出身的，常受到优先待遇，甚至有些官职，只能由正途出身者担任，杂途出身者不能担任。如各级衙门的正印官，按规定，只能由正途出身的人担任，其中翰林院编修、检讨，汉内阁学士，各省学政，汉詹事府赞善以上官，国子监祭酒、司业，奉天府丞、汉吏部郎中、员外郎，宗人府及主事等，仅限于进士出身者。翰林院侍讲以上官，满洲国子监祭酒及其礼部侍郎、尚书，顺天府丞、教授、训导，内阁侍读、典籍、中书，国子监监臣、博士、助教、学正、学录、起居注主事，限于科甲出身者。各汉科道官凡不属正途出身者，虽有人保举，也不得破例。各府州县教职官，定例只能由进士、举人、贡生和由廪膳生员进取的例贡生充当。清朝规定对于杂途出身者，往往只能授予品级较低或未入流的官职。如由"俊秀"捐输得官者，止授从九品和未入流官。至于医、视、僧、道，虽也有授予官爵的，但限制十分严格，而且只能在本行中迁转，不得别改他途①。

在清朝官场，正途出身与杂途出身、科甲出身与非科甲出身区分严格，而且根深蒂固，有时即使皇帝任用官员，也要遵守规定，不得随意违反。如乾隆时出任四川、江南总督的李世杰，"以廉能称职"，乾隆帝"屡欲以为阁臣"。但因为他是捐纳授官，属于杂途出身，有关人士进言道："不由科目，例不可官内阁"，于是乾隆帝只好作罢②。

但是，在清代，也有皇帝敢于打破这些清规戒律的。如雍正皇帝就主张任用官员既要重视官员出身，又不能限得过紧过死，主要看实际才能。他宠用的田文镜，出身监生，不属于正途科甲，还有李卫由捐纳得仕，更是属于杂途出身。他指出："国家用人，但当论其贤否，不当限以出身。朕即位以来，亦素重待科甲，然立贤无方，不可谓科甲之外遂无人可用，倘自恃科甲而轻忽非科甲之人，尤为不可。自古以来，名臣良

① 《中国政治制度通史》（第 10 卷），第 543 页。
② 昭梿：《啸亭杂录》卷 4《李恭勤公》，中华书局，1980 年。

辅，不从科甲出身者甚多，而科甲出身之人，亦屡见有荡检逾闲者。"①还有在晚清时期，由于国家内忧外患严重，使清廷不得不打破常规任用各种才能的官员，使杂途出身的人不少也任职高官显宦。正如时人朱彭寿所指出的："迨咸丰辛亥（1851）以还，以及光绪甲午（1894）而后，国家多难，破格求才，一时奇杰之士，或效力戎行，或通知时务，其由诸生、布衣不次超擢官至督抚者甚多"②。

（四）回避制度

清朝继承古代任官规定，为了避免官员亲友、邻里同乡、师生等请托徇情，制定了一系列的限制条例，以防患于未然，这就是回避制度。清朝的回避制度，比较细致严密，主要有地区回避、亲属回避、师生回避、拣选回避4种。

地区回避是指文职官员不得在原籍和本籍任职，其回避的牵涉面较广。由于京官和地方官的情况有所不同，所以在具体实施中其规定又各有差别。

在京任职主要是指任户部、刑部两部司官和道监察御史的籍贯，不得与所管省份相同。之所以特别规定这3个部门京官要进行地区回避，主要原因有2个方面：一是这3个部门分别掌管钱粮、刑名与监察，属要害部门；二是这3个部门均以省分设司、设道，并各按所称省名辖理或监督所在省份的钱粮、刑名等事，为防止所辖理或监督省份的官员利用亲友、同乡关系请托徇私，于是进行地区回避，如浙江籍不得任职户、刑二部浙江司和都察院浙江道监察御史等。

外官的地区回避包括自督抚至州县官，不许以本省人任本省职，有的虽非本省，但其原籍与任职地相距在500里以内，也得照例回避。如康熙四十二年（1703）议定："候补候选知县各官，其原籍在现出之缺五

---

① 《上谕内阁》，雍正四年七月十三日谕，台湾商务印书馆影印四库全书本。

② 朱彭寿：《旧典备征》卷4《汉大臣不由正途出身者》，中华书局，1982年。

百里以内者，均行回避。"① 当时，地方官的回避止限于省道府州县厅的正印官，佐贰杂职不在规定的回避之内。雍正十三年（1735），扩大了回避面，规定"各省佐贰杂职，驻扎地方，在原籍五百里以内者，亦令回避"。

地区回避不仅限于省道府州县厅的官员，还涉及地方一些专业部门。如盐大使等盐场各员，向来"因无地方之责，并不回避本省"。乾隆五十二年（1787），以"盐场各员，与州县官专司民社者，虽属有间，然盐斤既关系民食，且所属晒丁、灶户钱粮、词讼，俱系该员经理，究恐有徇私瞻顾等弊"，因此决定也要"回避本省"。清代在直隶、河南、山东、江南等省，设有南河、东河、北河三总督（有的后来改为兼职），每年衙门下都有大批河道官员，原初亦无地区回避的规定。乾隆三十二年（1767）谕："此等人员，专管河工，原非地方官员经理民事者可比。但不至近邻乡里，与亲故难以避嫌。其于职守官方，毫无隔碍。嗣后凡河工同知以下各员，有官居本省，而距家在三百里以外者，俱准其毋庸回避。"由此可知，当时河道官员地区回避限于原籍300里以内者，超出300里范围就不必回避了。乾隆五十五年（1790），则将河道官员地区回避扩大到500里以内，规定"各省河工人员，有籍隶本省，并寄籍祖籍，均一体令其回避，至现任人员，有原籍距任所在五百里以内者，均照地方官之例，一体回避"。

在地区回避中，有的官员长期离开原籍，寄籍他省。对于这些人，乾隆七年（1742）议准："寄籍人员，凡寄籍、原籍地方，均令回避。"如浙江人寄籍顺天，则直隶、浙江两省，均应回避。另外还有一些人，有祖籍、原籍、商籍，对此，清廷规定原则上都要回避。稍有例外的是对盐场河工官员，可放宽不回避祖籍。至于寄籍回避，光绪十二年（1886）进一步限令："现任官员，任所地方属民，如有五服以内亲族寄

---

① 《大清会典事例》卷 47《吏部·汉员铨选》。本目引文未注出处者，均见于此。

籍，系属聚族而居，业已成村者，应令回避，以别府之缺，酌量对调。"
也就是说，只要在辖下有近亲聚居寄籍，其官员就必须回避。

　　亲属回避是指直接血缘关系或姻亲关系的人员，避免在同一衙门，
或有上下级关系的衙门，或互为监察的部门，或同一地方担任官职。回
避的原则是，同辈的官员之间由官小的回避官大的，或系同一品级的官
员，则由后任者回避先任者。不同辈分的官员之间，除京官出任堂官，
例由官小者回避；若系相同官衔，或品秩稍有大小，则均由辈分小的回
避辈分大的。至于地方官中，遇到有直系亲属为上司下属的，通常令官
小者进行回避。清朝亲属回避大致是血亲范围限于"祖孙父子伯叔兄弟"
之内，其同宗同支而不同祖父的远房兄弟，可不在回避之列。姻亲范围
限于母之父及兄弟，妻之父及兄弟，己之婿、嫡甥，均属至亲，回避之
列较严。至于母兄弟之子、姨母之子，亲属渐远，虽同任外官，"可毋庸
回避"。如"康熙三年题准：在京各部院尚书、侍郎以下，笔帖式以上，
嫡亲祖孙父子伯叔兄弟，若在同衙门，令官小者回避"。"雍正七年
（1729）议准：外姻亲属，若母之父及兄弟，妻之父及兄弟，己之女婿、
嫡甥，分属至亲，同在外官，亦令官小者回避。至母兄弟之子，姨母之
子，虽服制三月，亲属渐远，毋庸回避"。

　　清代在亲属回避中，有的虽非直系亲属，但因关系密切，也要加以
回避。如嘉庆十一年（1806），陕甘总督倭什布以宁夏知府何道生与臬司
刘大懿，"系属儿女姻亲，应行回避"。按照惯例，官阶稍低的何道生得
另调新职。为此，嘉庆帝专门下旨，规定了调任原则："外省有应行回避
人员，在于总督兼辖省分对调者，该督抚应酌量缺分繁简，遴选合例之
员，奏明请旨调补，即或该省可调人员内与例未符，无指明堪以对调之
人，亦应于扣除各员之外，慎选一二人，出具切实考语，分别差等奏明，
候朕简用。"①

　　在亲属回避中，任官职司的重要与否，也与回避的严宽大有关系。

---

　　① 《清仁宗实录》卷161。

如康熙十年（1671）规定，"外官有关刑名钱谷，考核纠参者，不分远近，系族中均令官小者回避"。由于刑名钱谷，利害关系甚大，"而聚族一处者，情谊关切"，故必须倍加防范徇情舞弊，所以回避所及，不只是直系亲属，还应扩及一般同族之人。又如嘉庆十七年（1812）议准："现充盐商人员，不准选户部司员"；"祖孙父子及嫡亲伯叔兄弟，有现充盐商者，亦令其回避户部"，即使堂兄弟以下的远近宗族，"虽无运本股分，但既系同族，亦应引嫌"，不准选补司管盐务的户部山东司缺分。原因是"户部总司各省盐务"，盐政牵涉国家重要财政收入，为防止其利用亲属关系营私舞弊、中饱私囊，所以对有所干系者，回避从严。

由于亲属回避在划分界定方面比地区回避更复杂更难，如行之过苛，不仅烦不胜烦，而且也没必要。因此，清朝自道光以后，亲属回避限制稍加放松。如将血亲范围限于同祖父的伯叔兄弟，不同祖父的远房兄弟可不在回避之列；道府以下官员如只是同宗同族关系，可准许在同省隔属道府任职。从而使亲属回避较趋于合情合理，更有实际操作性。

师生回避主要指授业师生和乡试会试中座主与门生之间，在任官时应有所回避。在中国古代，社会普遍重视师生关系，"一日为师，终身为父"是普遍的观念。清代也不例外，因为在当时，"师生之谊，情同父子"[①]，其中在官场有不少人利用师生同年关系，"联络声气"，以致"徇私结党，互相排陷"[②]，所以清廷制定了师生回避规定，对此加以防范。

有关师生回避的做法，雍正七年（1729）曾做了比较具体明确的规定："乡会试考官取中之人，以外官员缺铨补者，为数甚多，毋庸回避。至中式阅文之同考试官，乡试会试合计不过数人，若取中之人为督抚司道，而考官适在下属，应令官小者回避。如考官外任督抚，其属官内有系伊取中者，咨部存案，遇举劾时，于本内声明。考官外任司道，其属官内有系伊取中者，申报督抚存案。如有举劾，于督抚本内，亦将该员

---

① 《清世宗实录》卷 87。
② 《上谕内阁》，雍正四年十月十二日谕。

与司道谊系师生之处，一并声明，以凭查核。至知府与所属州县，一切刑名钱谷之案，考核盘查，最为亲切。如分属师生，均令官小者回避。直隶州、知州管辖属县，与知府同，有谊关师生者，亦令其回避。此等回避之员，即以本省州县之缺，交与督抚酌量具题调补。若在部候补候选人员，将月分所出州县之缺，查明属某府管辖，或直隶州管辖，现任知府直隶州内，与该员有师生之谊者，即令该员于吏部过堂时，照亲族回避之例，取具印结，声明回避。"此外，如学政与各府州县的教职官，也"谊属师生"，也须回避。嘉庆元年（1796）规定："教职如与学政，谊属师生，俸满甄别保题，及大计卓异保荐等项，学政毋庸会衔。"

拣选回避是指清代某些职官出缺，依制调补时必须有所回避。拣选回避出现的时间较晚。嘉庆时，清廷发现有的拣选大臣在拣选官员时，竟将"本人至亲挑入"，以造成既成事实。为此，皇帝为防止类似情况再次发生，要求臣下制订法规，以为限制。经吏部等官员集议奏准，规定：凡与选人员和钦派大臣有宗亲或姻亲关系的，一般照京员回避之例，令官小者回避。其中某些特殊情况，像拣选满洲、蒙古和汉军的某些职位，可采取事先呈明或请旨多派大臣以便回避等方式，进行解决。

三、科道、督抚、按察使和道员的监察官吏思想

（一）都察院

清代因袭明代，对官吏监察的制度与思想与明代一脉相承，而只在少数地方略做修改。在中央仍设都察院作为最高监察机关，"掌司风纪，察中外百司之职，辨其治之得失，与其人之邪正；率科道官而各矢其言责，以饬官常，以秉国宪；率京畿道以治其考察处分辨诉之事；大政事下九卿议者则与焉；凡重辟，则会刑部、大理寺以定谳；与秋审、朝审；大祭祀则侍仪，朝会亦如之，皇帝御经筵亦如之，临雍亦如之"[1]。总之，

---

[1] 《大清会典》卷69《都察院》。

清代的都察院与明代的都察院一样，是皇帝监察文武官员，整饬纲纪的最高机构。

清都察院下属机构有六科、二十道、五城察院、稽察宗室御史处、稽察内务府御史处等。其中六科在明代为独立机关，不隶属于都察院。清初沿明制，六科仍为独立机关。后惩明"廷论纷嚣，恣情自肆"，遂于雍正元年（1723）始隶都察院。

（二）六科

清代六科的职责与明代相似，"掌发科抄；稽察在京各衙门之政事而注销其文卷；皆任以言事；皇帝御门则侍班，御筵亦如之，临雍亦如之；朝会则纠其仪"①。据《大清会典事例》卷1015、1016《都察院·六科》记载，六科的监察分工大体上如下。

清代吏科稽核人事，监察官员京察、大计，注销吏部和顺天府文卷。如"顺治十三年（1656）议准：凡各衙门京察册籍，定于三月初五日以前，封送吏科。吏科准吏部考功司移会，会同河南道，各封门察核。应移询者，密封移询；应改正者，即行改正。届期过堂，吏科掌印给事中满、汉各一人，同河南道掌印满、汉御史，赴吏部会同考察，公定去留，缮本具题"。"顺治四年（1647）议准，凡各省送到大计册籍，由吏科会核具题"。

清代户科稽核财赋，如在京部院各衙门支领户部银物，直省钱粮奏销，交盘，赋税征收，漕粮奏销、盐课、户部文卷等，都要经过户科察核、磨对。如清廷规定，"凡在京部院各衙门，支领户部银物，各衙门每月造册送户科察核。如有浮冒、舛错者，指参"。"省直钱粮，每岁终该抚造具奏销册，开载田赋款项数目，并造具考成册，开列已未完数目，送户科察核"。"凡藩司交代，必将其任内收放钱粮交盘出结，造册呈送该抚具题，送户科察核"。"凡漕粮兑定，该管粮道将开帮日期呈报，随造具各帮兑交粮米数目清册，呈送漕运总督。该总督具题，以册送户科，

---

① 《大清会典事例》卷1014《都察院·六科》。

由科同全单磨对"。"凡运司、提举司等官，一年核办盐课，于岁终将已未销盐引若干、已未完盐课若干，造册呈送盐政。盐政具题，以册送户科注销。俟盐差任满具题，听都察院考察外，仍造具总册，送科稽核"。

清代礼科稽核典礼事务，察核磨勘岁科学册、岁科试卷和乡试、会试试卷，注销礼部、宗人府、理藩院、太常寺、光禄寺、鸿胪寺、国子监、钦天监等衙门文卷。如清廷规定，"学政以到任日为始，岁科考俱限一年考完，每三月将考过生童名数，报礼科察核。如有违限混冒等弊，礼科题参"。"学政到任，即将到任日期报科，以到任日为始，岁考限一年考完。每三月解卷一次，科考亦如之，礼部会同磨勘"。"凡直省乡试硃墨卷，均依限解部，会同礼科磨勘"。

清代兵科稽核军政、武职画凭、功加人员、武生考试、官兵俸饷、奏销朋桩、提塘、驿递、邮符等，注销兵部、銮舆卫、太仆寺等衙门文卷。如清廷规定，"每阅五年，举行军政，直省提镇以下、千总以上，凡经制员弁，该督抚严加考核，填注考语，造册密送兵科察核。其贤不肖之尤者，并令开具事实，定限于十月内送到。如违限不到及考语含糊参差者，题参"。"凡推补副将、参将、游击、都司、守备、千总各官，兵部职方、武选两司送到限票，由兵科定期，令各官到科画凭，依限填注送部……如三次不到，将限票移兵部销讫，仍将本人题参"。"凡功加人员，令督抚、提镇，转行该营协州县，将该员三代履历、年貌、籍贯，并取具千把州县等官印结，送兵科稽考"。"凡直省学政报明到任日期后，将考过武生童名数，按期造册，送兵科察核。如有违限迟误及混冒情弊，由兵科题参"。"直省官兵俸饷领结，不必按季赍送，应于奏销前一月，造册送兵科察核"。"凡直省每年奏销兵马朋桩册籍，限五月内造送兵科察核，如有浮冒舛错者，题参"。"凡直省驿递钱粮支销数目，令该抚年终造册，送兵科察核，如有浮冒舛错者，题参"。"凡直省督抚、提镇、学政、盐政等，每年终将领过勘合火牌，造具清册，奏缴到日，送兵科察核。违例滥给者，题参"。

清代刑科稽核刑名案、赃赎、私盐，注销刑部文卷，乾隆十四年

（1749）还决定，都察院也由刑科稽察。如清廷规定，"朝审情实人犯，例由刑科三覆奏，其后各省秋审，亦皆三覆奏，自为慎重民命"。"凡直省重案，已结未结者，令按察使司各道，年终具题，造册送刑科察核"。"凡直省赃罚赎锾银谷细数，督抚于年终备造文册，送刑科察核"。"凡直省私盐变价银，盐政于差满之后，备造文册，送刑科察核"。

清代工科稽核工程，船只、兵器制造，工关考核，工关领批，以及注销工部文卷等。如清廷规定，"建造宫殿一应工程，该衙门先期上请，敕下工部会同工科估计，以防浮冒"。"凡直省修造城垣、官署、兵房及开浚池塘，并修理堤坝、石闸、桥梁等项工料，均造细册，送工科察核"。"凡一应修理工程，工价五十两以上，物价二百两以上者，由该处料估，启奏到日，工科会同陕西道御史核实，工完察销"。"一切工程，银数在一千两以上者，钦派大臣估修，至工竣时应一体派大臣查收，以归画一"。"凡各省粮艘兵船，及一切应差船，或奏旨新造，或经朽烂拆修，钉板各工料，备造细册，送工科察核"。"直省制造盔甲、弓箭、器械、铁炮、火药、铅弹等项，并分给某旗某营，均核明经费出入，备造细册，送工科察核"。"凡工部各关口河差，均赴工科亲领四季印簿，令本商自填船料税课及竹木柴炭等项数目，按季报料，一年差满，仍造送总册，工科移取工部红单磨对，有舛错违限者题参"。"各省运解工部铜、铅、点锡、硝斤、法马木植、绸匹、藤竹、宝砂、棕毛等项，及各项饮食水利银两到部，将批文一并送工科察核"。

从以上记载可知，清代六科对国家各方面事务的监察远比明代周密系统。如户科审核稽查的范围相当广泛细致，包括在京各部院支领财物，直省钱粮奏销交盘，漕粮，盐课，各仓粮斛册等。由于工部诸工程、制造支出钱粮数额往往巨大，因此不仅要进行事后细致严密的稽核审查，还要进行事前料估、估修，符合规定者才予以动工，工程结束后再进行察销。总之，上自中央六部，下至地方直省，国家的各方面事务，均在六科的审核稽察之中。

（三）道监察御史

清代的道是按省划分的监察机构，原先只有 15 道，至清末增至 20 道。各道一般设掌印监察御史满汉各 1 人，监察御史满汉若干人。监察御史除掌核本省刑名外，并令稽查在京各衙门事务。如河南道照刷部院诸司卷宗，稽察吏部、詹事府、步军统领、五城；江南道稽察户部、宝泉局、左右翼监督、京仓、总督漕运，磨勘三库奏销；山西道稽察兵部、翰林院、六科、中书科、总督仓场、坐粮厅、大通桥监督、通州二仓；陕西道稽察工部、宝源局，覆勘在京工程；江西道稽察光禄寺。监察御史的监察职掌是"纠察内外百司之官邪，在内刷卷、巡视京营、监文武乡会试、稽察部院诸司；在外巡盐、巡漕、巡仓等，及提督学政，各以其事专纠察。朝会纠仪，祭祀监礼，有大事集阙廷预议焉"①。监察御史稽察各衙门事务，主要是注销其文卷，与六科同。直到光绪三十二年（1906），改革官制，稽察注销之制始废。各部院一般是每月一次造册送道注销。如"乾隆十三年（1748）奏准：各部院将所领三库银缎颜料等项，务于下月初十以内，造具细数总册，并原稿送江南道逐一察核，岁终汇题。傥各处所送支领清册，务按月详对，呈堂存案，该堂官等留心稽察。其数目相符者，该道按月注册，于岁终汇题本内声明。如有不符，即行参奏，交部查究。傥有重支冒领等弊，该道不行核参，别经发觉，将该道并该堂官交部察议"②。

在京各衙门所办事务（军机大事除外），除按定限注销外，并有照刷文卷制度。每年八月，将上一年有关钱粮案件汇造印册，送河南道照刷。河南道在稽查文卷中如有发现稽迟、失错、遗漏、规避、埋没、违枉等情况，予以参奏论罪。其余陆续磨对，限十二月封印前缮黄册进呈。乾隆后期，照刷文卷更是以审计钱粮有无"埋没"为重点。乾隆三十二年（1767）议准："在京大小各衙门，照刷文卷，凡有关系钱粮者，全行开

① 《清朝文献通考》卷 82。
② 《大清会典事例》卷 1018《都察院·各道》。

送，毋得丝毫遗漏。其无关钱粮案件，概行停止送刷"①。文卷照刷后，发给和领取还有一定的限期。雍正十一年（1733）议准："在京各衙门领取刷过卷宗，定期于每年二月内，该道照衙门次序，预定领卷日期，知照各衙门，令该经承按所定日期，赴道领卷。该御史核明，即行给发。傥该道书役有借端勒索等弊，计赃以枉法论，照知法犯法例，加等治罪。该御史知情者，照故纵例议处；不知情者，照失察例议处。至各衙门迟延月日，不依期令该经承领回者，该御史参奏，照刷卷迟延律议处；若各衙门已经依限赴领，不按期给发者，亦照此例处分。若给领之时，其案卷或有遗失，不全给者，照遗失科钞例议处。"各衙门文卷照刷经隔一季后，还要进行磨勘，即再送上级衙门查看是否遵照改正。如仍未遵行，则按钱粮分数（侵挪或欠征之款以十分为率）论罪。在京各衙门一般由主管之部院磨勘，唯户部三库奏销册，由河南道磨勘。

（四）科道双重监察

清代继承明代，在对官吏及有关部门和事务的监察中仍实行科道双重监察制。如六科给事中分别稽察吏户礼兵刑工六部，户部又由江南道带管，工部由陕西道带管。甚至六科本身也受到道监察御史的稽察，如清代六科由山西道带管。清代其他局、司、库、院等由科道双重监察的就不一一赘述了。

清朝科道双重监察的做法主要有两种方式：一是科道共同对宗人府、户部、工部、理藩院、通政使司、各寺监重要部门的日常钱粮收支以及政府官员、军队将官的升降等进行稽核审查。如道光十四年（1834）议准："各司处每月收发钱粮存稿，于次月初五日以前，径付稽察银库科道。该科道按库册逐款磨对，于初十日以前，将上月实收实发款数，是否相符，及库存数目，移送北档房备查。"②

清廷规定"凡一应修理工程，工价五十两以上，物价二百两以上者，

---

① 《大清会典事例》卷1017《都察院·各道》。本自然段引文，均见于此。
② 《大清会典事例》卷182《户部·库藏》。

由该处料估，启奏到日，工科会同陕西道御史核实，工完察销"①。又如顺治十一年（1654）议准："内外军政各官，升任裁汰降调，离任一年以上者，旧任不必注考，于新任注考；不及一年者，仍于旧任注考，均于十月内具题到部。部会都察院、兵科、河南道（今京畿道）察核题覆。"②

二是科道接受皇帝的指派，对官员一些违法乱纪行为，共同查勘纠参。如康熙四年（1665）谕户部："近闻守令贪婪者，多征收钱粮加添火耗，或指公费科派，或向行户强取，借端肥己，献媚上官。下至户书里长等役，恣行妄派，小民困苦无所申告。以后著科道各官将此等情弊，不时察访纠参。"③又如雍正初年，严谕各省督抚清厘亏空，三年内务期如数补足，"其亏空之项，除被上司勒索及因公挪移者，分别处分外，其实在侵欺入己者，确审具奏，即行正法。倘或仍徇私容隐，经朕访闻得实或被科道纠参，将督抚一并从重治罪。"④

（五）督抚、按察使和道员监察

清代的总督、巡抚也是沿袭明制。顺治十二年（1655）谕吏部、都察院，"直省地方设立督抚、巡按，皆以振肃法纪，剔弊发奸，且使彼此互为纠察，竞砥公忠"⑤。清代与明代不同的是明文规定督抚为地方最高行政长官。雍正元年（1723）规定，直省总督除授为兵部尚书例兼都察院右都御史外，其余各省总督俱为兵部右侍郎兼都察院右副都御史。因此，都兼有监察地方之权。省巡抚亦例兼都察院右副都御史，也有监察本地方政务之权，考察全省地方官员。

清代各省设按察使，总管全省按劾之事，振扬风纪，澄清吏治。乡试时充监试官，大计时任考察官，秋审时当主稿官，并办理全省刑名案件，勘核词状，管理囚犯，遇重大案件则会议布政使办理，并上报部院。

---

① 《大清会典事例》卷 1016《都察院·六科》。

② 《大清会典事例》卷 600《兵部·处分通例》。

③ 《清代文献通考》卷 2。

④ 《清代文献通考》卷 41。

⑤ 《清世祖实录》卷 95。

按察使的衙门称提刑按察使司，内设经历司掌出纳文移诸事，经历为衙门首领官；照磨所掌照刷宗卷，司狱司掌管理监狱。

清代在省与府、州之间还设有辅佐藩、臬二司的官员——道员。各道员或通辖全省地方，或分辖三四府州。此外，还有些没有地盘的专职道员，如粮储道、盐法道、管河道等，都是因事而置。道员有"守道"与"巡道"之分，一般是守道管钱谷，巡道管刑名，如其再兼某衔者，则再兼管某事。道员亦被称为"监司"，有监察所属地方或部门政务之权。

（六）地方行政与监察相结合的监督体系

清代地方各级衙门，上自督抚，下到府县，形成了一套行政与监察相结合的监督体系，尤其体现在对地方钱粮等事务的审计监督之中，其主要体现在以下4个方面。

其一，地方各级衙门于每年奏销时都要进行钱粮盘查。盘查是自上而下进行：州县钱粮，责成该知府、直隶州盘查；各府钱粮，责成该道盘查；直隶州钱粮，责成分巡道盘查；粮驿道钱粮，责成布政使盘查；藩库钱粮，该省有总督者，督抚会同盘查，无总督者，巡抚盘查。盘查时各级地方衙门中有关钱粮事项均在审核之列。康熙三十九年（1700）覆准："州县府道收存钱粮，于地丁正项及常平仓谷外，一切杂项钱粮，该管上司一并照例盘查。"① 盘查的重点是查明各级衙门经管钱粮是否有侵挪亏空。如乾隆二十六年（1761）覆准："直省粮驿道库，令各督抚于每年奏销时，亲往盘查。每岁支存款目，有无亏缺挪移，仍责令藩司核明，于督抚未经盘查之先，出具保结，详送督抚。盘查之后，如有亏挪等弊，将藩司照例革职分赔。"②

各级衙门奏销钱粮时最主要的工作是"全凭册结磨对"，即对账复核。康熙十一年（1672）题准："奏销册，直省布政司总数，府州县细

---

① 《大清会典事例》卷 101《吏部·处分例》。
② 《大清会典事例》卷 101《吏部·处分例》。

数，皆载旧管、新收、开除、实在四柱，以凭稽核。"① 岁终奏销时，督抚将通省钱粮完欠、支解、存留之款，汇造清册，岁终报部核销。

为了严密防范官吏在奏销造册时弄虚作假，各朝还不断完善造册规定。雍正十一年（1733）议准："各省粮驿二道库存钱粮，向于奏销时，责成藩司盘查出结保送，未将出入数目，随时移会藩司核对。嗣后，凡有收支款项数目，均令随时知会藩司存案。每年奏销时，仍将本年出入款项支存各数及各年各款支存银数，备细造册移司，该布政使逐款核对，出具盘查清楚印结，送部查核。其每年奏销，奉部题覆之后，该督抚仍行知该布政使司，存案核对。"② 由此可见，雍正时收存支放数目不仅要详细开送，而且各省粮驿二道要随时把收支款项数目知会藩司存案，年终奏销时，再与存案核对。这样可以防止奸官猾吏在年终奏销时篡改账目。嘉庆二十四年（1819）谕："御史邱家炜奏请除藩库积弊一折。藩司为钱粮总汇，勾稽出纳，款目繁多，于各州县支销抵拨等款，察核未周，易启书吏蒙混之弊。该御史所奏，于藩库实收实支簿册外，添设各州县支解册，以凭磨对，于防弊较为周密。著各该督抚饬知藩司，嗣后每年皆令造各州县应支应解清册二分。一存藩署，遇有收支各款，随时填注；一发州县，于年终将已未支解数目，分款登载钤印，送司磨对。如有不符，立即究办，以杜侵欺而慎库贮。"③ 添设了各州县支解册，使藩库奏销时，可上下账目互相磨对，有助于防止一方作弊，达到上下互相监督。

逐级奏销一般是各省攒造奏销册籍，于例限之前，令所属州县先造草册一本，申布政使司核对无讹，发回照造。各州县呈送布政使磨对的是日收钱粮流水簿和奏销文册，如款项舛错，数目不符，即于草册内分析指出，计程途远近，定限发回，别缮补送。布政使复造总册后，申呈该督抚细加考核。该省有总督者，令总督监同巡抚，亲身盘查；无总督

① 《大清会典事例》卷 177《户部·田赋》。
② 《大清会典事例》卷 183《户部·库藏》。
③ 《大清会典事例》卷 183《户部·库藏》。

者，责成巡抚亲身盘查。钱粮无缺，出具印结，于奏销本内，一并保题，送户部复查；如有亏空，该督抚即行题参。奏销时，如造册舛错遗漏，或册结迟延不送，均要受到罚俸、降职等处分。古代由于交通工具的限制，清政府还根据各省离京师的远近，具体规定了呈送奏销册的期限。道光二十七年（1847）奏准："各直省奏销钱粮，直隶、山东、山西、河南、陕西、甘肃，限次年四月；奉天、安徽、浙江、江西、湖北、湖南、江南之苏州藩司，限次年五月；福建、四川、广东、广西、云南、贵州、江南之江宁藩司，限次年六月；山西之大同、朔平二府属，与年底另册奏销。凡奏销限期，该督抚照依例定月份，于是月底具题，出文册结随本送部。若因公不能依限，奏明加展，无故逾限者议处。司道府州县卫所官，先已违限，即令查明，据实开报吏部，分别照例议处。"①

清代的库藏也是逐级盘查。乾隆八年（1743）谕："各省定例，督抚盘司库，司库盘道库，道府盘州县库，所以杜亏空防挪移也。"② 这种逐级盘查通常是一年一次。但仓储的逐级盘查似乎没有库藏那么严格，督抚往往直接对州县进行查核。如乾隆四十七年（1782），"仍令各州县将仓库实贮之数，三月汇报，督抚随时督核"③。诸仓储经常有捏欠作还之弊，州县出借仓谷，每年秋成后不能催完，至春辄捏报还仓，旋即详请出借，不过令旧借之户换一新领等。因此，督抚对仓储的盘查要查明"现年实存若干、粜借若干、现存粜价若干"，"逐一分晰，即缮折具奏"④。

其二，新旧官吏交接时逐级交代。《清史稿·食货二》载："又州县官钱粮交代，由接任官造具接收册结，同监盘官印结，上司加结送司，详请诸部，不得逾限。布政使升转离任，将库储钱粮并无亏挪之处附奏，其新任接收，亦具折奏闻，仍照例限详题。按察使交代，由巡抚会同藩

---

① 《大清会典事例》卷 177《户部·田赋》。
② 《清朝文献通考》卷 41。
③ 《清史稿》卷 121《食货二》。
④ 《清朝文献通考》卷 41。

司查核详题，且时其盘查，令各督抚于布政使司库钱粮奏销交代时，亲赴盘查，具结报题。督抚新任亦然。"

其三，监督建筑工程经费。清代建筑工程中贪污现象严重，奸贪狡猾官吏往往浮开冒估，任意侵肥。更难以关防的是地方兴建工程，建筑工料价格因时因地差异很大，如各省有不同，即使一省之中，各郡县也不一样。因此价贱之时之地，如开价多者，必有余资以饱官吏之私橐；若价贵之时之地，则采办不敷，势必科派闾阎。中央对地方建筑工程的监督颇有鞭长莫及之感，往往不易随时随地掌握实情，因此更要依赖各省督抚进行监督。如乾隆三年（1738）谕："各省督抚留心访查，详确综核，既不使恣意浮冒，虚糜国帑，又不至苛刻从事，贻累官民。"① 清政府规定："凡各省修建一应工程，如物料价银五百两以上，工价银二百两以上，该督抚将动支银两及工料细数，预行确估题报。工部查明定议，会同户部指定款项题覆，准其动用兴修……其物料价银五百两以下，工价银二百两以下者，该督抚咨明工部定议，知照户部，令其动项兴修。"② 这种事前确估题报有利于防患于未然，而且在临动工之前，督抚等亲往或派司员到现场查勘，更能防止蚀帑误工。乾隆三十一年（1766）谕："工程冒滥草率，按治于事后，莫若防检于事前。现在各省鸠工伊始，物料在厂按册可稽，而夫役食价等项亦正当支发，计人计日查考，更易周详。著各该督抚于已报兴工之各州县或亲往查勘，或令原派司员前往确切查勘。如有浮开冒估，即行核减，则承办各员咸知儆惕。"③ 竣工之后，督抚还必须亲往查核，造册题报，工部核明准销，仍知照户部查核。

其四，追查经济大案。督抚除了负责上述例行的稽核审查外，对于地方发生的经济大案，皇帝往往严谕督抚加以追查。如康熙晚年，各地钱粮亏空严重。雍正即位后，即令"各督抚严行稽查所属亏空钱粮，限

---

① 《清朝文献通考》卷 41。
② 《大清会典事例》卷 854《刑部·工律营造》。
③ 《清朝文献通考》卷 41。

三年补足，毋得借端掩饰，苛派民间。限满不完，从重治罪"①。雍正帝曾命王玑署江苏巡抚，兼管清查钱粮，后来查出苏松等处历年积欠1600余万两。

（七）对清代监察制度的批评

有清一代经济大案不断发生，涉及面之广，人数之多，金额之大，与监察人员对官吏监督不力是大有关系的。有的御史为保住禄位，对一些权贵在经济上的违法乱纪行为视而不见。"今科道于内外官员，亦有明知其不善者，或其人有所倚仗，或其人素有声势，不可摇动，遂莫敢参劾。"② 有的监察官无专门的审计知识，哪怕在眼皮底下的经济案件，也毫无察觉。当时有人就已指出"钱粮数目繁琐，头绪牵杂，非精于核算、洞悉款项、熟知卷案者，万难得其要领。司官专司其事，设或稍欠精详，便为吏胥蒙蔽，况堂官不过总其大概，止据说堂数言，安能备知底里?"③ 如乾隆五十五年（1790）句容县粮书历年侵蚀银3700余两、漕米800余石一案，"该督抚漫无觉察，一任蠹书侵欺舞弊，而总督藩司驻扎江宁，竟同聋聩"④。

清代地方行政与监察相结合的审计系统具有较大的弊端，概而言之，即管理财政者不能同时监督财政。如督抚参与地方财政管理，本身就免不了侵贪钱粮。康熙二十三年（1684），就曾因为各省督抚侵欺库帑，户部无凭察核，而谕大学士、九卿详定条例⑤。但是由于没有找到根本的症结，问题并没有得到解决。督抚身为朝廷重臣，负有监督地方官员之责，但却同藩臬州县等官上下勾结，朋比为奸，扶同徇隐，侵吞公帑。如乾隆四十六年（1781）揭露出甘肃省官"捏灾冒赈侵吞监粮"一案，牵连者就有陕甘总督、甘省藩司。又如福建巡抚毛文铨掩饰亏空，虚报实贮

---

① 《清史稿》卷121《食货二》。
② 《大清会典事例》卷1030《都察院·各道》。
③ 《清朝经世文编》卷26，靳辅《苛驳宜禁疏》。
④ 《清朝续文献通考》卷1，商务印书馆万有文库十通本。
⑤ 《清朝文献通考》卷41。

在仓。雍正帝派员查得，福建所属仓谷、钱粮虚悬甚多，实贮在仓只有十之三四。因此，清历朝不断严谕督抚要对地方钱粮认真稽查，如实具奏，如有扶同徇隐，将革职拿问勒令分赔等。这种弊端，清统治者其实有所察觉。雍正三年（1725）曾谕："向来各部院动用钱粮，俱系各衙门自行奏销，往往无从稽考。朕办理之初，不得不加意经理，是以设立会考府，以司察核。自雍正元年以来，迄今将及三载，办过各部院奏销钱粮事共五百五十件，内驳回应改正者共九十六件，似此则部院事件之不能无误，而会考府之有益于察核可知矣。但恐设立日久，多一衙门即多一事端，嗣后著将会考府停止。凡尔部堂司官各宜秉公抒诚以尽职业，勿谓无人稽查，遂草率蒙混，致自干罪戾。"① 既然已知各衙门自行奏销，往往无从稽考，而设立专职察核钱粮机构——会考府3年，尚有成效，但却以多一衙门即多一事端的理由，将此取消，寄希望于堂司官各宜秉公抒诚以尽职业，岂不可笑可悲！这是清代审计工作上的一大教训。地方各级衙门的情况也是如此，由于钱粮逐级自行奏销，没有逐级相应设立审计监督机构稽察，致使申报户部销算时无从审核，科道官也无从参劾，因此只能风闻言事。如康熙十八年（1679）谕："如户部销算钱粮一事，因督抚所报不合时价，故部议驳回，而科道辄有言者，以为督抚地方大臣，断无虚估价值，肥己行私，凡有销算，皆不应驳查。及部议已经准督抚之销算，不行更驳，则科道又以督抚冒销钱粮，如草豆马匹等项，事事皆有虚冒，部中不行详查，概徇情面。由此观之，应驳不应驳，何者为是，两说俱无定论，是皆大者，余难悉述。"②

总之，清代行政与监察相结合的官吏监督系统，弊端丛生，全国形成了一个贪污行贿网。下级官吏取媚于督抚以为靠山，督抚拉拢京官以为奥援，而在京部院大臣则务求"迎合上意"以固权邀宠。他们之间上

---

① 《清朝文献通考》卷41。按：会考府成立于雍正元年（1723），与六部平级，负责审计全国钱粮奏销事务。其总理事务大臣或奏事郎中可直接向皇帝报告，这种特殊的地位使会考府能不受干扰地开展审计工作。雍正三年（1725），会考府被撤销。

② 《大清会典事例》卷998《都察院·宪纲》。

下攀援，互相庇护，分享赘赃。州县官吏把赃款的一部分据为己有，把剩余部分以种种名义馈送上司。"参谒上司，则备见面礼；凡遇年节，则备节礼；生辰喜庆，则备贺礼；题授保荐，则备谢礼；升转去任，则备别礼。以州县之大小，分礼物之多寡；以馈送之厚薄，定官品之贤否。"①地方督抚司道又从自己的所得中抽出一部分，再送给中央官员。这种关系正如章学诚所揭露的："州县有千金之通融，胥役得乘而牟万金之利；督抚有万金之通融，州县得乘而牟十万之利。"②

四、通过京察与大计对官吏进行考核思想

（一）京察与大计

清代官员的考核，京官与外官也不同。京官 6 年考核 1 次，名曰京察；外官 3 年考核 1 次，名曰大计。后来京察与大计均改 3 年 1 次，合称考满。京察三品以上官员向皇帝自陈，四品以下的部院司员由吏部、都察院长官考察，大学士同察。京察内容分为"四格"：守分廉、平、贪，政分勤、平、怠，才分长、平、短，年分青、平、老。一些特殊职官，则主要看其专业知识是否精通为定，如"奉祀等官，以礼仪是否娴熟，行走是否敬谨；鸣赞等官，以举止是否安详，音节是否洪畅；钦天监官，以数学是否精研；太医院官，以医理是否通晓"，然后填注考语，分别定出一、二、三等。纠以八法：一贪，二酷，三罢软，四不谨，五年老，六有疾，七浮躁，八才力不及。并根据不同情况，分别予以处理：贪、酷者革职提问；罢软无为、不谨者，革职；年老、有疾者，勒令休致；浮躁、才力不及者，降调。"纠以八法"中把"贪"列为首位，可见清代与明一样，"惩贪"是考课官吏中的一项重要内容。如康熙就强调考绩要"重惩贪酷"③。据《清圣祖实录》记载，自康熙二十三年（1684）后的

---

① 《皇清奏议》卷 7，台北商务印书馆 1960 年影印本。

② 《章氏遗书》卷 29，上海商务印书馆排印本。

③ 《清圣祖实录》卷 124。

30 多年间，经过考核受到惩处的贪官共 500 余人。

清大计由藩、臬、道、府考察属吏的表现，上报督抚。督抚经核实注考绩册报吏部，由吏部考功司、吏科、河南道详核。大计内容亦为政、守、才、年"四格"，主要以政绩的多少，结合所在地方荒残、冲疲、充实、简易 4 种不同情况，评定等第。

清代对官吏的考核以五等分别劝惩。一、二等为称职，加级纪录；三等为平常，留任；四等为不及，降调；五等为不称职，革职。考核中评为优异者有一定的比例，如"京察一等"定额是七比一，列为"京察一等"者，可以得到加级、记名、引见等奖誉。大计的优等称"卓异"。"卓异"官的标准是：无加派，无滥刑，无盗案，无钱粮拖欠，没有亏空仓库银米，"境内民生得所，地方日有起色"即可。道、府、厅、州、县评为"卓异官"定额是十五比一，佐杂教官为三十比一，评为"卓异官"可不次擢用。凡荐举"卓异"的，经吏部审核后，即需进京带领引见注册，并加一级，回任后等候升迁。不管京察或大计，都不许弄虚作假，徇私滥保。如发现情况不实，属于滥保者，不仅降级、罚俸或纠法，而且连原荐举上司也要受到处分。

清代对官吏的经济政绩考核主要有 2 种方式。一是定出钱粮征收指标，达到某个指标者，就给予相应的记功，对成绩特别突出者，可以提前升迁。如康熙五年（1666）复准："带征节年钱粮，原限二年全完者，如限内全完，州县官一万两以上，纪录一次；道、府、直隶州二万两以上，纪录一次；四万两以上，纪录二次。州县官二万两以上，道、府、直隶州六万两以上，均不俟俸满即升。布政使司十万两以上，纪录一次；二十万两以上，纪录二次；三十万两以上，不俟俸满即升。"① 二是将该收的钱粮以十分核算，然后根据官员拖欠的分数予以不同的处罚。如雍正五年（1727）复准："浙省南秋等米，每年额征共作十分核算，该抚另为一本题销。如各属完解不全，将已未完数目，分析造册，送部查核。

---

① 《大清会典事例》卷 173《户部·田赋》。

户部会同吏部，将承督未完各官议处。初参，州县官欠不及一分者，免议；欠一分以上者，罚俸六月；二分以上者，住俸；三分以上者，降二级；四分以上者，降三级；五分六分以上者，革职。皆令戴罪催征，完日奏请开复。其参后违限不完者，加倍议处。"①

（二）新旧官员钱粮交接

清政府在对地方官员经手钱粮的审计监督中，重视新旧官员交接时的清点查核。"大抵州县亏空，不畏上司盘查而畏后任接手，上司不能周知，盘查仍须书吏临期挪凑贿嘱签盘，况为期迫促，焉能得其真实？此所以不畏上司盘查也。惟后任接手，自顾责成，无不悉心查核，书吏亦自知趋向新官，不能隐藏册簿。"② 官员调离升迁或任期届满时，有关钱粮审核稽查移交的规定详细严密。因为规定的条款繁多，不能一一详述，下面仅论述其重要者。

1. 清代与中国古代历代王朝一样，地方官任内最重要的两件事是钱粮和盗贼之案。清政府曾屡次严谕，新旧地方官员交接时必须把钱粮交代明白："升转官员，钱粮未清，不准即赴新任，违者革职。如该督抚蒙混徇庇，听其离任者，降三级调用。"③ 其中钱粮簿册为了便于稽查，防止弄虚作假，规定要写明旧管、新收、开除、实在，并将"本任经征正杂钱粮之红簿、串票及解银之批回、库收等项，逐年吊核，并查其存解银款，是否符合，督令据实开报"④。交盘时"取本治《赋役全书》、会计册、并着该房造《须知册》。俱于未到任之前，先行送阅。盖历年定额，载在全书；每年奉文增减，列在会计；有无民欠，开在须知。书册先已了然，然后到任之日，再与所送交盘册籍，逐年逐项，一一细心查核可耳"⑤。由此可见，新旧官吏交盘时，需查核《赋役全书》、会计册和须

① 《大清会典事例》卷 108《吏部·处分例》。
② 《清朝续文献通考》卷 64。
③ 《大清会典事例》卷 91《吏部·处分例》。
④ 《清朝经世文编》卷 27，李鸿宾《厘剔安徽亏空疏》。
⑤ 《为政》卷 1，《四库全书存目丛书》本。

知。查《赋役全书》，主要是"先查地丁应征收共若干，次查项下本折应解支各若干，则钱粮之额款了然矣"。查会计册主要知道每岁之增减，"不查会计册，逐年之新增若干，奉减若干，何从而知？……此会计册之所以必查也"。查须知，则"完欠大概，逐年开列，一览无余"①。《为政》卷一还胪列了交盘时应核查的具体钱粮项目，如：正项交盘有实征、实收、实解、实给、递交、撮借、未完、民欠、侵欺、存留、扣空、蠲免、开垦地亩、漕粮、南粮；杂项交盘有税课、盐课、芦课、捐纳、积谷、杂解、库藏、驿站、荒限、河工、军器火药、修造等。新旧官员交代时如没把钱粮清查明白，新旧官以及上司均要承担不同的责任。《户部则例》卷14载："司道府州县新旧官交代，如前任官有侵欺、透支、挪移、垫解、拖欠未清等弊，接任官无论实任、署任，如有徇隐不行揭报及交代后始行查出者，该督抚题参，将亏空之员革职治罪。接任官照例议处，欠项照例赔补。如有侵挪等弊，接任官已经通详，而上司不行详报题参，徇庇旧任，抑勒新任接受者，许被勒之员直揭部科。部科据揭代奏请旨，饬交严审。审实，将抑勒交代各上司及亏空之本员从重治罪；审虚，将诬揭之员加等问拟。"

2. 清政府认识到新旧官员的交接，稽查引据，全以档案为凭，而不肖官吏要贪盗舞弊，总是千方百计对档案盗取文移，改易字迹，使人莫可究诘。因此，十分重视档案的保管移交。如雍正十三年（1735）复准："各省州县交代时，将任内自行审理户婚、田土、钱债等项案件，粘连卷宗，钤盖印信，造入交盘册内。仍汇录印簿，摘取事由，照依年月编号登记，注明经承姓名，随同卷宗交代。并将累任递交之案，一并检齐，加具并无藏匿抽改甘结，交与接代之员。交代完日，照例报明上司查核。倘有不肖胥吏违玩，不行查明交代，并有乘机隐匿增改作弊等情，将失察之该管官，照失于详查例，罚俸一年。"②

———————————

① 《为政》卷1。

② 《大清会典事例》卷91《吏部·处分例》。

3. 在新旧官员交接时，经常会遇到这种情况，即旧官员升迁后，作为新接任官员的上司。为了防止新任官员畏于上司权势，不敢认真清查，清政府规定由旧任官员上司或邻封同级官员参与清查，并详报上级查考。如乾隆五十九年（1794）奏准："凡州县升任本府，及本府升任本道，所有任内经管钱粮等项，饬令接任之员，一面遵照例限，盘清结报，一面遴委邻封廉干道府，前往彻底清查。加结详报藩司，转详督抚，咨部查考。傥委员并不实力盘查，通同捏报，照盘查官偏袒之例，议处治罪。"①道光二十七年（1847）奏准："直省布政使交代，定限两月，新旧任各分限一月。若升任本省巡抚，其任内经手钱粮，令总督确查。如无总督省份，令接任官核明具题。"②

4. 清政府为了防止新旧官员乘交接之机串通舞弊，大捞一把，还专门设有监盘官。如嘉庆十九年（1814）谕："著通谕各直省督抚等，嗣后州县官交代，务严饬前后任及监盘之员按限结算，毋得迟逾。前任一有亏缺，即令后任据实揭报参处。若前任所亏，后任已经查出，并未揭报，监盘官亦扶同徇隐，出结之后，别经查出，即将后任及监盘官严行参办，并将亏短各款，着落分赔，以示惩儆。"③

5. 清政府规定新旧官员交接之时，其钱粮交送有一定的期限。如交代迟延者，必须根据情况予以不同的处罚。如雍正五年（1727）议定："凡督抚核参交代迟延者，将迟延情由详细确查。如系旧任官希图掩饰，不于两月内将钱粮等项，彻底清白造册交送，则迟延之咎，专在旧任官，与新任官无涉。该督抚即将旧任官迟延情由，明白开注指参，将旧任官罚俸一年，新任官免议。如旧任官迟至例限将届，始将册籍造送，新任官又不上紧查核，以致迟延，则迟延之咎，固在旧任官，而新任官亦难辞责。该督抚将情由分别开参，旧任官罚俸一年，新任官罚俸六月。如旧任官已彻底清白造册交送，而新任官推诿不接，以致迟延，该督抚将

①　《大清会典事例》卷91《吏部·处分例》。
②　《大清会典事例》卷91《吏部·处分例》。
③　《大清会典事例》卷175《户部·田赋》。

情由指参，新任官罚俸一年，旧任官免议，其督催不力之上司，仍照定例议处。"① 清政府还规定，如果交接时钱粮数目太大，可根据实际情况延长交送期限，"钱粮交代，五万两以上者，亦令展限一月；十万两以上者，展限两月；十五万两以上者，展限三月，著为定例。"②

综上所述，清政府如能行之有效地按新旧官员交接的规定去做，对防范官吏在经济上贪污盗窃是大有作用的。从史籍中我们考查到，这些规定的实施往往成为一纸空文，没达到预期的目的。如康熙晚年，各级地方政府经管的钱粮亏空严重，其中一个主要的原因就是没有做好新旧官吏交接。前任官吏贪污后将亏空移交下任，下任再加侵贪，又移交下任。这样任任亏空，越亏越多，上下欺蒙，互为掩饰，积重难返。如嘉庆十一年（1806）谕："督抚到任，及每年钱粮奏销后，例须盘查藩库一次，自当将各项款目及收支实数，详悉钩稽，方为有益。近来督抚等视为具文，不过到库略为抽验，虚应故事，日久酿成弊端。即如本年直隶、湖北俱有藩库侵亏重案，不可不详定章程，以资厘剔。"③

清代对官吏的考核在激浊扬清、整饬吏治上起了一定的作用，特别是政治比较清明时期，其作用更为显著。《清史稿·选举六》载："（康熙）六年（1667），从御史田六善请，卓异官以清廉为本，司、道等官必注明不派节礼、索馈送，州县等官必注明不派杂差、重火耗、亏损行户、强贷富民。以清吏之有无，定督、抚之贤否。其时廉吏辈出，灵寿令陆陇其等擢隶宪府，吏治蒸蒸，称极盛焉。四十四年（1705），诏举卓异，务期无加派，无滥刑，无盗案，无钱粮拖久、仓库亏空，民生得所，地方日有起色。其他虚文，不必开载。乾隆八年（1743），命督、抚以务农本计察核属员，论者谓以劝农为劝吏之要，深得治本，兴汉诏同风。"此虽有溢美之词，但其作用还是应当肯定的。清代在对官吏的考核中也存在着一些弊端，最主要的问题是同历代一样，往往易流于形式，虚应故

---

① 《大清会典事例》卷 91《吏部·处分例》。
② 《大清会典事例》卷 91《吏部·处分例》。
③ 《清朝续文献通考》卷 64。

事。"虽有吏部、都察院填注考语之例，不过按册过堂，虚文应事。其中龙钟庸劣者既得姑容，即才具优长、精力壮盛堪供驱策者，亦无由自见，于培养人才、澄叙官方之道，盖两失之。"① 还有在考核中经常瞻徇情面，凭印象滥保充数。乾隆十一年（1746）奉谕旨："三年京察之典，激浊扬清所以叙官方而明黜陟，自当矢慎矢公甄别允当。上次举行之际，恐各部院堂官有瞻徇情面滥列一等者，曾降旨令大学士于验看过堂时慎重分别，有不称一等者，俱行裁去。嗣经大学士等分别去留，此亦权宜办理之道，究之察核司员，惟堂官最为亲切，要在平日留心体察，临时举劾公平，方为允协。如上次定以一等者，三年中行走平常，即当改为二三等，不得稍存姑息之心。上次原列二三等者，三年以来知所奋勉，即当列为一等，亦不得仍拘已成之见。惟一秉至公，分别等第，庶察典肃而人人知所劝惩。"②

①　《清朝文献通考》卷 61。
②　《清朝文献通考》卷 61。

第六章
清代军事管理思想

第一节 军制思想

一、议政王大臣会议、军机处和兵部思想

清代封建专制主义空前强化，最高军权由皇帝独揽。如皇帝年幼未亲政前，暂由摄政王代理，或由太后垂帘听政。协助皇帝管理军政的中央机构是议政王大臣会议、军机处、兵部等；清末，改革官制后，主要是军咨府、陆军部、海军部。

议政王大臣会议是清代前期宗室王、贝勒等旗籍大臣联席协议国政军政的制度。始于清太祖努尔哈赤筹建后金政权之际，时特置议政大臣5人佐理军国大事，与诸贝勒每5日集朝1次。天命七年（1622），实行八和硕贝勒"共议国政"制。十一年（1626）九月，太宗嗣位后，命所有贝勒参预议政。崇德元年（1636），又将参预议政的宗室贵族扩大到贝子，复令每旗增设议政大臣3人。此后，议政制度逐渐成为王大臣共同辅政、议决军国大事的一种形式。顺治元年（1644），于内廷设议政处，为议政王大臣的办公处所。其议政形式有两种：一是廷议，即凡军国重

务不由内阁票发者，由议政王大臣"坐中左门外会议，如坐朝仪"；二是交议，即奉圣旨交议政王大臣会议的事件，由内阁转交议政处，王大臣公同会议后核奏。雍正年间设立军机处后，议政王大臣会议无应办之事，遂于乾隆五十六年（1791）取消。

军机处全称办理军机事务处，或称办理军机处，简称军机处。因参决军国大事，又称枢垣、枢廷。军机处是取代议政王大臣会议的中枢机构，雍正八年（1730）设立（一说雍正七年设立），初名军机房，十年（1732）命铸予银印，名办理军机事务处。其机构位于宫中乾清门外西侧，隆宗门内。由皇帝特旨召三品以上满、汉大员各若干人（无定额）入值为军机大臣，由满、汉大学士各一员为其首领，并由各部、院考录四品以下官员入值为军机章京。军机处辅助皇帝处理军国大事，职掌机要，常侍皇帝左右，以备顾问，负责奏折文书的处理及谕旨的撰拟；参与国家庶政的讨论及重大案件的审拟；凡文武官员的简放、换防、记名、引见、赐予及外藩之朝使者颁赐等事，亦由军机处办理。总之，军机处"掌书谕旨，综军国之要以赞上治机务"[①]。自其成立后，取代了议政王大臣会议的地位和作用，进一步加强了封建帝王的专制权力和对军权的绝对支配，削弱了内阁的职权。直至清末宣统三年（1911）四月，责任内阁成立，军机大臣改任总、协理大臣，执政180余年之久的军机处才被废止。

清代兵部成立于后金天聪五年（1631），以贝勒一人总理部务，下设满、蒙、汉承政、参政、启心郎等职官。清崇德三年（1638）改置承政、参政、理事官、副理事官、启心郎、额哲库等员。顺治元年（1644）停贝勒管理部务，并承明制，改承政为尚书，参政为侍郎，理事官为郎中，副理事官为员外郎，额哲库为主事。雍正元年（1723）后，以大学士兼理部务，均为特简，无常员。按定制，兵部设满、汉尚书各一人，综理部务；满、汉左、右侍郎均各一人，下有满、蒙、汉郎中、员外郎、主

---

① 《大清会典》卷3。

事、司务、笔帖式等官员。其下属机构有武选、车驾、职方、武库四清吏司，以及会同馆、捷报处、满档房、汉本房、司务厅、督催所、当月处和稽封厅等，分别办理部内各项事务。光绪三十二年（1906）改为陆军部，练兵处和太仆寺并入其内。兵部在清廷入关后主要掌管全国绿营兵籍和武职官员任免、升降、考核、奖惩等政令之机构。八旗则主要由八旗都统衙门管理，军机要务由议政王大臣会议和军机处负责，所以"名为兵部，但司绿营兵籍、武职升转之事，并无统御之权"①。

清代各省的地方军队领导机构，有将军、都统、副都统、城守尉、防守尉等八旗将领主管的各级八旗驻防衙门。绿营以一省或数省为军区，省内最高武官是提督。提督有陆路和水路之分，也有水陆兼任的提督，或由巡抚兼任的提督，每省一至二人，管理一省军政，其办事机构为提督衙门。一省之内又分若干镇，每镇由总兵官统领，各镇守一方，其办事机构为总兵衙门。总兵也有陆路、水路之分，也有水陆兼任的，每省二至六人。唯东北三省不设绿营，故无提督和总兵。提督对各镇总兵有统领权，但无征调权。

二、集权朝廷，分寄督抚，中外相维，大小相制思想

清朝对中央和地方的军事领导体制是实行集权朝廷，分寄督抚，中外相维，大小相制。一方面，全国性的军队征调权属皇帝，地方性的征调权由中央朝廷分寄于地方最高文官总督和巡抚，分统各镇的总兵受督抚和提督的双重节制，这是以大制小；另一方面，布政使、按察使、提督、总兵各分总督、巡抚的行政、军政大权，这是以小制大。

康熙《大清会典》云："国家军旅之事，专任武臣，其在直省者以文臣监督，曰总督，曰巡抚。"② 各省绿营的最高武官是提督，掌理全省军

① 《大清光绪新法令》，第 20 册，商务印书馆编译所宣统元年本。
② 康熙《大清会典》卷 93。

政，节制本省各镇总兵，官阶为从一品；其次是总兵，管辖本标及所属各协、营，镇守一方区域，官阶为正二品。总督、巡抚虽为地方最高文职官员，但官阶仅为正二品和从二品。总督比提督低一级，与总兵同级；巡抚比提督低二级，比总兵低一级。在此情况下，清廷通过给总督和巡抚兼衔提级、分寄军令的办法，实现以文督武。这就是"总督俱兼兵部尚书、右都御史衔；巡抚俱兼兵部侍郎、右副都御史衔"①。兼衔后，总督的官阶升为从一品，与提督同级；巡抚的官阶升为正二品，与总兵同级。由于总督、巡抚所兼为兵部和都察院的官衔，故有身受中央派遣、统帅和监督各省绿营武官之命。所以，清朝官员认为，"我朝所定官制，各直省承流宣化责成布政使，若督抚原以寄将帅之任"②，"本朝督抚寄军令，即将军之制也"③。

总督、巡抚在地方上的军政之权主要有 6 个方面：一是对本辖区军队的征调权，二是对副将以下武官的题调黜免权，三是对文武官员的监督权，四是对绿营的疏定营制权，五是督理粮饷权，六是主考武科权。总之，督抚对于绿营军来说，平时有节制权，战时有征调权。督抚有节制权，则官兵畏威守法，知恩必报；督抚有征调权，则官兵服从命令，维护地方统治。所以说，军权虽集于中央朝廷，由皇帝独揽，但又"不可不分寄于督抚"④，以便实现"中外相维"⑤。

清代，"设官置吏，中外相维，是以万里之遥，若臂指之相使，兆民之众，若呼吸之可通，官习其事，民安其教，求之汉、唐，未闻整齐画一有如此者"。之所以能如此，除"内而八旗各部院，外而督抚提镇，满汉并用，文武兼资"外，就是"大小官制相维"⑥ 的运作机制。

———————

① 《清朝文献通考》卷 96。

② 《清史列传》卷 76《尹耕云传》。

③ 胡林翼：《胡文忠公遗集》卷 52《上皖抚王清苑师》，全国图书馆文献缩微复制中心，2007 年。

④ 《宣统政纪》卷 29，中华书局 1986 年影印本。

⑤ 《清朝文献通考》卷 77。

⑥ 《清朝文献通考》卷 77。

总督、巡抚为封疆大吏，"疆臣奏事，虽直达天听，必经部核乃办。其批交部议之奏，部臣仍得奏驳撤销，此实集权中央之明证"。所以说，"将军、督抚分任各省兵政，其全权实操于部"①。兵部作为中央领导绿营军队机构，督抚为中央派驻各省的重臣，有节制和调遣地方绿营军队之权，同为代表中央朝廷负责管理地方绿营军队。这就是所谓"中外相维"② 之意。

总督、巡抚，既是地方省级行政长官，又是地方监察长官、军事长官，因此有监督布政使、按察使、提督、总兵之权。这便是以大制小之意。布政使主管本省民政和财政，按察使主管本省司法和监察，提督负责本省军政，节制各镇总兵，总兵又负责本镇军政。在这里，布、按、提、镇各分总督、巡抚的行政、司法、监察、军政之权，这便是以小制大之意。同样的道理，布政使、按察使与其下属府、厅、州县之间，提督、总兵与其下属副将、参将、游击、守备之间，也存在着以小制大和以大制小的相互制衡关系。这就是"大小相制"③ 之意。

历代皇帝总揽军权的一个重要方面就是掌握军队的征调，清代皇帝即通过"中外相维"和"大小相制"，从而牢牢控制对各省地方军队的征调。康熙《大清会典》卷117载："凡将帅部领军马、守御城池，及屯驻边镇，若所管地方遇有报到草贼生发，即时差人体探缓急声息，须先申报本管上司，转达朝廷奏闻，给降圣旨，调遣官军征讨。若无警急，不先申上司，虽已申上司，不待回报，辄于所属擅调军马，及所属擅发给与者，各杖一百，罢职，发边远充军。""事有警急，及路程遥远者，并听从火速调拨军马，乘机剿捕。若贼寇滋蔓，应合会捕者，邻近官军虽非所属，亦得行文调发策应，并即申报本管上司，转达朝廷知会。若不即调遣会合，或不即申报上司，及邻近官军不即发兵策应者，并与擅调发罪同。其余上司及大臣将文书调遣将士，提拨军马者，非奉圣旨，不

① 《清朝文献通考》卷 221。
② 《清朝续文献通考》卷 77。
③ 《清史列传》卷 63《袁昶传》。

得擅离汛地。"①

从以上记载可知，军队征调权在中央由皇帝掌握，地方征调权由督抚掌握。提督、总兵等武官，一般情况下，"非奉圣旨，不得擅离汛地"，说明他们必须接到皇帝的命令，才能调遣所属军队离开驻防地。武官欲率兵出战，一般先经过督抚同意，然后获得皇帝命令，才能调动所属部队。只有在军情紧急的情况下，可以边出兵、边向督抚申报，由督抚转奏皇帝批准。督抚是封疆大吏，为皇帝的心腹大臣，有征调本省军队之权。一旦地方有警，便"征调官兵，呼应较灵"，便于"控制，以期连络声势"②，维护地方安定。其虽对本管军队有征调权，但也要同时奏报皇帝认可，只是不必等待回报便可征调所辖部队。

三、八旗、绿营、防军、练军和新军思想

（一）八旗、绿营

八旗是满族军事、行政、生产三者相结合的组织。明万历十七年（1589），努尔哈赤分其军为 4 部："一曰环刀军，二曰铁锤军，三曰串赤军，四曰能射军"③。后来，又用黄、白、红、蓝 4 种颜色的军旗作为识别的标志。军队的基层组织是以血缘和地缘为纽带建立起来的牛录（满语，意为"大披箭"，即佐领）。万历二十九年（1601）规定，每牛录 300人。万历四十三年（1615），又将原有四旗扩编为八旗：正黄、镶黄、正白、镶白、正蓝、镶蓝、正红、镶红④，正式建立八旗制度。后金天聪五年（1631）正月，皇太极向众汉官庄重宣布：从今以后，"凡汉人军民一

---

① 康熙《大清会典》卷 117。
② 《清宣宗实录》卷 171，道光十年七月丁巳。
③ 朝鲜《李朝宣祖实录》卷 23。
④ 正，原意为整，即整幅旗帜都是同一种颜色；镶，即镶旗边，在原有黄、白、蓝三种旗的边上镶红色，在原有红旗的边上镶白色。

切事务，悉命额附佟养性总理，尔众官不得违其节制"①，于是开始创建汉军旗制，先成立"旧汉兵一旗"②。崇德二年（1637）将汉军扩编为二旗，分置左右两翼。崇德四年（1639），又扩编为四旗。崇德七年（1642），最终扩编为汉军八旗。天聪八年（1634），皇太极创建蒙古二旗，分置左右两翼。崇德四年（1639），又扩编为四旗。崇德七年（1642），也将蒙军扩编为蒙古八旗，故满、蒙、汉各有八旗，共24旗。

满、蒙、汉八旗旗制大同小异，原为集军事、行政、生产职能于一身之组织，以兵民结合、军政结合、耕战结合为特点，实行以旗统人即以旗统兵，成年男丁皆可为兵的世兵制。八旗实行牛录、甲喇、固山三级管理体制。初定以300丁为一牛录，由牛录额真（佐领）统领，牛录额真之下设代子2人为其副职。其下将一牛录300丁分为4个达旦，每达旦由1个章京率领，章京之下设1个管文书的拨什库。其上以5牛录为1甲喇，由甲喇额真（参领）率领。以5甲喇为1固山，由固山额真（都统）率领，固山额真之下设梅勒额真（副都统）2人为其副职。汉语称固山为旗，八固山即八旗。

顺治八年（1651），多尔衮死后被罪，正白旗收为皇帝自领，遂以镶黄、正黄、正白三旗为上三旗，由皇帝直接统辖，其余正红、镶白、镶红、正蓝、镶蓝为下五旗。凡编审户籍、官制、兵制及宿卫扈从之等差，皆以上三旗、下五旗为辨。

清代还将皇室家仆和王公各府家仆编为八旗包衣（包衣即家仆），每旗设参领5人，下辖佐领、管领各若干，其中上三旗包衣分隶于内务府，下五旗包衣分隶于王公各府。

清代凡旗人均隶于各旗佐领或管领之下，政治地位高于州县所属之"民人"，然满洲、蒙古、汉军、包衣亦等级井然，汉军及包衣汉军尤不得"冒籍"满洲。

---

① 《清太宗实录》卷8。
② 《清太宗实录》卷13。

清廷入关后，八旗复别为京师八旗与驻防八旗，各10余万人。京师八旗是首都禁卫军，又称禁旅八旗。由领侍卫内大臣率领的侍卫和亲军负责侍卫皇帝、保卫皇宫，称郎卫；由都统、统领、总统、管理大臣等率领的骁骑营、前锋营、护军营、步军营、火器营、健锐营、神机营等，负责拱卫京师，称兵卫。驻防八旗由将军、都统、副都统、城守尉、防守尉等率领，分驻于全国性的战略要地，负有震慑地方、监视绿营、保卫边防及海防的重任。除郎卫以直属于皇帝的正黄、镶黄、正白的满蒙官兵为主外，兵卫和驻防都由八旗满蒙汉共同承担，但京营巡捕营由绿营兵担任。

清朝入关后，由于人口的增加和形势发展的需要，八旗的某些制度和职能也发生了变化。如每牛录的丁数减少至百余人，而每甲喇的牛录数有所增加。旗主的实权被削弱，八旗全归皇帝统帅。八旗生计困难，牛录的军事职能削弱。

满蒙八旗以骑射为根本，在平川旷野冲锋陷阵是其所长，而汉军八旗善用火器，围城攻坚和水上作战屡立功勋。因八旗官兵为清王朝的建立和巩固立下汗马功劳，故清朝实行首崇满洲优待八旗的政策，在各方面都给予特殊的照顾。但由于八旗官兵长期脱离生产，养尊处优，贫富分化，斗志消沉，以致一代不如一代。自康熙平定三藩之乱开始，八旗对绿营的依赖日益严重。至乾隆时期，乾隆皇帝感慨地说，打起仗来，八旗不过随众行走，还不如绿营奋勇，深为可恨。这表明，八旗的战略主力地位已逐渐被绿营取代了。

绿营兵又称绿旗兵，因使用绿旗，故名。清入关时只有八旗兵，后将明朝降军和新募汉兵改编成各省地方军，因以绿色旗帜为标志，以营为基本建制单位，故名绿营。绿营建立营制的第一个原则是因官设兵，故其兵因官分类：总兵所属称标兵，居中镇守，以备征调；副将所属称协兵，本镇冲要，率兵协守；参将、游击、都司、守备所属称营兵，城邑关隘，领兵专守；千总、把总、外委所属称汛兵，道路边境，分汛备

御。第二个原则是因地设兵，"量地形之险易，酌兵数之多寡"①。故其兵数因地而异，虽为同级之官，同营之制，所属之兵众寡悬殊，甚至相差10倍。第三个原则是"查各省地方，有水、有陆、宜步、宜马之不同"②，而酌定各马兵、步兵的比例。如南方多山多水之省，一般为马一步九，或马二步八；北方平原旷野之省，一般为马七步三，或马六步四。第四个原则是武官的设置，兵数的多少，马步的比例等，可根据当时当地的军事政治形势的发展变化，进行适当的调整。

绿营中"营"的类别虽分为标、协、营、汛4种，但只有标、协、营立营，而汛兵不立营。总兵和总兵以上的官员亲自率领的绿营兵称标兵，故除总兵的镇标外，又有八旗驻防将军的军标、总督的督标、巡抚的抚标、提督的提标、河道总督的河标、漕运总督的漕标。标对于协、营、汛虽无从属关系，却有统属的权力，是绿营的主力部队。协则从总督、提督、镇分出。督、抚、提、镇、协营对于从它分出的协、营、汛，都有管辖之权。而协、营不从标分出，故与标无从属关系，只有几个有分营的标例外。镇为绿营的战略单位，营为绿营的编制单位。营一般别以左、右、前、后、中营之名。全国绿营约有60万人，汛兵即占1/3，每汛人数有数人至数十人不等。标兵为绿营的机动兵力，集中屯驻，装备较好，武器以刀箭为主，其次是枪炮③。

清代水师"循明代旧制，设提督、总兵、副将、游击以下各武员，如陆营之制"④。

绿营遇有战事，则从"各营内预选精兵"，然后"派将弁管带前往"⑤。从各省、各镇、各标、各营抽调来的官兵多少不一，按照"本标

① 康熙《大清会典》卷86。

② 据中国社会科学院经济研究所整理档案，转引自罗尔纲：《绿营兵制》，中华书局，1984年，第202页。

③ 《中国政治制度通史》（第10卷），第388—389页。

④ 《清史稿》卷135《水师》。

⑤ 王先谦：《咸丰朝东华录》卷7，咸丰元年二月辛巳，《东华录东华续录》，上海古籍出版社，2007年。

与本镇可以相合，本省内有各营可以相合"的原则，"临时各统以大将偏裨，马步各成营伍，分合团练，乃可成臂指相使之势"①。实际上，这种战时临时组合的军队，因编制不完善，"将帅莫知营制"，所以，"将、士各不相习"，"诸将虽欲画一，率非所统，无所行其禁令"②，使绿营的军纪和战斗力受到影响。

绿营士兵无论陆营或水师，都区分为马兵、步兵、守兵3个等级，遇有缺额拨补时，按守兵、步兵、马兵顺序，由下往上，逐级而升。其目的是"按马、步、守分别成数，次第挑补"，"留此等级，升降之间，可以激劝"③，从而达到激励的效果。这3种兵，就装备而言，守兵也是步兵；就战守而言，步兵和马兵都属于战兵；就等级而言，守兵属于最低等级，步兵次之，马兵为最高等级。

清代中叶以前，绿营与八旗兵同为常备兵，在历次战争和巩固清廷的统治中作出了应有的贡献。特别是"康熙以后，绿营屡立战功"，名将辈出。但毕竟绿营在地位上低于八旗，平时担负繁重的地方杂役，战时又为八旗打先锋、当后勤，而各种待遇又不如八旗，装备落后，处处受到压制。加上后因承平日久，一方面"各省提镇大员一味养尊处优，全不习劳，将营务委之将备，而将备又复委之千把，因循玩愒，所谓训练操防全属有名无实"；另一方面，"武职大员不能实心办公，平居无事，往往令本标兵丁充仆隶厮养之役，或兼习手艺在署佣工"，并对兵饷"加以克扣，兵丁所得，仅能存活，又不按月支发，贫乏之兵，何以自支"，以致绿营的战斗力也相继衰弱下去，"一旦有事征调，其能知纪律陷阵冲锋者寥寥无几，势不得不募民充勇以供调拨"④。所以，嘉庆时平定5省

---

① 《明清史料》甲编第4本，《经略大学士洪承畴密疏稿》，台湾维新书局，1972年。

② 王闿运：《湘军志》，营制篇第15，岳麓书社，1983年，第158页。

③ 见光绪时期陕甘总督左宗赏关于变通甘肃营制的奏疏，转引自罗尔纲《绿营兵制》，第219—220页。

④ 《清朝续文献通考》卷212。

白莲教起义，"官兵征讨，而乡兵之功为多"[①]。这表明，乡勇的地位日益重要，军政大权开始随之由满洲贵族手中向汉族地主阶级手中转移。

（二）湘军

咸丰初年，太平天国运动蓬勃兴起，八旗和绿营已成强弩之末，难以支撑清廷危局。清廷被迫命令各省官绅兴办团练助剿。湖南团练大臣曾国藩认为，官军腐败不能战，团丁力弱不可用，形势危急，必须改弦更张，"概求吾党质直而晓军事之君子将之，以忠义之气为主，而辅之以训练之勤"[②]，才有希望挽救危局。于是他仿明朝名将戚继光编练戚家军的做法，力改绿营习气及其调遣成法，不求多，但求精，募团丁为官勇，编成湘勇，又称湘军。从此，湘军逐渐取代了八旗和绿营的战略地位，成为镇压太平天国运动的主力军。

八旗和绿营是清朝的正规军，称经制兵。除正规军外，清朝还有乡兵，即乡勇。在镇压太平天国运动中乡勇的异军突起，使其最终取代八旗、绿营正规军。同治初年，太平天国运动被镇压下去后，曾国藩为避免遭到清廷的猜忌，主动将湘军大部解散，但同时又大力扶植李鸿章的淮军来接替湘军。清廷虽然对曾、李等掌握汉族乡勇心存疑虑，无奈八旗、绿营已一蹶不振，只得面对现实，采纳湘军统帅左宗棠等人的建议，将未解散的湘军和淮军变为国家的正规军，屯防要地，称防军。又从绿营中挑选官兵，按曾国藩的勇营规制编制，提高战斗力，称练军。八旗、绿营亦存而不废，从此，清朝军制呈现多样多变，湘军、淮军、防军、练军并称，而且与八旗、绿营并存。由于淮军脱胎于湘军，两者的编制和管理基本相同，所以以下就湘军做一简要介绍，以窥一斑。

湘军中陆军的编制，据曾国藩的《曾文正公杂著》卷2《营制》所载，大致情况如下。

湘军陆师编制为营、哨、队3级。其中一营之制为每营营官1员，营

---

① 《清史稿》卷133《乡兵》。
② 李瀚章编：《曾文正公书札》卷2《与王璞山信》，中国书店，2011年。

官亲兵 60 名, 亲兵什长 6 名。一营分立前、后、左、右 4 哨, 哨官 4 名, 哨长 4 名, 护勇 20 名, 什长 32 名, 正勇 336 名, 伙勇 42 名。一营共 505 人。一哨之制为每哨哨官 1 员, 哨长 1 名, 护勇 5 名, 伙勇 1 名。每哨 8 队, 一队抬枪, 二队刀矛, 三队小枪, 四队刀矛, 五队抬枪, 六队刀矛, 七队小枪, 八队刀矛。每队什长 1 名, 伙勇 1 名。其抬枪队正勇 12 名, 合什长、伙勇共 14 名; 其刀矛、小枪队正勇 10 名, 合什长、伙勇为 12 名。每哨有 108 人, 前、后、左、右 4 哨, 共计 432 人。

除此之外, 陆师还有营官亲兵之制: 每营营官 1 员, 直辖亲兵 6 队, 一队劈山炮, 二队刀矛, 三队劈山炮, 四队刀矛, 五队小枪, 六队刀矛。每队什长 1 名, 亲兵 10 名, 伙勇 1 名。六队共计 72 名。

长夫之制为每哨哨官①、哨长及护勇 5 人, 共用长夫 4 名, 4 哨共计长夫 16 名。每抬枪队用长夫 3 名, 4 哨抬枪队 8 队, 共计用长夫 24 名。每刀矛、小枪队各用长夫 2 名, 4 哨刀矛、小枪队 24 队, 共计用长夫 48 名。亲兵每劈山炮队用长夫 3 名, 每刀矛、小枪队用长夫 2 名, 计亲兵 6 队共用长夫 14 名。如果拔营远行, 营官另拨公用长夫帮抬劈山炮。营官及帮办人等, 共用长夫 48 名。搬运子药、火绳及一切军备等项共用长夫 30 名。以上各项, 共用长夫 180 名。若以 500 人为 1 营计算, 平均每百人用长夫 36 名。长夫的配备, 湘军原则是只许减少, 不许增加。

湘军中水师的编制, 据曾国藩《曾文正公奏稿》卷 23《会议长江水师营制事宜折》、卷 26《拟补长江水师各缺续陈未尽事宜折》和王定安《湘军记》卷 20《水陆营制篇》所载, 大致情况如下。

一营之制为每营营官 1 员, 每船哨官 1 员。初定营官领快蟹船 1 只, 各哨官分领长龙船 10 只, 舢板船 10 只, 合计 21 船组成一营。各船除营官或哨官 1 人外, 其中快蟹船还配备船桨手 28 人, 橹工 8 人, 舱长 1 人, 头工 1 人, 舵工 1 人, 炮手 6 人, 共计 46 人; 长龙船还配备船桨手 16 人, 橹工 4 人, 头工 1 人, 舵工 1 人, 炮火 2 人, 共计 25 人; 舢板船还

---

① 长夫即为军队中的搬运工, 行军打仗需长夫搬运辎重。

配备船桨手10人，头工1人，舵工1人，炮手2人，共计15人。总之，水师一营共计425人。至咸丰年间，清廷裁快蟹船，减长龙船为8只，增舢板船为32只，合40船为1营，每营500人（营官、哨官除外）。水师战船上，一般配备有数门前膛旧式洋铁炮，称为"洋庄"。每门炮重数百斤至千斤。此外，还配备用于近战的刀、矛、鸟枪、喷筒等武器。

湘军中马队营的编制，据曾国藩《曾文正公杂著》卷1《马勇章程五条》所载，大致情况如下。

马营每营分为前、后、左、右、中5哨，每哨分为5棚。每营设营官1人，帮办1人，字识1人。每哨设正哨官1人，副哨官1人，只有中哨由营官兼任正哨官外，再设副官2人。每棚设什长1人。每哨有马勇50名。每营共有什长25人，散勇225人。营官及2副哨、帮办、字识共用火夫2人，4哨之正副哨官共用火夫4名，25棚每棚用火夫1名，以上全营共用火夫31人。营官给马4匹；正副哨官，各给马2匹；帮办、字识、什长、马勇，各给马1匹。营官给蓝夹棚2架，白单棚1架；正副哨官共给蓝夹棚1架，白单棚1架；帮办、字识给白单棚2架；马勇5人给白单棚1架。搬运军需时，由粮台发价，每哨可雇用大车1辆。每营每年可以报销倒毙马匹36%，可如数补齐。

随着湘军的不断发展壮大，各级指挥系统逐渐完善。营官之上，有分管数营的分统；分统之上，有自主一路的统领；统领之上，有独当一面的统帅；统帅之上，有总统全军的大帅，即曾国藩。湘军中主管军法号令的机构称营务处，将才多由此出。主管粮饷器械的称粮台。

曾国藩以传统儒家仁和礼来管理湘军，提出"带勇之法，用恩莫如仁，用威莫如礼"。对此，他解释说："仁者，即所谓欲立，立人，欲达，达人也。待弁勇如待子弟，常有望其成立，望其发达之心，则人知恩矣。礼者，即所谓无众寡，无大小，无敢慢，泰而不骄也。正其衣冠，尊其

瞻视，俨然人望而畏之，威而不猛也，则人知威矣。"① 意思是治军如以仁爱对待士兵，就像对待自己子弟一样，使士兵知恩图报，打仗就会勇敢。如以礼的尊卑上下对待士兵，就会使士兵对统帅产生敬畏，不敢怠慢，不敢骄横。曾国藩的以仁、礼治军，使湘军"上下相维，各护其长"②，在提高战斗力方面是有些效果的。正如李鸿章称赞曾国藩"所定营制、营规，博稽古法，辨等明威，其于军礼庶几近之"③。

（三）新军

从 19 世纪 60 年代开始，清军加快了向西方学习的步伐，连保守的京营八旗也对传统的骑射产生动摇，挑选精兵万名创建神机营，专习洋操洋枪。甲午战争中清军失败后，文臣武将纷纷献策，认为清军"讨内匪则可，御外侮则不能"④，只有改革军制，全盘西化，才是解决国防安全的途径。近代日本由弱变强，其一个重要原因就是学习西方军制，这是中国学习的榜样。于是清廷先命胡燏棻在天津小站练定武军，不久，袁世凯接管定武军后改称新建陆军。与此同时，张之洞在江南编练自强军。此为清朝仿西法改革军制练编新式陆军之始。光绪二十六年至三十一年（1900—1905），清廷被迫推行新政，停止武童生考试，在京设立练兵处，在各省设立督练处，企图通过统一军制来加速新军建设，将各省兵权收归中央。同时兴办陆海军各类学堂和贵胄学堂，选派军事留学生去英、德、日等国深造，培养发展新军所急需的各种军事人才。但因清末的民族矛盾和阶级矛盾，中央与地方的矛盾，旧军与新军的矛盾，都在激化，政局动荡，人心思变，加之军费不足，所以军制改革困难重重，新军仅编成十余镇，计划未能完成，军权反落到大军阀袁世凯手中。随着辛亥

---

① 曾国藩：《曾文正公手书日记》第 6 册，咸丰九年六月初四日，凤凰出版社，2010 年。

② 王闿运：《湘军志·营制篇第十五》，岳麓书社，1983 年，第 163 页。

③ 李鸿章：《曾文正公神道碑》，见《曾文正公全集》卷首，中国书店，2011 年。

④ 朱寿朋：《光绪朝东华录》，光绪二十一年十二月，《东华录东华续录》，上海古籍出版社，2007 年。

革命的爆发，清朝终于灭亡，军制改革也胎死腹中。但清朝的军制改革却为中国军队的近代化开启了先声。

清代在推行新政之前，胡燏棻、袁世凯、张之洞编练新军、改革军制基本上是各行其是，做法不大统一。如由胡燏棻编练的定武军共 4750 人，分为 10 营，其中步队 3000 人，马队 250 人，炮队 1000 人，工程队 500 人。袁世凯编练的新建陆军，共有正兵 7000 人，长夫、马夫、伙夫 3800 人。上设总部，下设参谋营务处、执法营务处、督操营务处、稽查营务处。营制分为左、右两翼。左翼有步兵 2 营，炮兵 1 营；右翼有步兵 3 营，骑兵 1 营。步兵每营有官长 46 人，正副头目 72 人，正兵 864 人，号兵 24 人，护勇 96 人。骑兵每营有官长 26 人，正副头目各 48 人，正兵 384 人，号兵 12 人，护勇 26 人。炮兵每营官长 46 人，正副头目各 69 人，正兵 828 人。张之洞组成的自强军，其中步兵 8 营，每营先设 5 哨，后改为 3 哨，共 250 人；马兵 2 营，每营 3 哨，共 180 人；炮兵 2 营，每营 4 哨，共 200 人；工程兵 1 营，共 100 人。

清廷推行新政时，统一新军编制，将全国新军分为常备军、续备军、后备军三等。陆军常备军的编制是军、镇、协、标、营、队、排、棚，分别由军统（或称总统）、统制、协统、标统（或称统带）、管带（副营职称帮带或督队官）、队官（或称哨官）、排长、正目（副职称副目）率领。

镇为战略单位，相当于后来的师。平时编制以 2 镇为 1 军；战时征调，按地势敌情而定，或以 3 镇为 1 军，或以数军为 1 大军，或只派 1 镇分驻一路，不受军的节制，兵丁器械酌量增加。镇的编制是每镇步兵 2 协，每协 2 标，每标 3 营，每营 4 队。马兵、炮兵各 1 标，每协各 3 营，马兵每营分 4 队，炮兵每营分 3 队。工程兵、辎重兵各 1 营，每营各分 4 队。此外，每镇有军乐 1 队。以上步兵、炮兵、工程兵每队皆 3 排，每排 3 棚；马兵每队 2 排，每排 2 棚；辎重兵每队 2 排，每排 3 棚。以上各种队伍每棚有弁目兵丁 14 名。全镇官长及司书人等 748 名，弁目兵丁 10436 名，夫役 1328 名，以上全镇共有官兵夫役 12512 名。

各省的旧军队，除改编为新军外，其余防军、练军及杂项队伍一律改编为巡防队（或称巡防营）。其陆军巡防队的编制是以营为基本建制单位，分为步兵和马兵两种。步兵每营分为左、中、右3哨，每哨8棚，每棚正兵9人。马兵每营分为左、中、右3哨，每哨4棚，每棚正兵9人。步兵、马兵的营、哨、棚，分别由管带、哨官、什长率领。步兵全营有官、兵、夫共301人。马兵全营有官、兵、夫共189人，马135匹。各省巡防队又区分其防区为若干路，分别以左、中、右、前、后，或东、西、南、北命名。每路设统领1员、帮办1员，督率操防，筹划调度。每省不过5路，每路不过10营。

宣统元年（1909），在京师设禁卫军训练处，作为筹办、训练禁卫军，加强皇族对武装力量控制的机构。特命训练大臣3人秉承监国摄政王综理全军事务，下设军械、军法、军需、军医4科。武昌起义后改为禁卫军司令处，设总统官1人。清帝逊位后，编制归"中华民国"陆军部，但营制未变。1914年改编为陆军第十六师，机构遂撤。

京师禁卫军先按陆军1镇中步兵、马兵、炮兵、工兵、辎重兵、军乐队各标、营、队规定的额数参酌编练第一、第二两协，不足部分，以待扩充。暂不设立镇统，并将应设过山炮队改为陆路炮队，增设交通队、机关炮队、重炮队各1营。

京师禁卫军中步兵编制为每标由第1至第3营，分前、后、左、右4队，每队3排，每排3棚，每棚目兵14名，分别由管带、队官、排长、正目率领。炮兵编制为由第1至第3营为1标，每营分中、左、右3队，每队3排，每排3棚，每棚目兵14名。辎重兵编制为全营分左、右2队，每队3排，每排3棚，每棚目兵14名。交通队编制为全营分铁路、电信2队，每队3排，每排3棚，每棚目兵14名。机关炮队编制为全营分前、后、左、右4队，每队3排，每排3棚，每棚目兵14名。军乐队设队官1员，排长1员。

总计禁卫军自训练大臣至司书生823人，目兵匠夫10772人，骡马

2069 匹，炮 78 尊①。

第二节　兵役思想

清代的兵役思想是与军制思想密不可分的，清前中期军制以八旗、绿营为主，其兵役为兵民合一的世兵制或职业的世兵制。清中后期，乡勇兵逐渐取代八旗、绿营，兵役转变为以将必亲选、兵必自募为原则的募兵制。清末，清廷仿西方编练新军，兵役也仿效西方的募兵制。

一、八旗——兵民合一的世兵制思想

清代的兵役制度最早源于女真人历史上的牛录制②。牛录制依据血缘和地缘为纽带进行编制，"凡遇行师出猎，不论人之多寡，照依族寨而行"。所谓"照依族寨"，就是以血缘和地缘为单位，"十人中立一总领，属九人而行，各照方向，不许错乱，此总领呼为牛录厄真"③。清朝从牛录发展到八旗制度，都是实行兵民合一的兵役，所有成年男性，出则为兵，参加战争，入则为民，耕作放牧。清太宗皇太极曾将后金的兵役与明朝兵役做了比较，明确指出后金兵民合一制度与明朝职业兵的不同："明国小民，自谋生理，兵丁在外，别无家业，惟持官给钱粮；我国出则为兵，入则为民，耕战二事，未尝偏废。先还之兵，俱已各整器具，治家业，课耕田地，牧马肥壮。俟耕种既毕，即令在家之人经理收获，伊等军器缮完，朕即率之前往。"④ 八旗制度建立后，清朝的世兵制是"以

---

① 《中国政治制度通史》（第 10 卷），第 395—396 页。
② "牛录"是满语的音译，意为射野兽用的大披箭。
③ 《清太祖武皇帝实录》卷 2，民国二十一年北平故宫博物院版。
④ 《清太宗实录》卷 7。

旗统人，即以旗统兵，隶乎旗者，皆可为兵"①。

"八旗子弟人尽为兵"②，具体而言，就是凡年龄在 15—60 岁的男性皆可为兵。在一般情况下，"满洲出兵，三丁抽一"③，蒙古八旗"每三丁一人披甲"④，而"汉人十丁，编兵一名"⑤，平均每牛录"以六十名为常数"⑥。如在战争等特殊情况下，则抽调每牛录 2/3 以上的男丁为兵。奴隶和未成年的男性，虽不列入正式的八旗兵数内，但他们可以根据情况需要随家主或家长出征。满洲贵族"出战时，则将卒家有奴者，不限多少，自以其意，甲骑偕行"⑦，"其带子弟甚多"⑧。他们"于战阵之间则奋力向前，到营则汲水造饭，夜则牧马匹"⑨。满洲贵族举家男子出兵打仗，其目的是"专为抢掠财物"⑩。

据统计，清军入关前，如果每牛录平均以 60 名为常数，满洲八旗的牛录丁数大致可以 300 丁计算，而蒙古八旗和汉军八旗的牛录丁数一般是 200 名。总计满洲八旗约 310 牛录，9.3 万丁；蒙古八旗 118 牛录，约 2.4 万丁；汉军八旗 164 牛录，约 3.3 万丁。满、蒙、汉八旗共约 592 牛录，有 15 万丁，再加上清廷可以动员的其他壮丁，总兵力可近 20 万。

清军入关后，统治区域大大扩展，为保证有充足的兵源补充镇守各地的八旗兵，清朝规定，八旗 3 年比丁一次，凡年满 15 岁，或身高 5 尺的壮丁，都要编入佐领丁册，不许隐匿脱漏。同时，为了保证八旗军的纯洁性，清朝还规定，不许户下奴仆冒充正身旗人混入丁册，不许旗人

① 《八旗通志》2 集卷 32《兵制志》，吉林文史出版社，2002 年。
② 《清史稿》卷 130《兵志序》。
③ 《清太宗实录》卷 17。
④ 《清太宗实录》卷 55。
⑤ 《天聪朝臣工奏议》卷中《丁文盛谨陈愚见奏》，辽宁大学历史系，1980 年。
⑥ 《清太宗实录》卷 55。
⑦ 李民寏：《建州闻见录》，中国人民大学出版社 1991 年复印本。
⑧ 《清太宗实录》卷 53。
⑨ 《八旗通志》2 集，卷首十，《敕谕四》。
⑩ 《建州闻见录》。

抱养民人为子改入旗籍。后来，随着经济的发展和社会的安定，八旗人口大量增加，但八旗兵额有限，八旗子弟成丁后不一定都能当上兵，而对于生活贫困的八旗民众来说，当兵成为一种解决生计的不错选择，因此，众多的贫困民户又争着让成丁弟子能当上八旗兵。

二、绿营——由职业募兵制向职业世兵制的转变

清朝入关时只有八旗兵，后收编明朝降附官兵，另立为绿营。以后，随着各省绿营兵制的确立，就地招募壮丁为兵也就成了绿营的制度。各省营兵由总督、巡抚、提督、总兵、将军、河道总督、漕运总督统辖。总督、巡抚每年都要造具兵册，按照绿营的实在正额，分马兵、步兵、守兵为一册，屯驻移防各兵为一册，上报兵部，存为兵籍。绿营兵为职业兵，一旦正式列入兵籍，便"终身不改"[①]，不得脱离兵籍，不得从事其他职业。兵籍上记载着绿营兵的籍贯、年龄、相貌特征等，如发生绿营兵逃亡或违犯军令之事，就按兵籍追查，本人难以逃脱，亲属也会受到牵连。

绿营最初是实行募兵制，但是，由于承平日久，兵皆土著，家属随营居住，就逐渐形成父兄在营当兵，子弟为余丁备补的现象。久而久之，又进一步形成兵额有缺，按级升补，骑兵拔于步兵，步兵拔于守兵，守兵拔于余丁，余丁不足再募于民的制度。这样，实际上使绿营募兵制转变为世兵制，"绿营兵丁世代以食钱粮为业"[②]。

绿营的职业募兵制在具体实施中也会产生两种偏差。一是如严格遵守父兄子弟世代为兵，就会出现许多子弟其实不适合当兵却在军队中滥竽充数，影响军队战斗力的情况。因此，朝廷要求各省督抚、提镇严格挑选子弟入伍，如名额不足，再于民间选拔壮丁入伍。乾隆三十三年

---

① 《曾文正公书札》卷 7《致左季高》。
② 《清朝续文献通考》卷 214。

(1768) 谕："盖兵丁子弟见闻习惯，训练虽易见功，然使人才技勇本无足观。而徒借父兄之力，滥食名粮，则钻营之弊，既不可禁防，而入伍者几成世及，又何以实戎行而惩冒滥。转不如兼收慎择，确程才艺之为得矣。著各省督抚并提镇等，各兵子弟内有实在可用者，务须详慎挑补，不得以曾奉谕旨通行，稍为假借。如果一时艰于足额，于外来壮丁，不妨量为变通，庶于营务有裨，倘因例许通融，或从中高下其手，以致补额滋弊，则惟于该管各官是问。"① 二是不优先招收有军事基础的兵丁子弟，而随意招收不合格的民间人员入伍，同样也影响了军队战斗力。朝廷重申了各省督抚必须优先招收有军事基础的兵丁子弟。乾隆三十三年 (1768) 谕："兵丁子弟补缺，向本著为成例。迩来绿营陋习，辄以外来无借之徒，滥行充伍，人才技艺，既不足观，而巽懦狡猾之风，亦且因之日甚，何以作士气而励戎行。况此等兵丁子弟，既系生长兵家，则执锐披坚见闻习惯，尤易见功，自于营务有益。著传谕各省督抚挑选余丁，豫待备用，务使额鲜滥充，以收实效。"

三、勇营——将必亲选、兵必自募的募兵制思想

清代自雍正、乾隆后，凡遇重大战事，如八旗、绿营等军队不敷调用时，就临时招募地方乡兵、乡勇协助官兵作战。但起初，这些乡兵、乡勇"旋募旋散，初非经制之师"，有功也不久留，属于临时性的军队。自从清末曾国藩在镇压太平天国运动中"练乡兵为勇营，以兵制部勒之"② 后，这些以乡兵、乡勇构成的勇营，在地位和作用上发生了巨大的变化，逐渐成为长期存在的正规军队，并取代了八旗和绿营的战略地位。不仅湘军、淮军、防军、练军同属勇营军制，而且清末的新军在军制上也受其影响，勇营的兵役思想在清代的兵役思想中有以下 4 个较鲜明的

---

① 《大清会典事例》卷 714《兵部·兵籍》。本自然段引文，均见于此。
② 《清史稿》卷 133《乡兵》。

特征。

其一，将必亲选，兵必自募，饷必自筹，这是勇营兵役制的最基本特征。对于这一特征和长处，曾国藩做了准确的揭示："勇营之制，营官由统领挑选，哨弁由营官挑选，什长由哨弁挑选，勇丁由什长挑选。譬之木焉，统领如根，由根而生干、生枝、生叶，皆一气所贯通。是以口粮虽出自公款，而勇丁感营官挑选之恩，皆受其私惠，平日既有恩谊相孚，临阵自能患难相顾。"① 由此可见，这一特征的关键是勇营中的将士是自上而下逐级挑选，从而形成在战斗中将士是自下而上逐级效忠，从而克服了绿营"军兴调发，而将帅莫知营制"②，"将与将不相习，兵与兵不相知；胜则相妒，败不相救"③ 的弊端。

其二，勇营制使兵将相亲，加强战斗力，但兵为将有，使军权下移。勇营的将必亲选、兵必自募使"凡勇皆服原募之人"④，所以"凡勇总要撤后另挑乃服管束，不可就现在营伍而易将"⑤，这样形成全军"上下相维，将卒亲睦，各护其长。其将死，其军散；其将存，其军完"⑥。勇营将士之间的这种亲密关系，在战争中能使军队上下同心，奋勇向前，大大提高了战斗力。但也使各级将士只为自己的上一级长官效忠卖命，从而产生军权下移，各军将领擅权跋扈的弊端。

其三，勇营兵籍掌握在将官手中，便于管理和指挥作战。勇营"招募兵勇，须取具保结，造具府、县、里居、父母、兄弟、妻子、名姓、箕斗清册，各结附册，以便清查"⑦。这样便于将官对兵士的管理，因为

① 曾国藩：《曾文正公奏稿》卷 28《复议练军事宜折》，《续修四库全书》，上海古籍出版社，2002 年。

② 《湘军志·营制篇第十五》。

③ 王定安：《湘军记》卷 20《水陆营制篇》，岳麓书社，1983 年。

④ 曾国藩：《曾文正公家书》卷 6《致澄沅二弟信》，中国书店出版社，2011年。

⑤ 胡林翼：《胡林翼集》卷 80《复多都护》，岳麓书社，1999 年。

⑥ 《湘军志·营制篇第十五》。

⑦ 《曾文正公杂著》卷 2《营规》。

"勇丁均系土著生长之人，有家室妻子之恋，故在营则什长、百长、营官、将领得而治之，散遣归籍则知县、团总、户长得而察之，遇有私逃，则营官、将领禀知本省，得按籍捕之"①。而且勇营兵籍掌握在将官手中，所以形成"兵部惟知绿营兵数，其勇营练军各督抚自为之"，指挥作战时，"朝廷皆拱手而待之督抚"②，从而形成清末督抚专政的局面。

其四，勇营募兵往往招募武艺娴熟，年轻力壮、朴实耐劳的农民为兵，比绿营招募游手无赖之徒为兵更有战斗力。勇营募兵"须择技艺娴熟，年轻力壮，朴实而有农民土气为上。其油头滑面，有市井气者，有衙门气者，概不收用"③。农民，尤其是山区偏远的地方农民，为人诚实，吃苦耐劳，易于培养出服从命令、奋发勇敢的军人作风，所以入伍为兵，"在营则恪守营规，临阵则禀遵号令，较之随营招募游手无赖之徒以充勇丁者稍为可恃"④。

四、新军——仿效西方的募兵制思想

清朝自北洋海军开始，就仿效西方实行较严格的募兵制。具体而言，招募兵士在年龄、身体素质、品行方面都有一定的要求，应募者还必须有证人。如是应募有一定技术含量的海军，还必须具备一定的文化水平。如入选海军军官，必须经过有关学堂培训。如当时应募新军陆军的条件是：年龄限 20—25 岁；身高 4.6 尺以上；凡五官不全，体质较弱，有目疾、暗疾者不收；膂力要能平举 100 斤以上；品行要端正，凡吸食洋烟及素不安分、犯有事案者不收。应募者必须土著，有家属，应募时报明三代家口住址，登记箕斗数目。士兵应募入伍后，如发生逃脱事件，除

①　骆秉章：《骆文忠公奏稿》卷 7《援军将领滥收游勇偾事请旨革讯折》，学识斋，1868 年。

②　康有为：《康南海文集》卷 4《裁行省议》，文海出版社，1972 年。

③　《曾文正公杂著》卷 2《营规》。

④　《骆文忠公奏稿》卷 7《援军将领滥收游勇偾事请旨革讯折》。

责成该营认真查拿外，由兵备处行知原籍地方官，督饬各庄长、地保、逃兵家属等，严密查拿。又如当时招募海军士兵的条件是：年龄必须在16—18岁，身高4.6—4.7尺，有一定的文化知识；必须有父兄或保人画押做证人。选录合格后，还必须上船经过训练，才能正式成为海军士兵。如是入选海军军官，条件更为严格，必须经过有关学堂培训。官兵如要晋升，都必须按年限和资历，考验合格后，才能依秩提升。

当时，清政府还计划在新军中实施常备军、续备军、后备军3个级别的兵役制度。所谓常备军，即先选土著之有身家者，屯聚操练3年，发给全饷，称为常备军；常备军退伍归原籍后，分期操练，减成给饷3年，称为续备军；续备军递退后，仍分期应操，又减成给饷4年，称为后备军。当后备军后，便完全退伍为平民。清廷的常备军、续备军、后备军设想，对于保证国家有充足的兵源、强化军队建设、壮大国防力量，是有积极意义的。但是，由于当时国家财政困难，军费不足，这一设想脱离现实情况，根本无法得到实施。

第三节　将士选任，考核思想

一、将士选任思想

清朝满洲贵族是通过武力征服、入主中原而建立起来的中央政权，因此十分重视对军队中将士的选拔任用。"国家养兵，将责以披坚执锐、陷阵摧锋之用，故当召募之始，必择其身材强壮、技艺可观者，方准入伍。"① 早在清廷入主中原之初，就颁布了逐级选任将士的规定。如对八

---

① 《大清会典事例》卷624《兵部·绿营处分例》。

旗将士的选拔，"顺治初年定，每佐领下亲军缺，由护军马甲闲散壮丁内拔补；前锋缺，由护军马甲闲散壮丁内拔补；鸟枪护军缺，由护军马甲内拔补；护军缺，由马甲闲散壮丁内拔补；马甲缺，由步军闲散壮丁及开户户下壮丁内拔补；步军缺，由闲散壮丁及开户户下壮丁内拔补；每佐领下领催缺，由马甲步军内拔补。该旗将拔补之数，按季报部查核"①。对绿营将士的选拔，"顺治初年定，步、守兵选身材强壮、技艺可观者考拔，马兵于步、守兵内考拔"②。康熙四年（1665），朝廷还强调，选拔必须公正，才能真正选出人才，如选拔不公，使不合格者冒充其间，有关将官将受到处罚："考拔营兵，必须秉公选择，若将使令之人混充者，降二级调用；未经查出之兼辖官，罚俸一年；统辖官，罚俸六月；督抚、提镇，罚俸三月。"③

湘军对于将士的选拔，一般仍照绿营的官阶叙保，每次战功保举人数，先是 100 人中准保 3 人，后改为 20 人，最后定为准保 14 人。曾国藩对特殊人才的选拔极为重视，与一般性的军功选拔不同，有以下 5 个特点：一是广收人才，即衡才不拘一格，用才不限资地，招才不得不休；二是善用人才，即知人善任，用长避短，人尽其才；三是培养人才，即勤于教训，严加管束，统一思想；四是重用将才，即将才难得，有功必赏，超格超保；五是幕府储才，即幕府机要，人才渊薮，文臣武将，多由此出④。

在清代选拔将士中，往往容易以貌取人，那些身材魁梧，面宇明皙，手足轻扬以及力强艺高者往往得到重用。对此，鲁之裕对选任将士提出了自己独到的见解，颇为精到。他指出：

> 夫兵也者，储以备攻守战阵之用者也，非徒以壮督抚、提镇之观而已也。兹唯躯干魁梧、面宇明皙、手足轻扬者是择，其有进而

① 《大清会典事例》卷 713 《兵部·兵籍》。
② 《大清会典事例》卷 624 《兵部·绿营处分例》。
③ 《大清会典事例》卷 624 《兵部·绿营处分例》。
④ 《中国政治制度通史》（第 10 卷），第 440—441 页。

衡其力之弱与强，按其艺之优与劣者，即曰精选矣。彼乌知夫魁梧者之不便于疾趋，明皙者之多出于骄滑，轻扬者之工巧于规避乎，即力强而艺优者，仓皇之顷，往往以惊惧而莫知其所措。盖余之阅于是也久矣，然则选之将何如？曰：兵贵胆，不贵其皮肉也；兵贵朴，不贵其伶俐也；兵贵福，不贵其黠暴也；兵贵能劳能苦，不贵其言语委婉步趋周折也。何也？胆壮则无畏，无畏乃可以临敌；性朴则守法，守法乃可以训戢；相有福则其精神常足，可以久用不衰，虽有时不幸而置之死地，而能转败以为功；兵能劳则奉命，能苦则无怨言，奉命无怨，而后可以收臂指之效。虽然是犹选以人者也，不足以尽选兵之道，盖选兵莫善于选器，必明于选器，而选兵之道乃尽焉。人之生也，自二十以至四十者为壮，过此则血气不能不衰矣。就此壮者而论之，其中长短大小弱强之不同，势不能齐而一之也。故其用器也，各有所宜焉，得其宜而后用之，无不利。大约目晴灼而猿臂鹄立者，宜弓箭；身材短小精悍者，宜藤牌滚刀；其杀气蕴结于中而有时勃发于面者，宜腰刀、手枪。至于排枪、大刀、挡木、挠钩之用，则必老成有力者任之。苟少年健儿，筋力未定，而使习其艺，则未几而乏矣溃矣。长大丰伟者而使习圆径二尺之牌，握短刀，跪伏委曲，伸缩进退，于以出没于锋镝之间，其将能耶？是故选兵要矣，授之器而时以习之，尤不可不精而辨之也。①

鲁之裕在此主要表达了自己两个方面的选拔将士思想。一是选拔将士不是为了做摆设用于观看，而必须选拔适应于战斗的人才。如选拔身材魁梧的人其实不便于快速奔跑，选择面宇明皙的人多骄傲滑头，选择手足轻扬的人多擅长逃避，即使选择力气大武艺好的人，往往在临阵突发事件下，容易惊惧而不知所措。因此，他认为选择将士应选胆大无畏者，临阵可勇敢杀敌；选择性情朴实者，能够守法而易于训练；选择面相有福者，如不幸置于死地，可以转败为胜；选择吃苦耐劳者，可以服

---

① 《清经世文编》卷71，鲁之裕《选兵论》。

从命令听指挥。二是选择将士必须根据其特长，让他们使用不同的兵器，才能做到人尽其用，在战斗中充分发挥他们的长处，以克敌制胜。如眼力好手臂长的人，宜使用弓箭；身材短小精悍的人，宜使用藤牌滚刀；勇于拼杀有爆发力的人，宜使用腰刀、手枪；至于排枪、大刀、挡木、挠钩等，适合于老成有力气的人使用，不适合年龄小、未成熟老练的人使用；身材高大魁梧的人不适合使用圆径 2 尺小盾牌，握短刀，跪伏弯腰，伸缩进退，在躲避敌方箭矢中前进。

二、武将考核思想

清朝对武将的考核一般是 5 年举行 1 次，称为军政，目的是通过对武将的考核，晋升优秀者，降黜罢免不合格者，产生激励机制，并整饬军队纲领。

清代初期的军政，仅就绿营武将而言，八旗武将不在此例。康熙十年（1671）奏准："汉人武弁皆有军政之典，嗣后除满洲、蒙古、汉军世职外，其八旗有职任官，以及在外驻防官员，亦仿照汉员军政之例，详加考察。"[①] 由此可知，自康熙十年（1671）之后，八旗才与绿营一样，也要举行军政之典对武将进行考核。但是八旗与绿营在考核的制度规定上有所不同。

清廷规定，凡遇军政之事，大臣由兵部疏闻候旨。兵部上奏时，以在京师的都统、统领、副都统、左右翼总兵为一本；以驻防各省的八旗将军、都统、副都统、伊犁领队大臣为一本；以绿营提督、总兵为一本。除此之外，御前大臣、领侍卫内大臣、御前侍卫、乾清门侍卫及宗室王公、大学士、尚书、军机大臣之兼都统等官者，不开列军政本内。由此可见，清朝由兵部负责考核的武将分为 3 个系列：一是守护京师的八旗将官，二是驻防地方各省的八旗武将，三是地方绿营武将。那些御前大

---

① 《大清会典事例》卷 1141《军政》。

臣、负责直接护卫皇宫的武将，以及宗室王公，大学士、尚书、军机大臣等最高一层武官，不由兵部负责考核。

在具体考核时，八旗骁骑营、步军营、火器营、圆明园护军营、健锐营，由各该管大臣注考。前锋营、护军营，由领侍卫内大臣会同前锋统领、护军统领注考。以上军营考核结果均直接造册上报兵部。此外，王公门上五品以上护卫，由各王公咨报宗人府，汇齐后再报送兵部。以上武官考核结果必须在3月15日以前报送兵部。各省驻防八旗官员，由该将军、都统、副都统注考，并在10月内具题并造册报送到兵部。

八旗武官在接受全面系统考核时，必须开列四格，填注考语。其四格是：（1）操守：分廉、平、贪三等；（2）才能：分长、平、短三等；（3）骑射：分优、平、劣三等；（4）年岁：分壮、中、老三等。同时，该管大臣应将所属武职官员的履历，以及有无在军前行走、受伤、得功等情况注明，分别应留、应去，造册报送兵部。凡有职任的武官，必须注有行止端方、弓马娴熟、管辖严肃、当差谨慎、不扰下属、给饷无虚等考语，方准荐举。对于有贪、酷、不谨、罢软、年老、患病、才力不及、浮躁的武官，必须纠参①。

在京师的八旗军政册送到兵部后，由兵部奏请皇帝钦派王大臣按左右翼分四处考验。外火器、圆明园护军营、健锐营，由钦派王大臣前往考验；不造册报送兵部的宗室将军，由宗人府注考；内务府护军参领、骁骑参领、佐领、护军校及散秩官，由内务府注考，均咨送钦派王大臣考验。举者由兵部引见，劾者处分，仿文官京察之制。

八旗世爵不入军政，每届3年，由该管大臣考验骑射和清语。优者列为一等引见，准其纪录二次；中等者仍留世爵当差；骑射、清语生疏、年力尚壮、堪以教训者，罚俸一年，仍留世爵，如下次考验仍然不合格者，革爵另袭。

军政卓异名额的限制，八旗显然比绿营受到优待。在京各衙门、各

---

① 《八旗则例》卷2《旗员军政》，乾隆七年武殿英刊本。

旗营，60人内举1人；果有出众人才，不及60人的亦可举1人。八旗满洲骁骑营各举5人，蒙古骁骑营各举2人，汉军骁骑营各举3人，左右翼前锋营各举3人，步军营、火器营、健锐营各举6人。驻防八旗各省举1—6人不等①。

绿营军政之典早于八旗，始于顺治十二年（1655）。提督、总兵的甄核，初由总督开报贤否，后由提督、总兵自陈。康熙二十四年（1685）才规定，由兵部列本缮具简明清单进呈，候皇帝裁决②。副将以下，千总以上的甄核，初令各省布政使、按察使、守道、巡道等，博采各官实迹，察其贤否，填写其履历，注考语，定去留；另外造册秘密报送兵部。后来改由兼辖将领注考，呈送总兵。不属总兵兼辖的，由兼辖副将在五花文册填注考语后，再送提督、总督考核，决定去留，造册报送兵部。清朝绿营军政最后形成定制是：副将以下千总以上的武官，在京营的，由提督衙门注考；在各省的，由该省总督、巡抚、提督及兼辖绿营的将军、都统等注考。卫所武官由漕运总督会同总督、巡抚注考。门千总由提督衙门注考。以上绿营将官考核后均具题并造册限10月内报送兵部。

考核绿营武官也定以四格，纠以八法，但其内容与考核八旗的四格、八法略有不同。考核绿营的四格为才技、年力、驭兵、给饷，八法为贪、酷、不谨、年老、有疾、浮躁、疲软无为、才力不及。绿营武官考核由兵部会同都察院、兵科、京畿道核议后，汇疏上奏。提督、总兵由皇帝亲自裁定，贤者优叙，劣者罢黜。副将以下，才技优长、年力强壮、驭兵有术、给饷无虚者，加之俸满3年，任内无罚，可准以卓异荐举。若是因公降罚，而廉能过人者，除盗案处分者外，亦准以卓异荐举。凡卓异荐举者，游击以上的武官，引见；阅俸未满3年的武官，则要具奏请旨；阅俸已满3年者，及都司以下的武官，檄令送兵部引见。凡奉旨准卓异者，便可注册候升。以卓异荐举的名额，各省不一，大致限制在每

---

①　《大清会典》卷49，《大清会典事例》卷1141。
②　《清朝通典》卷76，商务印书馆万有文库十通本；康熙《大清会典》卷97。

省守备以上的 2—9 名不等，千总 1—4 名不等。

绿营副将以下各官，凡军政中评定为中考的，不入举劾之列，但仍须注明给饷、训练、骑射、缉盗、年力的实情，由该上司出具印结，造册报送兵部核其优劣。凡评定为下考的，依八法处置：贪、酷者，革职、提问；不谨、疲软无力者，革职；才力不及者，降二级调用；浮躁者，降一级调用；年老、患病者，勒令休致。被纠劾的武官中，除犯有贪、酷者外，若曾经出征作战有劳绩，则应革职的仍给品级，应休致的或酌调简任；不堪录用的，或予守兵之粮，或令子弟入伍，以养其余年；若愿引见，由督抚、提镇给咨送兵部。

绿营副将以下各官，除 5 年 1 次军政外，还有 2 年半甄别之制，即军政后 2 年半，各省总督、巡抚、提督、总兵，将其管辖的副将以下各官举劾一次。荐举者，由总督、巡抚察其贤能并无违碍事故者，每省准保题一二人送部引见，奉旨准其荐举回任候升者，入荐举班升用，劾者照军政处分①。

北洋海军的官员分为战官、艺官、弁目三途考核升擢，其做法缕述如下。

（1）战官：凡海军学生出身，在校学习 4 年期满，考列优等，选上练船学习 1 年，如考核合格，请咨兵部以把总候补。再过 1 年，如考核合格，送回水师学堂学习 6 个月，再到枪炮练船学习 3 个月，如考核成绩列为一等，保以千总候补，列为次等，仍为把总候补。凡海军战官，自任命为守备之日起，按资推升，无论在船在岸当差供职，统以 20 年为限，未满年限者，不准无故提前告退。守备以上各官，遇升迁之日，由北洋大臣咨送海军衙门带领引见。提督缺出，在实缺总兵内择其资深劳多勋望素著者，由北洋大臣咨会海军衙门请旨简放。总兵缺出，在实缺副将内择其历外海战船俸已满 3 年者，并劳绩最多人缺相宜之员，由北洋大臣开单，咨会海军衙门拟定正陪，请旨简放。以下副将、参将、游击、

---

① 《中国政治制度通史》（第 10 卷），第 438—439 页。

都司、守备、千总、把总缺出，都遵循逐级考查升补的原则。

（2）艺官：凡管轮人员，由学生出身者，在学堂时学习几何、算术、代数、三角、格致、轮机理法；若成绩优等，再派入机器厂学习拆卸、合拢、修理锅炉、蒸汽机等；由管带战船官会同全军总管轮官考试厂艺，成绩合格才准上兵船练习，保以管轮把总候补，遇有管轮把总缺出，准其挑补。凡管轮把总计资5年，遇有管轮千总缺出，由管带战船官会同全军总管轮官考试，如能深明蒸汽机理法并能修理蒸汽机、锅炉者，即准升补。管轮千总、守备、都司、参将之升补，皆以其成绩和资历逐级而上。凡管轮官员，自任命为把总之日起，以20年为限，未满年限者，不准无故提前告退。

（3）弁目：凡正炮弁，负责教练枪炮及药弹舱布置事宜，其职位从副炮弁或一等炮目中考核选任。凡参加炮目职位的应试者，必须具备以下条件：将以前考过优等凭单呈验，主试必须查明实系老练水手，善于驾驶、运舵之法，并熟知夜间悬灯避碰章程，能在船上值更，在枪炮练船上考过，略知算法等。其他如正炮弁、副炮弁、正巡查、副巡查、水手总头目等，也皆根据其考核成绩和资历逐级升补。凡水手出身人员，只推升至实缺千总为止，如当差勤奋、无过，或有战功，准以奏保都司、守备以上官职，升补各省绿营水陆武职。

清末朝廷还规定，新军所有委用人员，必须先尽各军事学堂毕业生选充，其余按原委之官弁考核其才技优异、教练勤能，或功绩较多，或劳资较深者，分别擢用，不得在学堂新军之外随意任用。所有新军人员均由该管官出具切实考核评语，以及平时记注功过之多寡，在营年限之长短，咨练兵处、兵部立档，以资考覆官缺，分别准驳。

第四节　武科考试、军事学堂与士兵训练思想

一、武科考试思想

清代武科考试与科举考试一样，也分为童试、乡试、会试、殿试4级。

童试：清朝无论应试者年龄大小，只要是初试者，皆称武童。武童3年1试，属于最初始的武科考试，称童试。童试须经过县试、府试、院试3关，考试合格者称武生员，简称武生。武童应试，或由本县之武举、武弁、武生各教习将所教武童姓名开明具结作保；或由本营参将、守备印结并五童互结，才准予参加武童考试。他省武职与本省员弁随任子弟，不准在任所地方考试，须归本省本县应试。县试、府试由知县、知府主持，一般监考较松。院试由学政主持，监考较严。由于学政是文官，对武科考试不一定内行，所以还必须由该省总督、巡抚、提督、总兵于就近副将、参将、游击内，选派外省籍贯者1人会同考试。该武官不得与当地人交往，以防作弊。

童试考3场。头场骑马射箭，如驰马射3箭，全不中者不续试，即被淘汰。第二场走步射箭，连射5箭，如仅射中1箭者不续试，即被淘汰。马射、步射之后，合格者再试硬弓和刀石。头场、二场称外场，第三场称内场，主要默写武经七书，即《孙子》《吴子》《司马法》《尉缭子》《李靖问对》《黄石公三略》《姜太公六韬》。

乡试：武生在本省省城应武科考试称乡试，3年1试，子、午、卯、酉年为正科，每逢庆典为恩科。乡试合格者称武举人或武举。各省乡试以总督、巡抚为监临主考官；顺天乡试，外场由皇帝派大学士、都统4

人为考官，内场由皇帝派翰林院官2人为正副考官。

会试：各省武举按期赴京师向兵部投呈应试称会试。也是3年1试，每逢辰、戌、丑、未年举行。恩正科与文会试相同。会试外场由皇帝选派大学士、都统4人为考官，内场从内阁、六部、翰林院、詹事府各堂中选派官员2人为正副考官。

乡试与会试规制相同，武生、武举须具本省同考5人联名互结，方准入场。头场马射，树靶的3个于道旁，每靶的相距35步，驰马3次，射9箭，射中2箭以上为合格。二场步射，树布猴为靶的，在50—80步内，射9箭，射中2箭以上为合格。然后开硬弓、舞刀、掇石，以试其技勇。弓、刀、石各以头号、二号、三号分等考试，3项如皆得三号为不合格，必须有一二项得头号、二号者，方为合格，才准入三场考试。三场试策论，其中策考《孙子》《吴子》《司马法》等兵书，论考儒学经典《论语》《孟子》。后改为不考策论，只要默写武经百余字即可。

殿试：武举会试合格后，由皇帝选派六部堂官二三员，按会试原册弓、刀、石斤重号数，逐一复试，并派亲王、郡王监试。复试合格后，再由皇帝与众大臣亲试马、步、弓、刀、石各项，中式者即为武进士。武进士第一甲3名，头名称武状元，第二名为武榜眼，第三名为武探花，皆赐武进士及第。第二甲若干名，皆赐武进士出身。第三甲若干名，皆赐同武进士出身。殿试第一甲虽定制取3名，但宁缺毋滥，如难得其人，亦可缺额，只取一二人。清初规定，武状元授参将，武榜眼授游击，武探花授都司。第二甲均授守备，第三甲授署守备。雍正时又改为武状元授一等侍卫，武榜眼、武探花授二等侍卫，第二甲选10名授三等侍卫，第三甲选16名授蓝翎侍卫，其余武进士以营、卫守备在兵部注册选用。

清代由于官场腐败，考试舞弊现象严重，尤其是武科考试比科举考试更难以防范。正如嘉庆六年（1801）谕："国家设立科目，文武原应并重，但文闱条例綦严，防弊颇为周密，及中式后，将本生朱墨卷解部后，钦派大臣磨勘，其中有文理疵谬者，分别次数停科。至武生应试，考官均系面定去取，并非暗中摸索，较之文场，易于滋弊。向来各省武乡试，

本未定有磨勘之例，嗣后各省武乡试题名录内，俱著将中式武生马步箭、弓刀石技艺逐一分注，俟各该省题名录进呈后，随时发交兵部陆续核对，其中有未经合式滥行取中者，即著兵部查照文闱之例，酌定章程，将本生量予停科，考试官分别议处。自下科为始，通行遵照。若各省因有此旨，而于题名录内浮开具报，别经发觉，必当治以捏饰之罪。"① 由此可见，武科考试的考官与应试者是面对面的，比起文科考试有封卷、誊录等一系列盲评更易于作弊。因此，清朝规定，如考官与武生、武举有亲戚关系，考官必须回避，否则考官革职，考生黜革。考官派出后，必须住在离考场较远的地方，严禁考官与考生私交，以避嫌疑。

二、军事学堂思想

清末自改革军制以来，为培养各种新式的军事人才，清朝仿效西方，从中央至地方兴办了许多军事学堂，其大致可分为陆军学堂与海军学堂两大系列。

光绪三十一年（1905），清政府决定由练兵处和兵部参照外国军事教育经验，统一全国军事学堂学制，以满足编练 36 镇新军的急需。当时陆军军事学堂从低级到高级大致有 4 种类型，除此之外，还有专门培养贵族文武大臣子弟的学堂。

陆军小学堂：从光绪三十一年起，清政府在各省省会设立陆军小学堂 1 所，招收身体健康、具有高小毕业文化程度，年龄 15—20 岁的男青年入学。学堂教育以忠君爱国为宗旨，以德育、体育为基础，提倡忠义，崇尚武勇，3 年后毕业升入陆军中学堂。

陆军中学堂：从光绪三十三年（1907）起，在直隶、陕西、湖北、江苏分别设立陆军第一、二、三、四所陆军中学堂，学习 2 年毕业后，可以入伍，也可以再升入陆军兵官学堂深造。

---

① 《大清会典事例》卷 716《兵部·武科》。

陆军兵官学堂：通过讲堂、校场、野外 3 种形式教授军事知识和技能，2 年毕业后，可入伍当初级军官。

陆军大学堂：这是培养陆军高级指挥官和高级参谋的军事学堂。清廷从各镇军官内选拔德才优异者入学，速成科 1 年半毕业，深造科 3 年毕业。最先称为军官学堂，后改为陆军预备大学堂，直到 1912 年，才改称陆军大学堂。

陆军贵胄学堂：满洲贵族为防止军权旁落和提倡尚武精神，于光绪三十一年（1905），仿效日本贵族的方法，在北京设立贵胄学堂，隶属于练兵处。贵胄学堂专收王公世爵暨四品以上宗室、现任二品以上京外满汉文武大员之子弟，教以普通课程及陆军初级军事学。5 年毕业后，成绩中上者，到新军中任初级军官 4 个月，任职合格者，或正式录用，或出国深造。

清朝创办的陆军学堂中，比较有名的有北洋武备学堂、北洋陆军讲武堂、江南陆军学堂、北洋军官学堂、宪兵学堂、陆军参谋大学堂、军医学堂、军械学堂、马医学堂等，遍及全国各省，对培养新式陆军人才，发挥了应有的作用。如北洋武备学堂，又称天津武备学堂、陆军武备学堂，光绪十一年（1885），直隶总督兼北洋大臣李鸿章仿照西洋军事学院而创立，以造就将才为宗旨，为中国第一所陆军学堂。学堂聘请德国军官为教官，以各营挑选精健聪颖、略通文义弁兵百余名入堂学习；其中有文员愿习武事者，一并量予录取，学制 1 年。主要课程有天文、舆地、测绘、算法、军器、台炮营垒新法、行军接仗、设伏防守机宜，并逐日操练马队、步队、炮队、工队各技艺。另由汉教习讲授经史。光绪二十三年（1897）增设铁路工程科，招收学生 40 人，学制 1 年，结业后发回各营，饬由各统领量才授事。又如江南陆师学堂，光绪二十一年（1895）由两江总督张之洞在南京设立。学堂聘请德国军官为总教习和教习，招收年龄在 13—20 岁、文理通顺、能知大义之聪明子弟入学。学制 3 年，课程有兵法、绘图、舆地、地形、军器、历史、营垒、算学、测量工程、人伦道德、汉文、德文、英文、日文，以及步操、打靶、炮操、体操、

马操等。光绪二十九年（1903）两江总督魏光焘在南京开办江南武备学堂。由江苏省各营旗挑选合格者入学肄业，正额生240名、附课生10名，修业1年。课程有军制、地形、测绘、战术、兵器、筑城、算学、日文、马学、卫生、兵旗、野外要务及马、步、炮、工各种操典。

清朝除创办了一批陆军学堂外，还创办了一批海军学堂，其中比较有名者有马尾船政学堂、天津水师学堂、黄浦水师学堂、江南水师学堂、北洋旅顺口鱼雷学堂、直隶北洋医学堂等，对发展中国近代新型海军，提供了人才和技术上的支撑。如马尾船政学堂，又名福州船政学堂，同治五年（1866）由闽浙总督左宗棠在福州创立，为中国近代最早的海军学校。初设前、后两堂，总名求是堂艺局。学堂除招收16岁以下的健壮聪明子弟外，还从香港中学选拔优等学生入学肄业，学制5年。前学堂学习造船，聘请法国人为教习，学法文法语，故又名法文学堂或法国学堂。基本课程除法文外，主要有算术、物理、化学、代数、画法几何和解析几何及机械学等。后学堂专习管轮驾驶，聘英国人为教习，学习英文英语，故又名英国学堂。基本课程除英文外，主要有算术、天文、地理、管轮、驾驶等，主要培养管轮与驾驶人才。前、后两堂生徒毕业后，授以水师官职或派充监工、船主等，或选送英、法留学。同治六年（1867）十二月和七年（1868）二月相继增设绘事院和艺圃，与前、后两堂一样为求是堂艺局的重要组成部分。绘事院主要培养绘制船图和轮机设计人才，艺圃主要培养青年技术工人或匠首人才。1913年前学堂改为福州海军制造学校，后学堂改为海军学校。又如天津水师学堂，清光绪七年（1881）七月直隶总督李鸿章参酌西国成规创建，以造就海军人才为宗旨。学堂聘英国军官为教习，另设汉教习教经史。考收本籍或客籍良家子弟年在13岁以上、17岁以下，读过两三经、能作小讲半篇或全篇者入学肄业。学制5年，4年在堂学习，1年上练船实习。分设驾驶、管轮两科，学堂课程有英国语言文学、地舆图说、算学至开平立诸方、几何、代数、三角、驾驶、测量天象、推算经纬度诸法、重学、化学格致及汉文。练船实习课程有教练大炮、洋枪、刀剑、操法、药弹利用、上

桅接绳、用帆诸法及一切船上应习之技艺。经大考毕业后，分往北洋海军任职，或选派出国深造。学生限额 120 名，常年经费 45000 两，由海防经费开支。再如江南水师学堂，又称南京水师学堂，清光绪十六年（1890）两江总督兼南洋大臣曾国荃在南京创设。学堂分驾驶、管轮两门（科），聘请英国海军军官 2 人为教习，另设英文和汉文教习 4 名。招考本地或外省年在 13—20 岁读过经书、文理通顺，曾习英文三四年者入堂肄业。投考者必先考试英文、翻译、地理、算学 4 门，考取后以抓阄的办法分派驾驶、管轮两门（科），各以 60 人为额，以 20 人为一班。驾驶门（科）课程有英文、汉文、几何、代数、三角、中西海道、星辰部位、升桅帆缆、划船泅水、枪炮步伐、水电鱼雷、重学、积分、驾驶、测量、绘图、轮机理、格致等。管轮门（科）主要课程有英文、汉文、算学、气学、力学、水学、火学、轮机理法、绘图，并须赴校机器厂实习，学习修理轮机各项技艺。学制 5 年，毕业后择优拨入练船训练，考验中式者，分别等次，量材录用。

如上所述，清朝在国内创办陆军学堂和海军学堂的同时，还将其中的优秀生选派到国外留学，进一步深入学习西方军事技术和军队管理等。早在同治十年（1871），清政府就正式向西方派遣留学生，以后逐年增多，而以去日本学军事的人最多。光绪三十年（1904），京师练兵处颁布《选派陆军学生游学章程》，规定选派留学生由各省、各旗分配名额，每年合计 100 名为一班，以 4 班为一轮，派选 18—22 岁的各军事学堂的优秀生去日本留学。经过日本成城军校（后改名振武）的 3 年学习后，可升入日本士官学校，毕业后再升入日本陆军大学或其他专门大学深造。如不再考日本陆军大学，回国后经练兵处考验，可授为守备、把总、千总出身，入营则以相当武职补用。大学或专门学校毕业的，回到本省以营队官或学堂教习酌用。军事留学生不许私派，一律为官费生，由清廷派监督管理，由驻日本公使节制。

总之，清政府为了培养各种新式的军事人才，从中央到地方，创办了许多西式陆军学堂和海军学堂，开设天文、舆地、测绘、算法、物理、

化学、代数、几何机械、军器、台炮营垒、弹药、管轮、驾驶等自然科学和近代军事技术等课程，并聘请英国、德国等教师来我国授课，同时，选送其中优秀的学生出国进一步深造。这些各级军事学堂的毕业生以及从国外回国的留学生进入军队后，对清朝新军注入了新的军事技术和军队管理思想，对新军的近代化发挥了重要的作用，对时局产生了重大的影响。

三、训练与校阅思想

清代历朝皇帝都重视平时对军队的训练，屡下诏谕强调，尤其是在承平日久之时，更是居安思危，督促军队勤于认真训练。如出现懈怠而不认真训练者，有关将士必须受到处罚。"康熙二十五年（1686）七月谕旨：驻防兵丁关系紧要，岁月既久，恐致疏懈，必选娴于骑射、膂力骁勇者，方准披甲。现在兵丁内有庸弱不娴骑射之人，应革退另补，不得虚充数目。著严饬该管将军等知之，圣谕煌煌，意至深切，当时已虑及驻防兵丁历久疏懈，阅今百有余年，承平日久，恐该兵丁等于骑射操演，渐涉因循废弛，殊失分防驻守、讲求武备之意。夫兵可百年不用，不可一日无备，所有此项驻防兵丁，该将军、副都统等，务当督饬所属，随时认真训练。如有技艺生疏者，必应革退另补，并拣选年力精壮、娴习骑射、膂力骁勇者，方准披甲，毋得以老弱充数，以期一兵得一兵之用。将来傥有征调，未能得力，惟该将军、副都统等是问，勿谓诰诫之不早也"①。到了乾隆时期，由于承平时期更长，军队战备废弛，对训练更是因循怠忽，视为具文，对此，乾隆谕令地方各省营伍必须痛改旧习，勤加训练，提高军队实战能力。如再有将领旷职，荒废训练，必须受到失职的处罚。乾隆九年（1744）谕："国家承平日久，各省营伍日就废弛，朕早知之。今各处情形，大概甲仗旗帜尚属鲜明，而鸟枪骑射，各种技

① 《大清会典事例》卷637《兵部·简阅》。

艺，则皆属平常，该管大员，平日所司何事，而轻视武备若此乎。该将军、督抚、提镇等，各宜痛改旧习，勤加训练，俾士皆精锐，戎行改观，务期平时可资捍卫，有事可以折冲御侮……今朕与以三年之限，著兵部请旨，远省地方，亦必差官查阅，其就近省分，已经阅过者，有无整顿亦必再行考验。该管大员等，皆朕信任之人，于职分所在，未能办理，以致营伍废弛，负朕委任之意，岂不可愧？此次命往查阅及将来所遣之人，皆朕亲信简用者，自必据实陈奏，断不肯代为容隐。傥此番训谕之后，尚不自勉，仍复因循怠忽视为具文，或经朕访闻，或被钦差查出，则旷职之咎，不能为该大员等宽也。"① 到了第二年，乾隆皇帝再次谕令军队必须加强平时训练，尤其是沿海水师，必须强化驾驶舟船、水上作战能力，才能担负起保卫沿海疆域的重任。乾隆十年（1745）谕："国家设立营伍，修明武备，以为折冲御侮之用，必训练精熟于平日，斯可奋勇决胜于临时。是以陆路设营汛，沿海设水师，皆须勤演习收实效者。自去年朕命大臣查阅营伍后，陆路该管大员，颇有竭力整顿气象，而水师操演，则不过将演就阵法塞责了事，其操舟破浪之法，官弁兵丁，茫然不知，以为此水手之事，漫不留意，即至舵工、水手，其能熟练者，亦属寥寥。平日操演之时，各船进退，尚且参差往来间断，苟其临敌，何以致用？夫水师以舟为主，出没风涛，去来倏忽，必掌舵者能操纵自如，而抢风折楫，破浪冲波，水手等尽能娴习。即官弁兵丁等亦皆心领神会，不待呼应而自灵。然后猝然遇敌，驾驶轻捷一舟之中，臂指相使，如一人之身，则应变制胜无难。向来水师官弁仍以水师用，原欲其熟悉情形，收得人之效。今则视为故套，该管者不加察，侥幸者苟延玩，是育才之善政，为容身之捷径矣。著通行申饬沿海将军、督抚、都统、提镇等，务遵朕旨，实心训练，实心甄别，毋得仍前玩忽，虚故应事。"② 但是，乾隆朝的重视、强化军队训练，似乎没有收到什么效果，到嘉庆

---

① 《大清会典事例》卷 638《兵部·简阅》。
② 《大清会典事例》卷 638《兵部·简阅》。

年间，各地营伍将士，安逸悠闲，不把军队平时操练当回事。对此，嘉庆五年（1800），朝廷下谕，重新强调加强军队训练，使将士技艺娴熟，成为随时可用之兵："国家设兵，原以卫民，全在平时操演，方能得用，第承平日久，文恬武嬉，各营伍将弁，往往自耽安逸，竟不以操练为事，而该管上司，又复不加查察，以致日渐懈弛。即如调兵各省分，前曾降旨谕令，各该督抚、提镇按数召募新兵，以备操防巡缉之用。自须时加训练，悉成劲旅，一经调遣，即可得力。若仅以兵数充足，而不加之训练，仍属有名无实，转致虚糜帑项。各该督抚、提镇，务须随时认真操练，使之技艺娴习，悉成可用之兵，以饬营伍而重巡防。倘训谕之后，各该督抚、提镇等于营伍仍不实力整顿，一经查出，必当重治其罪。"①

清朝的军队训练、简阅，在清初已形成制度和规模。"顺治年间定，八旗骁骑营，每月三旬，逢二逢六较射凡六次；春秋擐甲胄，步射二次，骑射二次。护军营每月较射六次，与骁骑营同。春秋二季，验看骑射并擐甲胄、马步射一二次。三年一次考验甄别"②。而且又规定："每年较阅，自七月十六日开操，至四月十六日停止"。"每年春秋二季，由部具奏行文八旗，春季于二月十五日起，三月初一日止；秋季于七月十五日起，八月初一日止，各于本旗城上演鸣海螺，仍委司官巡查"。"八旗大炮、鸟枪，由部三年一次奏请运往卢沟桥演放一月，其总理演放之都统，令八旗自行具奏，官军分三班带往，届期由部开列本部堂官职名具奏，请简一人，前往查阅"。京师八旗各营训练，虽在各朝略有不同，但基本上是大同小异。除此之外，清朝对于训练认真、成绩优秀者予以奖励。如前锋营、护军营于每年春季较射，竖的于31弓之外，每人5支箭，射2回，每中1箭赏银5钱，中8箭以上加赏弓1张；演放鸟枪时，竖的于41弓之外，中1枪赏银5钱，中8枪以上加赏折弓价银3两；演试放炮时，竖的于80弓之外，放5次，中1次赏银1两。

---

① 《大清会典事例》卷639《兵部·简阅》。
② 《大清会典事例》卷637《兵部·简阅》。本自然段引文，均见于此。

绿营训练方法是沿用明代的连环法阵势。其法是，每年秋季霜降日，绿营将弁率兵入教场，设军幕。中央建大纛于场中央、士卒披甲列阵肃立，统兵大臣传令合操，中军便扬令旗指挥，发炮三响，鸣角击鼓，步兵骑兵列队行阵，施放火炮，连环无间。同时也表演长矛、短刀、藤牌等武艺。平时也有小操、大操、合操、试炮、巡查、步围、步行等制度。乾隆五十年（1785），"以绿营阵法，向习两仪四象方圆等旧式，无裨实用，改仿京营阵式，由提督颁发各标镇，如式教练，各营每月定期合操，并演九阵十连环之阵"①。分散驻防应差的绿营平时训练最少，巡抚标兵也如此，只得抽空训练。绿营鸟枪兵照八旗火器营进步连环之法操练，统兵官习射以六力弓为度，习枪以迅速命中目标为度。尽管朝廷大臣和将军、提督、总兵等不定时地到各地营伍中巡视训练的情况，但总的说来，"平时较阅虽属可观，临阵打仗竟无实用"②。各地清军"甲仗旗帜尚属鲜明，而鸟枪骑射各种技艺则皆属平常"，"营伍整饬者少，废弛者多"。由于清朝统治者顽固坚持"骑射、国语，乃满洲之根本，旗人之要务"③的观点，所以对火器的装备和训练仍重视不够，严重影响了清军战斗力的进一步提高。

清朝除了对军队进行训练外，还定期对军队进行简阅，其中规模最大、仪式最为隆重的是清代皇帝的大阅典礼。天聪年间，皇太极亲率八旗演习行阵，是为清代皇帝举行大阅之始。皇帝大阅典礼每3年举行1次，地点在京郊的南苑、玉泉山、畅春园等处。大阅典礼分为7个阶段进行：选定吉日、先期训练、立军幕、驾诣行宫、各营列阵、皇帝阅兵、皇帝还宫。参加大阅的官兵大约有2万人。史载乾隆皇帝大阅于南苑时，先命大臣巡视官兵，赐官兵酒食；然后列阵于南海子，前队是各旗枪炮营，二、三队是护军营、骁骑营，前锋营分列左右翼；乾隆帝挂甲出御营，跃马弯弓连发5箭皆中的；接着乾隆帝乘骑阅军，这时海螺连鸣，

---

① 《清史稿》卷139《兵志十》。
② 《皇清奏议》卷65，福康安《议陕甘兵储疏》，光绪二十八年石印本。
③ 《清朝文献通考》卷192《兵考十四》。

枪炮齐放；各营布阵操演数次，击鼓前进，鸣金而止，众军发喊，连环齐放；大阅毕，皇帝赏赐官兵，驻跸南红门行宫，然后回城。

各省绿营每月定期合操，每年秋季霜降日校阅于演武场，由钦差与总督、巡抚、提督、总兵，定期校阅训练情况。

清朝后期，八旗、绿营的训练校阅，从内容到形式都已经过时陈旧，无补于军队战斗力的提高。对此，同治年间，闽浙总督左宗棠指出："今日之制兵，陆则不知击刺，不能乘骑；水则不习驾驶，不熟炮械；将领惟习趋跄应对，办名册，听差使。其练之也，演阵图，习架式，所教皆是花法，如演戏作剧，何裨实用。省标尚有大操、小操之名，届时弁兵呼名应点，合队列阵，弓箭、藤牌、鸟枪、抬枪次第行走，既毕散归，不复相识。此外，各标营则久不操练，并所习花法，所演阵式而亦忘之矣。"①

曾国藩为训练乡勇湘军自创了一套方法。他认为，在训练士兵中，首先应该训家规，这就是应该把对士兵三纲五常的封建道德教育放在训练士兵的首位。其次是训营规，即加强对士兵日常纪律、职责的管理，如点名、操练、巡更、放哨、站墙子等。再次，才是练军事技艺、练阵法。

由于海上风浪大，气候条件复杂，海军驾战船出海作战，更需要有熟练高超的航海、操作枪炮技艺。因此，清政府重视海军的训练。如北洋海军各船逐日小操，每月大操 1 次，两月全军会操 1 次，每年与南洋水师会操 1 次，每年由北洋大臣阅操 1 次，每逾 3 年由总理海军事务衙门请旨特派大臣会同北洋大臣出海校阅 1 次，并校阅守卫海岸炮台勇营 1 次。其旨在通过频繁的定期训练和校阅，不断提高海军的作战能力。

北洋海军经过清政府的苦心经营，应该说至中日甲午战争之前，已经具备一定的作战能力。光绪十七年（1891），李鸿章巡阅海军后说："综核海军战备，尚能日异月新。目前限于饷力，未能扩充，但就渤海门

---

① 左宗棠：《左格靖奏稿初编》卷 34《谨拟减兵加饷就饷练兵疏》。

户而论，已有深固不摇之势。"①　光绪二十年（1894），中日甲午战争前夕，李鸿章最后一次巡阅北洋海军。他一方面对目前的训练现状感到满意，认为"此后京师东面临海，北至辽沈，南至青齐，二千里间一气联络，形势完固"；另一方面又对将来的形势感到忧虑，认为北洋海军的发展速度远落后于日本："西洋各国以舟师纵横海上，船式日异月新……即日本蕞尔小邦，亦能节省军费，岁添巨舰。中国自十四年（1888）北洋海军开办以后，迄今未添一船，仅能就现有大小二十余艘勤加训练，窃虑后难为继。"②

清末，袁世凯等人训练新军，继承了曾国藩、李鸿章的衣钵，其训练原则是首重训兵，其次才是练兵。训兵就是对士兵进行封建道德的教育，使士兵立志忠君报国，"士卒须以忠国爱民为首务"③。袁世凯在训练士兵时教他们唱《劝兵歌》，其歌词劝导士兵："为子当尽孝，为臣当尽忠……自古将相多行伍，休把当兵自看轻。一要用心学操练，学了本领好立功。"④　练兵则按实用易学为主的原则，分门别类，由浅入深地进行。新军的校阅分3种：一是钦派校阅。每3年由练兵处和兵部奏请皇帝派知兵大臣数员轮赴各省校阅，对军容、军技、军阵、军学、军器、军垒、军情、军律进行考查，然后按具体情况据实复奏。二是本省校阅。每年由驻防将军、总督、巡抚亲阅本省军队，视其训练好坏以定考成，并咨明练兵处和兵部备案。三是本军校阅。由各将按期校阅所部，将训练情况如实上报。

袁世凯训练新军，基本上依据《德国陆军操典入门》及自编的《训练操法详晰图说》等书，可以说全盘西化，采用西式训练法。袁世凯练

　　①　《李鸿章奏巡阅海军事竣折》，见张侠等编《清末海军史料》上册，海洋出版社，1982年，第275页。

　　②　《李鸿章奏巡阅海军事竣折》，见《清末海军史料》上册，第283页。

　　③　袁世凯：《新建陆军兵略录存》卷1《章制》，《禀呈督办军务处练兵要则》，学识斋，1868年。

　　④　《新建陆军兵略录存》卷4《训练·劝兵歌》。

兵采用奖惩结合的办法，即服从命令者升官发财，不服从命令者坚决镇压，从而培养练就下属官兵绝对服从命令。军机大臣张之洞曾在闲谈中问袁世凯，练兵有何秘诀？袁世凯回答说："练兵的事情，看起来似乎很复杂，其实很简单，主要是要练成绝对服从命令。我们一手拿着官和钱，一手拿着刀，服从就有官和钱，不服从就吃刀。"袁的许多部下都认为，"他是大家的衣食父母，只有听命于他，才能升官发财"①。

光绪三十二年（1906），新军抽调 3 万余人在河南会操，举行军事演习，分别由统制官段祺瑞、张彪率领北、南两军，"声容既极其壮盛，部勒益见其精严"，而湖北一镇，经张之洞苦心经营，"军容盛强、士气健锐……在东南各省中，实堪首屈一指"②，可见，当时新军训练还是有成效的。

第五节　军队武器装备、俸饷与供给思想

一、军队武器装备思想

清代是处于火器逐渐代替冷兵器的转折时期，清朝前期军器以冷兵器为主，大致可分为三大系列：一是指挥系列，如金鼓类，金鼓以示进退之节制，海螺以定早晚之聚散；旗牌类，旗纛以一瞻视、令旗、令牌、令箭以发号施令。二是进攻性武器系列，如弓矢、鸟枪、火炮是远程性射击武器，刀斧、矛戟、椎梃等为近距离砍杀、冲刺、敲击性武器，梯冲为攻城性武器。三是防御性武器，如甲胄以卫身体。当时，士兵的武

---

①　袁静雪：《我的父亲袁世凯》，见吴长翼《八十三天皇帝梦》，文史资料出版社，1985 年，第 8—9 页。

②　袁世凯：《袁世凯奏议》上册，天津古籍出版社，1987 年，第 34—35 页。

器配备大致是：马兵每名马1匹，甲胄1副，弓箭1副，橐鞬1个，箭40枝，腰刀1把；步兵每名甲胄1副，腰刀1把；弓箭兵每名有弓箭1副，箭30枝；长枪兵有长枪1枝；鸟枪兵有鸟枪1枝。武官的装备各按其官品级别规定，配备的战马、箭数等多少不一。骁骑营、护军营、前锋营、火器营等的装备也不一致。总的说来，八旗兵的装备比绿营兵的精良。

清初，"各处营伍，所习武艺，所用器械，操演队伍，向来原无一定之例，是以武弁到任，往往以己所好尚及素所熟习者操演所属兵丁，间或学习未久，而接任官又别有意见，将从前所习者更改调换，是兵丁之技艺每视该上司之去留为转移"①。由此可见，清初各处营伍所用器械向来无一定之例，往往以本部武官的爱好和习惯为转移，故士兵武艺难以精专，使清军的整体作战受到影响。为此，雍正五年（1727）规定："除骑射最为紧要，天下通行学习外，其余各种学习，悉著该上司会同通省官弁细心斟酌，应用何军器，详悉定议奏闻，令各营永远遵行，接任官不得擅自更改，倘将来有应变通之处，具题请旨。"这种规定，杜绝了各部队使用武器的随意性，对于统一装备，并根据各部队的不同情况，配备一些不同武器，提高战斗力，协同作战是很有利的。此后，在清军中，鸟枪、弓箭、大炮、藤牌等成了主要的武器，其次为长枪、大刀、挑刀。水师武器有排枪、钩镰枪、标枪、火箭等。

雍正五年（1727），雍正帝还规定各省将军、督抚、提镇要"因地制宜，酌定规制，永远遵奉"。根据雍正的旨意，清政府规定内地各省与沿海沿边各省的装备因地而异。如山东省，弓箭、鸟枪、炮、藤牌、长枪、大刀均系通设之械，每兵百名分作10分，其中弓箭3分、鸟枪5分、藤牌1分、长枪1分，此外别设炮手专习演放，不得擅自更换。山西省每兵百名分作10分，其中弓箭6分、鸟枪4分。福建省陆路各营，每兵千名分作20队，其中弓箭马兵4队、弓箭步兵2队、鸟枪兵10队、炮兵1

---

① 《清朝文献通考》卷194，本自然段引文均见于此。

队、藤牌兵 1 队、长枪兵 1 队、大刀兵 1 队。清政府认为，"官兵所用军器内，鸟枪一项能冲锐折坚，最为便利"①。因此，在通常情况下，沿海沿边省份，鸟枪配备要多于腹地省份，前者一般 40％的官兵要装备鸟枪，而后者则只要 30％的官兵装备鸟枪。

清朝统治者号称"以武功开国，弧矢之利精强无敌"，对军器的制造和管理都较重视，认为"军器为武备所必需……一切皆归实用"，总的原则是"制度有定式，给发有定数，简阅有定期，年久朽损或出征残缺者以时修补，赢余者令官兵典守以备用，私卖私典者皆论如法"②。换言之，清朝的军器制造可分为中央和地方两级。八旗官兵的军器主要由兵部定式后交工部制造。绿营官兵的军器，经兵部和工部核准后，就地制造。各营军器由专人负责保存管理，按时检查、维修，如有损坏或丢失，责成有关人员赔补。如有人私自将武器出卖典当的，必须依法予以处置。

清代正处于火器取代冷兵器的转折时期。康熙时期火器营的建立表明，火器营的发展已受到一定的重视，但由于社会制度的落后和清朝统治者对前人经验和西方先进技术都重视不够，因此，对于一些很有发展前途的火器，如戴梓的连环铳、伍连登的爆炸弹等，虽然引起康熙皇帝的惊喜，但并未得到真正的重视和支持。火器在质量和数量上的发展都受到极大的限制，制造日益落后。如各省炮位长短、大小、轻重不一，其制法互异。八旗和绿营的军器本有专官负责制造、保管和检查，但后来执行不严，形同虚设。这些，都使清朝的火器远远落后于西方各国。

清政府在镇压太平天国运动中，才意识到西式火器的先进性，于是加紧购买和仿制西式火器。尤其是淮军头目李鸿章，因见"洋人火器之精利，于是尽弃习用之抬枪、鸟枪，变而为洋枪队"③。从咸丰十一年（1861）至光绪二十年（1894），清政府通过户部拨款和各省督抚自筹经费，在全国各地共建立军用企业 21 个。其中较著名的有江南制造局、金

---

① 《清朝文献通考》卷 194。
② 《清朝文献通考》卷 194。
③ 《清朝续文献通考》卷 237。

陵制造局、福州船政局、天津机器局、兰州制造局、山东机器局等。这些随洋务运动而兴起的军用企业，由清政府官办，具有浓厚的半封建半殖民地特点，管理落后，技术上不去，所生产的军用产品质量较差，连清政府的官员也公开承认，这些武器"可以靖内匪，不能御外侮"①。

清末，因发展新军，西式武器需求量大增，"需用枪炮约增数倍"，清政府令各省督抚"就地筹款，移缓就急"②，加紧扩充设备，制造新式枪炮。大致说来，这一时期，是新式火器取代旧式火器和冷兵器的关键阶段。各省督抚筹得经费后，"由该将军督抚咨商练兵处、兵部，核定式样，逐渐备换。概以新军编成后五年为限，其旧有军械或收藏该省武库，以备不时演习之需，或发交巡防各队，以供地方弹压之用"③。当时，各省设局自行制造，"初皆博收约取"，后来"益推陈出新，旧式军械均已停造"，只因"机器无多，经费有限"④，产品供不应求，仍需大批进口。清季输入的各国新式武器，都是当时世界上较先进的。如输入的步骑枪中，有德国的毛瑟、奥国的曼利夏、日本的三十年式等，口径在6.5—8毫米之间。重机枪有德国的马克沁、法国的哈乞开斯等。火炮主要是德国克房伯、格鲁森等工厂的57毫米的山炮和75毫米的野炮。此外，清军已开始利用气球作为侦查工具。宣统二年（1910）从法国买进双翼飞机1架，在北京南苑修筑机场，以供航空实习之用。虽说"规模简陋，殊无成效"⑤，但却是近代中国航空事业的开端。无论自造或进口，皆以当时"最新最利者"为标准，均用无烟火药，至少不准一标一营之中杂有两式之械。清政府认为，"行军利器以后膛快炮、小口径毛瑟枪为最"，故令各省督抚"将所制枪炮膛口子弹各局统归一律，以期通用，并将每年所造枪件子药若干据实奏报，并按季咨报户部、神机营查核"。同时，清政

---

①　中国史学会编：《洋务运动》（二），上海书店，2000年，第393页。

②　《清朝文献通考》卷239。

③　《洋务运动》（二），第393页。

④　《洋务运动》（二），第393页。

⑤　《清朝续文献通考》卷240。

府还规定，颁布《陆军枪炮口径等项程式》①，作为各省制造枪炮的统一标准。

总之，清季的军备从旧式向新式的更新换代，已注意到采取高位嫁接，无论是向外购买还是模仿西式自造，都是以当时"最新最利者"为标准，并且采用统一的制造标准，"以期通用"。在旧、新军备的更新换代中，还本着节约的精神，将旧军备用于演习或交地方巡防各队使用。这使当时中国的军备有了长足的进步，并节省了军费开支，其做法与经验是值得借鉴的。

由于军事装备关系到国家的安危，清廷十分重视对军事装备的保管，规定由有关官员定期清点核查，如有缺少或朽坏，有关责任人必须受到处罚。如"顺治五年（1648）题准：每年秋季奏请点验八旗护军营、骁骑营器械，春季奏请点验前锋营、步军营器械，令该管官互相稽查"②。雍正十年（1732），更具体地规定了军事装备自上而下的逐级盘查制度："直省各营军装器械，属督抚所辖者，督抚委官盘查；提督所辖者，提督委官盘查，皆取本营并无缺少，及委官并无捏饰印甘各结存案，各于年终汇题一次。至于各镇有属督、提统辖者，由该镇委官盘查，取印甘各结并加具保结，送督、提查核，年终汇题。若无督、提统辖，各该镇委官盘查取结，亦于年终汇题。其汇题之时，各将所属军装器械数目，分析标营造册，并保结送部查核。如汇题之后，仍有缺少，将从前盘查之官，罚俸六月，督抚、提镇，罚俸三月；傥委官明知缺少，扶同捏结，报称并无缺少者，降三级调用。"清廷规定，如在清点核查时发现军事装备缺少、朽坏，有关责任人必须受到严厉的惩罚。如顺治五年（1648）定："点验军器，若盔甲、弓箭等项全无者，系官革职，兵鞭一百革退。军器亏缺及箭上无字并书他人姓名者，官罚俸一年，兵鞭五十。军器朽坏者，官罚俸两月，兵鞭二十。如所属官兵有盔甲、弓箭等项全无，及

① 《清朝续文献通考》卷239。
② 《大清会典事例》卷711《兵部·军器》。本自然段引文，均见于此。

军器缺少或朽坏者，一名至五名，该管都统等罚俸三月，参领等罚俸六月；六名至十名，都统等罚俸六月，参领等罚俸九月；十名以上者，都统等罚俸九月，参领等罚俸一年；二十名以上者，都统等罚俸一年，参领等降一级留任。三十名以上者，都统等罚俸二年，参领等降一级罚俸一年。至佐领、骁骑校等所管兵数无多，有军器缺额朽烂，一名至三名者，罚俸六月；四名至六名者，罚俸一年；七名至十名者，降一级，留任。"

清廷为了使军事装备得到妥善的保管，制定了一系列的军器禁令，如禁止军事装备被私自质当、出卖；确保火药储存的安全，不被擅行弃毁；严禁民间私自制造火器、私藏私售火器。如"雍正元年（1723）奏准：官兵将军器质当者，官革职，兵鞭一百革退，军器追缴入官，失察之该管官，罚俸一年"[①]。雍正二年（1724）又定："兵丁将所领火药私卖者，革退，交刑部治罪，失察之该管官，罚俸一年，该管大员，罚俸六月。"同年题准："城上储火药屋，步军统领随时巡视，有闲人在近行走者，看守官罚俸九月，兵鞭四十；致有疏虞者，看守官革职，兵鞭一百革退。"第二年奏准："官储军药擅行弃毁者，官革职，兵鞭一百；至三百斤以上者，无论官兵，皆革退交刑部治罪；若遗失及误毁无多者，官罚俸一年，兵鞭五十，至三百斤以上者，官降一级，兵鞭八十，其缺少火药，悉著追赔。"乾隆元年（1736）议准："民间不许制鸟枪，其乡村险僻之处，防虎、防盗，鸟枪在所必需，各该省督抚确查各州县内有实在应用地方，照兵丁鸟枪式样制造，书鉴姓名，具呈地方官编号注册备案。如非应用地方，有私藏或私造售卖者，将私藏私造之人责四十板，鸟枪入官，失察之该管官，罚俸一年。若兵丁有借稽查鸟枪扰害民间者，革粮，该管官罚俸一年。"乾隆二十九年（1764）奏准："地方有私铸红衣等大小炮位者，将炮入官，该犯交刑部议罪，其失察之该管官革职，兼辖官降四级调用，提督、总兵降二级留任。"

---

① 《大清会典事例》卷 711《兵部·军器》。本自然段引文，均见于此。

二、军队俸饷思想

清军在入关前，当时后金正处于奴隶制向封建农奴制的转化时期，抢夺明朝的人口和财物是战争的重要目的。所以，出征的八旗官兵，"家有奴者，不限多少，自以其意，甲骑偕行"①，并且"各带子弟甚多"②。这些随征的奴隶和子弟，既是预备兵，又是后勤兵，"随伊家主于战阵之间则奋力向前，到营则汲水造饭，夜则牧马匹"③。八旗官兵"专为抢掠财物"④ 的战争，必然通过以战养战来解决官兵的俸饷和后勤供给问题。清军入关后，为巩固对全国的统治，清廷基本上禁止军队的公开抢掠行为，通过户部、兵部、工部的分工合作来解决军队将士的俸饷和后勤供给。

当时，八旗和绿营的俸饷分两种：一是坐粮，为将士平时的俸饷；二是行粮，为将士战时加给的俸饷。

八旗将士平时的俸饷，康熙时期确定：八旗前锋、护军、领催，每人每月给饷银 4 两，每年给米 48 斛；步军每人每月给饷银 1.5 两，每年给米 24 斛；步军领催每人每月给饷银 2 两，每年给米 24 斛；甲兵每人每月给饷银 3 两，每年给米 48 斛。同时，还有一定数量的马乾银发给马甲。嘉庆时，京营八旗仍然是饷银按月支饷米按年支，而驻防八旗的饷银饷米均按月支给。驻防八旗的饷银是：马兵 2 两，步兵 1.5 两，守兵、弓匠、铁匠 1 两，水师水手、匠役 2 两；饷米是：马兵、步兵、守兵 2.5 斗，铁匠、弓匠 2.5—3.5 斗，水师水手、匠役 3 斗。此外，八旗驻防官兵还有丁粮、马乾，即家属口粮和马匹草料，每丁月支粮米 2.5 斗，每马按季支豆 6—9 斗，支草 30—60 束，亦可折给银两自行采买。

① 《建州闻见录》。
② 《清太宗实录》卷 53。
③ 《八旗通志》二集，卷首 10《敕谕四》。
④ 《建州闻见录》。

绿营兵的饷粮、饷米、马乾均按月支给：马兵 2 两、步兵 1.5 两、守兵 1 两；马兵、步兵、守兵均给米 3 斗。每马冬春月支豆 9 斗，夏秋月支豆 6 斗，草均支 30 束，每束重 7 斤，马乾可因时因地折银支给。绿营官兵每月发饷时，把总以上的武官每人扣 2 钱，马兵每人扣 1 钱，步兵扣 5 分，守兵扣 3 分，存贮在兵营内，以备买补马匹用，称朋扣。

清廷重八旗轻绿营的思想在俸饷上有明显体现，如"八旗兵饷之制：前锋、亲军、护军、领催、弓匠长月给银四两，骁骑、铜匠、弓匠月给银三两，皆岁支米四十八斛；步军领催月给银二两，步军一两五钱，皆岁支米二十四斛；炮手月给银二两，岁支米三十六斛；由觉罗补前锋、亲军、护军者，月加银一两。教养兵月给银如步军之数，不给米。绿旗兵饷之制，京师巡捕三营，马兵月给银二两，步兵一两，皆月给米五斗；各省镇标马兵月饷银三两，步兵一两五钱，守兵一两，皆月支米三斗"①。从魏源的比较中我们可以看出，清代八旗官兵的俸饷比绿营优越得多。

清代北洋海军的俸饷制度另成系统，其饷章的原则是以其数划分十成：官俸视官职大小而定，占四成；船俸视所带船只大小而定，占六成。所有八旗、绿营例支养廉、薪蔬、烛炭、纸张、马乾等项，一律删除。凡实缺官员带船，官俸、船俸全支；不带船，派在岸上当差，或因公离任，则官俸支半，船俸不支。凡署事官带船，官俸支半、船俸全支。各船管带官及管轮官责任最重，无论实缺官或署事官，官俸、船俸皆全支。各船大、二、三副、弁目等，襄助管带，责任较轻，无论实缺官或署事官，全支官俸外，兼支船俸 1/3。凡提标各官，除全军总管轮照管轮官支全部船俸外，其余则专供差委，无论实缺官或署事官，例支官俸外，兼支船俸 1/3。凡经制外委，船俸全支，不再扣减②。

清末新军俸饷是：官员支薪水，目、兵、匠、夫支饷银；官弁不扣建，兵、匠、夫扣建。

---

① 《圣武记》卷 11 附录《兵制兵饷》。
② 《中国政治制度通史》（第 10 卷），第 418 页。

清代由于官场腐败，在发放军队俸饷中最常见的弊端是虚冒兵饷和克扣兵饷，对此，清廷屡下谕令，严禁虚冒兵饷和克扣兵饷，违者予以从重处罚。如"康熙三十八年（1699）谕：直省营制额兵，虚伍冒饷者甚多，甚干法纪。嗣后须加省改，如有滥行，冒支克扣者，事发从重治罪"①。为了防止虚冒兵饷，清廷通过编制士兵年貌、籍贯名册，并严格进行查核，来发现顶名替冒之兵，予以惩罚。康熙五十一年（1712）覆准："兵丁顶名食粮者报名改正，其经制兵丁，遇有事故，即开除注册，一有召募，将所募新兵年貌籍贯，按季造册，出具并无顶冒印结送部。其应扣减截旷粮饷，照例造入截旷项下。倘该管官并不详查，将顶名替冒之兵，混行造报者，照虚冒兵饷例议处。"康熙五十三年（1714）议准："各省官兵俸饷领结，岁终汇齐，于奏销前一月赍送察核，不必按季赍送。"对于克扣兵饷的流弊，清廷规定，发放兵饷时，必须填写士兵应领到兵饷之数的流单。待到发放兵饷之时，将实际发放数与流单核对。如发放数少于流单所填之数，就意味着兵饷被克扣。这样就可杜绝兵饷被克扣之弊。雍正十二年（1734）议准："给发兵饷，向系饬发流单填注应领之数至各兵名下，有借给接济应扣之项，不入流单之内，其中若有克减，各兵无由知悉。嗣后于发给兵饷之前三日，将应领若干、应扣若干出示晓谕，仍于给发之日，核对流单数目，按名给发，以杜该管官弁侵扣之弊。"

三、军队供给思想

（一）后勤供应

清军的后勤供应，主要由户部和各省布政司负责，平时较为简单容易。清廷通过征购及兴办边地军屯、民屯、商屯等办法来解决军队粮食问题；通过设置驿站、粮台来转运军粮。

---

① 《大清会典事例》卷715《兵部·兵籍》。

　　清军后勤供应在战争期间则变得相当艰难，尤其在西北地区，清军远征深入西北荒漠地带，战线漫长，沿途风沙肆虐，使后勤供应更加充满艰辛和危险。如康熙时，清军在遥远的西北沙漠地区用兵，"地尽陷沙，深者至三四尺，浅者亦一二尺，车不能前，凡军中辎重尽改装驼马，空车尚需三四马力始出陷中"①。由于清代西北战争频繁，故有"粮、运两事，为西北用兵要着"②，"军事莫重于转饷，而转饷莫难于塞外"③之说。

　　清军解决战争时后勤供应的主要做法是，出征官兵都要配备一定数量的马驼和民夫，随身携带数月口粮，以解决出征前期的随军供应问题，如不足，再通过驿站、粮台来转运军粮。

　　深入西北作战时，八旗官兵按不同官衔等级配备不同马驼：将军给马 16 匹，骆驼 3 只；副都统给马 11 匹，骆驼 3 只；佐领给马 7 匹，骆驼 1 只；兵丁每名给马 3 匹，每 3 名给骆驼 1 只；官兵之跟役，每 5 名全给驼、马 2 匹。若马匹、骆驼难于办理，或该地方不产骆驼，山路不便用马，则每只骆驼可折给马 2 匹，每匹马可折给民夫 2 名。本省驻防满兵出征，乘骑本身官马，如遇马匹疲乏而又无马可供更换时，每 2 名兵及其跟役共给车 1 辆；不能行车之处，每车改给马或骡 5 匹；如山路陡仄，兵丁令其步行，将骑马扣留不给外，其驮马每匹折给民夫 2 名，帮兵丁背运军装行李④。

　　各省绿营出征时，马兵乘骑本身官马，如马匹疲乏无马更换时，每三名兵连其军装给车 1 辆；不能行车之地，每车改给马骡 4 匹；如山路陡仄不能行马，令兵丁步行，将骑马扣留不给，改用雇夫背运。步兵、守兵出征均无官马，每四名兵丁连其军装给车 1 辆；不能行车之地，每车

　　① 《圣武记》卷 3《康熙亲征准噶尔记》附录《内大臣马思哈出师塞北纪程》。
　　② 左宗棠：《左文襄公全集》，《奏稿》卷 43，文海出版社，1979 年。
　　③ 《圣武记》附录卷 11《兵制兵饷》。
　　④ 《钦定户部军需则例》卷 4，《续修四库全书》，上海古籍出版社，2002 年。《钦定户部则例》续纂，清道光十一年刻本。

改给马骡4匹；如山路陡仄不能行车马，除兵丁步行外，步兵每百名给夫60名，守兵每百名给夫50名，帮兵丁背运军装行李。官员之跟役每5名给驮马2匹。

清代军粮运输，关内以车驼为主，关外以驼运为主，并且坚持购驼不如雇驼，官车不如民车的原则，以节省经费，提高效率。不论口内口外，以100里为1站。口内每石每站给车价银1.5钱，口外4钱。若车辆难行则雇马骡驮运，无论口内口外，每石每站给银3钱。若车马难行须雇人夫背负，每石用夫2人，口内每名每站给夫价银5分，口粮1升；口外每名每站给夫价银8分，口粮1升。若走水路，顺水则每石每站给水脚银3.6分，逆水给7分，顺水以100里为1站，逆水以80里为1站。

若是运送军火军装等物，沿途地方先尽驿站夫、车应付，不敷用时，才准雇用民车民夫。运送时，车不能行则改用马骡，马骡不能行则改用民夫，以50斤用夫1名。口内口外均以100里为1站，若山路难行，可改为若干里为1站，照运粮例办理。运送大炮按50斤用夫1名计算，如山路难走，炮重在千斤以上，则按13斤用夫1人计算。

出征官兵的口粮和马匹草豆，如有仓贮、厂贮可动则不必另行采买；若虽有仓贮、厂贮但道远费多，有关督抚临时查明情况外，确访时价奏明采买，一面将价格详细开报户部，以凭查核。采买牲口各地时价不同，有的地方差价还较大，更须准确估价。出征官兵乘骑马兵，如在口内，每匹月支10斤草，3升料，由地方官作正项开销；如在口外，无论骑马、驮马随地放牧，不供给草料，本营马乾由官兵家属承领。

清代的新军后勤供应，分随军输送和后路输运两大类。顾名思义，随军输运即跟随部队随时随地予以供应接济，速度快但数量有限。随军输运又根据跟随部队的规模大小及供应接济的物资不同而又分为3种：一是小接济，跟随步马队每营或炮工程每队之后，负责供应该队该营应补之枪炮子弹、工程器具等，以备战斗之急需；二是大接济，跟随每标协或全镇或每支队之后，负责供应每日应用之薪粮炊具及将校被具等，以备宿营之需；三是辎重队输运，负责供应全军应补若干次之枪炮子弹，

应用若干日之粮食及随营医院、卫生队、桥梁队、电信队应用之器具，以备小接济和大接济之领取，以及战前战后之所需。

新军的后路运输根据其作用的不同亦分为3种：一是前敌转运分局，在接近前线部队之地，按道路远近酌设若干分局，以备辎重队领取；二是前敌转运总局，设于接近前线的水陆交通要地，随战地挪移，军需储备、后方医院、电报局、电信局、修械厂等，皆由其负责；三是总军需处，设于调遣战队之省份，或其他便于往来易于采买之后方，不随战地挪移，建有各种军需仓库。凡全军战场上的一切后勤供应，从物资到运送，前方后方的往来等，都由该处总体筹划和指挥①。

（二）军费奏销制度

清初，战乱不止，军费开支庞大，国家岁入额赋银1480万两，而诸路兵饷岁需1300余万，其他开支尚未计算在内。不言而喻，这种现象引起财政危机，军需供给出现困难。诸将上奏"粮饷紧急，宜严催解运"②之声不绝于耳，而户部和布政司诸臣却"面面相视，计无所出"③。绿营"册上有兵，伍内无兵；纸上有饷，军中无饷"的现象，在前期较为严重，"其咎固在于侵饷之官，其弊总起于顶名之兵"④。而且当时全国兵员，八旗约有30万，绿营约有60万，军费所需耗去国库收入的大部分。为了解决军费困难，清政府采取了整顿兵籍，防止虚冒兵饷，严格军费奏销等措施，使情况有所好转。以下对军费奏销制度做一简要介绍。

直省军费奏销分为平时和战时两种。平时称兵马钱粮奏销，每年由布政使司在岁终结算一次，以所属计簿申报巡抚奏销，与地丁钱粮各为一疏，同时上报户部，户部审查合格才能报销，否则巡抚以下官员受罚。当时，直省官兵俸饷、驿递钱粮会计簿册还要报送六科中兵科察核。清

① 《清朝续文献通考》卷204《兵制》。

② 中国第一历史档案馆编：《清代档案史料丛编》第6辑，中华书局，1980年，第179页。

③ 《清代档案史料丛编》第6辑，第181页。

④ 王庆云：《石渠余记》卷2《纪列朝各省兵数》，北京古籍出版社，1985年。

廷规定，"直省官兵俸饷领结，不必按季赍送，应于奏销前一月，造册送兵科察核"；"凡直省驿递钱粮支销数目，令该抚年终造册，送兵科察核。如有浮冒舛错者，题参"①。

战时称军需奏销，即先将沿途安设粮台、驿站地名、里数，兵营何日改移，台、站何日裁并，何地为总汇，何地为旁通小路等，一一绘画造册送交户部，以备核对。报销时，采用四柱清册记账法，先将原拨银两数目作初案新收，次列开除若干、实存若干，以初案的实存作次案的旧管；支用数目逐次计算，分门别类以次题销。至于支用米石，应随本案尽收尽除，不采用四柱清册记账法，不必开列旧管、实存，以免混杂。如各案中有长支、借支、部驳核减、追赔等项，各照本案催追完项，声明收回原款字样，不必另外造拨。全部完成时，在汇总收支银粮册内分析准销，册减、追赔及收归银粮各项数目，并将尾案的存剩银数造报查核②。

在镇压太平天国运动中，清廷用兵 2 年余，耗银 2500 余万两，而户部所存仅 227000 余两。清政府军费无着，只得从咸丰三年（1853）后，允许诸将就地筹款。对此，曾国藩就指出："此时天下大乱，吾辈行军，必须亲自筹饷，不可仰食他人。"③ 当时，湘军就地筹饷的办法有捐输、运饷盐、兴厘金、提关税、收杂捐、请协济等，其中以厘金收入较多。按清廷规定，就地筹饷也要向户部奏销，但各路总督、巡抚为进一步控制地方财权，总是千方百计地少题少奏，甚至不题不奏，有的还截留上交的京饷。他们把财政事务交由自己控制的粮台管理，而不由布政司负责。隔省筹款，后勤供应，都非自己亲故不可。

清朝末期，督抚专政的局面逐渐形成，原有的军费奏销制度已名存实亡。新军的军费开支分别由中央和地方负责，督抚为争夺兵权，在军费问题上与朝廷分庭抗礼。由于清末政局不稳，军费短缺，新军的扩充

① 《大清会典事例》卷 1016《都察院·六科》。

② 《户部军需则例》卷 9。

③ 《曾文正公书札》卷 16《复左季高》。

受到很大的限制，编练三十六镇的计划尚未完成，清朝就寿终正寝了。

（三）军屯

从中国古代史上看，清代的军屯在"边防与屯政相维"① 方面，甚有成效。从《清经世文编》和《大清会典事例》所载可知，清代历朝朝野都重视军屯民垦，雍正、乾隆以来，"各省军屯民垦称极盛"②。

清初，战争频繁，军费开支巨大。为减少军费支出，缓和财政危机，清廷令各省有条件的地方兴办军屯，或实行计兵授田。而当时由于战乱，全国各地都有不少荒芜无主之地，正好为军屯提供了可耕之地。当时，清廷规定，绿营守兵每名给田 40 亩，牛具、籽种由官府提供。投诚官兵每人给荒田 50 亩；或每兵 10 亩，而每 100 亩贷官牛 2 头，籽种 3 石，官给农具，1 年还牛，2 年全交，开屯之初，岁发全饷，2 岁减半，3 年尽裁。为防止屯兵斗志消沉，有人主张公私两利，不裁屯兵之饷，而以屯利归公，再从屯利中抽出少部分来奖赏屯兵。

至清代中期，由于社会经济的发展，人口的增多，内地荒芜可耕之地愈来愈少，军屯只能向地多人少的西北、东北边疆地区发展。正如曾国藩、李鸿章所指出的，内地省份可耕之地有限，兵民杂处不宜开屯，军屯应在边疆人少地多的肥美之区大力发展。

清代在东北、蒙古、热河、青海等地都兴办军屯，其中以新疆地区的军屯最为成功著名。新疆"水土肥美，营屯相望，又东南为哈密，泉甘水肥，宜于稼穑，年来田园广辟，商民日以众多，且地处冲途，为诸路之要津……又安西府、肃州二属，毗连哈密，田多渠广，向借山雪消融引灌，连年屡获丰收。该属地势平衍，为四通八达之区，转输甚易，亦宜积贮充盈，以便随时拨运，则东可供内地之缺乏，西可备边屯之接济，于民食兵糈均为有益"③。优越的地理环境使新疆成为清代最重要的军屯地区。从康熙时期开始，凡驻防新疆官兵多兼屯垦，以补军食。乾

---

① 《清史稿》卷 120《食货一》。
② 《清史稿》卷 120《食货一》。
③ 《清经世文编》卷 72，文绶《请实边屯疏》。

隆初规定，驻防新疆之兵，以 3/5 开垦，2/5 驻守，1 兵垦地 25 亩。清政府平定准噶尔、回部之乱后，在新疆实行"边防与屯政相为表里"的政策，东自巴里坤，西至伊犁，北至科布多，南至哈喇沙尔，大力兴办军屯。据统计，乾隆时期，新疆北路屯田 238600 余亩，南路屯田 49400 余亩，每年上交粮米 143000 石，全部支给官兵后，仅欠军食 23000 石[①]。由此可见，边疆屯田的巨大作用。史称新疆兴办屯田成功后，西北数省"边民永无馈饷之劳"[②]。

由于清朝对军屯的重视，历朝都有对军屯的议论，史不绝书，但对军屯有独到见解的思想似不多见，其中左宗棠在新疆兴办军屯、民屯的思想值得提及。

同治十三年（1874），左宗棠派兵进入新疆时，就考虑到新疆路途遥远艰辛，沿途又有不少盗贼骚扰，转运军粮十分困难，因此必须通过屯田来解决驻新疆军队的粮食供给问题。他指出：新疆"既苦兵差，又被贼扰，驻军其间，自非力行屯田不可"[③]。他认为，在新疆推行军屯，有 4 个方面的好处："各营勇丁吃官粮做私粮，于正饷之外又得粮价，利一；官省转运费，利二；将来百姓归业，可免开荒之劳，利三；军人习惯劳苦，打仗更力，且免久闲致生事端，容易生病，利四。"[④] 换言之：军屯能解决部分军粮供给；军屯能大大节省从远处运粮到新疆的费用；军屯能使将来当地百姓免于开荒；军屯能使将士身体强健，更有战斗力。

左宗棠在新疆兴办军屯的同时，也很重视兴办民屯。他认为"要筹军食，必先筹民食，乃为不竭之源。否则，兵欲兴屯，民已他徙，靠兵力兴屯，一年不能敷衍一年，如何得济？"[⑤] 如果民屯发展了，市场粮食供应充足，何愁军队没有粮食？他指出，办好民屯的关键是"由官给赈

---

① 《中国政治制度通史》（第 10 卷），第 434 页。
② 《石渠余记》卷 4 《纪屯田》。
③ 《左文襄公全集》，《书牍》卷 14。
④ 《左文襄公全集》，《书牍》卷 14。
⑤ 《左文襄公全集》，《书牍》卷 14。

粮食，给种籽、牛力，秋后照价买粮"①，政府应扶持百姓屯田，不许官兵扰累屯民，要以公平的价格购买百姓粮食，使当地百姓有利可图，自愿将余粮卖给官兵。

左宗棠在新疆屯田推行"屯田要策"的 3 条基本原则：兼顾边防、官兵、百姓三方面的利益；奖勤罚懒，对勤于屯田官兵予以奖励，懒惰者予以惩罚；严格管理，禁止官兵侵害百姓。这 3 条要策使他在新疆兴办军屯民屯获得很大成效，关内关外，"粮价大减，食物俱贱，佥称与前承平时无异"②。

第六节　军队纪律、禁令思想

清军的纪律、禁令，初创于入关前的努尔哈赤和皇太极时期；入关后，经顺治、康熙的发展，完成于雍正、乾隆时期。雍正九年（1731），因承平日久，军纪松弛，雍正皇帝特令大臣酌议军令条约，由他亲自审定，终于制定出有清一代最为系统完备的军纪四十条。如略加归纳，军纪四十条（以下简称军纪）大约有以下 6 个方面的特征③。

其一，在战争期间，如将士不听从指挥、临阵畏缩、私改军令、泄漏紧急、秘密军令军机、探听敌情不实贻误军机等，均将受到最严厉的斩首处惩。如军纪规定，战阵之际，听掌号击鼓鸣金为进止，如有闻声不进，闻声不止者，斩。临阵须奋勇前进，如有回顾畏缩交头接耳私语者，斩。将军密传军令，如转传之人将其中要言私自增减，并将疑似之言添造者，斩。将军、参赞大臣、领兵提督、总兵等官密议军情时，如

---

①　《左文襄公全集》，《书牍》卷 14。
②　《左文襄公全集》，《书牍》卷 22。
③　以下军纪四十条内容见《清朝文献通考》卷 179 所载《雍正九年申定军律》四十条。

敢私自窃听，即系泄漏军机之人，犯者斩。差往探听敌人形势，如有畏缩不往，诡称已到彼处，及以少报多，以多报少，探听不实，贻误军机者，斩。

其二，将士同一种违纪犯法之事，如在平时，可能只遭到鞭打、棍责、插箭游营的处罚，但如在战时，则要遭到最严厉的斩首处罚。这是因为战时军情紧急重大，一些小小的违纪犯法，都可能招致战争的失败，因此，必须用严刑峻法加以约束、禁止。如兵丁窃马潜逃者，该管官即派头目追击，如在扎营地方犯者，八旗兵鞭100，绿营兵棍责80，如系临阵时，枭首示众。夜传军令，怠慢不遵，以及巡查坐卡，偷安眠睡，致误更旷班者，八旗兵鞭100，绿营（兵）棍责80，该管红旗管队不行查报者，棍责40，如临阵时兵丁犯者，斩。兵丁故意私语嗟怨长吁短叹者，八旗兵鞭70，绿营兵棍责60；责后复犯，并临阵时故违者，斩。兵丁有半夜梦游者，其左右同帐之人即行唤醒，如有随声应和以致扰乱合营者，八旗兵鞭70，绿营兵棍责60，该管委署护军校、领催、红旗管队，插箭游营，如临敌营犯者，斩。疏防失火烧毁草厂者，八旗兵鞭100，绿营兵棍责80，如在对敌要地失火致烧草厂者，斩。疏防失火烧毁衣服器械者，八旗兵鞭50，绿营兵棍责40；如在存贮火药地方失火者，八旗兵鞭100，绿营兵棍责80，该管委署护军校、领催、红旗营队及护军校、骁骑校、千总、把总，俱插箭游营；如临阵时营内失火致误大事者，兵丁及该管委署护军校、领催、红旗管队，俱斩。管守营门无故私纵人擅入者，八旗兵鞭70，绿营兵棍责60；如对敌时犯者，斩。

其三，将士同一种违纪犯法之事，如没造成危害的，可以从轻处罚，如造成危害的，往往也要遭到最严厉的斩首处罚。如扎营地方兵丁轮班守卡，务宜严肃访察，夜遇警急，即密禀申报设备以俟；如有扰动散走喧哗，以致乱营者，斩。兵丁不守军令，无故声喊，并在营内混行走动，高声言语，白昼犯者，八旗兵责50，绿营兵棍责40；如起更后惊呼妄动，以致乱营者，斩。大军进剿败敌后，如有遗弃马匹财物，须等候军令派拨官兵收取；如私行夺取者，插箭游营；因而扰乱队伍者，斩。

其四，严禁官兵欺压、侵夺、奸淫、滥杀百姓，防止清军失去民心。违者将遭到最严厉的斩首处罚。如官兵沿途欺压民番（百姓），恃强买卖，掠财物，毁房屋，淫污妇女者，斩。官兵杀伤良人冒功者，斩。

其五，对官兵日常行为进行约束，如违反者，必须遭到处罚。如规定，凡有倚强压弱，酗酒为非，不遵该管约束者，分别轻重，鞭责插箭。兵丁在营，敢在该管官面前妄行，动作骄慢无礼者，插箭游营。兵行各按队伍依次而前，无论道路平坦窄狭，后队俱不得越过前队，违者，八旗兵鞭50，绿营兵棍责40，仍插箭游营。扎营之后，各帐房内派出1人，看蓝旗出营则取柴，看黑旗出营则取水；有便溺者，守营官兵验明所带照牌，准其出入；起更后，非系奉差一概不许出营。违者，八旗兵鞭40，绿营兵棍责30，该管委署护军校、领催、红旗管队，不行约束者，插箭。兵行遇有草地方，当陆续行走，如有不顾队伍混行，致践踏好草者，八旗兵鞭100，绿营兵棍责80。扎营之时，牧放马、驼、牛、羊，如敢离所指之地任意到处践踏者，八旗兵鞭100，绿营兵棍责80，仍插箭游营，该管官插箭。营内所挖井泉不许污秽，其饮马泉水务须另挖，违者，八旗兵鞭100，绿营兵棍责80。扎营地方所有泉水饮马时务须挨次往饮，毋得争先，以致壅塞，违者，八旗兵鞭100，绿营兵棍责80。

其六，粮食、武器弹药是军队最重要的物资，关乎军队的生死存亡和战斗力。因此，清廷规定必须妥善保管，违者将受到处罚。兵丁支领口粮，如有肆行抛弃狼藉者，八旗兵鞭100，绿营兵棍责80，该管委署护军校、领催、红旗管队不即呈报者，插箭。兵丁押运军粮，沿途如敢私盗升合，或窃盗同行兵丁口粮，及损伤盛米布袋，致多亏折者，八旗兵鞭100，绿营兵棍责80。各营马步兵所带枪炮火药，不加谨收贮，以致潮湿不能过火，及携带行走时任意靡费者，八旗兵鞭50，绿营兵棍责40，该管红旗管队插箭游营，如不加谨以致遗失者，八旗兵鞭100，绿营兵棍责80，该管委署护军校、领催、红旗管队插箭游营。兵丁所带铅弹，务按枪口大小如式制造。如铅弹不合枪口，系平日演放时查出，八旗兵鞭50，绿营兵棍责40，仍插箭游营，该管委署护军校、领催、红旗管队插

箭游营，护军校、骁骑校、千总、把总插箭。如临阵时将不合枪口铅弹施放者，斩，该管委署护军校、领催鞭100，红旗管队棍责80，护军校、骁骑校、千总、把总插箭游营，营总、参领、参将、守备记大过一次。弓箭、撒袋、腰刀、皮索一切军品不行收管，以致遗失，并应带鞭械不随身携带者，八旗兵鞭100，绿营兵棍责80，该管委署护军校、领催鞭40，红旗管队棍责40，护军校、骁骑校、千总、把总插箭。路见他人遗失腰刀、弓箭等物，即行拾取，禀明该管官查问给还；如见物不拾，并拾物不禀明者，八旗兵鞭40，绿营兵棍责30，仍插箭游营。

乾隆时期，对雍正九年（1744）的军纪四十条做了修正，主要有2个方面。一是乾隆十三年（1748），因清朝刑律对将帅玩寇劳师贻误军机竟无规定，乾隆帝令军机大臣与兵部大臣议定，增加将帅贻误军机应遭斩首处罚3条：其一，统兵将帅苟图安逸，故意迁延，不将实在情形具奏贻误军机者，拟斩立决；其二，将帅因私忿妒嫉推委牵制，以致糜饷劳师贻误军机者，拟斩立决；其三，身为将帅，不能克敌，转布流言，蛊惑人心，借以倾陷他人，贻误军机者，拟斩立决。二是乾隆四十九年（1784），因清军在作战中懦怯退缩的现象日益严重，为整顿军纪，培养广大官兵英勇杀敌的精神，使他们明白"与其伏法于误事之后，不如捐躯于临事之时"的道理，牢固树立"死敌者荣，死法者辱"的观念，乾隆帝特令军机大臣会同兵部大臣，"将行军纪律择其紧要数条，务须简切明当，使兵丁人人知晓"，于是制订和颁发了《行军简明纪律》10条。乾隆深知"本朝武功之盛，战必胜，攻必克，所向无敌者，皆由号令严明，赏罚必信之故"，因此，比较重视通过整顿军令军纪来提高清军的战斗力。《行军简明纪律》的指导思想在于强调官兵必须"奋勇向前"，否则"斩首示众"；"鸟枪弓箭最为行军利器"，必须注意保护；"将领受伤，随从兵丁更当奋勇直前，竭力救护"，否则处斩，通过制定军律的方式，扭转当时清军士气低落，官兵矛盾尖锐的现象。

《大清会典事例》卷769—778为《刑部·兵律》部分，详细规定了清军的纪律与禁令，兹按其顺序，略举一些较有代表性的规定加以分析。

《大清会典事例》卷 769《刑部·兵律宫卫》规定："凡擅入紫禁城、午门、东华、西华、神武门及禁苑者，各杖一百；擅入宫殿门，杖六十，徒一年；擅入御膳所及御在所者，绞。""凡宫禁宿卫及紫禁城、皇城门守卫人，应值不值者，笞四十；以应宿卫守卫人私自代替及替之人，各杖一百，官员各加一等。若在值而逃者，罪亦如之，京城门减一等，各处城门又减一等；亲管头目知而故纵者，各与犯人同罪，失觉察者减三等；有故而赴所管告知者，不坐。"紫禁城、皇城是皇帝生活和处理政务的地方，尤须加强警卫，如守卫之人没按规定时间轮值，或擅自找人代替，都要受到笞、杖的处罚。同时守卫之人不得在紫禁城、皇城内随便走动，如擅自闯入，则要受到处罚。而且擅自闯入的地方离皇帝越近，意味着对皇帝威胁越大，其处罚越重，直至处以绞刑。

《大清会典事例》卷 770—773《兵律要政》对擅调官军、申报军务、飞报军情、泄漏军情大事、边境申索军需、失误军事、从征违期、军人替役、主将不固守、纵军掳掠、不操练军士、激变良民、私卖战马、私卖军器、私藏应禁军器、纵放军人歇役、公侯私役官军、从征守御官军逃、优恤军属、夜禁等各方面的违反军政规定行为进行处罚。在中国古代封建专制主义制度下，皇帝掌握着最高的军事指挥权，任何军队的调动，必须经过皇帝的批准，任何将帅不得擅自调遣军队。但是，如属于军情紧急、路程遥远来不及上奏的情况，有关将领可不经皇帝批准调遣军队，同时通过上司向皇帝报告。清廷规定："凡将帅部领军马守御城池，及屯驻边镇，若所管地方，遇有报到草贼生发，即时差人体探缓急声息，须先申报本管上司转达朝廷，奏闻恭候圣旨，调遣官军征讨。若无警急，不先申上司，虽已申上司，不待回报，辄于所属擅调军马，及所属擅发与者，各杖一百，罢职，发边远充军。其暴兵卒至，欲来攻袭，及城镇屯聚军马之处，或有反叛，或贼有内应，事有警急，及路程遥远者，并听从便火速调拨军马，乘机剿捕。若贼寇滋蔓，应合会捕者，邻近官军，虽非所属，亦得调拨策应，并即申报本管上司，转达朝廷知会。若不即调遣会合，或不即申报上司，及邻近官军不即发兵策应者，并与

擅调发罪同。"①

军情紧急必须迅速上报，并不得让敌方知悉，如紧急军情不迅速上报或泄漏者，因此而贻误军机，有关责任人必须受到斩首的处罚。清廷规定："凡飞报军情，在外府州即差人申督抚、布政司、按察司、本道，并本省将军、提督。其守御官差人各申督抚，暨本管将军、提镇。督抚、将军、提镇得报，差人一行移兵部，一具实封御前，若互相知会隐匿、不速奏闻者，杖一百，罢职不叙，因而失误军机者，斩。""凡闻知朝廷及统兵将军调兵讨袭外番，及收捕反逆贼徒、机密大事，而辄漏泄于敌人者，斩。"

军需供给是军队打胜仗的基本保证，如军需供给违期，有关责任人必须受到处罚，如因此而失误军机者，必须受到最严厉的斩首处罚。清廷规定："凡守边将领，但有取索军器、钱粮等物，须要差人一行布政司，一行申督抚、将军、提镇，再差人转行合干部分，及具奏本实封御前，其公文若到该部，须要随即奏闻区处，发遣差来人回还。若稽缓不即奏闻，及各处衙门不行依式申报者，并杖一百，罢职不叙，因而失误军机者，斩。""凡临军征讨，应合供给军器行粮草料，违期不完者，当该官吏各杖一百，罪坐所由。"

士兵在军队出征前，借故推迟或躲避征役，以及雇人冒名顶替者，都要受到处罚。清廷规定："凡官军临当征讨，已有起程日期，而稽留不进者，一日杖七十，每三日加一等；若故自伤残及诈为疾患之类，以避征役者，各加一等，并罪止杖一百，仍发出征。若军临敌境，托故违期，一日不至者，杖一百；三日不至者，斩；若能立功赎罪者，从统兵官区处。""凡军人不亲出征，雇倩人冒名代替者，替身杖八十，正身杖一百，依旧著伍。"

清廷严禁军队掳掠人口、财物，奸淫妇女，毁坏民居，从而使军队赢得民心，才能取得战争的胜利。反之，如地方驻军胡作非为，激起民

---

① 《大清会典事例》卷770《兵律军政》。以下 3 个自然段引文，均见于此。

众反抗的，有关责任人将受到严惩。清廷规定："凡守边将领，非奉调遣，私自使令军人于外境掳掠人口、财物者，杖一百，罢职充军。"① "凡违令淫人妇女者，斩；毁庐舍祠宇，及离大纛入村落私掠者，鞭一百；若都统、参领、佐领不行严禁，一并治罪。" "凡牧民之官，失于抚字，又非法行事，激变良民，因而聚众反叛，失陷城池者，斩。"

清廷重视军队平时操练，并修葺城池、整饬军备，违者将受到处罚。清廷规定："凡各处守御官不守纪律，不操练军士，及城池不完、衣甲器杖不整者，初犯，杖八十，附过还职；再犯，杖一百，指挥使降充同知，同知降充金事，金事降充千户，千户降充百户，百户降充总旗，总旗降充小旗，小旗降充军役，并发边远守御。"

清廷为防止民众反抗，维护社会稳定，严禁私卖战马、军器，严禁毁弃军器、私藏制造应禁军器。清廷规定："凡军人出征获到马匹，须要尽数报官，若私下货卖者，杖一百，军官卖者罪同，罢职充军；买者笞四十，马匹价钱并入官。"② "凡军人关给衣甲枪刀旗帜一应军器，私下货卖者，杖一百，发边远充军，军官卖者罪同，罢职充军；买者笞四十，应禁者，以私有论，军器价钱并入官。"③ "凡将帅关拨一应军器，征守事讫，停留不回纳还官者，十日杖六十，每十日加一等，罪止杖一百；若辄弃毁者，一件杖八十，每一件加一等，二十件以上，斩；遗失及误毁者，各减三等，军人各又减一等，并验数追赔；其曾经战阵而有损失者，不坐不赔。" "凡民间私有人马、甲傍牌、火筒火炮、旗纛号带之类，应禁军器者，一件杖八十，每一件加一等，私造者加私有罪一等，各罪止杖一百，流三千里；非全成（不堪用）者，并勿论，许令纳官；其弓箭枪刀弩，及鱼叉、禾叉，不在禁限。"清政府在禁私造武器中，对私造私铸大小炮的处罚最为严厉："私铸红衣等大小炮位者，不论官员、军民人等及铸造匠役，一并处斩，妻子家产入官，铸炮处所邻右、房主、里长

① 《大清会典事例》卷 771《兵律军政》。以下 1 个自然段引文，均见于此。
② 《大清会典事例》卷 771《兵律军政》。
③ 《大清会典事例》卷 772，《兵律军政》。本自然段以下引文，均见于此。

等，俱拟绞监候，专管文武官革职，兼辖文武官及该督抚、提镇，俱交该部议处。"这是因为清廷认识到："练兵以火器为重，弭盗以禁火器为先，私造私藏，例禁至为周密，惟地方官平日疏于稽察，浸至编号立册，视为具文，即非滨海近山，亦多擅制，甚至不逞之徒，收藏日众，转滋事端，于绥辑地方，大有关系。"

清朝为防止军队出现大量逃兵，对逃兵的惩罚比较严厉，不仅惩罚逃兵本人，而且对知情人、窝藏者、里长、其上司等都要酌情予以处罚。其处罚涉及面之广，意在使逃兵无处藏匿，随时随地被人举报，从而杜绝逃兵现象的发生。清廷规定："凡军官军人从军征讨，私逃还家，及逃往他所者，初犯，杖一百，仍发出征；再犯者，绞；知情窝藏者，杖一百，充军；里长知而不首者，杖一百。若军还而先归者，减五等；因而在逃者，杖八十。若在京各卫军人在逃者，初犯杖九十，发附近卫分充军。各处守御城池军人在逃者，初犯，杖八十，仍发本卫充军；再犯，并杖一百，俱发边远充军；三犯者，绞。知情窝藏者，与犯人同罪，罪止杖一百，充军；里长知而不首者，各减二等；本管头目知情故纵者，各与同罪，罪止杖一百，罢职，附近充军。其在逃官军，一百日内，能自出官首告者，免罪；若在限外自首者，减罪二等。但于随处官司首告者，皆得准理。若各卫军人转投别卫充军者，同逃军论。其亲管头目不行用心钤束，致有军人在逃，小旗名下，逃去五名者，降充军人；总旗名下，逃去二十五名者，降充小旗。百户名下逃去一十名者，减俸一石；二十名者，减俸二石；三十名者，减俸三石；四十名者，减俸四石；逃至五十名者，追夺，降充总旗。千户名下，逃去一百名者，减俸一石；二百名者，减俸二石；三百名者，减俸三石；四百名者，减俸四石；逃至五百名者，降充百户。其管军多者，验（人）数折算，减俸降级，不及数者，不坐。"[1]

清末，曾国藩、袁世凯治军，在军纪的制定、宣传上有一些特色。

---

① 《大清会典事例》卷 773《兵律军政》。

曾国藩领导的湘军,其军纪通过歌谣的形式加以传播、宣传,通俗易懂、朗朗上口,方便文化程度不高的士兵记诵、理解。如《水师得胜歌》云:"第一船上要洁净,全仗神灵保性命……第二湾船要稀松,时时防火又防风……第三军器要齐整,船板莫沾半点泥……第四军中要肃静,大喊大叫须严禁……第五打仗不要慌,老手心中有主张……第六水师要演习,兼习长矛并短刀……第七不可抢贼赃,怕他来杀回马枪……第八水师莫上岸,只许一人当买办……我待将官如兄弟,我待兵勇如子侄……仔细听我《得胜歌》,升官发财笑呵呵!"①

又如《陆军得胜歌》说:"第一扎营要端详,营盘选个好山冈……第二打仗要细思,出队要分三大支……第三行路要分班,各营队伍莫乱参……第四规矩要肃静,有礼有法有号令……第五军器要整齐,各人制件好东西……第六兵勇要演操,清清静静莫号嘈。"②

又如《爱民歌》唱曰:"贼匪害了百姓们,全靠官兵来救人,百姓被贼吃了苦,全靠官兵来做主。第一扎营莫要懒,莫走人家取门板……第二行路要端详,夜夜总要支帐房……第三号令要严明,兵勇不许乱出营……军士与民如一家,千记不许欺负他。日日熟唱爱民歌,天和地和人又和。"③

由此可知,曾国藩在这些歌谣中,告诫将士行军打仗要队列整齐、有条不紊;安营扎寨要选好地方,注意安全;平时军中要保持肃静,严禁大喊大叫;平时要抓紧操练,打仗时才有战斗力;号令纪律要严明,不许随便离开部队;将官与士兵之间,亲如兄弟子侄;不许欺压老百姓,军士与民如一家。

袁世凯在编练新军时,并非全盘西化,在制定军纪军律时,继承了曾国藩的衣钵,也网罗一批文人编制了许多歌谣让士兵传唱,告诫将士必须遵守军纪军律,奋勇打仗,就能升官发财;如违反军纪军律,贪生

---

① 《湘军记》卷20《水陆营制篇》,第349—359页。
② 《湘军记》卷20《水陆营制篇》,第349—359页。
③ 《湘军记》卷20《水陆营制篇》。

怕死，轻则遭责打，重则被斩首。如《对兵歌》唱道："谕尔兵，仔细听；为子当尽孝，为臣当尽忠；朝廷出利借国债，不惜重饷来养兵。一兵吃穿百十两，六品官俸一般同；如再不为国出力，天地鬼神必不容。自古将相多行伍，休把当兵自看轻。一要用心学操练，学了本事好立功；军装是尔护身物，时常擦洗要干净。二要打仗真奋勇，命该不死自然生；如果退缩干军令，一刀两断落劣名。三要好心待百姓，粮饷全靠他们耕；只要兵民成一家，百姓相助功自成。四莫奸淫人妇女，哪个不是父母生；尔家也有妻与女，受人羞辱怎能行。五莫见财生歹念，强盗终久有报应；纵得多少金银宝，拿住杀了一场空。六要尊重朝廷官，越分违令罪不轻；要紧不要说谎话，老实做事必然成。七戒赌博吃大烟，官长查出当重刑；安分守己把钱剩，养活家口多光荣。你若常记此等语，必然就把头目升；如果全然不经意，轻打重杀不容情。"[1] 由此可以看出，袁世凯制定的新军军纪军律，与清八旗、绿营，曾国藩的湘军大同小异，即要求将士平时要用心操练；打仗必须听从军令，奋勇杀敌；平时要善待百姓，严禁奸淫妇女、抢夺财物；不得违抗长官命令，不得说谎；禁止赌博抽鸦片，应当用薪饷养家糊口。

袁世凯管理新军，采取软硬兼施的办法，"一手拿着官和钱，一手拿着刀，服从就有官有钱，不从就吃刀"[2]。他一面通过歌谣的形式劝导将士绝对服从命令，英勇打仗，遵守军律军纪，升官发财，另一方面他又制定严厉的《简明军律》18 条斩罪，违反其中一条者格杀不赦。

（1）临阵进退不候号令及战后不归伍者，斩。（2）临阵回顾退缩及交头接耳私语者，斩。（3）临阵探报不实，诈功冒赏者，斩。（4）遇差逃亡，临阵诈病者，斩。（5）守卡不严，敌得偷过，及禀报迟误，先自惊走者，斩。（6）临阵奉命怠慢，有误戎机者，斩。（7）长官阵殁，首领属官援护不力，无一伤亡，及头目战死，本棚兵丁并无伤亡者，悉斩

---

① 《新建陆军兵略录存》卷 4，第 5 页。

② 《我的父亲袁世凯》，第 8—9 页。

以殉。（8）临阵失火误事者，斩。（9）行队遗失军械及临阵未经受伤抛弃军器者，斩。（10）泄露密令，有心增减传谕，及窃听密议者，斩。（11）骚扰居民，抢掠财物，奸淫妇女者，斩。（12）结盟立会，造谣惑众者，斩。（13）黑夜惊呼，疾走乱伍者，斩。（14）持械斗殴及聚众哄闹者，斩。（15）有意违抗军令及凌辱官长者，斩。（16）贪夜窃出，离营浪游者，斩。（17）官弁有意纵兵扰民者，斩。（18）在营吸食洋烟者，斩。其后又附罚律2条：（1）夜深聚语，私留闲人，酗酒赌博，不遵约束及有寻常过犯者，均由该管官酌量情节轻重，分别插箭责罚；（2）凡兵丁犯法情节重大者，该管官及头目失察，均分别轻重参革、责罚、记过。① 由此可见，袁世凯的《简明军律》18条斩罪就是雍正九年（1731）军纪四十条的简明版，其对将士的处罚严厉程度有过之而无不及。

袁世凯在治军中也意识到"军营贵尚气节，将士宜养廉耻"②，因此，除官兵犯法系属私罪应按军律严惩外，其余属于无心过误或偶失检察，凡涉公罪应酌量案情轻重，由该管官分别扣罚薪饷充赏，官则随时禀明立案，弁目以下则按月榜示营内，仍申报统将。其情甚轻者，官弁按次数分记大过、小过，兵丁则限时刻罚令充当苦工，概免军律治罪。这样规定的目的是"于薄罚之中仍寓曲体之意"，使人知自爱而不轻犯。

第七节　治军思想

一、制度为体、谋略为用思想

清朝"龙兴东土，以武功开国"，在入主中原，以强大的军事力量建

---

① 《新建陆军兵略录存》卷3，第1—2页。
② 《清朝续文献通考》卷204。本自然段引文，均见于此。

立了统治全国的中央王朝的过程中，深刻体会到军事制度的重要作用。正如《清朝文献通考》所云："窃惟列圣相承，决策于庙堂之上，而制胜于万里之外，神机睿略，运用无方，固有非臣下所能揣测者；然即其外见之迹窥之，内外相维，远近相错，当其无事之时，养兵不试，屹然有金汤之固，及其不得已而用之，天戈所指，雷举霆发，无不立就削平。盖简练精纯，规制严密，自然之明效也。"① 由此可见，作者认为清军之所以能以雷霆万钧之力统一中国，固然与统帅具有卓越的谋略有关，但清军初期严密、炉火纯青的军事制度才是其克敌制胜的根本。清太祖努尔哈赤在统一女真各部中认识到，女真人虽然作战勇敢，但缺乏组织纪律，战局有利时，"四出掳掠牲畜财物，喧哗争夺"②，不利时四处奔逃，各不相顾。为了实现统一女真各部的理想，他逐渐创立了以兵民结合、军政结合、耕战结合为特点的八旗制度，从而加强了女真人的组织纪律，大大提高了军队的战斗力，不断取得战争的胜利。尔后，顺治、康熙在入主中原、统一全国中，也首推清军"营制益复精详"③ 之功。雍正、乾隆命将出征，"丰功伟烈，亘古罕闻"④，论其因，"申严戎律……兵制之善"⑤，亦属首位。总之，满洲的崛起，入主中原及统一全国走向强盛，从军事角度上说，军制上的优势发挥了根本性的作用。

自乾隆后期开始，政治上的腐败导致了军制的破坏。清军"无事则应对趋跄，务为美观；临阵则趑趄退避，专择便宜；论功则多方钻营，希图美擢；遇败则巧为推诿，求便私图。"⑥ 经过白莲教起义和太平天国运动的猛烈冲击后，八旗、绿营先后遭到毁灭性的打击，在军制上暴露出不可克服的弊端。但是满洲贵族为保住自己的特权，对此视而不见，

① 《清朝文献通考》卷 179。
② 《清太祖武皇帝实录》卷 1。
③ 《清朝文献通考》卷 179。
④ 《清朝文献通考》卷 179。
⑤ 《清朝文献通考》卷 179。
⑥ 求自强斋主人：《皇朝经济文编》卷 73，江忠源《条陈军务疏》，慎记书庄，光绪二十七年。

墨守祖宗成规，不仅八旗兵不许动，连绿营也不能改。当时，李鸿章等人则保持较清醒的认识，认为清军"靖内患或有余，御外侮则不足"，"外国利器强兵百倍中国"，今后中国主要面临外国的威胁。面对当时西方列强咄咄逼人之势，李鸿章深感到"兵制关立国之根基"，中国"若不及早自强，变易兵制，讲求军实，乃循数百年绿营相沿旧制，厝火积薪，可危实甚"。唯有变革兵制，"厚给粮饷，废弃弓箭，专精火器，革去分汛，化散为整，选用能将，勤操苦练，然后绿营可恃"①。换言之，李鸿章的变革兵制的主要内容就是提高将士待遇，采用西方先进枪炮火器，废除分兵驻守地方之制，选用有才干的将领，勤奋刻苦操练。李鸿章的这种变革兵制思想，在当时是较为先进的，但中日甲午战争中北洋海军的覆没，证明他的兵制改革思想还存在着保守、片面的致命弱点，无法使中国军力真正强大起来。

清末，袁世凯通过学习西方先进军事理论，再结合中国实际情况，在军制方面，提出了较全面系统的思想。

1. 主张通过学习西法，改革兵制，使中国兵力变强，得以立国。袁世凯指出："立国之道，莫急于图存，当此各国环伺，虎视鹰瞵，非厚积兵力，无以自强，非力图自强，曷以立国。"列强之所以虎视眈眈，主要原因就是"由于我之兵力不竞而已"。而中国兵力之所以不强，又是因以"文明之邦"自诩，"专尚德教，加之承平既久，军政渐弛，弊端日生，驯至冗弱而莫能振。"袁世凯将中国与当时东洋强国日本进行比较，认为日本不过一岛之国，原比中国贫弱，也受西方列强欺凌，后因变法图强，改革兵制，"试锋于我，遂以雄视亚洲，泰西诸强国，近亦不能蔑视"。因此，中国"值此强邻逼处"之时，只有学习西方，改革兵制，"增练精兵"，才能使中国兵力变强，得以立国②。

① 李鸿章：《李文忠公全集》，《朋僚函稿》卷5《与陈筱舫侍御书》，文海出版社，1962年。

② 袁世凯：《时局艰危亟宜讲求练兵折》，见《袁世凯奏议》上册，天津古籍出版社，1987年，第26—29页。

2. 兵制为体，谋略为用。袁世凯反对"兵事，谋略为主，制度次之"的观点，认为正确的看法是"谋略，用也；制度，体也。未有体不立而用能行，即未有制度不善而谋略足恃者也"①。

3. 必须因时因地改革兵制。袁世凯认为，自古以来，"一代有一代之兵制，一时又有一时之兵制"。而今世界形势多变，"各国兵制日新月异"，中国必须"参仿各国之成法"，"弃短从长"，因时因地改革兵制，才能在数年之后，使军队"化散为整，转弱为强"②。

4. 兵制的最重要内容就是营制和饷章。袁世凯指出，"兵事为专门之学，制度章程至为繁重，举其纲领厥有二端：曰营制，曰饷章。夫编订营制非徒以盛威容壮观瞻也，平时之强弱，临时之利钝，悉基于此。其要在本战法以立操法，又本操规以定营制"。营制必须做到"上下相承，大小相继，多寡相配，奇耦相生，务如身之使臂，臂之使指"。"饷章必须丰约得宜，储运有法，驻军无缺乏之虑，赴敌无牵顾之忧，典兵者无所借以侵牟，莞饷者不敢咨为中饱"③。

5. 军队属于国家，由国家统一管理、征调、编配，并由国家指定将领统率、指挥。袁世凯认为，"兵为国家之兵，非一人所能私，一隅所能限，故将帅不能擅立主名，军队亦不得自为风气。其编立号数大抵视辖境之遐迩，因其区域划分次第，而章制操法统归一律。遇有征调，无论何处兵队，均可编配成军，协力攻守；无论何军将领，均可统率节制，如法指挥。"④

6. 兵役分为常备军、续备军、后备军三等。袁世凯主张，"军分三等：一曰常备军，选土著之有身家者充之，屯聚操练，发给全饷，三年出伍，退归原籍；一曰续备军，以常备军三年出伍之兵充之，分期调操，减成给饷，三年递退；一曰后备军，以续备军三年递退之兵充之，仍分

① 《清朝续文献通考》卷204。
② 《清朝续文献通考》卷204。
③ 《清朝续文献通考》卷204。
④ 《清朝续文献通考》卷204。

期应操，饷又递减，四年退为平民"①。

7. 在各省设立督练公所，专门负责管理地方军队。袁世凯主张，"各省将军督抚，本有督练营伍之责，惟地方事务繁杂，势难一意专注"，故于各省设立督练公所，以为地方"军政总汇之处"②。

8. 设庶务专员，负责军中庶务，使将领能专心于军事。袁世凯认为，"将领之责在乎运筹帷幄，极远大亦极精微，宜专心考查敌情，布置攻守，最忌分心庶务，妨误机宜，又宜各专责成，层层节制，平时无相侵越，临事免生诿误"，因此，主张于将弁之外，"仍设庶务专员分任佐理"③。

9. 军令分详令、简令，全军必须服从听指挥。袁世凯指出，"军令者，所以定趋向、达意旨，齐耳目、一心志者也……欲令之惟行而无反汗，则必积诚信于平日，审事实于临时……令约分二类：一曰详令，授所部以详晰办法，使受令者逐条遵守也；一曰简令，授所部以扼要大意，使受令者相机筹办也……凡令一出，则全军随之，以故三军齐力，万众一心，战胜攻取基于此矣"④。

10. 治军之道，首先是训诫纪律，其次是练习技艺。袁世凯指出，"治兵之道，纪律为先，而技艺亦在所当重，纪律存乎训诫，技艺资乎练习……将则训以忠勇廉洁之大闲，兵则训以恭顺勤奋之要义，使皆知奉法循理，以端其志而正其趋。至于技艺则由浅入深，循序递进，始练以步伐身手各法，次练以布阵变化诸方，再练以行军、驻扎、攻守、调度之道，此则步、炮、马、工各队之所同也。若夫步队以起、伏、分、合为主，炮队以攻坚、挫锐为期，马队以出奇驰骤为能，工程队以尽地利、备军资为事，则又在乎各致其精"⑤。

---

① 《清朝续文献通考》卷204。
② 《清朝续文献通考》卷204。
③ 《清朝续文献通考》卷204。
④ 《清朝续文献通考》卷204。
⑤ 袁世凯：《进呈练兵图册折》，见《袁世凯奏议》上册，第34—35页。

二、防止武将久握兵权，拥兵反叛思想

在中国古代封建专制君主制度下，皇帝通过牢牢控制军队的统帅权、指挥权，从而来维护其至高无上的权力。清代是中国古代封建专制君主制度空前强化的时期，君主更加重视对军权的绝对控制，其中一个重要方面就是防止武将久握兵权，拥兵反叛。清初，诸将领南征北战，手握重兵，极易引起骄将悍卒拥兵自重，不听朝廷指挥，甚至谋叛朝廷，割据一方。对此，南赣巡抚刘武元就提出不宜让武将久据兵权，以防患于未然。他说："今之将官素养悍卒，自备壮马，凡有不测，一呼即起，其应如响……臣以为，有功者亟当升调，然升一将，即补一将充其缺而统其兵，一转移间，则耳目新而骄悍驯，得免召衅之虞。"① 当时，由于清廷对他的上奏没有足够的重视，因此并没有采取有效的措施。直至平定三藩之乱后，康熙帝才从中得到深刻的教训。康熙二十二年（1683）四月，康熙帝对大学士等说："边疆提、镇，久据兵权，殊非美事。兵权久握，心意骄纵，故每致生乱，常来朝见，则心知敬畏。如吴三桂、耿精忠、尚之信辈，亦以不令来朝，心生骄妄，以致反叛，此等事关系甚大。况边陲将士惟知其统辖之主，不习国家法度。曩者朕曾降敕于广西将军马承荫，马承荫跪受，其下诸人皆惊曰：'我将军亦跪人耶？'即此观之，兵权不可令久擅也。"② 后来康熙又强调说："武官久任非善事，在昔唐朝藩镇骄蹇跋扈，皆由久典兵权之故耳。"③ 在此认识的基础上，康熙帝在军事制度方面采取了一系列的防御措施，使武官尤其是高中级武官"不致久任"④，不敢也不可能谋叛。

综观清朝防止武将久据兵权、拥兵反叛的措施，主要有 4 个方面。

① 《皇清奏议》卷 2，刘武元《谨陈安攘十计》。
② 《清圣祖实录》卷 109。
③ 《清圣祖实录》卷 123。
④ 《清圣祖实录》卷 123。

一是兵皆土著，将皆升转。武将由于不断升迁或转岗，就无法久据一支军队兵权。而且将兵相处时间不长，使兵将不亲，上下级之间很难结成牢固的同盟，能够官官相制。二是限年陛见，回避原籍，任职之地，不许置产。在规定的时间里来京朝见皇帝，使之心知敬畏朝廷，不敢骄妄，以致反叛。任官回避原籍，在任职之地不许置产，防止武官利用同乡、亲属、主仆关系，结党营私，对抗朝廷。三是非奉圣旨，不许调兵。皇帝拥有最高的军队统率权、指挥权，任何人非经皇帝批准，不得调动军队，从而使武臣无法拥兵反叛。四是功高震主，严密监视。朝廷对于建立很高功勋的武将更须严密监视防范，防止其功高自傲，权力太大，威胁皇权。

清廷防止武将久据兵权、拥兵反叛的措施产生了应有的积极作用，有清一代，自康熙平定三藩之乱后，再也没有出现武将拥兵反叛的事件。"国家炽昌熙洽，无鸡鸣狗吠之警……事权之一，纲纪之肃，推效往古，无有伦比"①。但也不可避免带来一些消极的影响，诸将"循资望得升擢，不求有功，第求无过，而天下之人才靡矣，求将才、边才日稀矣"②。

三、用仁礼治军，上下相维，将卒亲睦，但求其精思想

清末，太平天国运动异军突起，势如破竹，八旗、绿营不堪一击，土崩瓦解。曾国藩募勇为兵，湘军镇压太平军，终成大功。曾国藩在率领湘军南征北战中，总结出用仁礼治军，上下相维，将卒亲睦，但求其精的思想。

曾国藩在创立湘军时别开新意，用儒家传统思想仁、礼治军，提出"带勇之法，用恩莫如仁，用威莫如礼"，用恩威并济与仁礼相结合。这是因为"仁者，即所谓欲立，立人，欲达，达人也。待弁勇如待子弟，

---

① 梅曾亮：《上方尚书》，见《柏枧山房文集》卷2，咸丰六年刊本。
② 《清史列传》卷63《袁昶传》。

常有望其成立，望其发达之心，则人知恩矣。礼者，即所谓无众寡，无小大，无敢慢，泰而不骄也。正其衣冠，尊其瞻视，俨然人望而畏之，威而不猛也，则人知威矣。"① 曾国藩利用同乡、亲戚、师生、朋友等关系，通过兵必自募，将必亲选，饷必自筹等措施，用待弁勇如待子弟一般的仁爱，收买人心，使部下为其卖命打仗；坚持"以忠义之气为主，而辅之以训练之勤，相激相劘"② 的方针，一切以"升官发财"为目的，从而激励将士英勇杀敌。另一方面，曾国藩以礼来代替军纪，在封建礼教中上下名分、尊卑等级的关系，贯穿到营制、营规中。所以，李鸿章称赞曾国藩"所定营制、营规，博稽古法，辨等明威，其于军礼庶几近之"③。曾国藩用仁礼治军，是要扭转"今日营伍之习气，与今日调遣之成法"④，所造成的"将与将不和，卒与卒不习，胜则相忌，败不相救"⑤的恶习，从而使"今日将欲灭贼，必先诸将一心，万众一气，而后可以言战"⑥。

咸丰二年（1852）十二月，曾国藩接到皇帝任命他为湖南团练大臣的谕旨后，立即上疏指出："自军兴以来，二年有余，时日不为不久，糜饷不为不多，调集大兵不为不众"，官兵却一败再败，"皆由所用之兵未经练习，无胆无艺，故所向退怯"。官兵如此，团练更难望其成功。今后唯有"改弦更张，总宜以练兵为要务……宜参照前明戚继光、近人傅鼐成法，但求其精，不求其多，但求有济，不求速效"⑦，才能提高军队的战斗力。

总之，曾国藩以仁礼治军，从而使湘军"上下相维，将卒亲睦，各

---

① 《曾文正公手书日记》第 6 册，咸丰九年六月初四日。
② 《曾文正公书札》卷 2《与王璞山信》。
③ 《曾文正公神道碑》，载《曾文正公全集》卷首。
④ 《曾文正公书札》卷 2《与王璞山信》。
⑤ 《曾文正公书札》卷 3《与彭筱房曾香海信》。
⑥ 《曾文正公书札》卷 2《与王璞山信》。
⑦ 《曾文正公奏稿》卷 1《敬陈团练查匪大概规模折》。

护其长，其将死，其军散，其将存，其军完"①，"但求其精，不求其多"，从而取代八旗、绿营，一时成为清军的主力。

四、叶舟的治军思想

顺治十三年（1656），兵部员外郎叶舟上《兵部职掌疏》，阐述了自己的治军思想，兹简要缕述如下。

其一，清冒占之兵。叶舟指出，当时"镇将以下各营之兵，多者千余，少者亦不下数百，岂人人皆劲卒，足供腾骧之用乎……逃亡缺额、老弱冒占之兵，毕竟积弊相仍，开报无几，即岁有季报，不过虚应故事，未尝实力奉行，是止核其额外可省之兵，而未核其额内不实之兵，兵益少而力益单，不几以裁兵而反受兵少之害乎？"② 针对这种情况，叶舟认为，"冗兵不裁则糜饷，冒占不去则耗兵……宜严饬各督抚，实心查核，近者亲自校阅，远者转檄才能兵巡道查阅，务期营无弱兵，兵无虚饷。有不实者，该督抚飞章参处，庶稽查严而冒滥杜，永收骁勇之用矣"。

其二，公举劾之典。叶舟指出，当时军队中"赏重罚轻，武夫悍卒，益骄横而不可制……八法处分，大小武职，几三百四十余员，内止总兵一员，副将二员，参将、游击亦不过三十员，其他皆都守、千总而已。即此三十余员镇将，又大半系解任裁缺，缘事降任之人，其现任谪处者，寥寥数员，点缀了事，不尽皆大贪大恶也，岂其余镇将、参游等官，类皆兢兢守法，贤良素著者乎？此无他，见任则弥缝之术工，官大则应援之途广也。"对此，叶舟主张"宜通敕各省督抚，以后每岁严加甄别，举则宁刻毋滥，劾则宁严毋宽，其有恶迹显著者，不时据实纠参，更当法行自贵，无仅以官卑职小塞责。傥或容情徇庇，养虎贻害，听科道官查访纠举，该督抚即以溺职论，庶举劾严而武臣知所畏惮矣"。

---

① 《湘军志》，《营制篇第十五》。
② 《清经世文编》卷70，叶舟《兵部职掌疏》。本目引文，均见于此。

其三，防骄横之渐。叶舟指出，当时驻扎地方镇将武臣肆意凌辱百姓、科派钱粮，如"固原总兵驻扎之地，有道府县官，寿春营驻扎之地，有寿州州官，生员百姓，与镇将何与，而听其凌辱，肆其科派，道府州县，不敢过而一问，其强横尚可言哉！"总之，这些驻扎地方镇将武臣，完全违背了朝廷有关镇将对地方"一应钱粮词讼，有司职掌，毋得干预"的规定。对此，叶舟主张"宜严饬镇将等官，不许欺弱士民，凌制有司，并申明文武不相统辖之义。有肆害科派者，有司申报督抚，题参重治，庶体统明则不受制，骄横之气可渐消矣"。

其四，塞规避之路。叶舟指出，当时一些"武职忽而称病，督抚代题解任，忽而病痊，督抚又具疏请补，移咨求用矣，岂非值多事之时，则托病以谢责，遇事平之后，复侥幸以图荣乎？"还有一种现象是"督抚、提镇，一遇升转，多题请营将，带赴新任，不曰效用需人，则曰臂指得力……倘或趋逸避劳，去苦就甘，不适以滋幸窦乎？"叶舟认为，"二者皆规避之路，不可以不塞"，应该重申朝廷的规定，"文职京官告病，查验明白，准其回籍，病痊起用，外官则径准休致，无病痊起用之例，所以杜规避也"。

其五，严效用之选。叶舟认为，当时差官升迁授以守备武职，是不妥当的。这是因为"差官一途，额粮百名，以供奉差押解，投文护送之用。旧日多有无赖积棍，冒充其中，一经奉差，如虎如狼，多骑越站，骚扰驿递，无所不至。前此坏事被革，或饱扬而去者，往往有之。案查（顺治）十一年（1654）三月，奉旨斟酌考用，授以守备职衔，臣思武进士方选守备，武举止选千总，外委各官冲锋破敌，非有纪录，不准题补。今以白丁效用数年，而即得五品职官，终觉未当。且此辈奔走之日多，习学弓马韬略之日少，一旦授以汛防要地，人缺未必相宜。"鉴于以上理由，叶舟建议，"遇有差官缺出，宜选用一科二科武举，彼出身科目，必知自爱身名，以之奉差，自能守法。再定以效劳年限，满日分别等第，考补各项守备。其以前效用差官，或念其奔走日久，不便遽为裁革，必严加查核，果素无过犯，又复谙练弓马韬者，方准照例考用。庶官与人

相称，而效用一途，不致滋匪人之弊矣。至于各督抚题补之例，亦所以鼓励武臣一端，又不可不察焉。岩疆督抚所恃以鼓舞麾下、奋勇成功者，以有爵赏功之也。臣查十年内，经略辅臣，奉有吏、兵二部不得掣肘之旨，请自今用兵地方督抚，遇有题补，查果人地相当，有功可录、不妨酌量准从，其他平定之处，不以为例。庶几军心踊跃，可以收得人之效矣"。

五、俞益谟的行军打仗管理思想

俞益谟（1653—1713），字嘉言，号澹庵，别号青铜。少年英敏，善于骑射，喜读孙吴韬略。20 岁成进士，后官至湖广提督，在清朝被誉为"一代名将、千古文人"。

俞益谟写有《行官策略》一文，比较详细具体地阐述了行军打仗中对军队的管理，在清代军事管理思想中颇有代表性，以下对此做一简要介绍。

其一，探哨在行军打仗中的重要作用。俞益谟认为，探哨在行军打仗中能起到预先了解敌情的重要作用，尤其在山地环境复杂的情况下，更显得必不可少。他指出："山内险阻万状，或悬岩绝涧，一线之路，弯曲弯长，或两傍深箐，或乱石丛杂，或坍溪断桥，或茂草蓬蔽，或深沟陷泥，无地不可伏兵，无路不可邀截，若哨探不明，误入其中，既不能用众，又不能施巧……万一前途稍隙，则道路窄狭，自相蹂挤，坠岩堕堑，举不可知，此孟浪无筹之失也。"[1] 对此，俞益谟认为，派探哨了解敌情而后动，能使我军处于不败之地。"我兵与贼战，不在能破贼，先在我不可败。今且以营兵一千言之，每百为一哨，拨胆捷步兵一名，配马兵一名，作十塘。令其前行，或二三里、四五里，凡路傍有山，马兵不能上，则步兵执小号旗一面，上山周围探望。若无埋伏及贼兵在前，即

---

① 《清经世文编》卷 77，俞益谟《行军策略》。本目引文，均见于此。

执旗立于山上，马兵驰回即报，一塘无惊，一哨立营。其第二哨，又向前或一二里，或三五里，探望的确，来报如前，以次至八九十塘，皆如此立营。若十塘已尽，又自一塘卷起向前。若一边是山，一人可以瞭望，若两面是山，未免见一面不见一面，致有差错，亦未可定。应再拨步兵分左右登望，左右皆无惊，不必举号旗，或一边有惊，则一边山上之人举旗，马兵驰回报知，以便应敌。如此行兵，凡贼之情形，我得预知，彼虽邀截佯诱，我已先有不败势矣"。

其二，山谷行营，于两山扎营，占据有利地形，可互相救援，左右逢源。如遇山溪险隘、必先留兵据守，后进山谷行营。俞益谟指出："山隘之隔，首尾难援；百步之险，前后莫救。若不预先申明，必致仓皇无措。凡尔将士先将所部兵丁，预定两哨官兵，若逢要险，即令于两山扎营。若前部一遇有警，即将本哨退入两傍，立营之中，正当路口，包山连原，立营抵御。贼退则蹑其后，后营复蜂涌而出，相连立营，更番迭战。此反客为主，我逸贼劳之法也。傥贼自中间突出，我兵即两头扎住山险，踞住高阳，以待敌人，相机应变，士气百倍，彼虽有谋，难施其巧。盖我兵先立有营垒，以待其来，譬之到处有家，自然军心齐一，不致奔溃。彼此为援，人胆自壮矣。如贼断我后，当以退为进，将后哨作前哨，量留敌兵，倒卷而回，彼自难邀。如遇山溪险隘，必先留兵据守，然后再进。山谷行营，无逾此法，此卷帘阵步步为营之势也。"

其三，严防敌军夜晚劫营，必须设置防卡兵丁警戒。遇有敌军劫营，必须保持镇静不动，以放铳发矢射杀敌人，敌军断不敢近我营。如我军夜劫敌营，也只能先向敌人放铳，如敌营混乱，再乘势冲进敌营袭击；如敌营安然不动，应迅速撤退。俞益谟主张："每下营遇夜，凡有隘路可攀可越，俱要放卡。其防卡兵丁，谨藏火绳，加谨窥探。如有贼警，放铳为号。在营官兵，不许脱衣熟睡。甲包打开，兵器在傍，每帐房一人轮递支更，一有惊息，切勿声张，即时推醒同伴披甲执械，静坐待敌。贼至近处，即放铳发矢，切不可走动。如有动者，即是贼军，即行射杀。总之，遇有夜惊，若众人安然不动，咳嗽无声，任他是如何强兵，只敢

在远处空噪，断不敢近我营垒……若我往劫贼营，悄悄密密，衔枚潜行，临贼营一半里地，即便放铳，齐声大呼，不可骤进。观其营中，或乱喧扰，或乱奔走，即便乘势前击，可以全获。若彼安然不动，久无声息，此必有备，万万不可前进，即便结阵速退，不可忽也。"

其四，每营东西南北各立旗表，安设拨夫，严加守望，禁止兵丁擅越旗拨之外。俞益谟指出："每营既定，即于东西南北，相地形势，各立旗表，每表安设拨夫，多则二十名，少则十数名，务要弓箭刀铳齐备。其采樵汲牧之兵丁，俱不得擅越旗拨之外，犯者贯耳示众。仍晓谕瞭哨兵丁，严加守望，如有过表之人，即行查拿，傥徇情疏纵，军法重处不贷。"

其五，如在深山密林，寒冬风雪之时，军队必须严加防范敌人偷袭，士兵寸步不可擅自离开驻防之地。俞益谟指出："凡大菁深沟，冬气凛冽，每有霜雪冰泞，白昼如晦，贼每乘此攻击。我兵遇有此等时候，务必严切防范，比黑夜更为紧要。其登高放拨兵丁，寸步不可擅离汛地，诚恐一时审视不详，误为所乘。"

其六，哨卡兵丁昼夜轮换，一定要等接班兵丁来到，方可离卡归营。如登高瞭望兵丁发现敌人，以响铳为号，以旗指示敌处位置。俞益谟指出："一坐卡兵丁，每日清晨登瞭，必候坐夜卡兵丁至彼，方许归营；夜卡兵丁至晓，必候清晨登瞭兵丁至彼，方许归营。敢有迟违，不候彼此兵丁交替，即离卡归营者，必将在营将弁治罪。如夜间雨雪，将弁安眠帐房，竟不念坐夜卡兵之苦，及至天明，又不早遣登瞭兵丁往换，当以军法重处。若登高瞭远兵丁，望有贼来，即响铳为号，旗指某方，以便军中接应。"

其七，军营兵丁必须按规定时间牧马、采樵、汲水，如有听到铳炮声、号声，应立即回营。俞益谟指出："每日巳时，吹海螺三声，拨领旗一名，带领五营兵丁二十五名，架梁瞭望。各营余丁、雇工，齐出采樵，务足一日之用。午时再吹海螺三声，各各归营，违者查拿重究。每日牧马、采樵、汲水兵丁、雇工人等，若听营内铳炮响及掌号声，不论远近，

即速回营，违者贯耳。"

其八，凡与敌军对阵时，我军应留有预备部队，一则可助前锋之威，二则可轮番与敌战斗，三则可接应正在战斗的部队。俞益谟指出："凡遇对敌之际，必先留有余地，兵有余备，方免临事仓忙。两军既举，固应大势齐上，然前面之队，务要疏均，后面留五七队整齐者以待。一则可助前队之威，一则可以更番迭战，一则我有余备，可以接应出奇矣。傥若一概向前，未免拥挤，反多碍手，且无表里相依出奇之势。此临机绝胜之秘法也。"

其九，行军打仗，贵在熟知地利，因此必须将阵地附近山川险易形势准确绘成图本，供将领指挥战斗时参考。俞益谟指出："行兵之道，贵知地利，地利不明，万难出奇。设伏所到之处，管营务将官，先将彼处山川险易形势绘成图本，山山水水不可混淆，更不可巧饰点缀，以图壮观。必将我兵应由某处而进，某处可守，某处可伏，有无分途、暗度之处，某处可以令师归一，某处可以决战，贼兵必由某处而来，某处可以埋伏，及有无傍径抄截我后之处，若在某处对敌，我兵宜占某处可得地利，某处山险谷深，有无林木，其中宽狭若何，可以伏兵若干名，一一注明，献之大将，参以己见，详加斟酌。"

其十，大军行进之时，必须在前面左右各立头队、二队游兵，作为两翼哨探敌兵行动、有无埋伏，如猝然遇到敌人，可配合大军迅速打击来敌。而且头队、二队可轮番游巡在大军之前，交替前进。俞益谟主张："大军未进，威武先张，其在游兵之法欤。必左右各立头队、二队，各统以骁将，为之张两翼而前驱之。一可哨探敌兵之至止，一可搜罗敌兵之有无埋伏，一可猝然遇敌，夹我大军而飞击也。如头队前去游巡，则二队翼我左右而行，头队至若干里立营，及至其营，二队又前去游巡，头队又可翼我左右而行。二队游至若干里立营，头队又如前法行之。往回环护，络绎不绝，则左右游兵，虽各止二队，而师行千里皆有翼焉，且一往一游，更番迭进，尤无疲乏之虞。"

其十一，临阵迎敌，可分为平原和山险迎敌两种。如是平原迎敌，

敌军分几路来犯，我军亦可分几路迎敌；如敌军前后夹击，我军前部可迎前敌，后部可迎后敌。如是在山险之中迎敌，如敌军从四周山头来犯，我军亦可占领四周山头与之对抗；如敌军集中一路来犯，我军可以四周山头四面夹击。如敌军从山下进攻在山上的我军，我军可利用地形优势从山上用木石滚擂杀伤敌人；如敌军在山上而我军在山下，可诱敌至半山与之战斗，防止敌人用木石滚擂杀伤我军。无论是平原还是山险的迎敌战斗，将领必须登高观察敌军动向，以便更有效地指挥部队打败敌人。俞益谟指出："临阵分敌之法有二：一为两军遇于平原之野，贼分几路而来，我兵亦分几路以应之……即或前后有贼，我兵亦可从中而分，前军敌前，后军敌后，惟指麾舒徐，不可仓忙失措，转前以敌后也。一为两军遇于山险之中，我兵一军而进，贼若按山头分队而来……若会战山内，除迎敌大军，仍照大势前迎之外，若四傍有山，可以扑贼来路者，先按山分路而进；傥贼兵分队而来，自可头头相对；傥贼未分队而来，则乘其不备，四面夹击，使贼之所短，皆我之所长矣……如分路迎敌之时，亦有要法：如我兵方至山头，贼已至我山下，我则拒山不下，待贼上至半山，我兵即发山上木石以击之，不惟居上省力，且木石滚擂，伤之者众。如贼尚在山头，我兵至贼山下，则故为怯回之状，引贼半山，我兵平铺急上以攻之。盖我怯回者，一则离其山沟，免受木石之击，一则引贼失险，且无木石可击。"如在平原临敌，大将"只须一登高阜，贼之来势，概可见矣，平地分兵，亦易为力"。如在山险临敌，"大将必登最高之山，将自卫之兵，分为几队，每队统以能将，严整森立，遥观我兵某路，与贼相遇之情形。如队伍舒展，意气踊跃，则知此路必胜；或见某路步趋踉跄，行伍失列，则知此路必怯，急命帐下能将率兵助之；或见贼之某路倍于我兵，亦命率队兵以助之可也。"

其十二，当在战斗中我军得胜时，禁止争抢敌军丢弃的财物，应乘胜追杀敌人。战斗结束庆功奖赏时，冲锋在前的人得上赏，后续掳获敌军财物者得中赏，全军其余将士得下赏。严禁隐藏敌军财物，违者处死，并连坐同队伍之人。俞益谟指出："当两军交战之际，而我前军得胜，止

许追奔逐北，随贼掩杀。其有贼弃辎重牲畜，以及仓库米料、财货子女之类，一概不许瞻顾，一恐纵敌远扬，收拾散卒，仍成劲敌；一恐彼此争取，错乱队伍，贼或反戈相向，中其饵敌之计矣。各当严戒前军，一意追杀，止令余兵，沿途收获。俟营立定，尽献大帅之前，分上中下等次。上者赏得胜之前军，中者赏掳获之多者，下者分赏在事之全军，或留后充赏。敢有隐匿，查出法必处死，其队目及同伍之人连坐。如有一人出首者，赏此一人，余免坐。"

其十三，如在战斗中负伤者，必须及时精心治疗，并且一营中应有一人专门负责奖赏英勇战斗而负伤之人。伤者痊愈后还要重赏重用，如残疾不能继续战斗，应留营赡养终身，以此来激励将士奋勇杀敌。俞益谟指出："大凡临敌带伤者，皆系壮士奋往之人。如前队有带伤者，急令卧倒，不可乱动，待战后，扶还大营，或送舟次，拨医救治。其金枪等药，必须预备，一营之中，专委老成仁厚者一人，以司其事，立照赏格给发，以资日用，时赐恩问，免人轻忽。痊日重赏重用，以励士气。傥成废疾，不能用武，永当留营食粮，以资暮年之养，以固后人用命之心。"

其十四，两军相遇对阵之时，我军可采用"腾营设伏"之计，伏击前来偷营劫寨的敌军，或预先在敌军下营之地设伏，袭击敌人。尤其在我寡敌众之时，用"腾营伏路"战术可战胜敌人。俞益谟指出："两军相遇而阵……敌人每谋乘我疲懈无备，偷营劫寨，务必触景警心，昼示极疲极得意极凄凉之状，至晚则必腾营设伏，虚立旗帜，营中灯火明灭相间，不废更鼓以待之，四路密布铳手静听，候敌入伏，约以三铳五铳，按数齐放，伏兵听其铳数相符，然后四围齐起……伏兵既起邀击，则大营兵从后夹攻"。"我当于未曾移师之时，先询乡导，计其（敌军）下营之地而后移，一至其地，相其险易樵汲之处，可设伏者，即先据地设伏，以待贼之来，则先手在我矣。其腾营伏路之法频频而行，不可厌烦惮疲也。再我或兵力单弱，或大军不继，前军势孤，敌倚大势来压，则有众寡悬殊，退之不可，拒之难敌，亦可以用腾营伏路之法……使敌见我空营为怯，必来追我，及至我营，亦日暮矣。一如前法，行之可也。盖以

寡胜众，非劳之不可，非日暮不可，如遇草木丛密之处，因风纵火，更易为力。”

其十五，我军获胜后追击敌人，若遇敌人突然阵止不动，我军亦要停止追击，尾随其后，一面加强戒备，防止敌军劫营，另一面设法劝降敌军。可用"下营威敌"之法，迫使敌军投降。俞莫谟主张："我兵既获全胜，追敌不过余威耳，傥紧追之际，贼忽阵止不动，非有接应兵至，即系前有险阻，不能急遁故也。我兵若乘此击之，则我以疲困之兵，贼以生力之卒，我以既胜而骄之心，贼以救死泄忿之志，我再胜不过追奔逐北，若败则前功尽弃矣，岂非犯穷寇毋追先死后生之忌乎？惟可随后尾追，令其自相践踏，收其辎重降卒。如贼止不动，我即收兵，或即下营……而戒严之令，较未曾胜敌之时，尤加严紧，一则以防偷劫，一则以励骄玩也。再书招抚檄文，射入贼营，或遣能辩之士，晓以利害，示以诚信。贼以垂头丧气之余生，见此堂堂正正之威势，惊心眩目，盛衰相形，一夜思量；已无坚志，及闻招抚，不散即降，获万全而收必成之功者，此之谓也。而下营威敌之法：初立营盘，不妨数层于其中，傥贼一日不见动静，至晚抽出一层于肘腋之外，又下一营；二日不见动静，又抽一层于外，又下一营。贼必谓我兵力日深，其心愈散，其功愈速，是虚虚实实之变法也。"

其十六，我军受降时，尤其应当戒严，预先了解受降部队强弱、可信度，以防敌人诈降。受降仪式应当威仪整肃，给予受降官兵赏给，以示恩信。如降兵愿回籍，交地方官遣发；如愿为兵，分散安插在各部队之中，并先选用一些有才技、忠诚者，以示必用。不可歧视羞辱受降官兵，对于那些投诚官兵，更要尊重，并予以厚赏重用。俞益谟指出："受敌已严矣，而受降当更严也。受敌，彼此皆有杀心也，皆戒严也。若受降不严，彼有疑畏，而我多骄玩，设有不虞，变起仓猝，莫之能御矣。务必先察势之强弱，情之真伪，确有可信，然后准其投诚，定以限期，严整营伍，外张两大队翼于大营左右之前以待之……（受降）渠目或赏给衣帽或给牌札，各降兵或量赏米肉以示恩信。差委能员，询各降兵愿

归者，另立一旁，听候填给文牌，交地方官遣发，回籍安插，其文牌皆须预备，止填姓名籍贯，以速遣为宜；愿为兵者，另立一旁，分派我兵队中，听我将弁参杂管领，尤必营队相隔，不可令聚一处，密加提防……或择内中有才技忠诚者一二先用之，以系众心；兵丁遇缺补伍，亦先补一二以示必用。严谕我兵不可欺生凌辱，不可对降兵夸诩胜败，不可妄以降卒之名呼之，恐恼羞成仇也。至若大敌未灭，先有来归者，非识时务之士，即有嫌疑之人，又当宽其礼数，嘉与维新，厚赏重用，不撤其兵，不废其权，以广招徕，总在经权之得宜耳。"

六、刘连城的军事管理思想

刘璞，字连城，清朝晚期人，行伍出身，官至总兵。刘连城著有《将略要论》①，全书虽只有 400 余字，但却是他自己作战经验的总结，书中论述的为将之道、战守之宜和兵民关系 3 个问题，见解深刻，在中国古代军事思想史上占有一席之地。正如其友人所评价的："篇首以守静明公四字论为将之道，乃探源在战守之先……中以人和察天时审地利于将战之际……后以兵民之总在和，能相济为要。"

其一，关于为将之道。首先，为将之道须定、得人、知人、用人、爱人、制人。刘连城提出："夫为将之道，首在定。定则静，静则明，明则公，公而无私，克私不犯，则进退矣。"这就是说，作为一个将领首先必须做到坚定，这样就能静，做到了静便能明辨是非，主持公道，不谋私利，进退自如。同时，作为一个将领还要"能得人，能知人，能用人，能爱人，能制人"。其次，刘连城对一个真正"能受国家之重任，终能立绝代之功勋"的卓越将领，提出很高的要求，即要善于发挥天时、地利、人和的作用，了解安危的变化，知道稳定、动乱的规律，能持久坚持不倦怠，遇事不慌乱。这就是"省天时之机，察地利之要，揽人和之济，

---

① 《将略要论》光绪十九年刻本。

详安危之变，知定乱之法，久而不倦，遇事不乱"。

其二，关于战守之宜。刘连城认为，战争关系到国家的安危，因此，他对战争的态度是：一是战争的变化是十分微妙的，要慎重对待战争，不要"贪战"，最好能进行防守。如能很好防守，就是使国家兴盛的基础。指挥军队，最忌讳的就是贪战，这是军队失败的根源。他说："安危之变，微乎其微；定乱之法，慎乎其慎。安危定乱，良在守微，守微者兴邦之基也。行师之道，忌在贪战，贪战者，丧军之根也。"二是战争要把握时机，如有有利战机，就抓住进行战斗，这样取得的胜利不会失去；如无有利战机，便进行防守，不可动摇。他指出，"侦审敌情，有机必战"，战胜了便"不可夺"；如"无机固守，守不可摇"。所以说："所贵乎守，则有条；战则有节，战守合乎机宜，必能兴军固邦矣。"这就是说，如果战守合乎时机，就能使军队强大、国家巩固。

其三，关于兵民关系。刘连城认为，兵民关系有3个方面。一是人民是军队力量的源泉，即"民为兵之源"。如军队的"粮饷皆出于民"，军队如没有人民提供粮饷，那就会使"兵无民不坚"。如果人民的生活不安定，无法为军队提供粮饷，"则兵失源，如鱼失水矣"。因此，军队要爱护人民，"珍之爱之"，保卫国家，"兵为邦捍"。二是军队是人民的保卫者，即"兵为民之卫"。"国家之威望，将吏之用权，民间之保获，皆借于兵"。如果人民失去军队的保护，就像卵失去了壳，没有坚固可言。"兵为民之卫，民无兵不固，兵不坚聚稍有变动，则民失卫，如卵失壳矣"。三是兵民关系应当融洽，和衷共济。作为国家和人民，对军队的态度应该是慎重和尊重。特别是那些为官者必须教育人民，使人民知道军队的辛苦。另一方面，军队的将领则应教育士兵们了解人民的艰难，使"兵民相洽，倚民养兵，倚兵护民，兵坚民固，和衷共济"，这就是"安危定乱，全生全国之根也"。总之，刘连城对兵民关系的论述是较深刻地把兵民关系的融洽作为使社会稳定、保护人民生命财产安全、国家长治久安的根本。这在中国古代军事管理思想史上独树一帜。

七、《泙澼百金方》的军事管理思想

《泙澼百金方》[①]，旧题惠麓酒民编，作者具体姓名目前还不得而知。全书共 14 卷，约 14 万字，主要从《左传》、《周礼》、二十一史等书中分类辑录历代攻防作战原则、方法，并针对当时的情况加以评论，基本上是一部汇辑评论历代防御战例的兵书。其中，作者的一些评论也涉及军事管理思想的内容，兹简要介绍如下。

其一，安不忘危的备战思想。作者认为，历史上的有些战争，其爆发有时是很偶然的，因此，要保证国家的安全，防止国家遭受外敌的侵略和干扰，在平时一定要加强防备，做到"有备无患"，防患于未然。即使在太平盛世，在人们思想上，应该"安不忘危，盛必虑衰"，要有忧患意识，不能产生和平麻痹思想。

其二，防御战的一般原则。作者从"安不忘危"的备战思想出发，认为要取得防御战的胜利，必须遵从 5 个方面的原则。一是"固结民心"。这是防御战的根本，如人民能够万众一心，同仇敌忾，就能取得防御战的胜利。二是加强军事训练。作者主张在军事训练中练兵和兵民结合。练兵要以"训兵六章"，即忠爱、敢战、守法、勤习、敦睦、信义为准则。从"训兵六章"可以看出，练兵最主要的是练心，其次是练艺、练胆，并且必须练习兵民联合防御。三是做好物力上的充分准备。作者认为防御作战必须有雄厚的物质条件作为基础。"积贮为天下之大命"，如果没有雄厚的物质条件作为基础，是无法取得防御战的胜利的。作者进一步提出，必须通过"公督私藏""藏富于民"来保证物质上的充分准备。同时，作者在做好防御战的物质准备中，特别重视武器装备的改造，认为如器械不利，势必要"以其卒与敌"。四是"以战为守"。作者认为防御战不只是消极地防御，可以通过主动地进攻敌人，从而达到防御的

---

① 《泙澼百金方》，上海古籍出版社，1995 年。

目的。可以在做好防御的基础上，"善守如环"，环环相扣，没有任何漏洞，然后主动地进攻敌人。进攻敌人的方法可以多种多样，如可以"天降"，从云梯上由高处进攻；可以"地出"，从地道出击；可以"近冲""远击"等。五是"扼险者胜"。防御战如能正确利用地形，就能取得胜利。作者主张"扼险"，即把握住险要地形，反对"恃险"，即片面依靠有利地形。他指出："扼险者胜，恃险者亡。"这种既重视利用有利地形，又反对片面依靠有利地形的思想，体现了作者朴素的辩证思想。

主要参考文献

一、古文献

1. 光绪《大清会典事例》，新文丰出版公司，1976 年。

2. 《清实录》，中华书局 1986 年影印本。

3. 赵尔巽：《清史稿》，中华书局，1977 年。

4. 《清朝文献通考》，商务印书馆万有文库十通本。

5. 刘锦藻：《清朝续文献通考》，商务印书馆万有文库十通本。

6. 《清史列传》，中华书局，1987 年。

7. 贺长龄编：《清经世文编》，中华书局，1992 年。

8. 盛康编：《皇朝经世文续编》，广陵书社，2011 年。

9. 包世臣：《安吴四种》，见沈云龙：《近代中国史料丛刊》，文海出版社，1966 年。

10. 张履祥：《杨园先生全集》，中华书局，2014 年。

11. 黄叔璥：《台海使槎录》，上海商务印书馆 1936 年《丛书集成初编》本。

12. 方苞：《望溪先生文集》，上海商务印书馆《四部丛刊》本。

13. 陈梦雷编：《古今图书集成》，中华书局、巴蜀书社，1984—1988 年。

14. 凌廷堪：《校礼堂文集》，中华书局，1998 年。

15. 钱大昕：《潜研堂集》，上海古籍出版社，1989 年。

16. 阮元：《揅经室集》，台湾商务印书馆 1967 年缩印《四部丛刊》本。

17. 李颙： 《关中李二曲先生全集》，华文书局股份有限公司，1970 年。

18. 李颙：《四书反身录》，《续修四库全书》，上海古籍出版社，2002 年。

19. 徐珂：《清稗类钞》，中华书局，2010 年。

20. 陈确：《陈确集》，中华书局，2009 年。

21. 颜元：《习斋四存编》，上海古籍出版社，2000 年。

22. 钟㥄：《颜习斋先生言行录》，学识斋，1868 年。

23. 陆世仪：《论学酬答》，同治刻小石山房丛书本。

24. 陆世仪：《桴亭先生文集》，上海书店《丛书集成》三编。

25. 陆世仪：《思辨录辑要》，台湾商务印书馆影印文渊阁四库全书本。

26. 王夫之：《船山思问录》，上海古籍出版社，2000 年。

27. 王夫之：《尚书引义》，中华书局，1976 年。

28. 王夫之：《读四书大全说》，中华书局，1975 年。

29. 王夫之：《张子正蒙注》，中华书局，2009 年。

30. 颜元：《四书正误》，载《颜元集》，中华书局，1987 年。

31. 陆陇其：《三鱼堂文集》，台湾商务印书馆影印四库全书本。

32. 陆陇其：《松阳讲义》，华夏出版社，2013 年。

33. 陆陇其：《问学录》，台湾商务印书馆影印四库全书本。

34. 李光地：《榕村语录》，中华书局，1995 年。

35. 戴震：《戴震全书》，黄山书社，1997 年。

36. 戴震：《孟子字义疏证》卷下，中华书局，2008 年。

37. 陈庚焕：《惕园初稿》，学识斋，1868 年。

38. 张英：《笃素堂文集》，学识斋，1868 年。

39. 魏源：《魏源集》，中华书局，1976 年。

40. 魏源：《海国图志》，岳麓书社，2011 年。

41. 蒋良骐、王先谦：《东华录》，中华书局，1980 年。

42. 蓝鼎元：《鹿洲初集》，台湾商务印书馆影印四库全书本。

43. 吴翟：《茗洲吴氏家典》，雍正十三年刊本。

44. 全祖望：《鲒埼亭集》，商务印书馆《部库丛刊》本。

45. 黄宗羲：《明夷待访录》，中华书局，1981 年。

46. 顾炎武：《天下郡国利病书》，上海古籍出版社，2012 年。

47. 唐甄：《潜书》，中华书局，1963 年。

48. 李塨：《〈平书〉订》，丛书集成初编，商务印书馆，1937 年。

49. 蓝鼎元：《鹿洲全集》，厦门大学出版社，1995 年。

50. 李雯：《蓼斋集》，顺治十四年石维崑刻本。

51. 魏源：《古微堂外集》，光绪四年淮南书局刊本。

52. 魏源：《圣武记》，中华书局，1984 年。

53. 王庆云：《石渠余记》，北京古籍出版社，1985 年。

54. 洪亮吉：《洪北江遗集》，华文书局，1969 年。

55. 恽敬：《大云山房文稿》，上海商务印书馆《四部丛刊》本。

56. 李煦：《李煦奏折》，中华书局，1976 年。

57. 李塨：《拟太平策》，学识斋，1868 年。

58. 王夫之：《宋论》，中华书局，1964 年。

59. 王夫之：《四书稗疏》，岳麓书社，2011 年。

60. 王夫之：《读通鉴论》，中华书局，2013 年。

61. 王夫之：《诗广传》，中华书局，1964 年。

62. 王夫之：《噩梦》，中华书局，1982 年。

63. 王夫之：《黄书》，中华书局，1982 年。

64. 吴中孚：《商贾便览》，载贾嘉麟等《商家智谋全书》，中州古籍出版社，2002 年。

65. 王秉元：《生意世事初阶》，载贾嘉麟等《商家智谋全书》，中州古籍出版社，2002 年。

66.《贸易须知辑要》，载贾嘉麟等《商家智谋全书》，中州古籍出版社，2002年。

67. 管同：《因寄轩文集》，《续修四库全书》，上海古籍出版社，2002年。

68. 王鎏：《钱币刍言》，艺海堂藏本。该书包括《钱币刍言》《钱币刍言续刻》《再续》三部分。

69. 许楣：《钞币论》，古均阁刊本。

70. 椿园：《西域闻见录》，嘉庆十九年味经堂刻本。

71. 钟兴麒：《西域图志校注》，新疆人民出版社，2002年。

72. 顾炎武：《日知录》，上海古籍出版社，2012年。

73. 顾炎武：《顾亭林诗文集》，中华书局，1983年。

74. 龚自珍：《龚自珍全集》，上海古籍出版社，1975年。

75. 林则徐：《林则徐集》，中华书局，1963年。

76. 林则徐：《林文忠公政书》，中国书店，1991年。

77. 林则徐等：《道咸同光名人手札》，商务印书馆1924年影印本。

78. 张之洞：《劝学篇》，湖北人民出版社，1900年。

79. 梁启超：《饮冰室合集》，中华书局，1989年。

80. 冯桂芬：《校邠庐抗议汇校》，上海社会科学院出版社，2015年。

81. 张之洞：《张文襄公全集》，中国书店，1990年。

82. 康有为：《日本变政考》，中国人民大学出版社，2011年。

83. 康有为：《康有为政论集》，中华书局，1981年。

84. 康有为：《大同书》，三联出版社，1998年。

85. 严复：《严复集》，中华书局，1986年。

86. 严复：《天演论》，中国青年出版社，2009年。

87. 张枏、王忍之编：《辛亥革命前十年间时论选集》，生活·读书·新知三联书店，1960年。

88. 汤志钧编：《章太炎政论选集》，中华书局，1977年。

89. 孙中山：《孙中山全集》，中华书局，2011年。

90. 胡汉民编：《总理全集》，上海民智书局，1930年。

91. 《戊戌变法》，上海人民出版社，1961年。

92. 李瀚章编：《曾文正公书札》，中国书店，2011年。

93. 李瀚章编：《曾文正公杂著》，同治十三年传忠书局刻本。

94. 张侠等编：《清末海军史料》，海洋出版社，1982年。

95. 左宗棠：《左文襄公全集》，台湾文海出版社，1979年。

96. 王定安：《湘军记》，岳麓书社，1983年。

97. 袁世凯：《袁世凯奏议》，天津古籍出版社，1987年。

98. 沈云龙编：《近代中国史料丛刊》，文海出版社有限公司，1966年。

99. 王国平、唐力行编：《明清以来苏州社会史碑刻集》，苏州大学出版社，1998年。

100. 中国社会科学院历史研究所清史研究室编：《清史资料第三辑》，中华书局，1982年。

101. 中国史学会主编：《洋务运动》，上海人民出版社，上海书店出版社，2000年。

102. 《宫中档雍正朝奏折》，故宫博物院，1977年。

103. 道光《重纂福建通志》，同治十年正谊书院刻本。

104. 《重修台湾省通志》，台湾省文献委员会1989年印行。

105. 道光《厦门志》，鹭江出版社，1996年。

106. 王瑛曾：《重修凤山县志》，《台湾文献丛刊》本。

107. 唐赞衮：《台阳见闻录》，《台湾文献丛刊》本。

二、今人著作

1. 胡寄窗：《中国经济思想史》，上海人民出版社，上、中册1978年，下册1981年。

2. 赵靖：《中国经济思想通史》，北京大学出版社，1997年。

3. 何炼成主编：《中国经济管理思想史》，西北大学出版社，

1988 年。

4. 刘泽华，葛荃主编：《中国古代政治思想史》，南开大学出版社，2001 年。

5. 白钢：《中国政治制度通史》，人民出版社，1996 年。

6. 曹德本：《中国政治思想史》，高等教育出版社，2004 年。

7. 方宝璋：《中国审计史稿》，福建人民出版社，2006 年。

8. 高锐：《中国军事史略》，军事科学出版社，1992 年。

9. 侯外庐等主编：《宋明理学史》，人民出版社，1997 年。

10. 中国哲学教研室，北京大学哲学系：《中国哲学史》，商务印书馆，2004 年。

11. 冯友兰：《中国哲学史》，商务印书馆，1976 年。

12. 冯尔康：《中国宗族史》，上海人民出版社，2009 年。

13. 赵华富：《徽州宗族研究》，安徽大学出版社，2004 年。

14. 吴照云：《中国管理思想史》，经济管理出版社，2012 年。

15. 张研：《清代族田与基层社会结构》，中国人民大学出版社，1991 年。

16. 吴通福：《清代新义理观之研究》，江西人民出版社，2007 年。

17. 朱绍侯：《中国古代史》，福建人民出版社，1982 年。

三、今人论文

1. 徐晓望：《试论明清时期官府和宗族的相互关系》，《厦门大学学报》1986 年第 3 期。

2. 张研：《清代族田经营初探》，《中国经济史研究》1987 年第 3 期。

3. 冯尔康：《清代宗族的兴学助学及其历史意义》，《清史研究》2009 年第 5 期。

后　记

　　终于可以松口气了，三百多万字的先秦、秦汉魏晋南北朝、隋唐五代、宋、元、明、清时期管理思想史校样稿终于寄往鹭江出版社。拙著历经二十年的时间，如果说长，也真够长了，人生能有几个二十年的时间？但如果说短，也真够短的，单单春秋战国、秦汉、隋唐、宋、元、明、清等十余个主要朝代，一个朝代仅花费约两年的时间草就书稿，从收集资料、整理资料到拟订提纲、撰写书稿，实在是太仓促了！但是，拙稿作为国家社会科学基金重大项目"中国古代管理思想通史"的成果之一，只能在极其有限的规定时间里尽可能把它做好。这套系列专著是我走上治学道路后近四十年来所出版字数最多、卷帙最浩繁的书稿。按照常理来说，我接受这一任务时，已过耳顺之年，应该退休养老、颐养天年了，却不知老之已至，不自量力地自讨苦吃，从此继续焚膏继晷，恪勤朝夕。听说著名学者冯友兰先生八十多岁才开始动笔撰写《中国哲学史新编》，那我在甲子之年动笔写先秦至清管理思想史，也只能说是小巫见大巫了！幸运的是，上天关照了我，二十年来没病没灾，让我得以顺利地进行这项浩大的工程。天道酬勤，现在终于完成了。

　　是书在撰写期间，我也经历了人生的退休过程。退休对我来说，是一件好事，意味着可以无拘无束地进入"自由王国"，自由自在地支配自己的生活，不必勉强自己去参加那些毫无意义的会议，不必去跟那些自己不喜欢的人打交道，可以去践行陶渊明"不为五斗米折腰"的生活。

　　退休将届之际，我做出了一个选择，回家乡莆田生活，开始了人生的一个新阶段。我在临退休的时候，接受莆田学院的邀请，作为特聘教授在莆田学院商学院任教。从此，我就长住在莆田学院校园内的东道德楼。我祖籍莆田，但从来没有在家乡长期生活过，没想到晚年却回到家

乡，真应了"叶落归根"这句老话。

我小时候，暑假时经常跟着舅母到莆田外婆家里，那里有我熟悉的乡土气息：空气中弥漫着烧稻草夹杂着牛粪的气味，成群的八哥在田间地头飞翔鸣叫；晚上，打谷场的戏台上锣鼓喧天，台下人头攒动。现在虽然住在校园内，但周边仍然有小块的菜地，还能闻到农民施肥的气味，偶尔仍然能见到几只八哥停在校园的房顶鸣叫。逢年过节，学校周边的官庙里，仍然会搭起戏台演戏，莆仙戏唱腔不绝于耳，格外亲切。我恍惚间返璞归真，又回到童年的故乡。莆田的气候比福州更为温暖宜人，海产品和水果新鲜丰富。学院从领导到普通教师、学生，对我都十分友好尊重。我在这样的环境中工作、生活，觉得十分惬意。这五年多来，我在学术上完成了国家社科基金重大项目"先秦秦汉魏晋南北朝隋唐五代元明清管理思想"部分的撰写，并成功申请到国家社科基金一般项目"政策工具视角下的古代政府治理思想及其当代价值研究"。随着自己年纪渐大，我努力放慢生活节奏，一天伏案工作五六个小时，晚上散步后回到家练练书法。

拙稿的完成，得益于许多相识或不相识的人的帮助，在此必须表达我的感恩之情。一是拙著之所以在短短近二十年的时间里得以顺利完成，一个很重要的因素是参考了许多学者的研究成果，主要者已在每册参考文献中列出，在此还要特别提出的是：冯友兰著的《中国哲学史新编》、赵靖主编的《中国经济思想通史》、白钢主编的《中国政治制度通史》、侯外庐主编的《宋明理学史》、曹德本主编的《中国政治思想史》、高锐主编的《中国军事史略》、王曾瑜著的《宋朝军制初探》、汪圣铎著的《两宋货币史》、冯尔康著的《中国宗族史》、赵华富著的《徽州宗族研究》、王利华著的《中国家庭史》第一卷《先秦至南北朝时期》等。我就是在前人研究的基础上，再阅读了各朝代大量的第一手史料，从而形成对古代管理思想的全面系统的看法，最终完成拙著的撰写。如果没有前人成果的参考借鉴，一切都从第一手史料做起，那么可能就要花费三四十年的时间才能完成。尤其明清时期史料浩如烟海，粗略浏览一遍就要

一二十年的时间。二是在拙著的撰写过程中，得到了几位教授的支持与帮助。首先，我在江西财经大学工作期间得到副校长吴照云教授的提携，加入他主持的中国管理思想史研究团队，从而使一些早期成果得以顺利地在经济管理出版社出版。退休后我来到莆田学院，承蒙校长宋建晓教授和商学院院长林鸿熙教授的支持，为我排除了许多杂事的干扰，能够有充足的时间撰写书稿。宋校长对中国古代管理思想颇感兴趣，晚上经常与我一起散步，切磋古代管理思想的学术问题，留下了许多难忘的美好回忆。三是众所周知，当前国内发表学术论文、出版学术专著难，鹭江出版社副总编辑余丽珍编审得知我正在撰写这一系列专著，帮助申请福建省优秀出版项目资助，使拙著在即将完稿之际就解决了出版问题。余编审与责任编辑梁靓、金月华、杨玉琼、黄孟林等还为拙著的出版做了大量的编辑和审校工作，付出了艰辛的劳动。在此，本人向以上提及的认识或不认识的人，还有大量未提及的人，致以深深的谢意！

现代学术讲究道德规范，反对剽窃，这是很好的。因此，我对拙著中的注引问题做一简单说明。世界上的任何学术专著，或多或少都是在前人研究成果的基础上进行创新深化并提高发展的。拙著中的文字主要由三种类型的表述构成：第一种也是最多的一种，基本上是属于原创性的，即笔者通过收集整理研读原始资料，然后得出自己的见解而写成的。这种文字采取仅注原始资料出处的做法。笔者粗略估计，这种文字至少占全套书一半以上。第二种是有些文字在参考前人专著论文成果的基础上，根据自己的理解，做了改写。中国古代管理思想史内容丰富，涉及面十分广泛，仅凭一己之力，很难面面俱到，因此必然要参考前辈的学术成果。如拙著中的自我管理部分，其实是属于中国哲学史的范围，而仅中国哲学史的研究，就让人一生难以穷尽了。因此，这一部分几乎是参考了前人的著述。但是笔者在参考前人著述的基础上，根据自己的理解并从管理思想的角度尽可能做了新的表述。由于与参考的前辈著述观点或多或少有所不同，所以不便一一注出，只在参考文献中开列有关作者和著作，一些参考较多的著作在后记中特别予以致谢。第三种是有些

文字或观点完完全全就是前人的成果，这类文字不多，但往往都是很经典的，笔者很难对此再进行提高和改写，因此就予以引注，采取与引用原始资料相同的引注方式。

　　中国正快速进入多元化、老年化社会，人们的物质生活水平提高，思想观念也发生了深刻的变化。有的人退休后，生活安排得丰富多彩。与我同龄的许多老年人，每天养养鸟，栽栽花，钓钓鱼，去各地旅游观光……生活过得开心惬意。这无可非议。我们这一代人有太多的磨难、坎坷，现在已到了夕阳西下的年龄，再不开心玩一玩、乐一乐，那更待何时！现在大多数老人的观念是活在当下、快乐开心，但我却不改初衷。我平时生活太有规律，出门旅游会打乱了规律，极不习惯，感觉难受，所以对旅游只能望洋兴叹，心有余而力不足。现在，我每天刷一个小时的手机，看一些感兴趣的信息，与亲友们通通声气，还是挺愉快的。每年两三次的同学聚会，吃吃饭，叙叙旧情，开心温馨。除此之外，每天阅读一些图书、报刊，散步时思考思考，然后提笔写一些感想，生活宁静充实，自得其乐。我觉得自己快到古稀之年了，趁着身体还没什么大毛病，继续努力笔耕吧。自 1977 年恢复高考之后，命运之神眷顾了我，使我跨入大学的门槛，有了一个治学的好环境。每当我想起这些，就倍加珍惜，不但要让自己活得开心健康，还应当让自己活得更充实更有意义些。

方宝璋匆草于莆田学院万贤斋

2020 年秋分

图书在版编目（CIP）数据

　清代管理思想史：上、下册 / 方宝璋著. —厦门：
鹭江出版社，2021.12
　（中国管理思想史）
　ISBN 978-7-5459-1663-8

　Ⅰ.①清… Ⅱ.①方… Ⅲ.①管理学—思想史—中国
—清代 Ⅳ.①C93-092

　中国版本图书馆 CIP 数据核字（2020）第 225725 号

中国管理思想史

QINGDAI GUANLI SIXIANGSHI

清代管理思想史（上、下册）

方宝璋　著

出版发行：鹭江出版社			
地　　址：厦门市湖明路 22 号		**邮政编码：**361004	
印　　刷：福建新华联合印务集团有限公司			
地　　址：福州市晋安区福兴大道 42 号		**联系电话：**0591－88208488	
开　　本：700mm×1000mm　1/16			
插　　页：8			
印　　张：54.5			
字　　数：757 千字			
版　　次：2021 年 12 月第 1 版　　2021 年 12 月第 1 次印刷			
书　　号：ISBN 978-7-5459-1663-8			
定　　价：190.00 元			

如发现印装质量问题，请寄承印厂调换。